中国建筑防水协会成立四十周年纪念专辑（1984—2024）

防水行业辉煌四十年
之十年巨变历程
（2014—2024）

中国建筑防水协会 编

图书在版编目（CIP）数据

防水行业辉煌四十年之十年巨变历程：2014—2024 / 中国建筑防水协会编． -- 北京：中国建设科技出版社有限责任公司，2024.11． -- ISBN 978-7-5160-4315-8

Ⅰ．F426.9

中国国家版本馆CIP数据核字第2024VG0592号

防水行业辉煌四十年之十年巨变历程（2014—2024）
FANGSHUI HANGYE HUIHUANG SISHINIAN ZHI SHINIAN JUBIAN LICHENG（2014—2024）
中国建筑防水协会　编

出版发行：	中国建设科技出版社有限责任公司
地　　址：	北京市西城区白纸坊东街2号院6号楼
邮　　编：	100054
经　　销：	全国各地新华书店
印　　刷：	北京印刷集团有限责任公司
开　　本：	787mm×1092mm　1/16
印　　张：	31.25
字　　数：	800千字
版　　次：	2024年11月第1版
印　　次：	2024年11月第1次
定　　价：	188.00元

本社网址：www.jccbs.com，微信公众号：zgjskjcbs
请选用正版图书，采购、销售盗版图书属违法行为
版权专有，盗版必究。本社法律顾问：北京天驰君泰律师事务所，张杰律师
举报信箱：zhangjie@tiantailaw.com　　举报电话：（010）63567684
本书如有印装质量问题，由我社事业发展中心负责调换，联系电话：（010）63567692

行业奠基人

行业的奠基人、协会创建者
原建筑材料工业部地方材料与新材料局副局长赵松先生

协会负责人

历届理事长（会长）

中国建筑防水协会
理事长徐勤舫
（任期 1984—1990）

中国建筑防水协会
理事长邵玉媛
（任期 1990—1993）

中国建筑防水协会
理事长陈健
（任期 1993—2006）

中国建筑防水协会
理事长朱冬青
（任期 2006—2015）

中国建筑防水协会
会长李卫国
（任期 2015 至今）

历届秘书长

中国建筑防水协会
秘书长
孙庆祥
（第一、二、三届）

中国建筑防水协会
秘书长
朱冬青
（第四、七、八届）

中国建筑防水协会
秘书长
苗燕
（第五、六届）

组织建设

1984 年 7 月中国建筑防水协会筹备会议

1984 年 10 月九江中国建筑防水协会成立大会

1994 年 10 月武汉中国建筑防水协会第三届会员大会

2002年12月北京中国建筑防水协会第四届会员大会

2006年12月北京中国建筑防水协会第五届会员大会

2010年12月北京中国建筑防水协会第六届会员大会

2015年12月北京中国建筑防水协会第七次会员大会

2020年12月杭州中国建筑防水协会第八次会员代表大会

2015年12月14日第七届理事会负责人集体合影

2020年12月8日第八届理事会负责人集体合影

中国建筑防水协会获民政部全国先进社会
组织称号

中国建筑防水协会获民政部AAAAA级
社会组织

专家委员会

中国建筑防水材料工业协会
顾问委员会主任赵松
（第一、二届）

中国建筑防水材料工业协会
顾问委员会副主任郑守立
（第一、二届）

中国建筑防水协会专家委员会
主任委员李承刚
（第一、二、三届）

中国建筑防水协会
专家委员会副主任张树培
（第一届）

中国建筑防水协会专家委员会
常务副主任委员／
顾问专家委员会副主任委员
孙庆祥
（第一、二、三届）

中国建筑防水协会专家委员会
副主任委员徐昭东
（第一届）

中国建筑防水协会顾问
专家委员会副主任委员叶林标
（第二、三届）

中国建筑防水协会顾问
专家委员会副主任委员朱祖熹
（第二、三届）

中国建筑防水协会顾问
专家委员会副主任委员张玉玲
（第二届）

中国建筑防水协会顾问
专家委员会副主任委员薛绍祖
（第二、三届）

中国建筑防水协会专家
委员会主任委员朱冬青
（第二、三届）

中国建筑防水协会专家委员会
副主任委员张勇
（第二、三届）

中国建筑防水协会专家委员会
副主任委员姜永彪
（第二、三届）

中国建筑防水协会专家委员会
副主任委员蔡昭昀
（第二、三届）

中国建筑防水协会专家委员会
副主任委员朱志远
（第二、三届）

中国建筑防水协会专家委员会
副主任委员吴明
（第二届）

中国建筑防水协会专家委员会
院士专家王复明

中国建筑防水协会专家委员会
院士专家刘加平

中国建筑防水协会专家委员会
院士专家肖绪文

中国建筑防水协会专家委员会
院士专家侯保荣

中国建筑防水协会专家委员会
院士专家缪昌文

2010年2月中国建筑防水协会单层屋面技术
分会成立

2010年3月中国建筑防水协会聚脲防水技术
分会（防水涂料技术分会前身）成立

2010年3月中国建筑防水协会建筑密封材料分会成立

2010年3月中国建筑防水协会种植屋面技术分会成立

2013年3月中国建筑防水协会金属屋面技术分会成立

2014年7月中国建筑防水协会瓦屋面技术分会成立

2015年3月中国建筑防水协会青年企业家分会成立

2004年10月9日中国建筑防水协会成立20周年纪念座谈会在京召开

2014年12月7日中国建筑防水协会成立30周年庆典在京举办

2019年12月7日中国建筑防水协会成立35周年庆典活动在广州召开

2024年4月24日中国建筑防水协会成立40周年座谈会在京召开

2004年9月21日在北京召开了全国各省市防水社团联谊座谈会并成立了"全国建筑防水社团组织联谊会"

2023年11月在舟山召开了建筑防水行业社会组织会长/秘书长联席工作会议

社会责任、扶优扶强

2008年汶川地震援建都江堰水电十局医院

中央财政支持社会组织参与社会服务项目——"走进社区诊治渗漏"试点项目

中国建筑防水协会青年企业家扶贫攻坚

中国建筑防水协会青年企业家分会"关爱九九 暖秋重阳"活动

建筑防水行业支援新冠抗疫工作先进集体

2019年建筑防水行业科学技术奖
——技术进步奖

2020年建筑防水行业科学技术奖
——工程技术奖（金禹奖）

2021—2022年度先进会员企业

2021年中国专利奖推荐
——防水行业专利金奖获奖专利

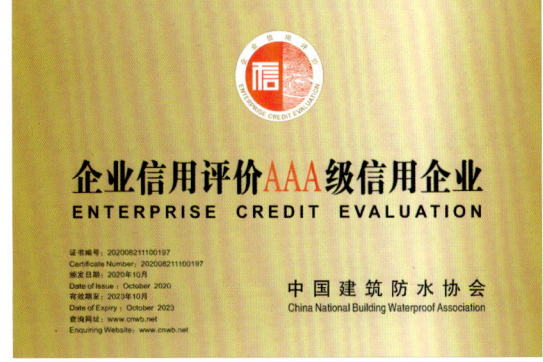
中国建筑防水协会企业信用评价AAA级牌

2022年度"建设行业科技成果推广项目
——防水专项"

质量建设

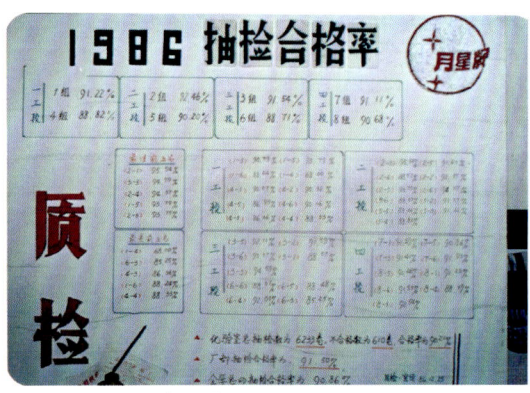

1986年企业开展质量看板管理

1990年11月上海全国建筑防水材料行业质量工作会议

1996年6月承德质量管理（QC）成果发布会

20世纪80年代初期全国质量管理（QC）小组骨干研讨班合影

20世纪80年代初期上海质量工作会议

1990年12月武汉中国建筑防水协会质量管理研讨会

1996年8月青岛市房产建筑防水工程公司推行防水工程质量保证期制度新闻发布会

1997年5月宁波全国建筑防水材料行业九七年度质量工作会议

2000年10月苏州SBS-APP改性沥青防水卷材国检质量分析会暨国标宣贯会

2012年12月广西桂林全国建筑防水产品质量提升大会

2013年4月促进建筑防水行业健康发展产业联盟成立

2013年12月全国深化建筑防水产品质量提升大会

2017年12月海口全国建筑防水产品质量提升工作会议

人才培养、职业培训与技能大赛

人才培养

1985年天津防水行业中专班

2008年协会与湖北工业大学召开校企联合研讨会

防水材料与工程专业开学典礼（本科）

徐州工程兵指挥学院防水材料防水工程大专班

职业培训

1985年5月11—20日在长沙市举办《聚氯乙烯建筑防水接缝材料》生产技术培训班

1985年12月10—20日在北京油毡厂举办"油毡生产设备学习班"

2003年3月第一期《防水卷材企业实验室基本条件》培训班

2003年8月第二期《防水卷材企业实验室基本条件》培训班

2009年4月聚脲防水技术岗位培训班现场

2013年加拿大专家来华培训

2018年11月改性沥青防水卷材职业技能注册培训师培训班

2018年7月自粘防水卷材技能培训

技能大赛

2013年全国建筑防水行业职业技能大赛

2017年中国技能大赛——全国建筑防水行业（防水工）职业技能竞赛

2018年全国建筑防水行业（防水工）职业技能大赛

2020年全国建筑防水行业（防水工）职业技能大赛

2021年全国建筑防水行业（防水工）职业技能大赛

2017中国技能大赛——全国建筑防水行业（防水工）职业技能竞赛

2019年建筑防水行业全国技术能手颁奖仪式

2023年首届中国青年屋面工（防水工）冠军赛开幕

2023年首届中国青年屋面工（防水工）冠军赛选手合影

第28届世界青年屋面工冠军赛启动仪式

2018年11月中国代表团参加第27届世界青年屋面工冠军赛

2017年10月21日中国获得2020年世界青年屋面工冠军赛（IFD大赛）主办权

中国选手参加第27届世界青年屋面工冠军赛（IFD大赛）

行业声音

1984年3月创刊号

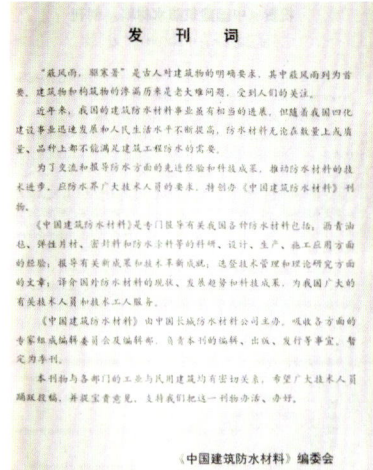
发刊词

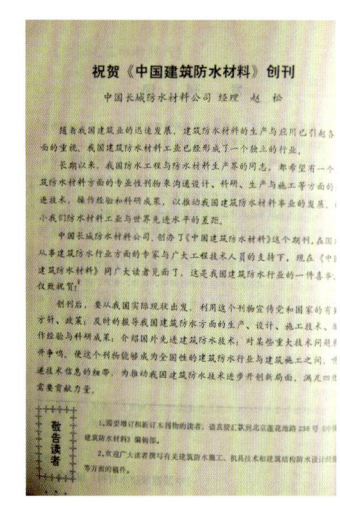
赵松局长贺词

1984年3月《中国建筑防水材料》创刊

1985年《建筑防水材料信息》公开发行

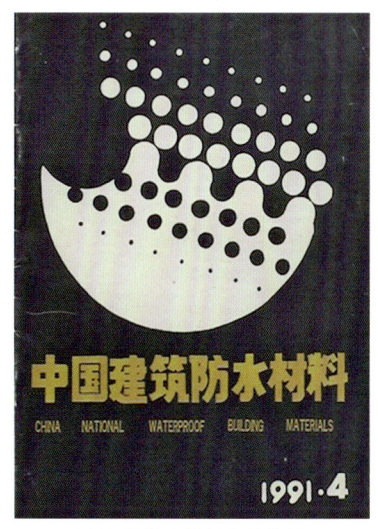
1991年第4期起公开发行
1991年第4期
《中国建筑防水材料》创刊

防水行业辉煌四十年之十年巨变历程（2014—2024）

2003年中国防水网成立

2011年5月中国建筑防水协会官方微博上线

2017年中国防水网改版上线

2013年《中国建筑防水·悦居》上线

2014年协会微信公众号上线　　2020年协会视频号上线　　2019年协会抖音号上线

2013年中国建筑防水产品质量提升信息平台正式上线

新浪防水频道

搜房网防水频道

网易家居开通首个防水行业400监督投诉热线

《中国建材报》防水专版创刊

《中华建筑报》防水专版

2014年7月14日《人民日报》
刊登《防水工程需设质量保证保险制》

2014年7月4日《经济日报》
刊登《防水材料要切断"黑色产业链"》

1999年12月29日《中国建材报》刊登《推行防水工程质量保证期制度联合宣言》（左）
1999年11月30日《中国建材报》刊登《中美日德欧五国（洲）屋面防水协会聚北京齐联手》（中）
1999年11月30日《中国建材报》刊登《建筑防水呼唤保证期》（右）

技术活动

1985年10月烟台全国建筑防水材料行业科研技术开发经营管理经验交流会

第三届全国建筑防水设计与施工技术研讨会

中防协会新型建筑防水材料推广应用高级研讨会

1998年中国建筑防水材料工业协会推荐产品信息发布会

2000年第一届中国防水技术与市场研讨会

2002年第二届中国防水技术与市场研会

2019（上海）国际防水高端论坛

第二十一届中国防水技术与市场研讨会

第三届防水行业未来领袖高端论坛

2020首届防水行业大会（线上）/2024第五届防水行业大会

2023年西安第二届防水行业"双碳"发展战略研讨会暨第四届防水行业节能环保创新大会

2019年防水涂料技术分会年会暨第三届防水涂料技术与市场研讨会

2018年金属屋面技术分会年会暨第五届全国金属围护系统行业大会

2019年建筑密封材料分会年会暨第十届国际密封材料技术研讨会

2019年单层屋面技术分会年会暨第十三届单层屋面技术研讨会

2019年种植屋面技术分会年会暨第十届种植屋面技术与市场研讨会

2019年青年企业家分会年会暨中国建筑防水行业企业创新发展论坛

2023年第九届瓦屋面技术与市场研讨会

展览展示

1987年首届全国建筑防水材料展

1988年1月大家办建材成果展览会

1989年4月赴港参加国际展览会（建材及设备）

1992年10月全国建筑防水新材料及应用技术成果交流交易会

2002年7月第一届中国国际建筑防水技术展览会

2004年第二届中国国际建筑防水技术展览会

1988年时任原国家建材局局长林汉雄陪同时任国防部长秦基伟上将参观防水材料展示

1988年时任中国建筑防水材料工业协会理事长徐勤舫陪同时任原国家建材局副局长张人为参观防水材料展示

2014年第十二届中国国际屋面和建筑防水技术展览会

2024中国国际屋面和建筑防水技术展览会

展中活动一览

展中活动一览

2018年中国防水展·成都巡展（首届）

2024建筑防水原辅材料及装备机具展·南京巡展

国际交流

20世纪80年代初期徐昭东教授在美国国家标准局做有关学术报告

1985年中国建筑防水协会代表团访问英国

2004年中国建筑防水协会代表团参观德国屋面工程

2005年中国建筑材料科学研究总院苏州防水研究院访问欧洲沥青瓦协会

2007年访问匈牙利屋面技术职业学校

2012年中国建筑防水协会出席俄罗斯国际防水论坛

2012年中国建筑防水协会代表团访问日本防水材料联合会

2013年中国建筑防水协会代表团访问德国屋面协会总部

2013年中国建筑防水协会代表团访问美国劳伦斯伯克利实验室

2013年美国屋面工程协会主席团会见中国建筑防水协会代表团

2014年2月中国建筑防水协会代表团与国际屋面联合会（IFD）成员合影

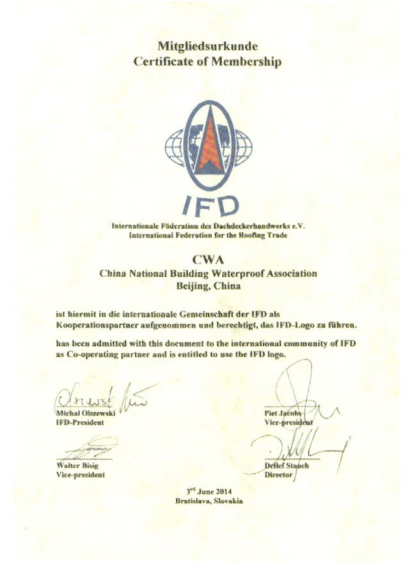
2014年6月3日中国建筑防水协会受邀正式加入国际屋面联合会（IFD）

2000年12月美国屋面工程协会（NRCA）主席团首次访问中国

2004年接待德国屋面工程协会主席

2004年接待美国屋面工程协会主席

2004年中国建筑防水协会与国际协会建立友好往来

2009年FM公司与中国建筑材料科学研究总院苏州防水研究院签订抗风荷载实验室合作协议

2013年8月美国屋面工程协会与金属屋面技术分会讨论美国金属屋面市场技术

2013年中国建筑防水协会访问美国橡树岭国家实验室

2014年中国建筑防水协会代表团访问GAF公司

2018年2月访欧考察，在国际屋面联盟展台前合影

2018年9月中国建筑防水协会会长及副会长团访问加拿大

2019年3月访美代表团参加国际屋面博览会

2024年3月中国代表团参加德国国际屋面展

2019年3月参加美国屋面工程协会国际关系委员会会议

2019年北京瀚邦基业科技发展有限公司项目荣获IFD坡屋面工程冠军大奖

2024年3月中国代表团访问瑞士莱丹公司

产业升级

20世纪80年代防水施工（1）

20世纪80年代防水施工（2）

20世纪80年代防水施工（3）

20世纪80年代大锅熬油

20世纪80年代我国防水企业厂貌——氧化塔

20世纪80年代具有代表性生产设备（1）

20世纪80年代具有代表性生产设备（2）

1987年中国引进的第一条多功能改性沥青防水卷材生产线（武汉油毡厂）

20世纪90年代初期具有代表性生产设备

早期的苏州研究设计所

20世纪90年代后期引进先进生产设备(1)

20世纪90年代后期引进先进生产设备(2)

20世纪90年代我国防水企业代表性设备——氧化塔

30年前盘锦禹王引进线

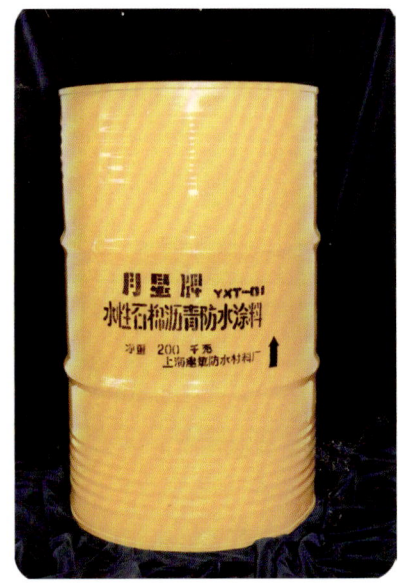
早期防水产品包装(1)

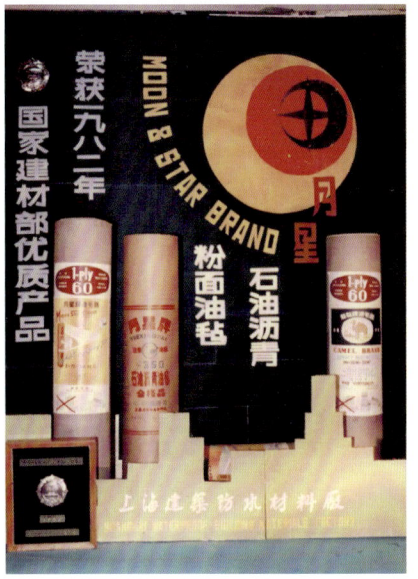
早期防水产品包装(2)

近10年我国防水企业引进的生产线

2008年9月10日北京东方雨虹防水技术股份有限公司敲钟上市（左）
2017年10月26日江苏凯伦建材股份有限公司敲钟上市（中）
2018年1月25日科顺防水科技股份有限公司敲钟上市（右）

现代化企业厂区全貌

现代化环保装置

现在的苏州防水研究院

重要政策及提案

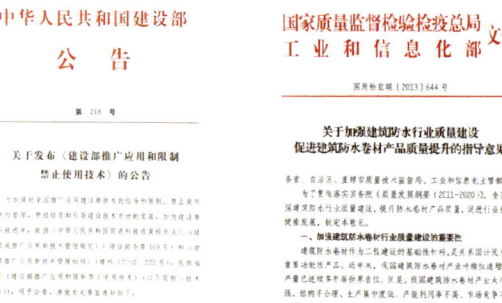

20世纪90年代建设部印发《关于治理屋面渗漏的若干规定》的通知及《关于提高防水工程质量的若干规定》的通知（左）

2004年建设部关于发布《建设部推广应用和限制禁止使用技术》的公告（中）

2013年两部委发布《关于加强建筑防水行业质量建设 促进建筑防水卷材产品质量提升的指导意见》（右）

2015年全国工业产品生产许可证办公室《关于开展建筑防水卷材产品生产许可发证检验机构和获证企业建筑防水卷材物理性能检验比对工作的通知》（左）

2015年《质检总局办公厅关于开展建筑防水卷材产品生产许可获证企业专项监督检查的通知》（中）

2019年工信部《关于委托开展〈建筑防水卷材行业准入条件〉修订的函》（右）

本书编委会

主任委员：

朱冬青　中国建筑防水协会秘书长

副主任委员：

苗　燕　中国建筑防水协会常务驻会副会长

委员：

羡永彪　中国建筑防水协会驻会副会长
陈　岳　中国建筑防水协会驻会副会长
巢文革　中建材苏州防水研究院有限公司院长
彭　超　中国建材检验认证集团苏州有限公司董事长
王　澜　中国建材检验认证集团苏州有限公司副总经理
潘文亮　《中国建筑防水》杂志社执行社长
陈晓玲　中国建筑防水协会信息部主任助理

编纂组人员

编纂人员（按首字母拼音排序）：

蔡昭昀　曹雪慧　陈　岳　程晓辉　高　妍　葛　兆　韩丽莉　郝　进
胡希宝　黄　颖　李　楠　刘　莉　刘乃林　路婷婷　孟　焱　庞正其
齐亚飞　宋燕辉　田文君　田　野　魏　巍　卫向阳　吴经德　肖　军
闫　安　余奕帆　张　娜　张　勇　章丹铭　周航宇　朱翠菊　朱德明
郑海权

编辑：

陈晓玲

前　言

40 年栉风沐雨，40 年赓续传承。2024 年，在中国建筑防水协会成立 40 周年之际，中国建筑防水协会决定编纂"中国建筑防水协会成立 40 周年纪念专辑（1984—2024）"——《防水行业辉煌 40 年之十年巨变历程（2014—2024）》。

《防水行业辉煌 30 年 中国建筑防水协会成立 30 周年纪念专辑》于 2014 年 11 月出版发行，已系统、翔实地记录了 1984—2013 年我国建筑防水行业从无到有的发展足迹和取得的成就。为此，本书从 2014 年开始，将历时 10 年协会发展的巨变历程浓缩，力图展现一幅清晰的行业改革发展壮大的新画卷。

十多年来，协会在行业的科研、检测、装备开发、制定标准、人才培养鉴定、技术普及与交流等方面做了诸多贡献，对行业的健康可持续发展起到了重要作用。本书分综述、组织建设、行业活动、技术活动、国际交流与合作、标准规范、重要文献、行业发展大事记和附录 9 个部分，从协会组织建设、产业政策、质量建设、科技创新、人才培养、标准规范和国际交流等方面梳理行业发展脉络，全方位展示行业发展历程，总结行业发展规律。

1984 年，中国建筑材料科学研究总院苏州防水研究院（现名：中建材苏州防水研究院有限公司）成立，《中国建筑防水》杂志创刊，今年也是这家机构成立 40 周年。因中建材苏州防水研究院有限公司重组，衍生出中国检验认证集团苏州有限公司。为更加充分地展示建筑防水行业发展的轨迹，我们将这家机构的发展历程编入附录中。因资料来源、编纂人员和时间所限，遗漏和错误在所难免，希望有关单位谅解。

编写人员在征集资料、了解情况的过程中，得到了相关单位的大力支持，谨致谢意！人生有涯知无涯，海有舟可渡，山有路可行。在此也祝愿防水行业的未来更加美好，行业更加强大！

编　者
2024 年 6 月 28 日

目 录

第1部分 综述/1

    1.1 协会简介/2

    1.2 协会职能/2

    1.3 组织机构/3

    1.4 协会历届领导机构和负责人/3

    1.5 社团登记、会徽和英文名称/6

    1.6 协会文化/8

    1.7 协会章程/8

第2部分 组织建设/17

    2.1 协会创建/18

    2.2 第一届理事会（1984—1989）/20

    2.3 第二届理事会（1989—1994）/20

    2.4 第三届理事会（1994—2002）/21

    2.5 第四届理事会（2002—2006）/22

    2.6 第五届理事会（2006—2010）/23

    2.7 第六届理事会（2010—2015）/24

    2.8 第七届理事会（2015—2019）/26

    2.9 第八届理事会（2020—2025）/68

    2.10 专家委员会/104

    2.11 总工委员会/110

    2.12 协会分支机构/112

    2.13 全国建筑防水行业社团组织会长/秘书长联席会/122

第3部分 行业活动/125

    3.1 概述/126

    3.2 产业政策研究/126

3.3 质量建设/130
3.4 发展共识/136
3.5 扶优扶强/138
3.6 人才培养/140
3.7 市场调研/143
3.8 行业宣传/145
3.9 出版书刊/149
3.10 社会责任/150

第4部分 技术活动/153
4.1 概述/154
4.2 科技创新/154
4.3 品牌技术论坛/158
4.4 展览展示/169
4.5 专业分会的技术活动/173

第5部分 国际交流与合作/223
5.1 与国际行业组织保持联系/224
5.2 中国建筑防水协会对外出访活动/226
5.3 中国建筑防水协会接待国外专家活动/229
5.4 对外交流取得的成果/230

第6部分 标准规范/235
6.1 概述/236
6.2 标准规范情况简述/236
6.3 建筑防水行业标准列表/242

第7部分 重要文献/253
7.1 重要政策/254
7.2 重要提案/284
7.3 行业发展规划/285

第8部分 行业发展大事记（2014—2023）/307

第9部分 附录/379
9.1 中建材苏州防水研究院有限公司简史/380
9.2 中国检验认证集团苏州有限公司（CTC）简史/396
9.3 《中国建筑防水》杂志社大事记（2014—2023）/435

防水行业辉煌四十年

● 第1部分·综述

1.1 协会简介

本协会于1984年经原国家建筑材料工业局批准成立，1992年在中华人民共和国民政部登记注册。

本协会是由从事建筑防水材料生产、科研、设计、施工等相关行业的企事业单位、院校和社会团体以及有关人士自愿结成的全国性、行业性、非营利性的社会组织。

本协会的宗旨：遵守国家宪法、法律和国家政策，遵守社会道德风尚；坚持为建筑防水材料行业企事业单位服务，为政府服务，发挥桥梁纽带作用；维护国家利益，维护行业和会员单位的合法权益；推动我国建筑防水材料工业和防水事业的健康发展。

本协会的登记管理机关是中华人民共和国民政部，党建工作机构是国务院国有资产监督管理委员会党委。本协会接受登记管理机关、党建工作机构的业务指导和监督管理。2015年，本协会被民政部授予"全国先进社会组织"；2021年，本协会被民政部授予"AAAAA级全国性社会组织"。

1.2 协会职能

贯彻执行党和国家的有关方针、政策、法规，研究本行业发展中重大问题，向政府有关部门反映本行业情况、要求和建议，协助政府主管部门加强行业管理。

组织对本行业基本情况和发展状况及统计资料的调查、分析、研究，为政府有关部门制定行业发展规划、技术经济政策和立法等提供依据，并参与有关活动。

组织本行业产需衔接，推动技术、经济协作；组织交流会、展览会等，培育防水市场。

搜集、提供国内外有关技术经济信息；编印会刊、资料和图书；开展技术咨询、服务；组织科研成果和产品的鉴定、评审；推荐名优特新产品兼指导施工应用。

组织人才、技术和职业培训及岗位培训。

组织订立行规、行约，建立自律机制，维护会员单位和行业的合法权益。

开展国内外经济技术交流与合作。

组织或参与制定修订技术、管理等国家和行业标准、规程，并组织宣传贯彻实施。

开展行检行评，宣传、促进质量监督工作。

接受政府授权和委托，参与制定行业发展规划，对行业内重大技术改造，投资与开发项目进行前期论证。发展行业公益事业。承担政府和有关单位委托的其他任务。

1.3 组织机构

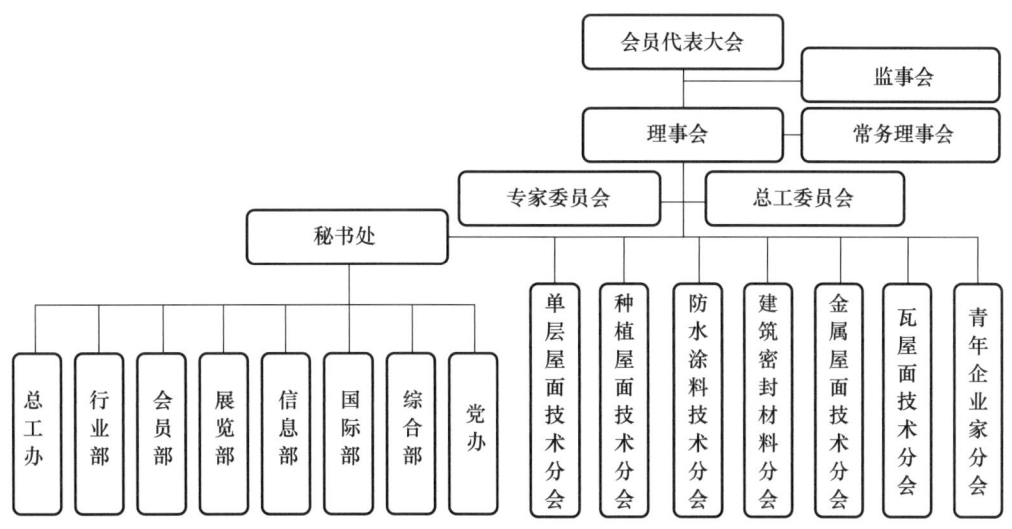

1.4 协会历届领导机构和负责人

第一届理事会负责人名单

理　事　长：徐勤舫

副 理 事 长：李从典、杨步然、李树宸、王海林
秘 书 长：孙庆祥
副 秘 书 长：樊桂珍（增补）

第二届理事会负责人名单

理 事 长：徐勤舫、邵玉媛（接任）、陈 健（接任）
副 理 事 长：孙庆祥、杨步然、董香圃、李谷云、张永定
秘 书 长：孙庆祥（兼）
副 秘 书 长：樊桂珍

第三届理事会负责人名单

理 事 长：陈 健
常务副理事长：孙庆祥
副 理 事 长：邓 超、张永定、张铁军、董洪年、黄文杰、曹世光、羡永彪、
颉朝华、朱冬青（增补）、李卫国（增补）
秘 书 长：孙庆祥（兼）
副 秘 书 长：樊桂珍、赵军

第四届理事会负责人名单

理 事 长：陈 健
常务副理事长：朱冬青（法定代表人）
副 理 事 长：（按姓氏笔画排序）
王树新、邓 超、李卫国、李国干、邱玉明、何圣传、邹先华、
张胜元、费小弟、高 原、曹天志（由陈建华接任）、羡永彪、
谢恒斌、詹福民
秘 书 长：朱冬青（兼）
常务副秘书长：苗 燕
副 秘 书 长：徐建月、袭著昆

第五届理事会负责人名单

理 事 长：朱冬青（法定代表人）
副 理 事 长：王树新、吴经德、新 华、李卫国、李和昌、李国干、邹先华、
陈伟忠、洪晓苗、高 原、羡永彪、詹福民、樊细杨、

费小弟（由瞿建民接任）、陈建华（由王为华接任）

秘　书　长：苗　燕

副 秘 书 长：苏　明

第六届理事会负责人名单

理　事　长：朱冬青（法定代表人）

副 理 事 长：（按姓氏笔画排序）

　　　　　　王为华（由吕国松接任）、邓　超、古润泽、卢桂才（增补）、
　　　　　　刘　明、李卫国、李赉周、李德生、吴进明、邹先华、陈伟忠、
　　　　　　武　功、郑风礼、郑宪明、洪晓苗、钱林弟（增补）、
　　　　　　高　原（由武庆涛接任）、葛　兆（增补）、羡永彪、
　　　　　　詹福民（由柳志国接任）、樊细杨、瞿建民

秘　书　长：苗　燕

副 秘 书 长：苏　明

理 事 会 主 席：李卫国

主 席 团 成 员：李卫国、羡永彪、邹先华、李德生、柳志国、朱冬青、苗　燕

第七届理事会负责人名单

会　　　长：李卫国

秘　书　长：朱冬青（法定代表人）

驻 会 副 会 长：苗　燕、苏　明

副　会　长：王志毅、卢桂才、白召军、吕国松、李德生、吴进明、何家旭、
　　　　　　邹先华、陈伟忠、武庆涛、郑风礼、郑宪明、柳治国、骆晓彬、
　　　　　　钱林弟、倪锦平、童祖元、羡永彪、瞿培华、葛　兆、白力伟、
　　　　　　耿进玉（增补）、于在河（增补）、巢文革（增补）

第七届理事会监事会成员

监 事 会 主 席：朱德明

监　　　事：杨际梅、高　妍

第八届理事会负责人名单

会　　　长：李卫国

秘　书　长：朱冬青（法定代表人）

驻会副会长（常务）：苗　燕
驻会副会长：陈　岳、羡永彪
副　会　长：白召军、巢文革、陈伟忠、耿进玉、管　理、何家旭、李金钟、
　　　　　　梁千盛、林德殿、卢桂才、钱林弟、瞿培华、童祖元、郑贤国、
　　　　　　郑宪明、邹先华、孙　哲、吴经德、葛　兆、戚锦秀（增补）、
　　　　　　韩　啸（增补）、彭　超（增补）、范宏伟（增补）、
　　　　　　刘启军（增补）、孙军忠（增补）、卫向阳（增补）

第八届理事会监事会成员

监　事　长：倪锦平
监　　　事：李　莉、高　妍

1.5　社团登记、会徽和英文名称

英文名称：China National Building Waterproof Association，缩写：CWA。

图 1-1　中华人民共和国社会团体登记证（1994 年）

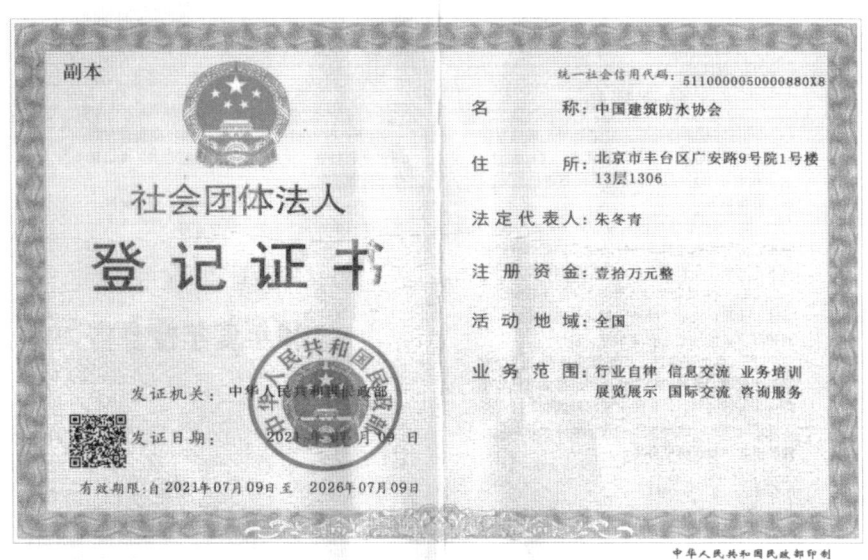

图1-2 中国建筑防水协会社会团体法人登记证书（2021年）

图1-3 中国建筑防水协会logo

秘书处：

地址：北京市丰台区广安路9号国投财富广场1号楼12A06—12A15

邮编：100055

电话：010-88415061/5077

E-mail：cnwb@cnwb.net

1.6 协会文化

本会使命：促进行业健康发展，共建绿色美好家园
本会愿景：致力成为行业卓有成效的社会组织
本会宗旨：引领、沟通、协调、服务

1.7 协会章程

中国建筑防水协会章程
（2020年12月7日八届第一次会员代表大会表决通过）

第一章　总　则

第一条　本团体的名称：中国建筑防水协会，英文名称：China National Building Waterproof Association，英文缩写：CWA。

第二条　本团体是由从事建筑防水材料生产、科研、设计、施工等相关领域的企事业单位、科研院校和社会组织以及有关人士自愿结成的全国性、行业性、非营利性的社会组织。

第三条　本团体的宗旨：坚持为建筑防水行业企事业单位服务，为政府服务，发挥桥梁纽带作用；维护国家利益，维护行业和会员单位的合法权益；推动我国建筑防水行业和防水事业的健康发展；组织会员开展慈善活动，促进国家慈善事业的发展。

本团体遵守宪法、法律、法规和国家政策，践行社会主义核心价值观，弘扬爱国主义精神，遵守社会道德风尚，自觉加强诚信自律建设。

第四条　本团体坚持中国共产党的全面领导，根据中国共产党章程的规定，设立中国共产党的组织，开展党的活动，为党组织的活动提供必要条件。

第五条　本团体接受业务主管单位国务院国有资产监督管理委员会和登记管理机关民政部的业务指导和监督管理。

第六条　本团体的住所设在北京市。

第二章　业务范围

第七条　本团体的业务范围：

（一）贯彻执行党和国家的有关方针、政策、法规，研究、探讨本行业发展中存在的重大问题，随时向政府有关部门反映行业情况、要求和建议，协助政府有关部门完善行业自律；

（二）根据授权组织对本行业基本情况和发展状况、统计资料的调查、搜集、整理、分析，为政府有关部门制定行业发展规划、经济技术政策、立法等提供依据，并参与有关活动；

（三）受政府有关部门、会员企业或有关单位委托，组织专家对科技成果、新产品、新技术等项目进行评估，对经营管理活动进行诊断和咨询；

（四）参与制修订本行业有关标准规范，并组织贯彻实施；接受政府或企业专项委托，出具行业发展规划和市场分析报告；经政府有关部门批准，开展行业信用体系建设；

（五）根据行业特点，组织协商订立行规行约，建立行业自律机制和公平竞争秩序，维护行业和会员合法权益；

（六）搜集和提供国内外有关技术经济信息，根据规定编印会刊、会讯、专题资料和书籍，开办网站；受政府委托承办或根据市场和行业的需要举办展览展示和经济技术研讨会、交流会，开展技术咨询和技术服务，为会员提供多方位多层次的服务；

（七）开展多种形式技术培训和职业教育工作，为会员企业培养各类技术和管理人才；

（八）加强同国外有关行业组织和企业的联系与交流，组织对外经济技术交流和协作活动；在会员企业对外出口、利用外资、引进技术以及开拓国际市场等方面进行协调；组织行业开展反倾销、反补贴和保障措施工作，维护产业合法权益；

（九）组织会员开展行业相关的扶贫、济困、扶老、环境保护等慈善和公益活动，向会员普及慈善理念，践行行业的社会责任，促进国家慈善事业发展。

业务范围中属于法律法规规章规定须经批准的事项，依法经批准后开展。

第三章　会　员

第八条 本团体的会员种类：单位会员和个人会员。

第九条 申请加入本团体的会员，必须具备下列条件：

（一）拥护本团体的章程；

（二）有加入本团体的意愿；

（三）在本团体的业务领域内具有一定的影响；

（四）依法成立的从事建筑防水材料生产、防水工程设计施工、防水装备制造、经销物流、科研教育、中介服务、上下游产业链及关联原辅材料制造服务等的企事业单位、科研院校和社会组织，可申请成为本团体的单位会员；

（五）从事建筑防水材料生产、防水工程设计施工、防水装备制造、经销物流、科研教育、中介服务、上下游产业链及关联原辅材料制造服务等领域的个人，可申请成为本团体的个人会员；

（六）愿积极参加本团体活动，支持行业发展。

第十条 会员入会的程序：

（一）提交入会申请书；

（二）经理事会或常务理事会讨论通过；

（三）由理事会或理事会授权的机构颁发会员证书，并予以公告。

第十一条 会员享有下列权利：

（一）本团体的选举权、被选举权和表决权；

（二）参加本团体的活动；

（三）获得本团体服务的优先权；

（四）对本团体工作的批评建议权和监督权；

（五）入会自愿，退会自由。

第十二条 会员履行下列义务：

（一）遵守本团体章程及行规行约，执行本团体的决议；

（二）维护本团体的合法权益；

（三）完成本团体交办的工作；

（四）按规定交纳会费；

（五）向本团体反映情况，提供有关资料。

第十三条 会员退会应书面通知本团体，并交回会员证。

第十四条 会员如果连续2年不履行会员义务的，经劝告无效，视为自动退会。当会员不再符合会员条件、丧失完全民事行为能力或有对行业造成重大恶劣影响，自动丧失会员资格。

第十五条 会员退会、自动丧失会员资格或者被除名后，其在本团体相应的职务、权利、义务自行终止。

第四章　组织机构和负责人的产生、罢免

第一节　会员代表大会

第十六条 本团体的最高权力机构是会员代表大会，会员代表大会的职权是：

（一）制定和修改章程；

（二）选举和罢免理事、监事；

（三）审议理事会的工作报告和财务报告；

（四）审议监事会的工作报告；

（五）制定并修改会费标准；

（六）决定终止事宜；

（七）决定协会重大业务活动，资产的保值增值；

（八）决定其他重大事宜。

第十七条 会员代表大会每届5年。因特殊情况需提前或延期换届的，须由理事会表决通过，报业务主管单位审查并经社团登记管理机关批准。延期换届最长不超过1年。

因特殊情况需要召开临时会员代表大会的，经1/3以上会员代表提议或理事会表决通过，报业务主管单位审查，并向社团登记管理机关报批，可以召开临时会员代表大会。

临时会员代表大会会议职权、会议程序、表决程序等内容与会员代表大会无异。

第十八条 会员代表大会须有2/3以上会员代表出席方能召开。制定和修改章程，须经到会会员代表2/3以上表决通过；其他决议，须经到会会员代表1/2以上表决通过。

第二节 理事会

第十九条 理事会是会员代表大会的执行机构，在会员代表大会闭会期间领导本团体开展日常工作，对会员代表大会负责。

第二十条 理事会的职权是：

（一）执行会员代表大会的决议；

（二）选举和罢免会长、副会长、秘书长、常务理事；

（三）筹备召开会员代表大会；

（四）向会员代表大会报告工作和财务状况；

（五）决定会员的吸收和除名；

（六）决定办事机构、分支机构、代表机构和其他所属机构设立、变更和终止；

（七）决定副秘书长、各机构主要负责人的聘任或解聘；

（八）领导本团体各机构开展工作；

（九）制定内部管理制度；

（十）决定承接政府的职能转移，购买服务，依法申请相关税收、政策的优惠；

（十一）决定资产依法的保值增值，以及其他重大的资产处置活动；

（十二）决定其他重大事项。

第二十一条 理事会每年至少召开一次会议；情况特殊的，可采用通讯形式召开。

第二十二条 理事会须有 2/3 以上理事出席方能召开，其决议须经到会理事 2/3 以上表决通过方能生效。通讯会议不得决定负责人调整事项。

第三节 常务理事会

第二十三条 本团体设立常务理事会。常务理事从理事中选举产生，人数不超过理事的 1/3。在理事会闭会期间，常务理事会行使第二十条第一、三、五、六、七、八、九、十、十一项的职权，对理事会负责。

第二十四条 常务理事会至少每半年召开 1 次会议；情况特殊时，可采用通讯形式召开。

第二十五条 常务理事会须有 2/3 以上常务理事出席方能召开，其决议须经到会常务理事 2/3 以上表决通过方能生效。

第四节 负责人

第二十六条 本团体负责人包括会长、副会长、秘书长。

第二十七条 本团体的负责人必须具备下列条件：

（一）坚持中国共产党领导，拥护中国特色社会主义，坚决执行党的路线、方针、政策，具备良好的政治素质；

（二）遵纪守法，勤勉尽职，个人社会信用记录良好；

（三）具备相应的专业知识、经验和能力，熟悉行业情况，在本会业务领域有较大影响；

（四）身体健康，能正常履责，年龄不超过 70 周岁，秘书长为专职；

（五）具有完全民事行为能力；

（六）能够忠实、勤勉履行职责，维护本会和会员的合法权益；

（七）无法律法规、国家政策规定不得担任的其他情形。

第二十八条 本团体会长、副会长、秘书长如超过最高任职年龄的，应当办理离职手续。

本团体会长、副会长、秘书长如果超过最高任职年龄的，须经理事会表决通过，报业务主管单位审查并经社团登记管理机关批准同意后，方可任职。

第二十九条 本团体会长、副会长、秘书长每届任期 5 年，任期最长不得超过两届。

第三十条 本团体会长为法定代表人。

因特殊情况，经会长推荐，理事会同意，报业务主管单位审查和社团登记管理机关批准后，可以由副会长或秘书长担任法定代表人。

法定代表人代表本团体签署有关重要文件。

本团体法定代表人不兼任其他团体的法定代表人。

第三十一条 本团体会长行使下列职权：

（一）召集和主持理事会、常务理事会；

（二）检查会员代表大会、理事会和常务理事会决议的落实情况；

（三）提名秘书长人选，交理事会决定。

第三十二条 本团体设立秘书处，秘书处的工作由秘书长主持，秘书长为本团体专职工作人员。本团体秘书长行使下列职权：

（一）主持秘书处开展日常工作，组织实施年度工作计划；

（二）协调各机构开展工作；

（三）提名副秘书长以及各机构主要负责人，交理事会或常务理事会决定；

（四）决定各机构专职工作人员的聘用；

（五）处理其他日常事务。

第五节 监事会

第三十三条 本团体设立监事会，监事任期与理事相同，期满可以连任。监事会由3名监事组成。监事会设监事长1名、监事2名，其中1名为职工监事，由本团体秘书处在职员工内部产生。

本会接受并支持委派监事的监督指导。

第三十四条 监事的选举和罢免：

（1）由会员代表大会选举产生；

（2）监事的罢免依照其产生程序。

第三十五条 本会的负责人、理事、常务理事和本会的财务管理人员不得兼任监事。

第三十六条 监事会行使下列职权：

（一）列席理事会、常务理事会会议，并对决议事项提出质询或建议；

（二）对理事、常务理事、负责人执行本会职务的行为进行监督，对严重违反本会章程或会员代表大会决议的人员提出罢免建议；

（三）检查本会的财务报告，向会员代表大会报告监事会的工作和提出提案；

（四）对负责人、理事、常务理事、财务管理人员损害本会利益的行为，要求其及时予以纠正；

（五）监督本团体对外交流工作；

（六）决定其他应由监事会审议的事项。

监事会每6个月至少召开1次会议。监事会会议须有2/3以上监事出席方能召开，其决议经到会监事2/3以上表决通过方为有效。

第六节　分支机构、代表机构

第三十七条　本团体在本章程规定的宗旨和业务范围内，根据工作需要设立分支机构、代表机构。本团体的分支机构、代表机构是本团体的组成部分，不具有法人资格，不得另行制定章程，不得发放任何形式的登记证书，在本团体授权的范围内开展活动、发展会员，法律责任由本团体承担。

分支机构、代表机构开展活动，应当使用冠有本团体名称的规范全称，并不得超出本团体的业务范围。

第三十八条　本团体不设立地域性分支机构，不在分支机构、代表机构下再设立分支机构、代表机构。

第三十九条　本团体的分支机构、代表机构名称不以各类法人组织的名称命名，不在名称中冠以"中国""中华""全国""国家"等字样，并以"分会""专业委员会""工作委员会""专项基金管理委员会""代表处""办事处"等字样结束。

第四十条　分支机构、代表机构的负责人，年龄不得超过70周岁，连任不超过2届。

第四十一条　分支机构、代表机构的财务必须纳入本团体法定账户统一管理。

第四十二条　本团体在年度工作报告中将分支机构、代表机构的有关情况报送登记管理机关。同时，将有关信息及时向社会公开，自觉接受社会监督。

第五章　资产管理、使用原则

第四十三条　本团体经费来源：

（一）会费；

（二）捐赠；

（三）政府资助；

（四）在核准的业务范围内开展活动和提供服务的收入；

（五）利息；

（六）其他合法收入。

第四十四条　本团体按照国家有关规定收取会员会费。

第四十五条　本团体经费必须用于本章程规定业务范围和事业的发展，不得在会员中分配。

第四十六条　本团体建立严格的财务管理制度，保证会计资料的合法、真实、准确、完整。

第四十七条　本团体配备具有专业资格的会计人员。会计不得兼任出纳。会计人员必须进行会计核算，实行会计监督。会计人员调动工作或离职时，必须与接管人员办清交接手续。

第四十八条 本团体的资产管理必须执行国家规定的财务管理制度，接受会员代表大会和财政部门的监督。资产来源属于国家拨款或者社会捐赠、资助的，必须接受审计机关的监督，并将有关情况以适当方式向社会公布。

第四十九条 本团体换届或更换法定代表人之前必须进行财务审计。

第五十条 本团体的资产，任何单位、个人不得侵占、私分和挪用。

第五十一条 本团体专职工作人员的工资，按照国家有关法律、法规和政策确定。本团体按规定参加基本养老、基本医疗等社会保险和缴存住房公积金。

第六章　章程的修改程序

第五十二条 对本团体章程的修改，须经理事会表决通过后报会员代表大会审议。

第五十三条 本团体修改的章程，须在会员代表大会通过后15日内，经业务主管单位审查，经同意，报社团登记管理机关核准后生效。

第七章　终止程序及终止后的财产处理

第五十四条 本团体完成宗旨或自行解散，或由于分立、合并等原因需要注销的，由理事会或常务理事会提出终止动议。

第五十五条 本团体终止动议须经会员代表大会表决通过，并报业务主管单位审查同意。

第五十六条 本团体终止前，须在业务主管单位及有关机关指导下成立清算组织，清理债权债务，处理善后事宜。清算期间，不开展清算以外的活动。

第五十七条 本团体经社团登记管理机关办理注销登记手续后即为终止。

第五十八条 本团体终止后的剩余财产，在业务主管单位和社团登记管理机关的监督下，按照国家有关规定，用于发展与本团体宗旨相关的事业。

第八章　附　则

第五十九条 本章程须经2020年12月7日第八届第一次会员代表大会表决通过。

第六十条 本章程的解释权属本团体理事会。

第六十一条 本章程自社团登记管理机关核准之日起生效。

防水行业辉煌四十年

第 2 部分 · 组织建设

2.1 协会创建

社团组织是行业社会经济发展的产物。1978年党的十一届三中全会拨乱反正，确定以经济建设为中心，实行改革开放政策，行业社团组织不断出现。20世纪80年代初，全国建材行业也陆续成立一些社团组织，如中国石材工业协会（现中国石材协会）、中国玻璃钢工业协会（现中国复合材料工业协会）、中国加气混凝土工业协会等社团组织率先成立。

为适应我国建筑防水材料工业发展的需要，在全国防水行业会议上代表们多次就成立中国建筑防水材料工业协会问题进行了讨论和磋商。1983年6月，原国家建材局和中国硅酸盐学会在上海召开全国屋面防水材料学术交流会及科技规划讨论会。会上，代表们再次酝酿并提出成立防水协会的倡议。

1984年2月，在北京召开的中国建筑防水材料公司联委会上，作出了支持成立中国建筑防水材料工业协会的决议。

原国家建材局对成立中国建筑防水材料工业协会十分关心，1984年3月18日，杜恩训局长批示："同意成立协会，但一定要坚持自愿参加原则，可以挂靠中国建筑防水材料公司。"

关于成立中国建筑防水材料工业协会座谈纪要

为了推动我国建筑防水材料工业的发展，根据国务院关于推动联合、改革体制的精神，结合我国建筑防水材料工业的现状，考虑了于上一年六月在上海召开的全国屋面防水材料学术交流及科技规划讨论会和当年二月在北京召开的中国建筑防水材料公司一届六次联委会提出成立中国建筑防水材料工业协会的要求，并经国家建材局同意，国家建材局墙体司和中国建筑防水材料公司的代表，于三月二十八日召开了关于成立中国建筑防水材料工业协会座谈会，现将座谈内容纪要如下：

一、会议对成立协会的必要性和建筑防水材料包括的范围做了研究

会议认为，为了推动我国建筑防水材料工业的发展和技术进步，成立协会是必要的。大家要求成立协会已酝酿两三年的时间，现在条件已经成熟。经会议研究，认为建筑防水材料的范围包括：石油、煤焦油、沥青油毡、油纸，合成高分子防水涂料、卷材、片材，嵌缝油膏，渗漏止水剂等。

二、明确了协会的性质和任务

协会是跨地区、跨部门的全国性行业组织，是由会员单位自愿参加的联合体。协会不干预会员单位的现有体制和经营管理活动。

协会是政府和会员单位之间的桥梁，它的主要任务是了解会员单位的情况、要求，经常向政府反映；根据政府的经济发展规划和计划，提出本行业的规划和建议；组织技术、情报交流，人才培训，开展技术服务等活动，为全行业服务。

三、议定了协会成员范围

凡本行业的生产企业，在自愿的原则下，经过填表申请，可成为协会会员单位。生产企业单位的会员单位每年要缴纳会费。也欢迎有关的应用、设计、科研、教学等单位参加，并免缴会费。

四、组成了协会筹委会

会议决定成立由七人组成的协会筹委会。主任委员：赵松；副主任委员：徐勤舫、张万山（后由李从典代替）；秘书长：孙庆祥；副秘书长：吴庵敖；委员：王志杰、樊桂珍。

筹委会自即日起开始办公。地址：北京百万庄国家建材局中国建筑防水材料公司。

五、会议决定由筹委会秘书组草拟协会章程（草案），抓紧进行筹备工作，为成立协会创造条件。

中国建筑防水材料工业协会筹委会（章）
一九八四年四月二十三日

关于同意成立中国建筑防水材料工业协会的批复
国家建筑材料工业局文件

〔1984〕建材防字第 1005 号

中国建筑防水材料公司：

墙体屋面装修材料司《关于成立中国建筑防水材料工业协会的报告》和你公司关于

成立"协会"的意见悉。经研究同意成立中国建筑防水材料工业协会。组建协会一定要坚持自愿参加原则，挂靠单位暂定为你公司。

"协会"是企业和政府之间的桥梁，其主要任务是发挥对行业的组织、指导和协调作用，逐步开展技术服务和经济协作，组织技术情报和经营管理经验交流活动，进行职工培训、提高职工队伍素质，积极促进建筑防水材料工业的发展。

望抓紧协会的组建，积极开展工作。

国家建筑材料工业局（章）
一九八四年九月六日

抄送：各省、自治区、直辖市建材局（总公司），有关企事业单位，本局墙体屋面装修材料司及有关司、室。

2.2　第一届理事会（1984—1989）

协会创立大会暨第一届第一次理事会：

1984年10月9日，中国建筑防水材料工业协会在九江市召开成立大会，会期3天，第一批110家企事业会员单位与会。会议通过了筹备工作报告、今后工作意见报告、协会章程，批准了第一批会员单位，并召开一届一次理事会，会议选举产生了第一届理事会，会议选举了领导机构。

理事长：徐勤舫

副理事长：李从典、杨步然、李树宸、王海林

秘书长：孙庆祥

理事会负责人届中增补：

1987年3月10—13日，协会在镇江市召开一届五次理事会，增补樊桂珍为副秘书长。

2.3　第二届理事会（1989—1994）

第二次会员大会暨第二届第一次理事会：

1989年5月14—18日，协会在宁波市召开第二次全体会员大会。通过民主投票选举，产生了第二届理事会，并召开二届一次理事会，会议选举产生了新一届领导机构。

理事长：徐勤舫

副理事长：孙庆祥（负责理事会日常工作）、杨步然（负责生产技术）、董香圃（负责人才培训）、李谷云（负责科技开发）、张永定（负责信息施工）

秘书长：孙庆祥（兼）

副秘书长：樊桂珍

第二届第二次理事会：

1990年8月17日，二届二次理事会在北京召开，会议主要研究落实二届一次会议的任务。

第二届第一次常务理事会：

1990年4月9—13日，协会在北京召开第一次常务理事会，会议同意了徐勤舫因工作调离辞去理事长职务，由中国建筑防水材料公司继任总经理邵玉媛接任理事长工作的建议。

第二届第三次理事会：

1993年7月，协会召开二届三次理事会（通讯会议），会议同意了因邵玉媛调离防水行业，由中国建筑防水材料公司继任总经理陈健接任理事长工作的建议。

第二届第二次常务理事会：

1993年12月22日，协会在北京召开第二次常务理事（扩大）会，主要研究理事会换届工作。决定成立换届筹备领导小组，孙庆祥任组长，樊桂珍、赵军任副组长，并成立工作班子。

理事会负责人届中增补：

1990年4月9—13日，二届一次常务理事会，接受中国建筑防水材料公司因理事长徐勤舫调离，由中国建筑防水材料公司继任总经理邵玉媛接任理事长职位的建议。

1993年7月，二届三次理事会，会议同意邵玉媛因调离防水行业，由中国建筑防水材料公司继任总经理陈健接任理事长工作。

2.4 第三届理事会（1994—2002）

第三次会员大会暨第三届第一次理事会：

1994年10月14—16日，中国建筑防水材料工业协会成立10周年庆祝会、第三次会员大会暨三届一次理事会在武汉市召开。

理事长：陈健

常务副理事长：孙庆祥

副理事长：邓超、张永定、张铁军、董洪年、黄文杰、曹世光、羡永彪、颉朝华

秘书长：孙庆祥（兼）

副秘书长：樊桂珍、赵军

第三届第二次理事会：

1996年11月14日，协会在桂林市召开三届二次理事会暨97防水行业经营衔接协调会，到会代处170余人。理事会通过了《我国建筑防水现状、问题及对策建议》；组建了经营衔接协调专业委员会；成立了高分子卷材专业委员会。

第三届第三次理事会：

1998年11月26—26日，协会三届三次理事会暨产需衔接协调会在京举行，包括48名理事在内，180余位代表与会。经理事会决定，增补朱冬青、李卫国为副理事长，孙庆祥为专家委员会常务副主任。

第三届第四次理事会：

1999年12月13—15日，协会在昆明召开三届四次理事会，全面总结回顾了协会成立15年来的历程；传达了全国化学建材会议精神；商定了2000年工作要点；增补苗燕为常务副秘书长；进行了经营衔接协调。参会人员达200余人。

第三届第五次理事会：

2000年12月7日，协会在京召开三届五次理事会暨"首届中国防水技术与市场研讨会"。

第三届第六次理事会：

2001年12月8—10日，协会在厦门市召开2001年年会及三届六次理事会。通过了举办第一届中国国际建筑防水技术展览会的决议，增补了理事，发展了新会员。

理事会负责人届中增补：

1998年11月26—27日，协会三届三次理事会暨产需衔接协调会在京举行，经理事会决定，增补朱冬青、李卫国为副理事长，孙庆祥为专家委员会常务副主任。

1999年12月13—15日，协会在昆明召开三届四次理事会，增补苗燕为常务副秘书长。

2.5 第四届理事会（2002—2006）

第四次会员大会暨第四届第一次理事会：

2002年12月21日，中国建筑防水材料工业协会第四次会员代表大会暨四届一次理事会在京召开。出席会议的代表320人。会议通过新的《章程》和《会费缴纳办法》。会议听取了协会工作报告、会费收支情况报告、第四届理事会组成方案的报告、关于章程修改的说明，产生了新的一届理事会，并召开四届一次理事会，会议选举产生了新一

届领导机构。

理事长：陈健

常务副理事长：朱冬青（任法定代表人）

副理事长：王树新、邓超、李国干、李卫国、张胜元、何圣传、邱玉明、邹先华、费小弟、高原、谢恒斌、羡永彪、詹福民

秘书长：朱冬青（兼）

常务副秘书长：苗燕

副秘书长：徐建月、袭著崑

第四届第二次理事会：

2003年12月7—8日，协会承办的全国建筑防水产业政策与战略发展论坛暨第三届中国防水技术与市场研讨会在京召开。全国化学建材协调组秘书组组长陈宜明和陈健理事长致辞。建设部科技司柴文忠处长做《关于加强建筑防水材料生产与应用管理工作意见》制订的说明发言。李承刚做《建筑防水材料生产与应用政策研究》的发言，还有21个专题的发言。会议期间，召开了四届二次理事会，听取了朱冬青秘书长的工作报告，通过了开展防水行业管理年的决定。

第四届第三次理事会：

2004年12月7—9日，协会在昆明举办第四届中国防水技术和市场研讨会暨年会和四届三次理事会。

第四届第四次理事会：

2005年12月14日下午，中国建筑防水材料工业协会年会暨四届四次理事会在海口市环岛泰德大酒店召开。举办了第五届中国防水技术和市场研讨会暨年会。

理事会负责人届中增补：

2005年12月14日，中国建筑防水材料工业协会年会暨四届四次理事会通过议案，由陈建华同志接替曹天志同志出任副理事长。

2.6　第五届理事会（2006—2010）

第五次会员大会暨五届一次理事会：

2006年12月9日，中国建筑防水材料工业协会第五次会员大会在北京新大都国际会议中心召开，350位代表出席会议。会议选举产生新一届理事会，并召开五届一次理事会，选举产生新一届领导机构。

理事长：朱冬青（法人代表）

副理事长：王树新、吴经德、新华、李卫国、李和昌、李国干、邹先华、陈伟忠、陈建华、洪晓苗、费小弟、高原、羡永彪、詹福民、樊细杨

秘书长：苗燕

副秘书长：苏明

第五届第二次理事会：

2007年12月7日，协会五届二次大会暨中国建筑防水行业年会暨第七届中国防水技术与市场研讨会在成都召开，会议通过了协会秘书长苗燕做的中国建筑防水材料工业协会2007年度工作报告；发布了《全国建设行业科技成果推广项目——建筑防水专项技术产品》名单；通过了中国建筑防水材料工业协会2007年会费收支情况报告；通过了关于增补胜利油田大明新型建筑防水材料有限责任公司总经理王为华、上海建筑防水材料公司总经理瞿建民为协会副理事长的议案；通过了关于2008年在中国建筑防水行业开展"科技创新年"活动的提案；通过了关于建立建筑防水行业统计制度的议案；通过了关于加强建筑防水材料行业质量动态管理的议案；通过了关于确认2007年入会会员议案等。

第五届第三次理事会：

2008年12月8日，中国建筑防水材料工业协会第五届理事会第三次会议暨第八届中国防水技术与市场研讨会在广西北海召开，来自全国各地的328名代表出席会议。苗燕秘书长做2008年度协会工作报告。大会授予7家企业"中国建筑防水行业科技创新示范企业"称号，17家企业"2008年中国建筑防水行业科技创新企业奖"称号。

第五届第四次理事会：

2009年12月7日，中国建筑防水协会第五届理事会第四次会议暨第九届中国防水技术与市场研讨会在深圳召开，本次会议共有400余代表参会。中国建筑防水企业信用等级评价工作委员会向社会公布了33家取得信用等级的企业名单。获A级以上企业33家，其中AAA级企业16家。

理事会负责人届中增补：

2007年12月7日，协会五届二次大会增补胜利油田大明新型建筑防水材料有限责任公司总经理王为华、上海建筑防水材料公司总经理瞿建民为协会副理事长。

2.7 第六届理事会（2010—2015）

第六次会员大会暨六届一次理事会：

2010年12月7日，中国建筑防水协会第六次会员大会暨第十届中国防水技术和市

场研讨会召开，会议选举产生了第六届理事会理事、常务理事、副理事长、理事长及秘书长。

理事长：朱冬青（法定代表人）

副理事长：（按姓氏笔画排序）邓超、古润泽、刘明、李卫国、李赟周、李德生、吴进明、吕国松、柳志国、邹先华、陈伟忠、武功、郑凤礼、郑宪明、洪晓苗、高原、羡永彪、樊细杨、瞿建民

秘书长：苗燕

副秘书长：苏明

2012年12月7日，中国建筑防水协会六届四次会议通过了设立理事会主席团和理事会主席的决议。2012年度第二次理事长工作会议选举产生第六届理事会主席团和理事会主席。

理事会主席：李卫国

主席团成员：李卫国、羡永彪、邹先华、李德生、柳志国、朱冬青、苗燕

六届二次会理事：

2011年12月7日，中国建筑防水协会六届二次理事会暨第十一届中国防水技术和市场研讨会召开，会议审议通过了7项议案和报告；发布了《建筑防水行业"十二五"发展规划》和度中国建筑防水行业发展报告；并向企业颁发了"中国建筑防水行业知名品牌产品"的证书，有360余代表参会。大会公布了"中国建筑防水行业知名品牌产品"评选结果，最终共有28家企业的49个产品被评为"中国建筑防水行业知名品牌产品"。

六届三次会理事：

2012年7月17日，中国建筑防水协会六届五次理事会暨建筑防水行业"转变方式提升质量"工作会在京召开。154位中国建筑防水协会理事和部分会员的代表出席了会议。本次会议建材行业最高管理者和监督者出席，表示政府对防水材料的高度关注。

六届四次会理事：

2012年12月7日，中国建筑防水协会六届四次理事会暨第十二届中国防水技术和市场研讨会在桂林召开。理事会主席李卫国主持会议。会议审议通过了秘书处工作报告、关于会费收支情况的报告、"关于审议副理事长变更的议案""关于审议设立理事会主席团的议案""关于审议增补副理事长候选人的议案""关于审议增补常务理事的议案""关于审议增补理事的议案""关于确认入会会员的议案""关于审议开展建筑防水行业培训年活动的议案""关于审议设立建筑防水工程'金禹奖'的议案"等8项议案。

六届五次会理事：

2013年4月8日，中国建筑防水协会六届五次理事会暨深化建筑防水行业质量提升工作会在京召开。协会153位理事和部分会员代表事出席了会议。会议由苗燕秘书长

主持。经过多方协商和酝酿，由行业13家骨干企业率先发起促进防水行业健康发展产业联盟。会议审议通过了"关于审议增补副理事长的议案""关于设立瓦屋面技术分会的议案""关于确认2013年4月入会会员的议案"等3项议案，卢桂才、钱林弟当选第六届理事会副理事长。

六届六次会理事：

2013年12月7日，中国建筑防水协会六届六次理事会暨第十三届中国防水技术和市场研讨会在厦门召开。理事长朱冬青主持会议。会议审议了秘书处工作报告、关于会费收支情况的报告。苗燕秘书长在秘书处工作报告中回顾了协会和行业这一年来的成长轨迹，报告围绕"深化质量提升，引领行业发展"展开，着力叙述了"质量提升年"系列活动取得的成果。提议将2014年作为建筑防水行业质量提升的"成果年"，并将其列入2014年工作要点之一，巩固和扩大"质量提升年"的成果。

理事会负责人届中增补：

2012年12月7日，中国建筑防水协会六届四次理事会，增补柳志国、吕国松为第六届理事会副理事长。

2013年4月8日，中国建筑防水协会六届五次理事会，增补卢桂才、钱林弟为第六届理事会副理事长。

2013年12月7日，中国建筑防水协会六届六次理事会，增补武庆涛、葛兆为第六届理事会副理事长。

注：第一届至第六届理事会详细资料详见《防水行业辉煌30周年》纪念中国建筑防水协会成立30周年（1984—2014），中国建材工业出版社2014年出版。

2.8　第七届理事会（2015—2019）

第七次会员大会：

中国建筑防水协会于2015年12月14日在北京召开第七次会员大会，应到会员620人，实到会员416人。会议由中国建筑防水协会秘书长苗燕主持，中国建筑防水协会六届理事会全体负责人出席了本次会议，会议听取了第六届理事会工作报告，审议表决多项议案。

会议审议通过了《关于修改〈中国建筑防水协会章程〉的议案》《中国建筑防水协会换届财务审计报告》《关于加强行业自律的若干议案》《关于审议中国建筑防水协会会议议事规则的议案》《关于审议协会专职工作人员薪酬管理办法的议案》。

会议审议通过了《中国建筑防水协会第七届理事会换届办法》《关于推荐本次选举

总监票人、监票人的议案》《中国建筑防水协会第七次会员大会选举和表决程序》，并按照以上文件通过无记名投票方式选举产生了中国建筑防水协会第七届理事会和监事会，选举产生了理事会负责人和监事会主席。

第七届理事会负责人名单

会长：李卫国

秘书长：朱冬青（法定代表人）

驻会副会长：苗燕、苏明

副会长：王志毅、卢桂才、白召军、吕国松、李德生、吴进明、何家旭、邹先华、陈伟忠、武庆涛、郑风礼、郑宪明、柳治国、骆晓彬、钱林弟、倪锦平、童祖元、羡永彪、瞿培华、葛兆、白力伟、耿进玉（增补）、于在河（增补）、巢文革（增补）、柳志国（已卸任）、吴进明（已卸任）

第七届理事会监事会成员

监事会主席：朱德明

监事：杨际梅、高妍

第七届第二次会员代表大会：

中国建筑防水协会于2017年12月7日在海口召开了第七届第二次会员代表大会，协会会员代表315人参会。会议由朱冬青秘书长主持。

会议以举手表决方式审议通过了《关于推荐第七届第二次会员（代表）大会投票总监票人、监票人的议案》，推荐本次投票总监票人为瞿建民，张勇、王旭为监票人，这三人对中国建筑防水协会第七届第二次会员代表大会《关于修改〈中国建筑防水协会章程〉的议案》《关于调整会费标准的议案》表决全过程进行监督。经无记名投票表决，两项议案均超过2/3会员代表表决同意，符合协会章程规定，两项议案通过表决。会议以举手表决方式审议通过了《关于审议增补理事的议案》。

七届三次会员代表大会：

中国建筑防水协会于2018年12月18日在成都召开了七届三次会员代表大会。会员代表大会应到400人，实到357人。七届三次会员代表大会会议由朱冬青秘书长主持。

与会代表审议了《关于〈中国建筑防水协会章程〉的修订说明》《关于审议增补理事的议案》《关于审议〈中国建筑防水协会落实"三重一大"决策制度试行办法〉的议案》《关于审议协会结余资金通过银行理财保值增值的议案》《关于推荐七届三次会员代表大会投票总监票人、监票人的议案》，并以举手表决方式通过了上述议案和文件。

会议通过了将协会年度结余资金用于银行活期存款、定期存款、大额存单和购买银行低风险理财产品等议案，购买产品、途径等由秘书长依照合法、安全、有效的原则具体执行。

会员代表大会通过无记名投票方式审议通过了《关于明确中国建筑防水协会基本服务项目的议案》。

七届四次会员代表大会：

中国建筑防水协会于 2019 年 12 月 12 日在广州召开了七届四次会员代表大会。会员代表大会应到 400 人，实到 376 人。

七届四次会员代表大会由苗燕副会长主持。

与会代表审议了《关于审议〈中国建筑防水协会会员代表大会会员代表产生办法〉的议案》《关于审议修订〈中国建筑防水协会会员管理办法〉的议案》《关于审议修订〈中国建筑防水协会会议议事规则〉的议案》《关于审议修订〈中国建筑防水协会资产管理制度〉的议案》《关于审议用结余资金购买办公用房的议案》《关于调整中国建筑防水协会副会长人选的决定》《中国建筑防水协会设立"北京中防国际会展服务有限公司"的议案》，并以举手表决方式通过了以上议案。

七届一次理事会：

中国建筑防水协会于 2015 年 12 月 14 日在北京召开七届一次理事会，应到理事 171 人，实到理事 143 人。

会议由中国建筑防水协会理事长朱冬青主持。会议审议通过了《中国建筑防水协会 2015 年会费收支情况报告》《关于确认 2015 年入会会员的议案》和《关于审议〈中国建筑防水协会分会管理办法〉的议案》。

七届二次理事会：

中国建筑防水协会于 2016 年 12 月 7 日在重庆召开了七届二次理事会，应到理事 171 人，实到理事 137 人。会议由中国建筑防水协会副会长苗燕主持。

大会上汇报并通过了《中国建筑防水协会 2016 年秘书处工作总结》《2016 年度中国建筑防水协会监事会工作报告》和《中国建筑防水协会 2016 年 1 月至 10 月会费收支情况报告》。

会议以举手表决方式审议通过了《关于审议〈建筑防水行业"十三五"发展规划纲要〉的议案》《关于"中国建筑防水协会聚脲防水技术分会"更名的议案》和《关于确认 2016 年入会会员的议案》。

七届四次理事会：

中国建筑防水协会于 2017 年 12 月 7 日在海口召开了七届四次理事会，协会应到理事 171 人，实到理事单位 132 人。会议由朱冬青秘书长主持。

中国建筑防水协会会长李卫国先生致开幕词。中国建筑防水协会副秘书长陈岳做了《中国建筑防水协会 2017 年秘书处工作报告》，监事会主席朱德明做了《中国建筑防水协会监事会 2017 年工作报告》。

会议以举手表决方式审议通过了《中国建筑防水协会 2017 年秘书处工作报告》《中国建筑防水协会监事会 2017 年工作报告》《2017 年会费收支情况的报告》《关于审议中国建筑防水协会信息公开办法的议案》和《关于召开中国建筑防水协会第七届第二次会员（代表）大会的议案》。

七届五次理事会：

中国建筑防水协会于 2018 年 12 月 18 日在成都召开了七届五次理事会，理事会应到 170 人，实到 128 人。

会议由朱冬青秘书长主持。陈岳副秘书长代表协会做了《中国建筑防水协会秘书处 2018 年工作总结》，朱德明主席宣读了《2018 年会费收支情况的报告》，钱林弟副会长等宣读了《关于审议防水行业"十三五"规划纲要中期修订稿的议案》《关于审议增补调整副会长候选人人选的议案》《关于审议召开中国建筑防水协会七届三次会员代表大会的议案》等文件。

与会代表审议了《中国建筑防水协会秘书处 2018 年工作总结》《中国建筑防水协会监事会 2018 年工作报告》《2018 年会费收支情况的报告》，并以举手表决方式通过了《关于审议防水行业"十三五"规划纲要中期修订稿的议案》《关于推荐七届五次理事会投票总监票人、监票人的议案》《关于确认 2018 年入会会员的议案》《关于审议〈中国建筑防水协会三年发展规划（2018—2020 年）〉的议案》《关于审议召开中国建筑防水协会七届三次会员代表大会的议案》。

会议以无记名投票方式审议通过了《关于审议增补调整副会长候选人人选的议案》，巢文革先生、耿进玉先生和于在河先生成功当选协会副会长候选人，柳志国和吴进明先生卸任协会副会长职务。

七届六次理事会：

中国建筑防水协会于 2019 年 12 月 12 日在广州召开了七届六次理事会。理事会应到 179 人，实到 123 人。

会议由苗燕副会长主持。陈岳副秘书长代表协会做了《中国建筑防水协会秘书处 2019 年工作总结》，朱德明主席宣读了《中国建筑防水协会 2019 年会费收支情况的报告》。与会代表审议了《中国建筑防水协会秘书处 2019 年工作总结》《中国建筑防水协会监事会 2019 年工作报告》《中国建筑防水协会 2019 年会费收支情况的报告》《关于审议召开中国建筑防水协会七届四次会员代表大会的议案》《关于确认 2019 年入会会员的议案》《关于推荐万山青同志为中国建筑防水协会副秘书长的议案》《关于成立第八届理事会换届选举筹备领导小组的议案》，并以举手表决方式通过了以上报告及议案。

七届七次理事会：

中国建筑防水协会于 2020 年 12 月 6 日在杭州召开七届七次理事会，应到理事 179 人，实到理事 133 人。

会议由中国建筑防水协会秘书长朱冬青主持，中国建筑防水协会七届理事会成员等相关负责人出席了本次会议，会议重点讨论并审议了换届选举办法。

会议对《2020 年会费收支情况的报告》《关于审议〈中国建筑防水协会第八届理事会换届选举办法〉的议案》《关于设立"中国青年屋面工（防水工）冠军赛"的议案》《关于设立"528 防水日"的议案》《关于中国建筑防水协会购置办公用房的议案》等议案进行了审议，会议以举手表决方式审议通过了以上所有议案。

2.8.1 理事会负责人届中调整

2018 年 12 月 18 日，中国建筑防水协会七届五次理事会，吴进明先生和柳志国先生卸任第七届理事会副会长职务，于在河先生、巢文革先生和耿进玉先生增补为第七届理事会副会长。

2019 年 12 月 12 日，中国建筑防水协会七届四次会员代表大会，第七届理事会副会长、全国工业产品生产许可证办公室防水卷材审查部主任武庆涛同志不再担任中国建筑防水协会第七届理事会副会长。

2.8.2 第七届会员大会工作报告

结构调整 转型升级　创新发展 整合重组
在新常态中迎接行业发展的机遇与挑战
——中国建筑防水协会第六届理事会工作报告
朱冬青

各位代表：

根据《中国建筑防水协会章程》，中国建筑防水协会第六届理事会任期届满，今天在北京召开第七次会员（代表）大会，主要任务是认真总结第六届理事会取得的成绩和经验，对下届理事会任期内的工作提出建议，并选举第七届理事会领导机构。

过去的五年，中国建筑防水协会在第六届理事会的领导下，在政府主管部门、国资委和中国建材联合会的支持下，在全体会员的努力下，认真履行职责，协会在推动行业结构调整、转型升级、质量提升、技术交流、人才培养和行业自律等方面取得了有目共睹的成就。

换届选举工作是规范协会发展、保证协会在引领行业发展中发挥积极作用的一件大事。希望各位代表认真行使自己的职责和权利，共同开好本次大会，共同推进行业的健康发展。

现在我受中国建筑防水协会第六届理事会委托，向大会作工作报告，请代表审议。

第六届理事会工作回顾

第六届理事会任期恰逢国民经济和社会发展第十二个五年规划时期。"十二五"时期，是改革开放伟大历史进程中具有鲜明里程碑意义的5年。2011—2014年，国内生产总值年均增长8.0%，经济总量居世界第二位，国家经济实力和人民生活水平持续提高；交通运输能力持续增强，高速铁路运营里程位居世界第一，房地产开发高速增长，年均施工面积保持15.7%的增速，中国业已成为全球制造业大国。

过去的5年，是建筑防水行业为满足国家经济建设日益增长和人民生活品质需求日益提高而做出巨大贡献的5年，是建筑防水行业取得辉煌成就的5年，也是建筑防水行业持续健康发展的5年。

5年来，在政府主管部门、社团组织和全体会员的共同努力下，主要防水产品产量5年增长了66%，年均增长率超过10%，投资完成额5年增长了2.5倍，年均增长率超过28%，主营业务收入5年增长了98%，年均增长率超过14%，行业利润总额5年增长了89%，年均增长率超过13%。2015年，在比较严峻的行业发展形势下，防水行业利润总额仍然保持着两位数的增长。目前，《建筑防水行业"十二五"发展规划》的发展目标已经基本完成。

在这5年中，协会一直坚持"引领、沟通、协调、服务"的宗旨，配合政府主管部门工作，服务会员企业，联合各地社团组织，发挥专家智囊作用，推动行业健康发展。协会把政策引导、结构调整、质量提升、标准规范、人才培养、技术创新、社会关注和行业自律作为行业健康发展的抓手。5年间，协会一直坚持与各级政府沟通，参与了《建筑防水卷材行业准入条件》（以下统称为《准入条件》）和《防水卷材产品生产许可证实施细则》（以下统称为《细则》）的撰写工作，推动了多项政策的出台；与质检总局（现国家市场监督管理总局）开展了4年的质量提升工作，创新了监管模式，防水材料国抽合格率首次突破90%；发挥专家力量，主编、参编标准规范将近90项；积极搭建技术交流平台，组织了20多个出国考察团，走出去引进来，赶超国际先进技术；开启学历教育、职业教育和技能培训三位一体的培训模式，参加了近百场的《建筑防水》必修课培训班，让超过10000人次的注册建筑师受益；培训了5000名防水工并获得国家防水工职业技能鉴定证书；与湖北工业大学合作开办防水专业本科班、硕士研究生班，探索了行业高级专业人才的发展方式；通过扶优扶强，提高行业集中度；落实企业主体责任，推动将近200家骨干企业成立了各种质量诚信组织，加强行业自律；发挥大众媒体作用，借助舆论监督推动行业发展。

一、产业政策

5年来，协会一直将推动产业政策出台以及宣贯作为工作重点。

（1）编制《建筑防水行业"十二五"发展规划》，引领行业发展。协会十分重视规划对行业发展的导向和引领作用，2011年底通过的《建筑防水行业"十二五"发展规划》中制定了结构调整战略、创新发展战略和人才培养战略，明确"十二五"期间，主要防水材料产量的平均年增长率保持在10%以上。从2011—2014年实际产量增长及2015年预测增长来看，5年平均增长率已经达到规划目标。

（2）参与修订《建筑防水卷材产品生产许可证实施细则（2013版）》。2011年，协会向质检总局（现国家市场监督管理总局）提出了对《建筑防水卷材产品生产许可证实施细则（2008版）》进行修改的建议。2012年，质检总局（现国家市场监督管理总局）把修订《建筑防水卷材产品生产许可证实施细则》（以下简称《细则》）列入了主要工作计划。协会作为《细则》的主要起草单位，组织了行业内知名企业及科研机构参与讨论，听取多方意见，把《细则》修订作为行业准入门槛的重要措施之一。2013年5月1日起，质检总局（现国家市场监督管理总局）发布的《细则（2013版）》开始实施。

（3）参与编制《建筑防水卷材行业准入条件》（以下简称《准入条例》）。2012年，协会推动工信部将建筑防水行业列为重点关注行业，并受工信部委托，成为《准入条件》的起草单位。《准入条件》从建设条件与生产布局、生产规模、工艺与装备、能源消耗、环境保护、产品质量、安全生产、职业卫生、社会责任等多个方面对新建和改扩建建筑防水卷材项目做出了明确的准入要求。2013年3月1日起，工信部发布的《准入条件》开始实施。《准入条件》和《细则》是引领建筑防水行业健康发展的两项重要产业政策，是协会工作的重要政策指导和工作抓手。

（4）在相关产业政策中，协会发挥行业社团组织协调沟通作用，对行业相关政策提出了建设性意见。协会多次组织专家对公安部制定的《民用建筑外保温系统及外墙装饰防火暂行规定》进行研讨、认证，结合国际上的通行做法和中国的实际情况，向公安部消防局提出了合理的建议。对住建部修订的《绿色建筑评价标准》，协会通过多方调研，从多个方面提出了修订意见。

（5）通过产业政策宣贯，促进行业发展。协会通过多种方式向会员传达《准入条件》和《细则（2013版）》的精神，数十家重点企业根据新的产业政策精神，开始新一轮的以节能环保为核心的技术改造、采用符合产业政策要求的生产装置等投资活动。

二、质量提升

产品质量是防水行业发展的根本。协会十分重视防水行业质量建设，通过努力，推动质检总局（现国家市场监督管理总局）连续4年将防水卷材产品列为质量提升产品，在行业内大力开展了一系列活动，促进构建建筑防水行业公平竞争市场环境。

（1）自2012年开始，质检总局（现国家市场监督管理总局）连续四年出台《关于建筑防水卷材等10类重点产品质量提升行动方案》等文件，将防水行业质量提升工作列为工作重点。质检总局（现国家市场监督管理总局）和工信部联合发文《关于加强建筑防水行业质量建设，促进建筑防水卷材产品质量提升的指导意见》规范行业发展。今年质检总局（现国家市场监督管理总局）发布了《关于开展建筑防水卷材产品生产许可获证企业专项监督检查的通知》，以防水行业为试点，开展获证企业证后监管行动。

质检总局（现国家市场监督管理总局）在防水行业内连续三年开展建筑防水卷材"质检利剑行动"打击假冒伪劣，根据群众举报和行业协会提供的线索组织暗访，制订行动方案，共在39个（次）的省市开展活动，摸排417家（次）防水企业，查处犯罪案件171起，关停取缔生产窝点114个，查获无生产许可证等违法生产企业102家，吊销39个企业的营业执照，现场查获假冒伪劣防水卷材48440卷。在防水卷材有代表性的主产区和部分重点地区内开展"三查三打"专项行动；将建筑防水卷材产品作为首批试点产品，对防水企业率先实施分类监管，今年质检总局（现国家市场监督管理总局）委托协会在发证检验机构和获证企业内开展了建筑防水卷材物理性能检验比对工作，提升行业质量水平。

（2）为配合深化防水行业质量提升工作，从2012年起，协会连续4年在行业内开展"质量提升年""培训年""成果年""质量提升省市行""质量提升万里行"等活动，让更多的企业参与到质量提升工作中。协会通过各种质量提升活动，推动落实骨干企业的主体责任，以标准为抓手，实现产业升级，通过动态监督、质量抽查等，提升行业自律水平。

（3）为更好掌握建筑防水行业发展过程中存在的各种风险，质检总局（现国家市场监督管理总局）启动了重要行业质量风险评估研究。2013年，中国建筑防水协会协助质检总局（现国家市场监督管理总局）完成《建筑防水行业质量风险评估报告》，报告揭示了建筑防水行业质量风险的表现和危害，分析了成因，并提出了改善途径和方法，为政府部门加强质量监督提供了参考依据。

此外，协会还与质检总局（现国家市场监督管理总局）联合建立了"中国建筑防水行业质量提升信息平台"。

三、科技创新

科技创新是推进结构调整和转型升级、增强企业持续发展能力的主要途径之一，是协会的一项重点工作。

5年来，协会通过建筑防水行业技术进步奖，肯定了60个企业创新项目的技术先进性，鼓励更多的防水企业进行技术创新；向住建部推荐建设领域科技成果，鼓励会员企业积极申报建设领域科技成果，协会推荐的34个项目列为住建部"建筑领域科技成果（防水专项）"，向全国推广。

协会立足行业专家、分会资源，打造了多个品牌研讨会平台，追踪国内外行业技术（产品）的最新发展动态，探讨业内普遍关注的热点问题，协助会员企业为开展技术创新和开发新产品拓宽思路和视野。中国防水技术与市场研讨会已经成功举办14届，今年将继续召开第15届中国防水技术与市场研讨会，研讨内容包括国内政策、国际先进技术、行业热门技术、行业建设等多个方面。中国建筑防水（南方）专家论坛已经成功举办4届，论坛抓住当下最热门问题，通过专家、企业家的研究、探讨，寻求行业发展之路。

此外，协会每年举办单层屋面技术与市场研讨会、种植屋面技术与市场研讨会、金属屋面技术研讨会、防水密封材料技术研讨会、喷涂技术研讨会、瓦屋面技术研讨会等分会研讨会，这种细分领域的专业研讨会不仅是年会研讨会的补充，更是协会向边缘领域扩展的桥头堡，同时也为各领域间的技术交流和市场合作提供了平台。

四、标准规范

协会始终以标准规范作为引领行业发展的重要手段。协会特别关注与绿色建筑、节能减排、安全生产等相关的标准规范的编制、立项工作，如《种植屋面工程技术规程》JGJ 155—2013、《种植层面用耐根穿刺防水卷材》GB/T 35468—2017、《沥青基防水卷材单位产品能源消耗限额》GB 30184—2013、《建筑防水涂料有害物质限量》T/CBMF 85—2020等标准规范。

2015年，已经开展编制工作的主要有《建筑金属围护系统工程技术标准》JGJ/T 473—2019、《防水卷材生产企业质量管理规程》JC/T 1072—2016、《建筑幕墙用硅酮结构密封胶》JG/T 475—2015、《防水卷材屋面用机械固定件》JG/T 576—2021、《玻纤胎沥青瓦》GB/T 20474—2015、《预铺防水卷材》GB/T 23457—2017、《湿铺防水卷材》GB/T 35467—2017、《单层卷材屋面系统抗风揭试验方法》GB/T 31543—2015等标准。

5年来，协会主编、参编和参与了近90项标准规范的制修订工作。已批准发布和实施的标准32项，已完成审定待批的标准18项，正在制修订的标准和规范25项，已下达计划的标准13项。

防水行业标准体系的不断完善，为产品标准化提供了衡量依据，为行业质量提升提供了技术支持。

五、人才培养

人才培养是建筑防水行业"十二五"规划中三大战略支撑点之一，为贯彻党的十八大"加快发展现代职业教育,加强职业技能培训,提升劳动者就业创业能力,增强就业稳定性"的精神,协会分别从学历教育、职业教育和技能培训3个方面着手,逐步开展人才培养工作。

协会不断深化学历教育。协会积极与湖北工业大学合作,2011—2015年,湖北工业大学共培养180余位防水专业本科毕业生。2014年,在近十年的防水专业办学基础上,湖北工业大学成功申报了防水材料与工程专业湖北省战略新兴产业人才培养计划,并开设了防水材料与工程专业工程硕士研究生班。目前,已经完成两届防水材料与工程专业硕士研究生班的招生工作,共计30余人。

职业教育是协会将防水技术向注册建筑师领域渗入的重要手段。自2004年起,协会每年开设注册建筑师选修课程,每年均有超过400名注册建筑师来参加培训。2014年,通过协会努力,建筑防水成为注册建筑师继续教育的必修课。住建部执业资格注册中心委托中国建筑防水协会组织有关专家编写的《全国一级注册建筑师继续教育培训教材之九——建筑防水》已经成功出版。2014—2015年,协会专家共参与了近100场的《建筑防水》必修课培训教学工作,超过10000人次的注册建筑师参加了《建筑防水》培训。

技能培训方面,协会主要从承包商和供应商两个方面开展培训工作。承包商方面,为规范"防水工"职业技能鉴定工作,提高防水施工技术培训及职业技能鉴定质量,保证建筑防水施工质量,协会与国家建材行业特有工种职业技能鉴定040站联合进行了数十次防水施工技术培训。培训内容主要包括改性沥青防水卷材施工技术、单层屋面系统施工技术和喷涂施工技术等方面的培训师和防水工培训。为提升国内施工水平,协会连续两年聘请美国屋面工程协会、德国屋面工程协会、索普瑞玛公司的外国专家来华开展培训师职业技能培训工作。截至今年年底,协会共培训了177位培训师,培训了5000名防水工并获得国家职业资格认定。

供应商方面,为提升企业的实验室检测能力,协会和国家建筑材料行业特有工种职业技能鉴定040站在全行业内开展了建筑防水行业标准化实验室评定工作,共28家企业通过了评定。为了提高企业检测人员的检测水平,040站开展了建材物理检验工(防水材料检验员)和建材物理检验工(密封胶条检验员)的培训。目前,有近1400人通过了建材物理检验工鉴定。

在培训和鉴定的基础上,协会还创办了"全国建筑防水行业职业技能大赛"。2013—2014年,有近130名选手参加比赛,4名选手获得了"屋面防水大师"称号,16名选手破格晋升为"技师"技术资格,14名选手破格晋升为"高级防水工"技术资格。今年,在原有改性沥青、高分子项目的基础上,增加了喷涂施工项目,赛事分为初赛、复赛和决赛三个阶段。初赛阶段由各地方协会组织承办,划分了东北、山东、西南、华东、华北、华南、河北等赛区，决赛在国际防水展上举办。

协会拟将职业技能培训作为建筑防水行业转型升级和产业链延伸的重要手段之一。

六、扶优扶强

防水行业的产业集中度偏低，存在恶性竞争现象。协会多年来一直致力于打造多种扶优扶强的平台，让优秀的企业通过技术创新、信用建设、打假扶优，获得更多的发展空间，从而起到产业升级、结构转型、提升产业集中度的目的。

5年来，协会通过防水行业企业信用评价工作，加强115家企业的诚信主体意识；通过防水行业知名品牌产品评选，累计评出94个（次）知名品牌产品，扩大优秀企业的品牌知名度；通过建筑防水行业质量奖评选，肯定了38个企业的质量工作，促进行业质量提升工作；通过建筑防水工程"金禹奖"评选，向大众展示了7个金禹奖工程的优秀之处，推动防水企业转向防水系统综合服务商；通过推荐保障房防水优质供应商，让51家优秀企业获得进入保障房建设的渠道。

协会还积极搭建展览展示平台。"中国国际屋面和建筑防水技术展览会"是屋面和建筑防水材料的全球采购平台、技术交流平台、渠道拓展平台，也是企业品牌实现平台和行业专业技术教育平台，是业内公认的亚洲规模最大、最具影响力的防水展览会，是国际三大防水展之一。历届均有北美、欧洲、东南亚、南美、非洲、中东等地区的防水企业参展、参观。

协会已经成功举办了十二届国际防水展，第十二届国际防水展展出面积25000m²，较2010年增长127.27%，国内外知名企业共计租用1600个国际标准展位，较2010年增长166.67%，国内外参展企业共计252家企业，较2010年增长68%，观众27240人次，较2010年增长94.57%。第十三届国际防水展将于12月15日在北京国家会议中心举办，展览期间同时举办了多场建筑师专场研讨会、全国建筑防水行业职业技能大赛（决赛）、节能瓦屋面和金属屋面现场施工演示、光伏建筑一体化发展论坛、2015年中国建筑防水技术与市场研讨会、美国专家技术讲座等活动。

七、行业自律

行业发展的主要动力来自行业内部。为促进行业健康发展，协会发动社团组织、骨干企业、科研院校力量，从产品质量、技术创新等多个方面开展工作。

骨干企业是行业发展的领头军，是行业质量提升的主力军。为发挥好骨干企业的示范作用，协会推动行业13家骨干企业建立合作机制，以促进产业健康发展为宗旨，严格实行产品质量和市场行为的自律，不生产和销售假冒伪劣产品和非标产品，不搞恶性竞争，以自身的力量和市场影响力发挥示范、引领作用。骨干企业在市场拓展、企业规模、销售收入、企业效益等方面都取得了较好的成果。协会还成立了防水行业"打假保优协作网"（31家企业），在打假保优、促进防水行业健康发展中发挥了积极作用。

社团组织是连接政府和企业的桥梁，发挥好纽带作用有助于政策的落实以及企业正确定位。从 2004 年开始，协会与中国建筑业协会建筑防水分会、中国建筑学会建筑防水学术专业委员会合作，共同举办了 12 届全国建筑防水社团组织联谊会，促进了 41 个省市的社团组织之间的沟通和交流。同时，协会还与各地方社团组织合作，在北京、天津、河北、山东、上海、浙江、江苏、四川、湖北、广东、辽宁等 11 个省（区）市开展"质量提升省市行"活动，由地方防水协会牵头，在当地质监、发改、工信和住建系统主管部门支持下，开展地区质量提升活动。目前，已经成立了 11 个地方防水诚信联盟，将近 200 家骨干企业成为联盟成员，发挥企业、社团组织力量，推动有关机构在各地区开展打假扶优行动。

针对会员企业出现的产品质量问题，协会建立了约谈机制，这既是对会员企业的一种警示，也是一种帮助。协会还在骨干企业和质量提升示范项目中的企业开展了自律性动态监督抽查工作，及时掌握行业质量动态，防止质量风险扩散。

协会还通过举办"走进社区 诊治渗漏"大型公益活动，让更多的企业参与到公益活动中，让企业重视社会责任。2012—2014 年，协会在全国范围内共举办了 34 场"走进社区 诊治渗漏"大型公益活动，61800 人次参与了该项活动。协会"走进社区 诊治渗漏"大型公益活动被民政部列为全国示范项目，并获得政府财政资助。

八、舆论导向

建筑渗漏问题是建筑质量被投诉较多的问题，引起了社会比较广泛的关注。协会委托北京零点市场调查与分析公司在全国范围内开展专项调查，并共同发布了《全国建筑渗漏现状调查研究报告》。协会积极借助渗漏报告发布的重大契机，在中央电视台、人民日报、经济日报、人民网、新华网等主流媒体上对产品质量、工程质量进行了大篇幅的报道，借助舆论宣传手段，提高居民对建筑防水重要性和防水质量的认识。

2013 年 7 月，经协会策划，中央电视台财经频道（CCTV-2）新闻调查节目在黄金时段连续播出《漏水的防水材料》新闻专题片，揭露建筑防水行业市场乱象，把建筑防水行业推到舆论的浪尖。

协会十分注重媒体资源的开发利用，正反两个方面引导正确的质量提升舆论导向。协会在自有媒体资源（《中国建筑防水》杂志、《建筑防水资讯》"中国防水网"和"建筑防水在线"）的基础上，积极开发新媒体（微信、微博、手机客户端等），并加强与外界媒体的合作（中国建材报、中国质量报、中国建设报、中国房地产报、中华建筑报、新浪、搜狐、搜房网等）。今年，协会又和多家媒体合作，发起了建筑防水行业"质量提升省市行"活动。借助这些媒体资源，协会围绕产业结构调整、转变增长方式、遏制产能过剩、节能环保建设、生态文明建设、深化质量提升以及行业发展的新成果等开展深入的宣传报道工作，发挥舆论的导向和监督作用。

目前，建筑防水行业已初步构建了主流媒体、专业媒体、大众媒体、自媒体群等信息传播平台，弘扬先进、抨击违法违规行为，营造了很好的质量提升氛围。

九、国际交流

国际交流与合作是经济发展的必然趋势，也是我国建筑防水行业发展的一大助力。每年协会均组织相关企业访问国际大型企业、研发机构和培训机构，组织企业参观国际展会，开展国际合作，并加入国际屋面联合会（IFD），与各国协会交流经验。

国际展会方面，协会每年推荐企业参观国际性展会，如美国国际屋面博览会、巴黎建筑及建材展览会 BATIMAT、德国木结构及屋面建筑展览会、巴西国际屋顶屋面维护与建筑防水技术展览会、印度屋面展、中东建筑建材及机械类展览会等。

国际合作方面，协会推动了美国 FM 认证公司授权苏州防水研究院（现中建材苏州防水研究院有限公司）建立单层屋面抗风揭实验室和金属屋面抗风揭实验室。

国际组织方面，协会与美国屋面工程协会、德国屋面工程协会、德国种植屋面工程协会、法国种植屋面协会等 20 多个国家行业协会保持紧密联系。协会组织会员企业参加了国际屋面联合会（IFD）的国际青年屋面工人职业技能大赛。协会推选的中国屋面工程项目获得了 IFD 大奖金属屋面提名奖。

十、协会建设

为更好地开展行业工作、服务会员企业，协会一直坚持管理体制创新和内部建设。

2010 年，协会开始探索管理体制创新，发挥企业家作用，设立了理事会主席团和理事会主席职务。主席团一直坚持着"行业的利益高于企业的利益，企业利益寓于行业利益之中"的理念，在行业发展中起到了很好的引领作用。

这一年是协会新一届领导机构的诞生之年，协会继续坚持创新理念，首次由企业家出任会长，并将进行探索实行会长轮值制度，让企业家更多地参与到协会管理和行业建设；首次设立监事会，完善法人治理结构；采用不记名投票方式，首次实行差额选举产生领导机构负责人推荐候选人。协会的创新探索，将促使协会更加社会化、市场化、专业化、职业化和国际化。

内部建设方面，协会建立了每周例会和每月办公会议制度，落实三定方案，实行绩效管理。协会注重员工素质水平，建立了培训制度，邀请专家对协会全体员工进行德鲁克管理培训。确定了协会"促进行业健康发展，共建绿色美好家园"的使命。

协会的发展也得到了外界的充分认可，在 2014 年度全国性行业协会商会复评中获得 AAAA 等级第二名，被中国建筑材料联合会授予"先进集体称号""争取国家政策（资金）表彰单位称号"和"2015 年度建材行业标准化创新奖先进单位"。前几天，协会被民政部评为"全国先进社会组织"，现已完成公示，即将发布，这是第六届理事会全体成员共同努力的成果，也是这届理事会的收官之作。

在看到行业快速发展的同时，我们也需要注意到行业发展中存在的问题。

一是产业集中度低。2000多家防水材料生产企业中，规模以上企业仅498家，占比低于25%。建筑防水卷材产业结构长期处于小、多、散状态，生产企业小而多，未能形成集约化规模经营。

二是产能严重过剩。过剩产能的主要构成是落后产能。防水行业产能严重过剩的主要原因是行业进入门槛低、低水平重复建设严重，滋生了一大批技术装备水平低、生产工艺落后、节能环保不达标的企业，致使落后产能居多。

三是行业普遍存在获证企业生产"非标""低标"产品（其产品质量低于国标、行标规定）以及无证企业生产假冒伪劣产品。质次价低的产品对市场冲击较大，严重扰乱市场秩序，阻碍行业健康发展，防水工程质量得不到保证，建筑渗漏率居高不下。

四是节能环保压力。约束的节能环保产业政策，给行业发展带来巨大压力。防水企业再也无法维持以前粗放式增长模式，转型升级、绿色发展将成为防水企业必须选择的发展道路。

五是新常态带来的行业转型压力。随着国家经济进入中高速增长，房地产行业低迷，基础设施建设开工率不足，防水行业传统下游市场需求不足，企业需要寻找新的利润增长点。

预计今年行业增速将从以前的年均增长超过10%，下滑至不足4%，销售收入也将下滑至5%左右，下游行业产业需求明显放缓。尽管行业利润总额还有10%左右的增长，但更多利润来自上游原材料大幅降价。这些迹象表明，建筑防水行业经济发展也已进入新常态。

这些问题不容忽视。我们要聚焦问题，集行业之智慧，共同努力，攻坚克难，促进行业发展更加稳定、有序、有效和有质量地发展。

下届理事会工作建议

代表们：

未来的5年将是我国政治、经济、文化和社会全面深化改革的5年。也是全面建设小康社会的5年。刚刚结束的党的十八届五中全会，通过了《中共中央关于制定国民经济和社会发展第十三个五年规划的建议》，提出了"创新、协调、绿色、开放、共享"五大发展理念，为我国未来5年经济发展指明了方向。

当前，中国经济已经进入新常态，经济增速放缓。建筑防水行业也告别了高增长时代，进入发展过渡期，行业面对需求下滑、产能过剩、恶性竞争和环境压力等诸多挑战。同时，未来5年，我们也将迎来绿色发展、新型城镇化建设、国家基础设施建设、新型节能房屋、生态治理工程建设、海绵城市、城市地下管廊和巨大的刚性翻修市场等需求新机遇。因此，行业未来的5年，将是结构调整、创新发展、转型升级的5年，将是行业整合优化、重组提升的5年，也将是行业持续健康发展的5年。

建议新一届理事会做好以下工作：

一、编制行业"十三五"发展规划

"十三五"时期是我国建筑防水行业从量变到质变的重要转折期，编制《建筑防水行业"十三五"发展规划》事关未来5年防水行业的发展方向。新一届理事会应高度重视"十三五"发展规划编制工作，应把握世界政治与经济形势、国家新常态特点、行业上下游变化和防水行业转型升级需求，研究我国"十三五"期间建筑防水行业的发展目标、发展战略和具体措施，引导防水行业产业结构调整，转变经济增长方式，增强企业竞争力，走依靠科技创新的发展道路，保持建筑防水行业持续健康发展。

二、基本构建公平竞争的市场环境

借助政府力量，推动相关政策出台，在行业内深入开展打击假冒伪劣、打击非标生产工作。协会应加强与质检总局（现国家市场监督管理总局）的合作，让建筑防水卷材继续被列为质检总局（现国家市场监督管理总局）质量提升的重点产品，在行业内开展"质检利剑行动"等打假工作。协会应与环保部门合作，推动防水行业大气污染排放标准等相关环保政策出台。

继续在行业内开展质量提升工作，发挥骨干企业的示范作用，让更多的企业参与进来。同时将质量提升从原有的材料生产领域扩展到施工领域。配合政府的事中事后监管，开展证后监管行动。

三、推动行业转型升级

把防水行业的转型升级作为未来5年的首要任务。注重建筑防水行业供给侧改革，推动政府出台相关产业政策，最大限度淘汰落后产能。鼓励企业注重创新发展、绿色生产，摒弃落后的生产方式，加快转型升级步伐。鼓励企业提升质量、提升标准，提高行业供给侧的质量与效益，延伸产业链，转变商业模式，实现由材料供应商向系统服务商转变。

在环境压力逐年递增的情况下，将进一步促进行业环保节能技术创新，推动行业以节能环保为重要手段的转型升级。

四、坚持走创新发展之路

将标准规范作为引领行业健康发展的重要抓手，继续在标准规范上创新，关注标准化改革方向，在行业中率先推行实施企业标准自我声明制度。继续推行创新战略，推动设立行业科技发展基金。发挥新一届专家委员会作用，建立院士指导下的行业基础理论研究和创新技术开发制度。继续推动行业人才战略，完善学历教育、职业教育和技能培训工作，建立专门的培训机构，从深度和广度上扩大行业培训影响力，为行业发展培养更多的创新性专业人才。

通过搭建交流平台、评选先进技术等方式，促进行业技术交流。继续召开各种研讨会，邀请行业内知名专家、优秀企业技术人员来分享产品技术、施工工法和高品质的成果。通过"技术进步奖"和"建筑领域科技成果（防水专项）"等评优活动，表彰防水企业的先进技术，推动行业创新发展。

五、严格行业自律

在行业自律已经取得成果的基础上，继续推动行业自律各项工作的深入开展。严格落实各项行业自律的措施，为企业创造一个良好、有序的竞争环境，推动行业持续健康发展。行业自律既是企业的发展需要，又是我们的共同责任。希望会员企业、各地社团组织、地方联盟共同创造和维护和谐稳定的发展局面，争取共赢。协会秘书处将更加严格和规范地落实各项行业自律措施。未来5年基本构建建筑防水行业公平竞争市场环境。

六、搭建行业服务平台

搭建专家平台。充分发挥新一届专家委员会的智囊作用，贯彻执行国家有关的方针政策。发挥多学科、多专业的综合优势，在政策研究、技术发展等工作中发挥决策咨询作用。实施行业管理、开展技术咨询服务、推动行业技术进步，促进建筑防水行业的持续健康发展。

搭建分会服务平台。协会已经拥有单层屋面分会、种植屋面分会、喷涂分会、密封材料分会、金属屋面分会、瓦屋面分会、青年企业家分会等7大分会。协会将继续发挥分会的专业优势，规范分会领域的技术和标准，积极进行分会服务工作，延伸服务项目，提高分会服务水平。

搭建技术交流平台。继续开展品牌交流活动，为行业搭建平台，如"中国防水技术与市场研讨会""中国建筑防水（南方）专家论坛"、各分会研讨会等，让更多的企业从中受益，让更好的技术得到推广。

搭建展览展示平台。"中国国际屋面和建筑防水技术展览会"已经成功举办十二届，明天在北京国家会议中心将举办第十三届展会，同时举办各类高规格的研讨会和施工演示。未来5年，协会将继续搭建展览展示平台，让国内外最先进的产品、技术、系统可以通过展会这个平台，推广到更大的范围。

搭建信息平台。协会目前拥有《中国建筑防水》杂志、《建筑防水资讯》、中国防水网、中国防水在线、中国屋面在线、微博、微信等内部平台，同时发展了中央电视台、人民日报、经济日报、人民网、新华网、《中国建材报》《中华建筑报》、新浪网、搜房网等外部平台。未来5年，协会将继续发挥现有平台的作用，提高点击率和关注量，积极拓展外部信息平台，让更多的媒体关注防水行业。

搭建企业家管理平台。协会将由企业家担任会长，并建立会长工作组，由正副会长主持行业重大工作。通过这种模式，让企业家更多地参与协会管理工作和行业建设工作。

各位代表，中国经济发展进入新常态，建筑防水行业面临结构调整、转型升级、创新发展、整合重组的挑战和机遇，第七届理事会肩负全体会员和行业赋予的重大责任。希望第七届理事会的全体成员，在未来的5年任期内，认真履行职责，充分发挥在协会管理工作中的作用，使中国建筑防水行业在国家经济建设中，特别是在建筑业的发展中，做出更大的贡献。

未来5年，协会将继续履行"促进行业健康发展，共建绿色美好家园"的使命，坚持"引领、沟通、协调、服务"的宗旨。协会希望在未来5年内，在新一届理事会及领导机构的带领下，相关政府部门、会员企业、科研院校、检测机构、社团组织等多方力量共同参与到行业建设，共创防水行业健康发展的美好未来。

请代表审议。

中国建筑防水协会
二〇一五年十二月十四日

2.8.3　协会章程（2015年版）

中国建筑防水协会章程

［2015年12月14日第七次会员（代表）大会通过］

第一章　总则

第一条　本团体的名称是：中国建筑防水协会，英文名称：China National Building Waterproof Association，英文缩写：CWA。

第二条　本团体是由从事建筑防水材料生产、科研、设计、施工等相关行业的企事业单位、科研院校和社会团体以及有关人士自愿结成的全国性、行业性、非营利性的社会组织。

第三条　本团体的宗旨：坚持为建筑防水行业企事业单位服务，为政府服务，发挥桥梁纽带作用；维护国家利益，维护行业和会员单位的合法权益；推动我国建筑防水行业和防水事业的健康发展。

本团体遵守宪法、法律、法规和国家政策，遵守社会道德风尚。

第四条 本团体接受业务主管单位国务院国有资产监督管理委员会和登记管理机关民政部的业务指导和监督管理。

第五条 本团体的住所：北京市。

第二章 业务范围

第六条 本团体的业务范围：

（一）贯彻执行党和国家的有关方针、政策、法规，研究、探讨本行业发展中存在的重大问题，随时向政府有关部门反映行业情况、要求和建议，协助政府有关部门完善行业自律；

（二）根据授权组织对本行业基本情况和发展状况、统计资料的调查、搜集、整理、分析，为政府有关部门制定行业发展规划、经济技术政策、立法等提供依据，并参与有关活动；

（三）为会员企业和委托单位组织专家对科技成果、新产品、新技术等项目进行评估，对经营管理活动进行诊断和咨询；

（四）参与制修订本行业有关标准规范，并组织贯彻实施；接受政府或企业专项委托，出具行业发展规划和市场分析报告；经政府有关部门批准，开展行业信用体系建设；

（五）根据行业特点，组织协商订立行规行约，建立行业自律机制和公平竞争秩序，维护行业和会员合法权益；

（六）搜集和提供国内外有关技术经济信息，根据规定编印会刊、会讯、专题资料和书籍，开办网站；受政府委托承办或根据市场和行业的需要举办展览展示和经济技术研讨会、交流会，开展技术咨询和技术服务，为会员提供多方位多层次的服务；

（七）开展多种形式技术培训和职业教育工作，为会员企业培养各类技术和管理人才；

（八）加强同国外有关行业组织和企业的联系与交流，组织对外经济技术交流和协作活动；在会员企业对外出口、利用外资、引进技术以及开拓国际市场等方面进行协调；组织行业开展反倾销、反补贴和保障措施工作，维护产业合法权益。

第三章 会员

第七条 本团体的会员种类：单位会员和个人会员。

第八条 申请加入本团体的会员，必须具备下列条件：

（一）拥护本团体的章程；

（二）有加入本团体的意愿；

（三）在本团体的业务领域内具有一定的影响；

（四）依法成立的从事建筑防水材料生产、防水工程设计施工、防水装备制造、经销物流、科研教育、中介服务、上下游产业链及关联原辅材料制造服务等的企事业单位、科研院校和社会团体，可申请成为单位会员；

（五）从事建筑防水材料生产、防水工程设计施工、防水装备制造、经销物流、科研教育、中介服务、上下游产业链及关联原辅材料制造服务等领域的个人，可申请成为个人会员；

（六）愿积极参加本团体活动，支持行业发展。

第九条 会员入会的程序是：

（一）提交入会申请书；

（二）经理事会或常务理事会讨论通过；

（三）理事会和常务理事会闭会期间，经理事会授权由秘书处审核通过；由秘书处注册登记会员、颁发会员证书，并予以公告。

第十条 会员享有下列权利：

（一）本团体的选举权、被选举权和表决权；

（二）参加本团体的活动；

（三）获得本团体服务的优先权；

（四）对本团体工作的批评建议权和监督权；

（五）入会自愿，退会自由。

第十一条 会员履行下列义务：

（一）遵守本团体章程及行规行约，执行本团体的决议；

（二）维护本团体的合法权益；

（三）完成本团体交办的工作；

（四）按规定交纳会费；

（五）向本团体反映情况，提供有关资料。

第十二条 会员如果连续2年不履行会员义务的，经劝告无效，视为自动退会。当会员不再符合会员条件、或丧失完全民事行为能力、或有对行业造成重大恶劣影响，自动丧失会员资格。

第十三条 会员退会、自动丧失会员资格或者被除名后，其在本会相应的职务、权利、义务自行终止。会员退会须书面通知本会，交回会员证书。

第四章　组织机构和负责人的产生、罢免

第一节　会员代表大会

第十四条　本团体的最高权力机构是会员代表大会，会员代表大会的职权是：

（一）制定和修改章程；

（二）选举和罢免理事、监事；

（三）审议理事会的工作报告和财务报告；

（四）审议监事会的工作报告；

（五）制定并修改会费标准；

（六）决定终止事宜；

（七）决定其他重大事宜。

第十五条　会员代表大会每届 5 年。因特殊情况需提前或延期换届的，须由理事会表决通过，报业务主管单位审查，并经社团登记管理机关批准。延期换届最长不超过 1 年。

第十六条　会员代表大会须有 2/3 以上会员代表出席方能召开。制定和修改章程，须经到会会员代表 2/3 以上表决通过；其他决议，须经到会会员代表 1/2 以上表决通过。

第二节　理事会

第十七条　理事会是会员代表大会的执行机构，在会员代表大会闭会期间领导本团体开展日常工作，对会员代表大会负责。

第十八条　理事会的职权是：

（一）执行会员代表大会的决议；

（二）选举和罢免会长、副会长、秘书长和常务理事；

（三）筹备召开会员代表大会；

（四）向会员代表大会报告工作和财务状况；

（五）决定会员的吸收和除名；

（六）决定办事机构、分支机构、代表机构和实体机构的设立、变更和注销；

（七）决定副秘书长、各机构主要负责人的聘任或免职；

（八）领导本团体各机构开展工作；

（九）制定内部管理制度；

（十）决定其他重大事项。

第十九条　理事会每年至少召开一次会议；情况特殊的，可采用通讯形式召开。

第二十条　理事会须有 2/3 以上理事出席方能召开，其决议须经到会理事 2/3 以上

表决通过方能生效。

第三节 常务理事会

第二十一条 本团体设立常务理事会。常务理事从理事中选举产生，人数不超过理事的1/3。在理事会闭会期间，常务理事会行使第十八条第一、三、五、六、七、八、九项的职权，对理事会负责。

第二十二条 常务理事会至少每半年召开1次会议；情况特殊时，可采用通讯形式召开。

第二十三条 常务理事会须有2/3以上常务理事出席方能召开，其决议须经到会常务理事2/3以上表决通过方能生效。

第四节 监事会

第二十四条 本团体设立监事会，对本团体的决策和各项活动行使监督、检查职能，对会员代表大会负责。

第二十五条 监事会由3人组成。设监事会主席1名、监事2名，其中1名为职工监事，由本团体秘书处在职员工内部产生。监事会成员在任期内不兼任本团体理事会成员。

第二十六条 监事会任期5年，可连选连任。

第二十七条 监事会的职权是：

（一）监督理事会执行会员代表大会决议情况，监督秘书处执行理事会、常务理事会决议情况；

（二）监督会员代表大会的选举程序；

（三）列席理事会会议，对理事会工作及提案提出意见或建议；

（四）向会员代表大会报告监事会工作；

（五）监督本团体的财务工作；

（六）监督本团体对外交流工作。

第二十八条 监事会至少每年召开2次会议。

第二十九条 监事会会议须有2/3以上的监事出席方能召开，其决议经到会监事2/3以上表决通过方能生效。

第五节 负责人

第三十条 本团体负责人包括会长、副会长、秘书长和监事会主席。

第三十一条 本团体的负责人必须具备下列条件：

（一）坚持中国共产党领导，拥护中国特色社会主义，坚决执行党的路线方针政策；

（二）遵纪守法，勤勉尽职；

（三）具备相应的专业知识、经验和能力，熟悉行业情况；

（四）身体健康，能正常履责，年龄不超过 70 周岁，秘书长为专职；

（五）具有完全民事行为能力；

（六）没有法律法规禁止任职的其他情形；

（七）在本团体业务领域内有较大影响。

第三十二条　本团体负责人如超过最高任职年龄的，应当办理离职手续。本团体负责人在任职期限内如果超过最高任职年龄的，须经理事会表决通过，报业务主管单位审查并经社团登记管理机关批准同意后，方可任职。

第三十三条　本团体会长、副会长、秘书长、监事会主席每届任期 5 年，连任不得超过两届。因特殊情况需延长任期的，须经会员代表大会表决通过，报业务主管单位审查并经社团登记管理机关批准同意后，方可任职。

第三十四条　本团体会长为法定代表人。因特殊情况，经会长委托，理事会同意，报业务主管单位审查和社团登记管理机关批准后，可以由副会长或秘书长担任法定代表人。法定代表人代表本团体签署有关重要文件。本团体法定代表人不兼任其他团体的法定代表人。

第三十五条　本团体会长行使下列职权：

（一）召集和主持理事会、常务理事会；

（二）检查会员代表大会、理事会和常务理事会决议的落实情况；

（三）提名秘书长人选，交理事会决定。

第三十六条　本团体设立秘书处，秘书处的工作由秘书长主持，秘书长为本团体专职工作人员。本团体秘书长行使下列职权：

（一）主持秘书处开展日常工作，组织实施年度工作计划；

（二）协调各分支机构、代表机构、实体机构开展工作；

（三）提名副秘书长以及各机构主要负责人，交理事会或常务理事会决定；

（四）决定办事机构、代表机构、实体机构专职工作人员的聘用；

（五）处理其他日常事务。

第三十七条　本团体监事会主席行使下列职权：

（一）主持监事会工作；

（二）列席理事会、常务理事会会议；

（三）监督本团体财务状况。

第六节　分支机构

第三十八条　本团体根据工作需要设立分支机构。分支机构名称前须冠以"中国建筑防水协会"字样。分支机构为非独立法人单位，在本团体常设机构领导下在本专业范围内开展工作。本团体对分支机构的管理另行制定管理办法。

第五章 资产管理、使用原则

第三十九条 本团体经费来源：

（一）会费；

（二）捐赠；

（三）政府资助；

（四）在核准的业务范围内开展活动和服务的收入；

（五）利息；

（六）其他合法收入。

第四十条 本团体按照国家有关规定收取会员会费。

第四十一条 本团体经费必须用于本章程规定业务范围和事业的发展，不得在会员中分配。

第四十二条 本团体建立严格的财务管理制度，保证会计资料的合法、真实、准确、完整。

第四十三条 本团体配备具有专业资格的会计人员。会计不得兼任出纳。会计人员必须进行会计核算，实行会计监督。会计人员调动工作或离职时，必须与接管人员办清交接手续。

第四十四条 本团体的资产管理必须执行国家规定的财务管理制度，接受会员代表大会和财政部门的监督。资产来源属于国家拨款或者社会捐赠、资助的，必须接受审计机关的监督，并将有关情况以适当方式向社会公布。

第四十五条 本团体换届或更换法定代表人之前必须接受财务审计。

第四十六条 本团体的资产，任何单位、个人不得侵占、私分和挪用。

第四十七条 本团体专职工作人员的工资，按照国家有关法律、法规和政策确定。本团体按规定参加基本养老、基本医疗等社会保险和缴存住房公积金。

第六章 章程的修改程序

第四十八条 对本团体章程的修改，须经理事会表决通过后报会员代表大会审议。

第四十九条 本团体修改的章程，须在会员代表大会通过后15日内，报业务主管单位审查，经同意，报社团登记管理机关核准后生效。

第七章 终止程序及终止后的财产处理

第五十条 本团体完成宗旨或自行解散或由于分立、合并等原因需要注销的，由理事会提出终止动议。

第五十一条 本团体终止动议须经会员代表大会表决通过，并报业务主管单位审查同意。

第五十二条 本团体终止前，须在业务主管单位及有关机关指导下成立清算组织，清理债权债务，处理善后事宜。清算期间，不开展清算以外的活动。

第五十三条 本团体经社团登记管理机关办理注销登记手续后即为终止。

第五十四条 本团体终止后的剩余财产，在业务主管单位和社团登记管理机关的监督下，按照国家有关规定，用于发展与本团体宗旨相关的事业。

第八章 附则

第五十五条 本章程须经 2015 年 12 月 14 日第七届会员代表大会表决通过。

第五十六条 本章程的解释权属本团体理事会。

第五十七条 本章程自社团登记管理机关核准之日起生效。

2.8.4 大会相关决议

关于加强行业自律的若干议案

［2015 年 12 月 14 日 中国建筑防水协会第七次会员（代表）大会通过］

各位代表：

根据民政部、中央编办、发展改革委、工业和信息化部、商务部、人民银行、工商总局、全国工商联《关于推进行业协会商会诚信自律建设工作的意见》（民发〔2014〕225 号），推动行业协会商会建立健全行业自律机制，加强行业诚信建设，协会拟修订并发布《建筑防水行业职业道德准则（2015 版）》《建筑防水行业自律公约（2015 版）》和《建筑防水行业内争议处理规则（2015 版）》，以健全和完善行业自律体系和诚信体系。

提请大会审议。

附件：1. 建筑防水行业职业道德准则（2015 版）
   2. 建筑防水行业自律公约（2015 版）
   3. 建筑防水行业内争议处理规则（2015 版）

中国建筑防水协会
二〇一五年十二月十四日

附件1：

建筑防水行业职业道德准则（2015版）

第一条 为了加强精神文明建设，规范行业从业者行为，加强行业自律、维护从业人员权利、保障企业合法权益，提高行业从业人员的职业道德水平。根据中共中央《公民道德建设实施纲要》和本会章程，特制订本《准则》。

第二条 本《准则》所称防水行业从业人员包括从事各类防水材料生产、设计、施工、开发、经营及其他相关产业的本会会员单位的工作人员。

第三条 本会秘书处负责《准则》的制订、修改、实施，本会理事会负责《准则》的审批、监督、检查和管理工作。

第四条 遵纪守法，遵守国家的法律法规和规章制度，做到依法从业。

第五条 遵守社会公共道德和行为规范，履行公民的责任和义务。尊重社会公序良俗，不得损害社会公共利益，扰乱社会公共秩序。

第六条 要坚持公平竞争原则，以诚信为本，重合同、守信誉，杜绝各种假冒伪劣和虚假欺诈行为，树立良好的企业形象，维护公平竞争的市场环境。

第七条 树立"质量兴业"的意识，按相关技术标准和法律法规的要求，建立质量管理体系，提高质量管理水平和质量保证能力，自觉提升产品和服务质量，为社会提供优质的产品和服务。

第八条 企业要坚持以人为本，提高员工的职业健康安全水平，加强劳动保护，主动进行危害预防，保护劳动者的职业健康安全。按照国家规定为职工建立养老、医疗等保险，完善职工福利，依法纳税，不拖欠职工工资，营造职工身心健康的保障体系。

第九条 遵守安全生产法规和管理制度，科学策划，规范作业，维护从业人员的生命安全和企业财产安全。

第十条 高度重视节能环保，在生产和应用的整个过程中都要建立节能、降耗、减废、低污染等相关规章制度和实施措施，严格遵守环境保护的法律法规。

第十一条 经营者和从业者在为企业创造经济效益、实现自我价值的同时，承担应尽的社会责任，自觉维护本行业和本企业的名誉。

第十二条 行业从业人员不得以虚假信息恶意诽谤和诋毁竞争对手；不得以假冒伪劣产品欺骗用户，谋取非法利益；不得以恶意竞争方式谋取不正当利益。

第十三条 企业要重视各类人才培养，积极开展人员的技术培训、技术交流、职工教育，建设企业文化，铸造企业精神，不断提高企业员工整体素质和职业道德水平。

中国建筑防水协会
二〇一五年十二月十四日

附件2：

建筑防水行业自律公约（2015版）

第一条 为加强行业自律性管理，树立行业整体形象，弘扬行业正气，促进公平、有序竞争，维护本会会员单位和广大消费者权益，保持行业健康发展，根据国家相关法律、法规和协会章程制定本公约。

第二条 本公约的宗旨是：建立行业自律管理机制和诚实守信体系，规范企业经营行为，强化行业服务功能，创造良好的市场环境。

第三条 本公约适用于从事各类防水材料生产、设计、施工、开发、经营及其他相关产业的本会会员单位，会员单位是本《公约》的主体责任者。

第四条 遵守《建筑防水行业职业道德准则》，规范企业生产、经营、施工和服务行为，树立良好行业道德风尚和经营作风。

第五条 遵守维护公平竞争的市场秩序，自觉抵制弄虚作假、恶性竞争、破坏行业信誉、损坏行业共同利益的行为，共同维护公平、公开、公正的市场秩序。

第六条 以诚信求发展，诚实守信，不进行虚假宣传，不生产假冒伪劣产品，杜绝不符合国家和行业标准的产品。

第七条 重视行业科技进步，勇于创新。鼓励研发、应用新产品、新技术、新工艺。

第八条 积极探索企业管理、商业模式、施工工艺、客户服务等领域的创新与实践。

第九条 以质量求生存，建立并切实执行科学的质量管理体系，明确并履行企业质量责任。

第十条 提倡公开产品质量信息，主动接受政府、协会和媒体的监督。

第十一条 工程施工应符合国家相关技术规范及其他专业工程技术规范的要求，不得偷工减料，以次充好。未经检验或者检验不合格的产品，不得在工程中使用。

第十二条 遵守防水工程保修期制度，在保修范围和保修期限内发生的质量问题，施工单位应当履行保修义务，并对因工程质量问题造成的损失承担相应的赔偿责任。

第十三条 鼓励企业试行防水工程保证期制度，明确责任范围、期限，向用户做出质量承诺。

第十四条 加强生产现场管理和劳动保护，改善职工生活、工作环境，主动进行危害预防，杜绝火灾爆炸、人员伤亡和职业病的发生。

第十五条 工程施工中应当严格遵守消防及其他安全管理规定，避免出现火灾事故、人身伤亡事故及其他质量安全事故。

第十六条 在生产和应用中要制定节能措施、能耗标准，减少残次品，降低污染，排放达到环保部门的相关要求。

第十七条 尊重知识和技能，尊重人才，维护他人的知识产权。

第十八条 加强员工职业技能培训，提高从业人员素质，铸造行业进步的基石。

第十九条 按照国家规定签订劳动合同，为职工建立养老、医疗等保险，完善职工福利，不拖欠职工工资。

第二十条 认真贯彻执行行业有关政策、法规、强制性标准和有关规定，遵纪守法，依法经营，依法纳税，依法公开企业信息。

第二十一条 维护行业整体利益，坚持反对、抵制损害行业利益和行业形象的行为。

第二十条二 本会会员单位不得拒绝质量检验管理机构的监督检查，禁止躲避、抗拒检查的行为。

第二十三条 本会会员单位和个人在执行本自律公约时发生纠纷，可以向本会提出申诉。其他单位和个人发现有违反本自律制度的本会会员单位，可以向本会进行举报。

第二十四条 违反本自律公约，本会可视情节轻重启动自律约谈制度。

第二十五条 遵守本会《建筑防水行业内部争议处理规则》，主动配合本会调解工作，承担违约的惩罚责任。

中国建筑防水协会
二〇一五年十二月十四日

附件3：

建筑防水行业内部争议处理规则（2015版）

为加强行业自律，维护会员合法权益，倡导公平竞争，促进行业和谐发展，协调会员单位中经营活动和其他业务活动中的矛盾和争议事项，保持防水行业健康可持续发展。特制订本规则。

第一条 各会员单位应充分理解并自觉遵守本会的争议处理规则。

第二条 各会员单位之间在发生涉及知识产权、财务、商业秘密、人员、经营活动等争议时，争议各方应本着"彼此尊重、相互谅解、求同存异、合作共赢"的原则，争取以协商的方式解决。

第三条 争议双方不得互相恶意诋毁。争议期间，争议各方不得向媒体和其他外部相关方散布争议事项。协商不能达成协议时，双方或单方可以通过信函向本会提交调解申请。

第四条 本会对行业的重大争议事项可以主动介入调查。

第五条 本会由调解机构（以下统称"会员部"）受理争议协调申请，根据申请中的诉求，在了解争议事由和事实的基础上，向当事人双方确认接受调解的意愿后，决定是否受理该调解申请。

第六条 本会在处理争议事项时，遵守公平、公正、公开的原则，在查清事实的基础上，了解争议各方的诉求，提出初步协调意见，提交本会秘书处裁决。会员部负责把本会裁决意见告知争议各方。必要时，由本会会长或秘书长约见争议各方当事人，当面协调。

第七条 会长或秘书长约见时，当事各方应按时到达指定约见地点。无故推辞者，本会不再负责协调。

第八条 调解结束应形成书面调解材料，详细载明争议方的名称、调解请求、调解过程，协商结果等内容，由争议各方及调解员签名，加盖调解机构印章，送达当事各方，并由本会秘书处存档备案。

第九条 未经争议各方一致同意，本会不得把争议各方的诉求和协调结论对外披露。

第十条 本会调解不成时，双方或单方可提请其他方式仲裁。

第十一条 本规则的制订、修改、解释权归本会理事会。

第十二条 本意见自发布日起开始生效，由本会秘书处负责解释。

中国建筑防水协会

二〇一五年十二月十四日

关于审议中国建筑防水协会会议议事规则的议案

［2015年12月14日 中国建筑防水协会第七次会员（代表）大会通过］

各位代表：

为了维护本协会会员的权益，规范本协会会议议事行为，提高工作效率和决策水平，根据国家对社团组织的若干规定和《中国建筑防水协会章程》，结合本协会实际，制定《中国建筑防水协会会议议事规则》。

提请大会审议。

附件：中国建筑防水协会会议议事规则

中国建筑防水协会
二〇一五年十二月十四日

附件：

中国建筑防水协会会议议事规则

[2015年12月14日 中国建筑防水协会第七次会员（代表）大会通过]

为了维护本协会会员的权益，规范本协会会议议事行为，提高工作效率和决策水平，根据国家对社团组织的若干规定和《中国建筑防水协会章程》，结合本协会实际，制定《中国建筑防水协会会议议事规则》。本规则经会员（代表）大会批准后实施。

本协会会议遵守国家有关法律、法规，执行会员（代表）大会和理事会的决定。

第一章 会员（代表）大会

第一条 会员（代表）大会是本协会的最高权力机构。

第二条 本协会由会员代表组成会员（代表）大会，会员（代表）大会须有2/3以上会员代表出席方能召开。制定和修改章程，须经到会会员代表2/3以上表决通过；其他决议，须经到会会员代表1/2以上表决通过。会员（代表）大会是本协会的最高权力机构，依照国家法律、法规和本协会章程的规定行使职权。

第三条 会员（代表）大会行使的职权是：

（一）制定和修改章程；

（二）选举和罢免理事、监事；

（三）审议理事会的工作报告和财务报告；

（四）审议监事会的工作报告；

（五）制定并修改会费标准；

（六）决定终止事宜；

（七）决定其他重大事宜。

第四条 会员（代表）大会每届5年。因特殊情况需提前或延期换届的，须由理事会表决通过，报业务主管单位审查，并经社团登记管理机关批准。延期换届最长不超过1年。

第五条 会员（代表）大会每 5 年召开一次会议。如遇特殊情况，可召开临时会员（代表）大会。会员（代表）大会会议通知应列明会议议题。

第六条 凡选举负责人或修改章程的，均采取无记名投票的方式进行；其他表决事项，可采取举手表决方式进行。

第二章 理事会

第七条 理事会是会员（代表）大会的执行机构，在会员（代表）大会闭会期间领导本协会开展日常工作，对会员（代表）大会负责。

第一节 理事会的组织结构

第八条 理事会由个人及单位理事组成，设会长 1 名、副会长若干名、秘书长 1 名。理事会按协会章程和换届选举办法规定的程序选举产生。

第九条 本协会设立常务理事会。常务理事会由理事会选举产生，在理事会闭会期间行使章程规定的职权，对理事会负责。

第十条 理事会下设秘书处。秘书处负责内外联系、承上启下、组织协调本协会的日常工作。

第二节 理事会和会长的职权

第十一条 理事会行使下列职权：

（一）执行会员（代表）大会的决议；

（二）选举和罢免会长、副会长、秘书长和常务理事；

（三）筹备召开会员（代表）大会；

（四）向会员（代表）大会报告工作和财务状况；

（五）决定会员的吸收和除名；

（六）决定办事机构、分支机构、代表机构和实体机构的设立、变更和注销；

（七）决定副秘书长、各分支机构主要负责人的聘任或免职；

（八）领导本协会各机构开展工作；

（九）审定本协会年度工作计划、工作总结和财务预决算；

（十）决定其他重大事项。

第十二条 常务理事会行使下列职权：

（一）监督理事会执行会员（代表）大会决议情况，监督秘书处执行理事会、常务理事会决议情况；

（二）监督会员（代表）大会的选举程序；

（三）列席理事会会议，对理事会工作及提案提出意见或建议；

（四）向会员（代表）大会报告监事会工作；

（五）监督本协会的财务工作；

（六）监督本协会对外交流工作。

第十三条 会长行使下列职权：

（一）召集和主持理事会、常务理事会；

（二）检查会员（代表）大会、理事会和常务理事会决议的落实情况；

（三）提名秘书长人选，交理事会选举。

第十四条 秘书长行使下列职权：

（一）主持秘书处开展日常工作，组织实施年度工作计划；

（二）协调各分支机构、代表机构、实体机构开展工作；

（三）提名副秘书长以及各机构主要负责人，交理事会或常务理事会决定；

（四）决定办事机构、代表机构、实体机构专职工作人员的聘用；

（五）处理其他日常事务。

第三节 理事会会议制度

第十五条 理事会每年至少召开1次会议；情况特殊的，可采用通讯方式召开。

第十六条 常务理事会至少每半年召开1次会议；情况特殊时，可采用通讯形式召开。

第十七条 理事会会议应当由理事本人出席，理事因故不能出席的可以书面授权委托代表出席。委托书应载明代表人的姓名、代理事项、权限和有效期限，并经委托人和代表人共同签名或盖章方为有效。

第十八条 代为出席会议的代表应当在授权范围内行使理事权力。在获得会议通知之后，理事未出席理事会会议，亦未委托代表出席的，视为放弃在该次会议上的投票权；两次以上则视为自动放弃理事身份。

第十九条 理事会须有2/3以上理事出席方能召开，其决议须经到会理事2/3以上表决通过方能生效。

第二十条 常务理事会须有2/3以上常务理事出席方能召开，其决议须经到会常务理事2/3以上表决通过方能生效。

第二十一条 理事会召开会议时，首先由会长或会议主持人宣布会议议题，并根据会议议程主持议事。

第二十二条 理事会根据会议议程，可以召集与会议议题有关的其他人员到会介绍有关情况或听取有关意见。列席会议的非理事成员不介入理事议事，不得影响会议进程、会议表决和决议。

第二十三条 理事会会议原则上不审议在会议通知上未列明的议题或事项。特殊情况下需增加新的议题或事项时，应当由到会理事的2/3以上同意方可对临时增加的会议议题或事项进行审议和表决。

第二十四条 出席理事会会议的理事在审议和表决有关事项或议案时，应本着对协会认真负责的态度，对所议事项充分表达个人的建议和意见，并对其本人的投票承担责任。

第二十五条 理事会会议表决方式均为举手表决。如会议决议以传真方式或电子邮件方式召开时，表决方式为签字方式。

第二十六条 理事会会议形成有关决议，应当以书面方式予以记载。决议的书面文件作为本协会档案由本协会秘书处保存，保存期不得少于10年。

第二十七条 理事会会议决议包括如下内容：

（一）会议召开的日期、地点和召集人姓名；

（二）会议应到理事应到人数、实到人数；

（三）说明会议的有关程序及会议决议的合法有效性；

（四）说明经会议审议并经投票表决的方案的内容（或标题），并分别说明每一项经表决议案或事项的表决结果（如会议审议的每项议案或事项的表决结果均为全票通过，可合并说明）；

（五）其他应当在决议中说明和记载的事项。

第二十八条 每次理事会会议都要有会议记录。会议记录作为本协会档案由秘书处保存。

第二十九条 理事会会议记录包括以下内容：

（一）会议召开的日期、地点和召集人姓名；

（二）会议应到理事人数、实到人数，授权委托人数；

（三）会议议程；

（四）理事发言要点；

（五）每一决议事项或议案的表决方式和结果（表决结果应载明赞成、反对或弃权的票数）；

（六）其他应当在会议记录中说明和记载的事项。

第三章　会长工作会

第三十条 会长工作会应落实理事会决议，监督和指导本协会秘书处工作，讨论行业发展中的重大问题。

第三十一条 会长工作会行使下列职权：

（一）督促、落实理事会决议；

（二）决定本协会日常事务工作；

（三）批准设置秘书处的工作部门；

（四）决定各会长工作组组成成员名单，听取各工作组的工作汇报；

（五）研究讨论行业重大事项。

第三十二条 会长工作会由会长、副会长、秘书长出席，每半年至少召开一次，由会长召集和主持，亦可由会长委托秘书长召集和主持。副秘书长及秘书处的部门负责人列席会议。

第三十三条 会长工作会实行民主集中制的原则。在会议上，会长、副会长、秘书长应畅所欲言，充分表达自己的意见和建议。一旦形成决定，会长、副会长、秘书长应共同遵照执行。如有不同意见可以保留，但不得对外披露不宜公开的信息。

第三十四条 会长工作会必须经过半数成员出席始得举行。会长工作会讨论的事项在会长主持下形成结论。如需表决，由会长决定表决方式。表决须由全体成员的过半数通过方为有效。

第三十五条 会长工作会应当由会长、副会长、秘书长本人出席，不得委托他人代为出席。会长工作会应当对所议事项的决定撰写会议记录，出席会议的会长、副会长、秘书长和记录员在会议记录上签名。

第四章 会长办公会

第三十六条 会长办公会由会长、驻会副会长、秘书长、副秘书长出席，每季度至少召开1次，由秘书长召集和主持。秘书处的部门负责人列席会议。

第三十七条 会长办公会应落实会长工作会决议，监督和指导秘书处工作。

第三十八条 会长办公会行使下列职权：

（一）督促、落实会长工作会决议；

（二）监督本协会日常事务工作，听取秘书处各部门工作执行情况；

（三）讨论审定本协会的规章制度；

（四）执行各会长工作组具体工作；

（五）提议召开会长工作会，并确定应交会长工作会讨论决定的事项；

（六）处理本协会日常工作中的重要事项。

第三十九条 会长办公会讨论的事项，由会长或会长委托秘书长确定并提起。

第四十条 会长办公会所作的重要决定，形成会议纪要，由会议主持人签发后，秘书处应认真落实执行。

第四十一条 会长办公会应当对所议事项的决定撰写会议记录，会议记录由秘书处综合办公室立卷归档。

第五章 附则

第四十二条 本规则经会员（代表）大会审议通过后生效，由理事会解释。

第四十三条 本规则未尽事宜，依照国家对社团组织的若干规定和《中国建筑防水协会章程》的有关规定执行。

第四十四条 本规则依据实际情况变化需要重新修订时，由秘书处提出修改意见稿，提交理事会审定。

第四十五条 本规则须经会员（代表）大会表决通过后生效。

中国建筑防水协会
二〇一五年十二月十四日

关于审议《中国建筑防水协会分会管理办法》的议案

[2015年12月14日 中国建筑防水协会第七次会员（代表）大会通过]

各位代表：

为适应规范协会分支机构管理，根据《中国建筑防水协会章程》及相关文件，结合本协会实际情况，制定《中国建筑防水协会分会管理办法》。

提请大会审议。

附件：《中国建筑防水协会分会管理办法》

中国建筑防水协会
二〇一五年十二月十四日

附件：

中国建筑防水协会分会管理办法

[2015年12月14日 中国建筑防水协会第七次会员（代表）大会通过]

第一章 总则

第一条 根据《中国建筑防水协会章程》制订本管理办法。

第二条 分会是中国建筑防水协会下设的非独立法人的专业分支机构，中国建筑防水协会下设7个分会，分别是"中国建筑防水协会单层屋面技术分会""中国建筑防水协会种植屋面技术分会""中国建筑防水协会瓦屋面技术分会""中国建筑防水协会聚脲技术分会""中国建筑防水协会金属屋面技术分会""中国建筑防水协会建筑密封材料分会""中国建筑防水协会青年企业家分会"。

第三条 分会是由相应领域的建筑防水材料生产、科研、施工等企事业单位自愿结合组成的专业技术性组织，分会不设分支机构。

第四条 分会遵守中国建筑防水协会的章程和各项规章制度，受中国建筑防水协会领导。

第五条 分会会址：北京市海淀区紫竹院南路2号。

第二章　业务范围

第六条 本分会的主要业务范围：
（一）分会在中国建筑防水协会章程规定的业务范围内开展工作；
（二）推动分会相应技术的发展；
（三）研究和开发用于业务领域的防水、节能、保温的技术标准和测试方法；
（四）研究和开发业务领域相关的施工工法和技术规范；
（五）组织国内外行业内专家和企业代表开展技术交流活动；
（六）开展业务领域相关的材料生产技术、施工技术、标准规范、测试方法等业务培训。

第三章　会员

第七条 分会会员分为团体会员和个人会员。

第八条 申请加入分会的会员，必须具备下列条件：
（一）拥护《中国建筑防水协会章程》；
（二）遵守分会的各项规章制度；
（三）有加入分会的意愿；
（四）在分会的业务领域内具有一定的影响；
（五）愿积极参加分会活动，支持分会及相应技术的发展；
（六）是中国建筑防水协会的会员。

第九条 会员加入的程序是：
（一）提交申请书，进行资格审查；
（二）经分会领导机构讨论通过；

（三）由中国建筑防水协会秘书处发给会员证。

第十条 会员享有下列权利：

（一）分会的选举权、被选举权和表决权；

（二）参加分会的各类活动；

（三）获得分会服务的优先权；

（四）对分会工作的批评、建议和监督权；

（五）入会自愿、退会自由。

第十一条 会员履行下列义务：

（一）执行分会的各项决议；

（二）维护分会的合法权益；

（三）积极完成分会交给的工作；

（四）向分会反映情况，提供有关资料。

第十二条 会员退会应书面通知分会，并交回会员证。会员如退出中国建筑防水协会则自动退出分会。

第十三条 会员如有严重违反本管理办法的行为，经分会领导机构表决通过，予以除名。

第四章 组织机构

第十四条 分会根据专业特点和工作需要，设会长1名、副会长若干名、秘书长1名。会长、副会长、秘书长由分会会员选举产生。

根据工作需要，分会设副秘书长若干名。副秘书长由中国建筑防水协会提名产生。

第十五条 分会每届任期3年。因特殊情况需提前或延期换届的，须报中国建筑防水协会审查、批准同意。但延期换届最长不超过1年。

第十六条 一般每年召开1次会议；情况特殊的，也可采用通讯形式召开。

第十七条 秘书处是分会常设办事机构，负责内外联系、承上启下，组织协调分会的日常工作。

第十八条 分会的会长、副会长、秘书长必须具备下列条件：

（一）坚持党的路线、方针、政策，政治素质好；

（二）熟悉和热爱本专业，在分会业务领域内有较大威望和影响；

（三）身体健康，能坚持正常工作；

（四）未受过剥夺政治权利的刑事处罚的；

（五）具有完全民事行为能力。

第十九条 分会会长、副会长、秘书长任期3年（会长、副会长、秘书长可连任）。

第二十条 分会会长行使下列职权：
（一）召集和主持会员大会；
（二）检查工作的落实情况。

第二十一条 分会秘书长行使下列职权：
（一）协助会长主持办事机构开展日常工作，组织实施年度工作计划；
（二）执行中国建筑防水协会的决议和交办事宜；
（三）协调各会员单位开展工作；
（四）处理其他日常事务。

第五章 本分会经费来源及使用原则

第二十二条 分会经费来源是：
（一）主管单位的拨款；
（二）捐赠；
（三）企业资助；
（四）其他合法收入。

第二十三条 分会经费必须用于本办法规定业务范围和事业的发展，不得在会员中分配。

第二十四条 分会不设财务账户，经费收支通过协会账户单独建账，遵守主管单位的财务管理制度。

第六章 附则

第二十五条 本办法经协会理事会审议通过后生效。
第二十六条 本办法的解释权属中国建筑防水协会。

2.8.5 第七届理事会理事

序号	姓名	职务	单位
1	于占海	董事长	北京占海防水装饰有限公司（现为北京占海防水科技有限公司）
2	于年旭	销售总经理	格雷斯中国有限公司鄂州分公司
3	马守旺	市场部高级经理	巴斯夫（中国）有限公司
4	王 力	总经理	北京万宝力防水防腐技术开发有限公司
5	王永成	总经理	衡水中铁建土工材料制造有限公司
6	王永法	董事长	上海侨茂建筑防水材料有限公司
7	王 伟	会长	山东土木建筑学会建筑防水专业委员会

续表

序号	姓名	职务	单位
8	王志强	总经理	潍坊市晨鸣新型防水材料有限公司
9	王志毅	董事长	潍坊市宇虹防水材料（集团）有限公司
10	王辰悦	总经理	北京龙阳伟业科技股份有限公司
11	王怀松	董事长	深圳市卓众建材有限公司
12	王 忠	总经理	哈高科绥棱二塑有限公司
13	王荣柱	董事长	深圳市新黑豹建材有限公司
14	王奎利	总经理	上海绿屏防水科技有限公司
15	王继飞	总经理	南通睿睿防水新技术开发有限公司
16	王继业	董事长	哈尔滨市金堤建筑防水材料有限责任公司
17	王惠明	副总经理	苏州市建筑科学研究院集团股份有限公司
18	王新社	总经理	陕西昌炎秦岭防水技术有限公司
19	牛国梁	总经理	青岛神盾防水科技有限公司
20	毛为民	总经理	厦门中化建防水工程有限公司
21	毛瑞定	总经理	宁波宏伟防水节能工程有限公司
22	卢建华	董事长	杭州天信防水材料有限公司
23	卢桂才	董事长	广西金雨伞防水装饰有限公司
24	叶泉友	总经理	宁波山泉建材有限公司
25	史文俊	总经理	成都赛特防水材料有限责任公司
26	白力伟	总经理	索普瑞玛（上海）建材贸易有限公司
27	白召军	总工程师	河南建筑材料研究设计院有限责任公司
28	冯国荣	董事长	宁波新灵防水材料有限公司
29	毕生洪	总经理	上海琼海防水保温工程有限公司
30	吕书人	总经理	北京东联北方化工有限公司［现为东联北方科技（北京）有限公司］
31	吕 志	副总经理	北京金汤蓝天防水工程有限公司
32	吕国松	总经理	胜利油田大明新型建筑防水材料有限责任公司
33	吕学强	总经理	昆明风行防水材料有限公司
34	朱文勇	总经理	上海优珀斯材料科技有限公司
35	朱冬青	理事长	中国建筑防水协会
36	朱欢欢	总经理	杭州金屋防水材料有限公司
37	朱振华	董事长	上海建筑防水材料（集团）防水工程有限公司
38	朱维光	总经理	青岛房产建筑防水工程有限公司
39	朱德明	常务副总	中国建材检验认证集团苏州有限公司
40	乔启信	总经理	安徽朗凯奇建材有限公司
41	刘世波	总经理	北京立高立德道桥防水材料有限公司（现为北京立高立德工程技术有限公司）

续表

序号	姓名	职务	单位
42	刘志荣	董事长	江苏卧牛山保温防水技术有限公司（现为卧牛山建筑节能有限公司）
43	刘国文	总经理	沈阳星辰防水科技有限公司
44	刘学智	院长助理	北京建都设计研究院有限责任公司
45	刘诗银	董事长	湖北永阳材料股份有限公司
46	刘俊峰	技术经理	永得宁国际贸易（上海）有限公司
47	刘 洋	总经理	湖北首云建筑防水工程有限公司
48	刘爱兵	总经理	璞耐特（大连）科技有限公司
49	刘喜文	总经理	河北强凌防水材料开发有限公司（现为河北强凌防水材料集团有限公司）
50	刘 遵	总经理	黑龙江省渤龙塑料有限责任公司
51	闫汝举	总经理	河南省彩虹防水材料有限公司
52	闫志刚	董事长	北京金盾建材有限公司
53	闫炳润	总经理	青岛市润邦化工建材有限公司（现为青岛润邦防水建材有限公司）
54	安 娜	商务总监	塞拉尼斯（中国）投资有限公司
55	许北昇	总经理	宁波劲松防水科技有限公司
56	孙红宾	总经理	北京市中通新型建筑材料公司
57	孙树民	总经理	秦皇岛天衣防水材料有限公司
58	孙美峰	总经理	山东鑫达鲁鑫防水材料有限公司
59	孙 哲	董事长	北京世纪洪雨科技有限公司
60	孙晋平	总经理	北京瑞斯建材有限公司
61	孙智宁	董事长	北京远大洪雨防水材料有限责任公司
62	苏 明	副秘书长	中国建筑防水协会
63	苏 燕	秘书长	云南省建筑防水行业协会（现为云南省防水防腐保温行业协会）
64	杜 昕	董事长	北京圣洁防水材料有限公司
65	李卫国	董事长	北京东方雨虹防水技术股份有限公司
66	李讴颖	总工	北京市大禹王防水工程集团有限公司
67	李 伶	总经理	德尉达（上海）贸易有限公司
68	李 岩	副秘书长	四川省建设科技协会建筑防水分会（现为四川省建筑防水协会）
69	李 勇	董事长	北京市建国伟业防水材料有限公司（现为北京市建国伟业防水材料集团有限公司）
70	李 莉	常务副会长	辽宁省建筑防水材料工业协会（现为辽宁省建筑防水协会）
71	李 猛	董事长	天津市奇才防水材料工程有限公司
72	李德生	董事长	唐山德生防水股份有限公司

续表

序号	姓名	职务	单位
73	杨小林	董事长	四川杨氏达防水材料有限公司（现为成都璞达新材料科技有限公司）
74	杨林佰	厂长	上海林鹤特种防水材料厂
75	杨智辉	总经理	北京中核研新技术有限公司
76	吴卫平	董事长	浙江星都建材科技有限公司
77	吴齐新	总经理	湖南永泰防水建材发展有限公司
78	吴进明	董事长	北京中建友建筑材料有限公司
79	吴建明	董事长	常熟市三恒建材有限责任公司
80	吴经德	总经理	山东思达建筑系统工程有限公司
81	邱益清	董事长	南京先声合成材料有限公司溧水分公司
82	何家旭	执行总经理	上海台安实业集团有限公司
83	余建平	总经理	北京森聚柯高分子材料有限公司
84	邹先华	董事长	深圳市卓宝科技股份有限公司
85	邹丽霞	总经理	广州市台实防水补强有限公司
86	沈志高	总经理	扬州市志高建筑防水材料有限公司
87	沈国兴	董事长	天津市禹神建筑防水材料有限公司
88	张小友	董事长	苏州市月星建筑防水材料有限公司
89	张 卫	总经理	武汉市恒星防水材料有限公司
90	张玉兰	董事长	成都市嘉洲新型防水材料有限公司
91	张式泰	总经理	郑州中原应用技术研究开发有限公司
92	张 军	总经理	北京建工华创科技发展股份有限公司
93	张秀香	秘书长	天津市建材业协会建筑防水专业委员会
94	张泳东	副总经理	德高（广州）建材有限公司
95	张桂凤	董事长	沈阳市炬园防水有限公司
96	张雪松	总经理	秦皇岛市松岩建材有限公司
97	张鹏飞	总经理	北京耐博沥青卷材设备有限公司［现为华巢（北京）酒店管理有限公司］
98	陈土兴	董事长	金华市欣生沸石开发有限公司
99	陈伟忠	董事长	广东科顺化工实业有限公司（现为科顺防水科技股份有限公司）
100	陈 杰	总经理	广州丽天防水补漏工程有限公司
101	陈俊国	总经理	北京鸿禹乔建材有限公司（现为北京鸿禹乔防水科技集团有限公司）
102	陈继宇	总经理	厦门京湘特种工程有限公司
103	陈 震	总经理	北京卡莱睿禹防水材料有限公司
104	武庆涛	主任	全国工业产品生产许可证审查中心防水卷材审查部

续表

序号	姓名	职务	单位
105	苗 燕	秘书长	中国建筑防水协会
106	林言锦	总经理	上海盛崇防水材料有限公司
107	林 榕	技术经理	杜邦中国集团有限公司
108	尚健康	总经理	上海路得建材国际贸易有限公司
109	金仑华	董事长	浙江金庄防水材料有限公司
110	周子夏	总经理	北京中核北研科技发展有限公司（现为北京中核北研科技发展股份有限公司）
111	周云仙	总经理	上海烨加建筑材料有限公司
112	周松青	董事长	湖州红星建筑防水有限公司
113	周 荣	总经理	上海汇丽涂料有限公司
114	郑天中	总经理	广州中义防水保温工程有限公司（现为广州中义建筑防水补强工程有限公司）
115	郑风礼	董事长	潍坊市宏源防水材料有限公司
116	郑贤方	董事长	四川省宏源防水工程有限公司
117	郑宪明	董事长	辽宁大禹防水科技发展有限公司
118	郑家玉	会长	寿光市防水行业协会
119	孟祥旗	总经理	宁波华高科防水技术有限公司［现为华高科（宁波）集团有限公司］
120	赵云涛	总经理	北京金盾时代建筑防水工程有限责任公司（现为北京金狮盾建设集团有限公司）
121	赵正维	事业部经理	依工功能塑料（上海）有限公司
122	赵永生	总经理	山西四方恒泰防水材料有限公司
123	赵永喜	董事长	包头市永兴发防水材料有限责任公司
124	赵春华	总经理	河南省华瑞防水防腐有限公司
125	郝广英	董事长	北京禹都建筑防水材料有限公司
126	郝建昌	总经理	辛集玉环防水建材有限公司
127	茹国定	总经理	绍兴市橡胶有限公司
128	柳志国	董事长	盘锦禹王防水建材集团有限公司
129	洪晓苗	会长	浙江省建筑防水行业协会
130	骆晓彬	董事长	四川蜀羊防水材料有限公司［现为北新防水（成都）有限公司］
131	秦宏舢	董事长	广东禹能建材科技股份有限公司
132	袁伟峰	销售经理	杰斯曼（上海）无纺布有限公司
133	袁思平	董事长	江西思科防水新材料有限公司
134	耿进玉	总经理	西安雨中情防水材料有限责任公司
135	桂春芳	理事长	湖北省建筑防水材料工业协会

续表

序号	姓名	职务	单位
136	钱林弟	董事长	江苏凯伦建材股份有限公司
137	倪贵全	董事长	上海开来湿克威防水材料有限公司
138	倪锦平	总经理	上海金夏建筑材料有限公司（现为上海建材集团防水材料有限公司）
139	徐建月	社长	《中国建筑防水》杂志社
140	高林萍	总经理	烟台开发区鲁蒙防水防腐材料有限责任公司（现为烟台鲁蒙防水防腐材料有限公司）
141	海全龙	总经理	北京奥克兰防水工程有限责任公司
142	谈玉龙	总经理	江西玉龙防水材料有限公司
143	谈法江	董事长	苏州市力星防水材料有限公司
144	陶国栋	总经理	新乡锦绣防水材料股份有限公司
145	曹望远	董事长	长沙大禹建筑防水工程有限公司
146	戚永光	总经理	青岛大洋灯塔防水有限公司
147	常 友	董事长	大连怿文新材料科技发展有限公司
148	章伟晨	副总经理	北京城荣防水材料有限公司
149	寇晓军	董事长	四川新三亚建材科技股份有限公司
150	彭 伟	总经理	四川省飞翎防水工程有限公司
151	彭松涛	董事长	北京宇阳泽丽防水材料有限责任公司
152	葛 兆	技术总监	西卡渗耐防水系统（上海）有限公司
153	蒋明星	总经理	浙江省东阳市明星防水材料厂
154	韩维忠	董事长	北京东方宝红建筑防水材料有限公司
155	程文涛	总经理	山东汇源建材集团有限公司
156	程训松	销售经理	广东银洋树脂有限公司（现为广东银洋环保新材料有限公司）
157	傅若梁	董事长	上海汇城建筑装饰有限公司
158	童祖元	董事长	深圳市蓝盾防水工程有限公司
159	羡永彪	院长	中国建筑材料科学研究总院苏州防水研究院（现为中建材苏州防水研究院有限公司）
160	曾省稚	经理	欧文斯科宁（中国）投资有限公司
161	谢明江	厂长	河南三门峡市八四八化工厂
162	谢魁旭	总经理	辛集市三盛防水材料有限公司
163	解忠深	总经理	大庆深润化工科技有限公司
164	赫世钢	总经理	北京市永辰星建筑防水技术有限责任公司
165	蔡永岳	总经理	广州秀珀化工涂料有限公司
166	廖绍锋	会长	安徽省建筑业协会建筑防水专业委员会
167	樊细杨	董事长	大连细扬防水工程集团有限公司

续表

序号	姓名	职务	单位
168	潘洋	产品经理	曼宁家屋面系统（中国）有限公司
169	薛玉梅	理事长	宁夏建筑防水协会
170	薛玉梅	董事长	宁夏双玉防水防腐材料集团有限公司
171	瞿培华	主任	深圳市土木建筑学会防水专业委员会

2.9 第八届理事会（2020—2025）

第八届第一次会员代表大会：

中国建筑防水协会于2020年12月7日在杭州召开第八届第一次会员代表大会，应到会员代表400人，实到会员代表389人。

会议由中国建筑防水协会秘书长朱冬青主持，中国建筑防水协会七届理事会全体负责人出席了本次会议，李卫国会长致开幕词，会议听取了第七届理事会工作报告，审议表决多项议案。

第八届第一次会员代表大会按照七届七次理事会通过的《关于审议〈中国建筑防水协会第八届理事会换届选举办法〉的议案》进行换届选举，中国建筑材料联合会党委常委、秘书长贺军先生宣读《中国建建筑材料联合会关于中国建筑防水协会第八届理事会换届方案的批复》。

会议对《中国建筑防水协会第七届理事会工作报告》《中国建筑防水协会第七届理事会监事会工作报告》《中国建筑防水协会换届财务审计报告》《关于修改〈中国建筑防水协会章程〉的议案》《关于审议〈中国建筑防水协会第八次会员代表大会会员代表、理事、常务理事产生办法〉的议案》《关于审议中国建筑防水协会第八届理事会理事、常务理事、负责人及监事长、监事换届选举表决办法的议案》《关于推荐中国建筑防水协会第八次会员代表大会投票总监票人、监票人的议案》等议案进行了审议，审阅了《中国建筑防水协会第八届理事会负责人候选人任职条件》，通过举手表决方式通过了以上所有议案。

会议以无记名投票方式审议通过了《关于修订中国建筑防水协会会费交纳标准及管理办法的议案》。会议以无记名投票方式选举产生了中国建筑防水协会第八届理事会理事，共225名。会议以无记名投票方式选举产生了中国建筑防水协会第八届理事会监事会，监事长1名、监事2名。

第八届理事会负责人名单

会长：李卫国

秘书长：朱冬青（法定代表人）

驻会副会长（常务）：苗燕

驻会副会长：陈岳、羡永彪

副会长：白召军、巢文革、陈伟忠、耿进玉、管理、何家旭、李金钟、梁千盛、林德殿、卢桂才、钱林弟、瞿培华、童祖元、郑贤国、郑宪明、邹先华、孙哲、吴经德、葛兆、韩啸（增补）、戚锦秀（增补）、彭超（增补）、范宏伟（增补）、刘启军（增补）、孙军忠（增补）、卫向阳（增补）、李德生（已卸任）、朱德明（已卸任）、王志毅（已卸任）、王曙光（已卸任）

第八届理事会监事会成员

监事长：倪锦平

监事：李莉、高妍

第八届第二次会员代表大会：

中国建筑防水协会第八届第二次会员代表大会于 2021 年 12 月 7 日在重庆融创施柏阁酒店会议中心召开。会议应到会员代表 400 人，实到 367 人，请假 33 人。到会会员代表超过会员代表总数的 2/3，会议有效。

会议以举手表决方式审议通过了《中国建筑防水协会理事会 2021 年工作报告》《中国建筑防水协会监事会 2021 年工作报告》《关于审议修订〈中国建筑防水协会会员代表大会会员代表产生办法〉的议案》《关于审议修订〈建筑防水行业职业道德准则〉的议案》《关于审议修订〈中国建筑防水协会会议议事规则〉的议案》《关于调整理事的议案》。增补会员单位安徽西阳防水科技有限公司、辽宁华龙防水工程有限公司、浙江普厦建筑科技有限公司、辽宁九鼎宏泰防水科技有限公司、四川天强防水保温材料有限责任公司、绍兴市橡胶有限公司、河南中原防水防腐保温工程有限公司为协会的理事单位，并罢免 7 家理事单位。

第八届第一次理事会：

中国建筑防水协会于 2020 年 12 月 7 日在杭州召开八届一次理事会，应到理事 225 人，实到理事 197 人。参会理事人数超过应到理事总数的 2/3，八届一次理事会召开有效。

会议由中国建筑防水协会秘书长朱冬青主持，中国建筑防水协会八届理事会监事会监事长及两位监事出席了本次会议。

会议在总监票人朱志远、监票人张勇和张娜的监督下进行了无记名投票，选举产生了中国建筑防水协会第八届理事会常务理事和负责人，共 75 名常务理事，25 名负责人。

第八届第二次理事会：

中国建筑防水协会于 2021 年 5 月 28 日在北京召开了八届二次理事会。理事会应到 225 人，实到 155 人。

会议由陈岳副会长主持。瞿培华先生代表协会宣读了《关于审议修订〈中国建筑防水协会分会管理办法〉的议案》，羡永彪先生宣读了《关于审议〈中国建筑防水协会新闻发言人制度〉的议案》，孙哲先生宣读了《关于审议中国建筑防水协会办公地址变更的议案》。

与会代表审议了《关于审议修订〈中国建筑防水协会分会管理办法〉的议案》《关于审议〈中国建筑防水协会新闻发言人制度〉的议案》和《关于审议中国建筑防水协会办公地址变更的议案》，并以举手表决方式通过了以上议案。

第八届第三次理事会：

中国建筑防水协会第八届第三次理事会于 2021 年 12 月 7 日在重庆融创施柏阁酒店会议中心召开。会议应到理事 225 人，实到理事 151 人，请假 74 人。到会理事数量超过理事总数的 2/3，会议有效。

会议审议通过了《关于审议修订〈中国建筑防水协会新闻发言人制度〉的议案》《关于审议修订〈中国建筑防水协会信息公开制度〉的议案》《关于审议修订〈中国建筑防水协会资产管理制度〉的议案》《关于设立中国建筑防水协会理事会名誉会长和资深副会长的议案》《关于成立协会秘书处运营管理委员会的议案》《关于成立中国建筑防水协会专家委员会和总工委员会的议案》。

第八届第四次理事会：

中国建筑防水协会八届四次理事会于 2022 年 7 月 27 日上午在南京白金汉爵大酒店召开。会议应到理事 225 人，实到 156 人。

会议以举手表决方式审议通过了《关于审议〈建筑防水行业"十四五"发展规划和二〇三五年远景目标〉的议案》《关于审议〈2022 中国建筑防水行业技术白皮书〉的议案》和《关于推荐八届四次理事会投票总监票人、监票人的议案》。

会议发布了《建筑防水行业"十四五"发展规划和二〇三五年远景目标》和《2022 中国建筑防水行业技术白皮书》。

会议以无记名投票审议通过了《关于审议增补副会长候选人人选的议案》，上海伟星新型建材有限公司总经理戚锦秀成功当选协会第八届理事会副会长。

第八届第五次理事会：

中国建筑防水协会于 2022 年 12 月 27 日以通讯方式召开了八届五次理事会。

会议审议通过了《2022 年中国建筑防水协会理事会工作报告》《2022 年中国建筑防水协会监事会工作报告》和《关于调整增补中国建筑防水协会副秘书长人选的议案》。

第八届第六次理事会：

中国建筑防水协会八届六次理事会于 2023 年 4 月 25 日上午在南京召开。会议应到理事 225 人，实到 153 人。

会议以举手表决方式审议通过了《关于推荐八届六次理事会投票总监票人、监票人的议案》《关于审议修订〈中国建筑防水协会落实"三重一大"决策制度试行办法〉的议案》《关于设立全国建筑防水行业"行业技术能手"的议案》和《关于审议开展建筑防水材料耐久性评定的议案》。

会议以无记名投票方式审议通过了《关于审议增补副会长候选人人选的议案》，索普瑞玛（中国）建材有限公司技术总监韩啸成功当选协会第八届理事会副会长。

第八届第七次理事会：

中国建筑防水协会八届七次理事会于 2023 年 12 月 7 日上午在杭州开元名都大酒店召开。会议应到理事 225 人，实到 155 人。到会理事代表超过协会理事总数的 2/3，会议有效。

会议以举手表决方式审议通过了《2023 年中国建筑防水协会理事会工作报告》《2023 年中国建筑防水协会监事会工作报告》《中国建筑防水协会 2023 年 1 月至 10 月会费收支情况报告》《关于推荐八届七次理事会投票总监票人、监票人的议案》《关于审议修订〈中国建筑防水协会分会管理办法〉的议案》《关于审议修订〈中国建筑防水协会总工委员会管理办法〉的议案》《关于筹备举办中国建筑防水协会成立 40 周年相关庆祝活动的议案》《关于审议中国防水展相关合作事项的议案》和《关于审议调整中国建筑防水协会副秘书长人选的议案》。

第八届第八次理事会：

中国建筑防水协会八届八次理事会于 2024 年 5 月 29 日上午在南京白金汉爵大酒店召开。会议应到理事 225 人，实到 154 人。到会理事代表超过协会理事总数的 2/3，会议有效。

会议以举手表决方式审议通过了《关于审议调整增补副会长候选人人选的议案》《关于中国建筑防水协会成立若干分会的议案》《关于推荐八届八次理事会投票总监票人、监票人的议案》《关于中国建筑防水协会成立若干分会的议案》《关于设立"大力推进现代化防水产业体系建设，加快防水行业发展新质生产力"研究课题组的议案》《关于审议〈中国建筑防水协会外事工作及涉外活动管理暂行办法〉的议案》《关于审议〈中国建筑防水协会信息审核发布管理办法〉的议案》《关于审议〈中国建筑防水协会负责人任职守则〉的议案》。

八届八次常务理事会还审议通过了《关于审议中国建筑防水协会瓦屋面技术分会换届方案的议案》《关于审议中国建筑防水协会单层屋面技术分会换届方案的议案》《关于

审议中国建筑防水协会种植屋面技术分会换届方案的议案》《关于审议中国建筑防水协会防水涂料技术分会换届方案的议案》。

2.9.1　理事会负责人届中调整

2022年7月27日，中国建筑防水协会八届四次理事会，增补上海伟星新型建材有限公司总经理戚锦秀为第八届理事会副会长。

2023年4月25日，中国建筑防水协会八届六次理事会，增补索普瑞玛（中国）建材有限公司技术总监韩啸为第八届理事会副会长。

2024年5月28日，中国建筑防水协会八届八次理事会，李德生先生、朱德明先生、王志毅先生、王曙光先生不再担任协会副会长，增补中国建材检验认证集团苏州有限公司董事长彭超、胜利油田大明集团有限公司总裁助理兼胜利油田大明新型建筑防水材料有限责任公司总经理范宏伟、湖北九阳防水材料科技有限公司董事长刘启军、阿尔法新材料江苏有限公司总裁卫向阳、四川桂湖防水科技集团董事长孙军忠为第八届理事会副会长。

2.9.2　第八届会员代表大会工作报告

贯彻新发展理念　构建新发展格局
开启全面建设防水行业高质量发展新征程
——中国建筑防水协会第七届理事会工作报告

朱冬青

各位代表：

根据《中国建筑防水协会章程》，中国建筑防水协会第七届理事会任期届满，今天在杭州召开第八次会员代表大会。主要任务是认真总结第七届理事会取得的成绩和经验，对下届理事会任期内的工作提出建议，并选举产生第八届理事会。

回首过去的5年，在党中央、国务院和国务院国资委、民政部的正确指导下，在工信部、住建部、生态环境部、质检总局（现国家市场监督管理总局）及有关部委的指导和大力支持下，在第七届理事会和全体会员的共同努力下，中国建筑防水协会坚决贯彻落实党的十八大、十九大及历次全会精神，以习近平新时代中国特色社会主义思想为指导，以国家产业政策为导向，以转型、创新、融合、绿色为行业发展理念，以供给侧结构性改革和整合重组为主线，认真履行职责，积极发挥行业协会的组织和引领作用，在推动行业发展方面取得了可喜的进步与成绩。

现在我受中国建筑防水协会第七届理事会委托，向大会作工作报告，请代表审议。

第七届理事会工作回顾

过去5年，面对错综复杂的国际形势、艰巨繁重的国内改革发展稳定任务，特别是新冠疫情严重冲击，以习近平同志为核心的党中央团结带领全党全国各族人民，坚定不移贯彻新发展理念，推动高质量发展，我国经济社会发展取得重大成就。防水行业围绕供给侧结构性改革，坚持改革创新，经济运行质量与效益不断提高。

"十三五"期间，建筑防水行业以质量提升为主线，持续深化供给侧结构性改革，推动行业转型升级。在第七届中国建筑防水协会理事会理事、常务理事、正副会长和广大会员的共同努力下，防水行业克服疫情带来的不利影响，复工复产取得了战略性胜利，行业市场集中度大幅提升，行业规模以上企业数量从2015年的496家增加到2019年的800家；行业前10位防水企业主营业务收入占行业规模以上企业主营业务收入比重，从2015年的13%上升到2019年的34%；行业的经济效益好于建材行业平均水平，主要产品产量5年增长了44%，规模以上企业的主营业务收入的年平均增长率达到12%，利润总额的年平均增长率达到15%；自2015年到2019年9月份，防水生产企业数量不断增加，获得防水卷材产品生产许可证的企业家数从700多家增加到1226家；行业中涌现更多大型企业，继东方雨虹之后，科顺股份和凯伦股份顺利上市，北新建材、三棵树、亚士创能等上市公司纷纷进军防水行业；防水材料供应商向系统服务商转型趋势明显，转型升级取得突破，防水行业已经跨入了全产业链质量提升时代。

一、秉持"促进行业健康发展 共建绿色美好家园"的发展使命，做好顶层设计，不断深化防水行业供给侧结构性改革，推动行业持续健康发展

"十三五"期间，协会通过政策引导、绿色发展、节能环保、科技创新、标准规范等工作，不断深化供给侧结构性改革，提升企业生产效率和质量水平，推动行业淘汰落后技术和落后产品，优化行业结构和产品结构，促进行业转型升级。

1. 政策引导，促进全产业链协同发展

"十三五"期间，协会积极发挥桥梁纽带作用，向相关部委反映行业发展实际，主动参与全产业链各项产业政策的制定（修订）、出台与落实，供给侧和需求侧双向发力、协同发展。

中共中央、国务院高度重视质量提升工作，住建部计划通过提高标准促进工程质量提升，并提出了"到2020年建筑工程标准水平达到国际先进水平，2025年达到国际领先水平"的工作目标。协会参与了住建部课题"编制建筑防水标准关键指标技术发展报告"的调研、编写工作，与山西省住房和城乡建设厅共同承担住建部课题"提高防水工程标准专项工作研究报告"，并向住建部标准定额司上报了《建筑防水标准关键指标技

术发展报告》《提高防水工程标准课题研究报告》《关于提高建筑防水工程标准工作的若干意见》（报送稿）及条文解释。两项课题系统对比梳理了国内外防水行业在技术、产品和市场机制方面的差距，从材料、设计、施工等方面提出了标准提升的具体要求，成为住建部大幅提高防水工程建设标准的研究基础，通过标准提升从需求侧出发，拉动防水行业供给侧结构性改革；为全文强制防水规范的立项和编制奠定了基础，提供了可供参考的技术路径；为工信部、市场监管总局等政府部门相关产业政策出台和防水行业高质量发展提供了参考依据；还有望成为行业探索、建立防水工程质量保证与保险相结合市场机制的政策先导。

产业结构方面，参与了工信部的《产业转移指导目录（2012年本）》修订工作，并提交了防水行业现状及修订意见报告，部分意见被采纳，有效推动了防水产业的合理发展转型及产业布局；负责工信部委托的《建筑防水卷材行业规范条件》编写工作；参与了原国家质量监督总局《建筑防水卷材产品生产许可证实施细则》（XK08—005）修订工作。

产品结构方面，协会推动了工信部发文废止《沥青复合胎柔性防水卷材》（JC/T 690—2008）等7项落后防水材料产品标准，加速行业供给侧结构性改革，使淘汰落后产品、落后产能迈出了实质性步伐；参与了国家发改委对《产业结构调整指导目录（2011年修正本）》的修订工作，对目录中建筑防水类的推荐、限制和淘汰标准提出修订意见；还组织专家讨论并向住建部上报了《绿色建筑领域推广应用和限制、禁止使用技术提案》，其中包括14项推荐技术，9项限制、禁止使用技术；参与了工信部的《建材工业鼓励推广应用的技术和产品目录（2018—2019年本）》编写工作。

协会积极参与相关部委各项产业政策的制定工作，集中反映企业诉求，发挥行业专家智囊作用，有效促进了行业各项"门槛"政策条款、推限禁技术和产品的合理性和可落实性，推动行业淘汰落后产能，提升材料企业的装备水平和管理水平，从而进一步提高防水材料质量，促进供给侧结构性改革更有成效。

2. 创新发展，促进行业转型升级

过去5年，协会推动防水行业以供给侧结构性改革和整合重组为主线，鼓励防水材料生产企业从单一材料供应商向系统服务商转型，从而推动行业的产业结构调整和经济增长方式转变，并编写了《建筑防水行业"十三五"发展规划纲要》。为了更加明确行业发展方向及工作重点，协会印发了《关于推进建筑防水行业供给侧改革的若干意见》，以通过绿色发展、淘汰落后、激发需求、整合重组、价值回归、行业自律等措施，集合全行业力量共同促进行业发展。

"十三五"期间，在全体防水人的共同努力下，我们在修复行业生态、规范行业秩序、提升行业价值、创新行业发展等方面的成绩喜人。

行业集中度持续提升。预计到2020年年底，行业前10位防水企业主营业务收入占行业规模以上企业主营业务收入比重将达到40%。大力推动行业重组，吸引央企及上市公司纷纷进入防水行业，重塑行业结构和格局。鼓励更多防水企业进入资本市场。骨干企业从行业质量提升中受益，经济效益和企业规模进一步扩大，市场占有率和行业竞争力不断提升。

行业技术装备水平快速提升。随着质量提升工作的不断深化，防水企业的质量意识显著增强，为满足市场对高品质防水材料的需要，有更多的企业以提高企业技术装备水平来推动转型升级。5年间，国内大型防水企业引进了超过75条防水卷材生产线，大型企业的技术装备水平已经达到国际先进水平。企业技术装备水平的提升有效地推动行业供给侧结构性改革，并促进了行业生产效率和产品质量的提高，重塑企业经济增长动力。

国标产品占有率不断提升。通过产业政策引导和市场机制选择有效结合，实现淘汰落后产品和落后技术，发挥骨干企业作用，提升产品质量，大力淘汰落后产能和非标产品，重构防水产品市场，已杜绝全国招投标市场以非标产品为标的招投标行为，进一步压缩非标产品市场空间，优化防水产品结构。

商业模式创新能力提升。5年来，在协会的提倡下，越来越多的大中型企业积极探索由单一材料供应商向系统服务商转型之路。大型企业通过技能培训等赋能方式，与众多防水施工商建立商业合伙人新商业模式，从而形成国际通行的材料供应商主导的防水系统服务商体系；而中小型企业则探索转变经营方式，或走专精特新道路，或转型成为大企业配套商和服务商模式。目前，国内拥有防水施工资质的企业已经超过12000家。商业模式的转变，促进企业通过延伸服务链条和优化服务质量去占据市场，不断满足客户对美好生活向往的新需求。

3. 质量提升，推动行业供给侧结构性改革

"十三五"期间，协会主要通过以质量提升为抓手，实现行业的供给侧结构性改革，行业质量提升重点逐渐从产品端延伸到工程端和服务端，范围持续扩大，成果显著。

2016—2017年，原质检总局（现国家市场监督管理总局）持续7年推进防水行业的产品质量提升工作，继续将建筑防水卷材产品列为年度质量提升重点产品，委托协会开展了"建筑防水卷材产品生产许可获证企业专项监督检查""建筑防水卷材产品生产许可发证检验机构和获证企业建筑防水卷材物理性能检验比对"等行业质量提升活动。其间，先后有20余个省市在建筑防水行业的800余家获证企业开展质量自查，开展万里行活动走访了21个省市地区的66家企业，行业内共转发系列报道超过400次。通过多年的产品端质量提升工作，从产业政策和质量监督角度倒逼防水企业不断提高生产装备和检验装备水平，提升生产工人和检验工人的职业技能，强化产品生产效率和质量控

制能力,从供给侧实现产品质量提升。

2017年,中共中央、国务院发布了《关于开展质量提升行动的指导意见》,协会收到了《住房城乡建设部标准定额司关于商请提供提高标准专项工作方案的函》(建标实函〔2017〕17号),建筑防水行业(防水工)职业技能大赛被人社部列为中国技能大赛二类竞赛,以上种种都标志着防水行业的质量提升延伸到工程端和服务端,行业进入了全产业链质量提升时代。

"十三五"期间,协会先后两次推动了关于防水行业发展的人大建议案,成功向住建部、工信部提交了关于标准提升的相关课题报告和意见,推动工信部废止了《沥青复合胎柔性防水卷材》JC/T 690—2008等七项落后防水材料产品标准,举办了两次中国技能大赛——全国建筑防水行业(防水工)职业技能竞赛,开展了多个项目的防水工职业技能培训。这一系列质量提升活动的开展,在打击假冒伪劣产品、提高国标产品市场占有率、规范行业市场竞争、促进行业装备改造升级等方面起到了巨大的推动作用,逐步修复了行业质量生态,提升了行业市场价值,推动了行业全产业链质量提升和转型升级。

4. 绿色环保,推进防水行业生态文明建设

绿色发展、节能减排等产业政策逐渐替代"生产许可证"管理、准入条件等"门槛",成为行业监督和管理的重要手段。协会积极参与了防水行业相关的各项绿色发展、节能减排政策的制定与实施。

2017年,协会承担了"总理基金项目子课题——装饰装修材料行业"中涉及建筑防水行业相关工作,撰写了《建筑防水行业大气污染研究分析报告》,提出了绿色发展、节能减排、污染防治的技术政策建议。依据此建议,2020年6月,生态环境部发布了《重污染天气重点行业应急减排措施制定技术指南》,其中"二十二、防水建筑材料制造"根据企业能源消耗、装备水平、污染治理技术、排放措施、检测控制和环境管理水平等提出了防水卷材生产企业分级管理要求。

2020年,工信部以工信厅节函〔2020〕106号文《工信部下达2020年国家重大工业专项节能监察任务的通知》下达了在建筑防水行业对38家企业开展专项节能监察活动,主要依据协会在2013年主编的强制性国家标准《沥青基防水卷材单位产品能源消耗限额》GB 30184—2013中规定的能耗值、耗能设备管理、节能减排措施、能耗管理体系等要求开展监察工作。

为了满足消费升级需要,自2017年开始,按照工信部、国标委《绿色制造标准体系建设指南》、工信部《工业绿色发展规划(2016—2020年)》等文件要求,协会先后在工信部申请了《建筑防水行业绿色工厂评价》《绿色设计产品评价技术规范 防水卷材》等绿色制造体系中涉及的行业标准,参与了国家标准《绿色产品评价 防水与密封

材料》的制定工作,开展《防水卷材行业大气污染物排放标准》等团体标准立项、编制工作,并陆续落实相关研编工作,为形成由绿色园区、绿色工厂、绿色产品和绿色建筑构成的绿色发展系统奠定基础。

绿色环保政策的不断落实,将促进防水企业提高节能、环保、绿色发展意识,改善节能减排措施和技术,提高行业资源能源利用效率和环保治理水平,有效改善社会对行业的污染认知,推动行业持续健康绿色发展。

5. 科技引领,加速行业崛起步伐

科技创新是行业不断发展的动力,是提高行业市场竞争力和推动行业技术进步的有效手段。协会通过鼓励技术装备升级改造、举办技术交流论坛、搭建展览展示平台、开展技术评价评定等活动,持续推动行业科技创新,促进行业发展和进步。

技术装备改造升级。随着国家经济建设、百姓消费升级以及行业产品端质量提升工作的不断深入,协会以多渠道推动防水材料的制造装备技术升级。协会积极编制技术装备相关标准和产业政策,鼓励防水材料生产企业在自动化、智能化、集成化、数字化等方面进行装备创新,推动企业加大节能环保投入、提高节能减排设备效率;鼓励企业通过引进国外生产线、消化吸收再创新等手段,提升技术装备水平,逐渐缩小与国际先进水平的差距,骨干企业的技术装备水平已经与国际接轨。

搭建防水技术服务平台。协会搭建"中国国际屋面和建筑防水技术展览会"平台,集中展示近千种最新的防水产品和系统,内容涵盖防水行业全产业链。通过展会同期举办技术研讨、施工演示、新产品发布和直播活动等手段,搭建全球行业技术服务平台、商务贸易平台、信息交流平台和全产业链衔接平台。

鼓励行业科技创新。为提高企业技术创新能力和市场竞争力,协会按照科技部国家科学技术奖励工作办公室文件要求,在全行业合规开展技术进步奖、工程金禹奖评选活动,还与住建部科技与产业发展化促进中心合作开展"全国建设行业科技成果推广项目——建筑防水专项技术与产品"评选活动,有近百个项目通过以上3个项目的评定;行业近百家企业参与了协会组织的标准化实验室评定工作;200多家企业参与了协会组织的企业信用评价。协会的信用评价结果、标准化实验室评定结果被列为多地招投标集采平台的招投标必要条件或加分项。行业的评优、评定、评价活动,有效提高了企业技术创新能力和市场竞争力,提升了防水工程施工技术、工程质量和工程管理水平,提高了材料生产企业检测技术和检验装备的水平,提升了行业的整体质量。

坝道医院落地平舆。在协会牵线搭桥下,协会专家委员会委员、中国工程院院士王复明教授领衔的坝道工程医院建筑防水(平舆)分院、基础工程原型试验场项目以及我国第一家建筑防水行业院士工作站落户平舆。研究院内将建立大型防水培训基地,为防水工程医院提供大量"护士"和"医生"。

搭建行业技术发布平台。协会通过《中国建筑防水》杂志的专业属性，传播了行业科技，提高了防水学科的影响力；通过开展"防水专业学科调查"，摸清了防水学科的现状，提出了提高学科影响力的对策。

6. 标准引领，推动行业高质量发展

标准规范是行业发展的技术准则，是行业产业政策制定的依据。协会始终坚持标准规范的引领作用，积极主持编制或参与编制行业各类标准规范，增强行业在标准规范制定工作中的话语权，占领引领行业发展的制高点。

近年来，协会推动并参与全文强制规范《建筑和市政工程防水通用规范》立项、编制，凸显了行业存在的重要价值，为未来行业技术的发展指明了方向和路径；积极参与了《地下工程防水技术标准》GB 50108、《屋面工程技术规范》GB 50345、《城市桥梁桥面防水工程技术规程》CJJ 139等标准规范的修订工作；主持了《坡屋面工程技术规范》GB 50693、《种植屋面工程技术规程》JGJ 155、《单层防水卷材屋面工程技术规程》JGJ/T 316、《建筑用硅酮结构密封胶》GB 16776、《城市综合管廊防水工程技术规程》T/CECS 562等的制修订工作；与中国建筑标准设计研究院共同主编国标图集《城市综合管廊工程防水构造》19J302及《建筑防水构造》（在编），突出和落实了标准对行业发展的引领作用，助力新材料、新工艺、新技术、新装备在制造和工程的应用，对保证和提高防水工程质量提供了有力支持。

2018年实施的新版标准化法确立了要建立新型标准体系，赋予了团体标准法律地位。《国家标准化体系建设发展规划（2016—2020年)》《深化标准化工作改革方案》等文件的出台为建筑防水行业开展团体标准化工作指明了方向。协会在2016年申请成为了建筑防水行业团体标准化工作单位，2018年成立了"建筑防水行业团体标准化技术委员会"，制定了《中国建筑防水协会团体标准管理办法》《中国建筑防水协会团体标准实施细则》，先后发布了5批次57项涉及产品、工程、管理、方法、评定等方面的团体标准编制计划。

建筑防水行业团体标准化体系是对现有标准体系的有益补充，协会立足于建筑防水行业全局，以"服务产业转型升级，推进产业自主创新"为出发点，坚持"产业发展、市场需要、重点突出、技术创新"的原则，充分发挥团体标准的灵活性、技术先进性、及时性等特点，通过团体标准化工作的有效开展，发挥标准领跑作用，大力提升标准技术水平，突出标准对行业发展的规范、支撑和引领作用，在新产品、新技术、新方法、新工艺方面全面推动建筑防水行业整体技术水平的提升，促进行业持续健康发展。

7. 人才培养，夯实行业长期发展基石

人才是推动行业持续健康发展的资源和动力，是企业保持竞争优势的第一要素。学历教育和职业培训共同构成防水行业人才发展的重要手段。

行业专家队伍不断扩大。协会专家委员会、总工委员会、团体标准技术专家委员会的力量不断得到加强，协会专家委员会分四批先后增补了王复明院士、缪昌文院士等多位专家，在职专家总数达到 75 人，其中院士专家 4 人。

学历教育取得长足进步。在协会、专家和防水企业的支持下，行业持续加强防水工程学科建设，与湖北工业大学共建的"防水材料与工程"本科及硕士专业均获得了长足进步。"十三五"期间，已有五届 300 多名防水专业本科学历学生和一批工程硕士毕业，湖北工业大学也获批建成湖北省建筑防水工程技术中心和组建坝道工程医院湖北工业大学分院。2019 年 7 月，教育部认可湖北工业大学自设"防水材料与工程"专业为本科学科，这是中国第一个由教育部认可的防水专业本科学历学科。

职业技能培训规模不断扩大。协会有序推进行业培训基地建设，共建成行业和企业培训基地 24 个；继续推行行业注册培训师建设，发展了培训师 300 余名；开展了沥青、高分子、涂料、自粘等项目的技能培训班，5 年累计培养了防水工超过 20000 名，检验员近 2000 名。协会加强与平舆、项城等地政府、社团合作，加强当地防水工培训工作，鼓励当地建立职业培训学校、打造工匠摇篮，创建防水施工品牌，提升防水施工水平。

职业技能大赛影响力进一步提升。防水行业的职业技能大赛和职业技能培训相互促进。2013—2020 年，防水行业职业技能大赛的参赛选手从 26 名发展到 800 余名，行业影响力越来越大，特别是 2017 年和 2020 年比赛成为人社部认可的国家二类竞赛，产生了 6 位"全国技术能手"、20 名"中国防水特级大师"。

积极参与世界青年屋面工冠军赛。2014—2018 年，协会连续组织参加了国际屋面联合会举办的"世界青年屋面工冠军赛"，施工技术逐步与国际接轨。北京在 2017 年以 35 个国家全票通过的成绩成功获得 2020 年国际屋面联合会大会及第 28 届 IFD 世界青年屋面工冠军赛主办权。2020 年冠军赛获得国际防水界高度关注，但由于疫情原因将推迟举办。

行业人才建设工作的有效开展，大力推进了行业职业化人才建设，推动了行业转变服务方式，深入推进行业转型升级。国内技能大赛已经成为推动行业标准化施工、服务转型升级的有力抓手，通过国际比赛对标国际化施工水平，推动我国防水施工技术提升，增强我国防水行业在世界上的影响力。

二、秉持"引领 协调 服务 沟通"的发展宗旨，服务防水行业和会员企业，参与行业多元共治，进一步修复行业生态、规范行业秩序

协会坚持目标导向，有效发挥行业协会重要的组织与引导作用，通过舆论监督、社团交流、国际交流和行业自律等手段，同行业各相关方加强交流与合作，逐步形成多元共治良好新局面。

1. 行业自律和责任担当，促进行业规范有序发展

"十三五"期间，行业发展面临多项挑战，协会发挥了行业骨干企业发挥引领示范作用，共同助力行业健康发展。协会先后组织召开20多次会长工作会，就深化行业供给侧结构性改革、淘汰落后、转型升级、绿色发展、整合重组、推动行业发展等方面，与行业大型企业达成了《建筑防水行业未来发展共识（2016—2020）》《新时期防水行业发展共识（上海）》《中国建筑防水协会会长工作会共识（广州）》。鼓励大企业主动承担行业发展使命，促进行业整合重组，打开需求侧天花板，推进建筑工程标准和质量提升，推动行业自律和市场规范，构建公平竞争市场环境，以上目标均已初见成效。

协会还倡导大企业主动承担社会责任，推动了3家上市公司通过"中国防水展"平台发布社会责任报告。自2012年开始，协会在全国范围内开展"走进社区 诊治渗漏"公益活动，鼓励会员企业主动参与，为社区居民提供防漏、堵漏等方面的知识和产品，并为残疾人等5类特殊群体提供免费渗漏维修服务，提高百姓对防水重要性的认识，增强社区居民的合法维权、防水堵漏意识，进一步规范渗漏维修市场。

此外，在支援新冠抗疫工作中，各大防水企业、社会组织挺身而出，纷纷组织或参与捐款、捐物，驰援建设各地公共卫生设施。为在全行业内激发正能量、弘扬真善美，协会开展了表扬"建筑防水行业支援新冠抗疫工作先进集体"活动，向积极支援抗疫工作的"逆行者"们致敬，倡导所有防水人见贤思齐，担负起更多的社会责任，共同为行业发展、国家建设、人民安居做出更多的贡献。

2. 舆论监督，激活行业高质量发展内生动力

5年来，协会充分利用主流及权威媒体，发挥好舆论监督作用；紧跟时代趋势打造全媒体传播平台，为协会乃至行业宣传拓宽了传播渠道和形式，与主流媒体合作，持续发声，助力行业影响力提升。

协会官网、微信公众号、微博号、抖音号、视频号、《中国建筑防水》《建筑防水资讯》、小鹅通直播平台等共同构成了协会自身的信息发布平台。协会还与央广网、新浪地产、网易家居、腾讯家居、百度、搜房网、《中国建材报》《中华建筑报》《中国房地产报》《中国质量报》等媒体建立了良好的合作关系。

5年来，协会官网年均访问量近20万人次，官微五年累计发文超4000篇，粉丝量比2015年量增长超7倍，累计出刊100期《中国建筑防水》杂志和60期《建筑防水资讯》，开展了15场线上直播。协会还通过"质量提升万里行""协会成立35周年"等专题活动，报道防水企业在产品质量等方面质量提升行为，让行业进一步为社会和公众重视。

3. 社团交流，推动行业平衡发展

行业社会组织积极参与行业建设和社会治理，已成为行业健康发展有效推动力。

协会积极搭建交流平台，促进行业社会组织之间的沟通与合作，发挥好桥梁纽带作用，促进各项政策的落实。协会每年举办"建筑防水行业社会组织会长秘书长联席工作会议"，有效促进各项政策的宣贯与落实，规范防水社会组织内部运营，增强全国40多个省市的防水社团组织之间的交流与合作。

此外，协会还与各地方社团组织开展行业培训、技能大赛、质量提升等项目的合作。协会与平舆、项城等地的防水社团组织开展职业技能培训合作，与全国十几个省市的社团共同开展防水行业职业技能大赛和"质量提升省市行"活动。

4. 国际交流，探索国内创新发展新思路

"十三五"期间，为引进全球领先的防水技术及发展模式，协会以组织会员企业参加国际工程评奖及技能大赛、邀请国外专家来华技术交流及施工培训等方式，积极开展国际交流与合作。5年来，协会邀请国外专家来华技术交流及施工培训50余场次，分析各国的防水行业标准体系和质量保证体系，交流全球最新防水科研成果、应用技术、市场及发展趋势，开拓防水企业国际视野，借鉴发达国家成功经验，推进了我国防水工程质量保证体系的进程，为我国防水行业与国际接轨提供了有力支撑。

为搭建技术交流和商贸合作平台，深度引领行业可持续发展，协会将在未来持续加强同国际上防水行业相关社会组织的合作交流。

三、秉持"致力成为行业卓有成效的社会组织"的发展愿景，落实党的全面领导，加强协会自身建设，实现协会规范化发展

协会成立36年来，不断加强党的领导、强化服务理念、打造服务功能，以满足会员、行业、政府、社会不同需求为导向，充分调动各方资源，努力将协会建设成为"组织信得过、政府用得上、会员靠得住、行业离不开、社会信誉好、国际影响大"的社团组织。

1. 党的建设，推动协会内部治理能力的现代化

协会始终坚持以习近平新时代中国特色社会主义思想为指导，深入学习贯彻党的十八大、十九大及历次全会精神。在国资委党委的领导下，在联合会党委的具体指导下，于2018年将协会党组织规范为独立党支部，认真开展了党的群众路线教育实践活动、"两学一做"学习教育和"不忘初心、牢记使命"主题教育，将党对协会组织的领导全面嵌入协会组织的一切治理结构中，将党组织对协会的领导列入了协会章程，增强了协会支部的政治建设、思想建设、组织建设、作风建设、纪律建设和制度建设。

协会坚持按照新时代党的建设的总要求、总目标，制定了《中国建筑防水协会落实"三重一大"决策制度试行办法》，将党组织"把方向，管大局，保落实"的任务具体为操作性的规则，确保上级党委和协会党支部的工作部署落到实处。为加强协会抗疫工作，协会党支部深入贯彻落实党中央、国务院和国资委的决策部署，成立疫情防控领导

小组，加强疫情期间防水行业经济运行动态监测和行业先进事迹宣传，及时发布防水行业抗击疫情和复工复产的倡议书，推动行业在复工复产方面取得战略性胜利。

2. 服务会员，促进会员企业均衡发展

协会按照《中国建筑防水协会章程》开展工作，牢记"引领 协调 服务 沟通"宗旨，致力于防水行业发展工作，用服务践行"促进行业健康发展 共建绿色美好家园"的使命，用实干坚守"致力成为行业卓有成效的社会组织"的愿景。

中国防水展影响力逐年提升。2016—2020年，协会分别在上海、深圳、北京三地举办了五届中国国际屋面和建筑防水技术展览会，并于2018年和2019年分别在成都和广州举办了两届巡展。与上一个5年末相比，展会整体规模增长了32％，展商数量增长了53％，观众数增长了61％。中国防水展成为协会引领和服务行业的有力抓手，展会的发展过程中始终践行协会使命，在引领行业创新和高质量发展，推动行业形象和价值提升，揭示行业未来发展趋势，促进行业技术交流和商贸合作方面起到了重要的作用。

技术与市场的研讨活动范围和规模持续扩大。中国防水技术与市场研讨会、未来领袖高端论坛、中国建筑防水（南方）专家论坛、分领域专业技术研讨会共同构成协会技术与市场研讨交流平台，已经成为协会的品牌服务产品。5年来，协会共组织了50多场技术与市场研讨论坛，参会代表超过6000人次。2020年，协会落实2020年第一次会长工作会议精神，融合各分领域专业技术研讨会，举办了2020首届防水行业大会（528大会）系列活动，并首次采用线上直播形式，进一步扩大协会技术与市场研讨活动的知名度和传播力。

协会咨询业务树立良好口碑。协会承担日常来自会员单位及设计、施工、总包单位和一些个人有关防水技术方面的咨询，累积百余次，以电话、邮件、证明函和现场咨询等方式尽量满足咨询人的合理期望，发挥了社会组织在行业信息收集和资源整合方面的优势，为行业专家的作用发挥创造了良好的条件，树立了良好的口碑和形象。

此外，为进一步了解会员企业的发展状况及诉求，协会每年走访、调研百家以上的会员企业，宣贯行业产业政策、介绍协会发展情况、调查企业发展现状、分析行业发展趋势，为协会更有针对性开展工作、提升服务水平奠定了基础。

3. 自身建设，提升协会服务水平

协会按照章程规定，按时召开会员代表大会、理事会、常务理事会、会长工作会、秘书长办公会，秘书处积极落实各项会议精神，规范内部运作和财务管理，完善制度建设，通过了民政部社会团体历年年检、完成了民政部指定财务审计工作，顺利通过国务院国资委审计、审计署检查、中央巡视组审查等，并被民政部授予"全国先进社会组织"称号。

为更好地服务会员、服务行业、服务社会，协会一直致力于打造一支年轻化、专业化、职业化的团队，用更专业化的队伍为行业提供更优质的服务。目前协会共 20 名员工，平均年龄 36 岁，拥有 1 名博士、6 名硕士、13 名学士；其中高级职称及以上人员 4 人，中级职称 4 人；5 年来协会员工在行业杂志期刊发表专业论文 30 余篇。

自 2017 年开始，协会聘请常年法律顾问，进一步规范内部运营。自 2016 年开始，协会每年聘请外部专家，给协会秘书处开展社会组织管理和法律知识内部培训，通过内训梳理了协会的使命和愿景，开展了内部机构调整，向成为卓有成效的社会组织迈进一大步。

各位代表：防水行业经过 5 年发展，取得了不错的成绩，但我们应该清醒地认识到防水行业创新发展仍面临较大的挑战，"大而不强"依然是防水行业的突出表征，行业的基础研究不够，科技创新动力不足，具有自主知识产权的核心技术、核心产品和核心装备不多；跟随模仿和低价低质仍然是众多中小企业主要商业模式，转型升级仅在大中企业中成果突出；行业自律规范程度不高，市场生态还有较大修复空间；产业链有待全面发展，市场需求动能尚待进一步激发；人才培养乏力，职业教育任重道远；建筑渗漏仍然被列为建筑通病之首，距百姓对美好生活的需求还有较大差距。"十四五"期间，防水行业还存在极大改善和发展空间。

下届理事会工作建议

第八届理事会任期的 5 年，正是我国第一个百年奋斗目标即将胜利实现，开启全面建设社会主义现代化国家、实现第二个百年奋斗目标新征程的第一个 5 年，也是我国防水行业推进高质量发展的关键 5 年，新一届理事会责任重大、使命光荣！

新的 5 年，我们要以习近平新时代中国特色社会主义思想为指导，全面贯彻党的十九大及历次全会精神，践行新发展理念，构建新发展格局，以国家发展和人民群众需求为导向，以供给侧结构性改革和延伸产业链为主线，以全文强制规范为抓手，不断提高产业链供应链的稳定性和竞争力，着力推动防水行业向绿色化、智能化、服务化、国际化的高质量方向发展，探索构建"智能工业＋工程服务＋质量保证"的全产业链发展模式。

后疫情时代，确保产业链供应链稳定发展。防水行业要做好"内循环"和"双循环"新发展格局的有力支撑，适应国内外环境变化，找准全行业"稳增长"方向，积极探索商业模式转变，用科技创新驱动行业发展；充分利用"两新一重"、大房建、大基建、老旧改及维修等新机遇，以产业政策、标准规范、科技创新等手段激发行业发展新动能，采取切实有效的对策措施，确保产业链、供应链安全稳定。

后生产许可证时代，不断优化防水产业结构和产品结构。"十四五"期间，将继续巩固和深化行业供给侧结构性改革，关注中小企业发展战略，推动防水行业整合重组、产业与资本市场融合，继续提升行业集中度；全面提升防水行业绿色发展，加快落后产品、落后产能和落后市场机制出清，全面优化防水产业结构和产品结构；大幅提高国标产品覆盖率，以高性能高耐久高可靠性产品引领市场发展方向，为产业政策落实创造坚实的物质基础；全面提升行业技术装备水平和推动行业5G＋工业互联网技术落地。推动构建"绿色发展、质量提升、标准引领和数字转型"等市场调节为主的行业准入新门槛。

后强条时代，促进行业高质量发展。以全文强制防水规范要求为指引，全面修订国、行标及国标图集，完善防水标准体系，全面提升防水材料全生命周期的耐久性和环保性，着力打造组成完备、功能可靠的防水系统，激发市场新需求和新动能，打通供给侧和需求侧高质量发展的新路径，构建全产业链发展新格局。协会将适时推出一批促进行业高质量发展和满足市场新需求的团体标准编制计划，以加快推动行业供给侧结构性改革。

优化行业人才结构，建立职业化人才队伍。"十四五"期间，将不断发展和壮大专家队伍，发挥好专家委员会的行业智库作用，编制和发布行业"十四五"发展规划；强化学历教育，进一步加强新工科、交叉学科建设和防水行业人才继续教育，提升防水从业人员素质；建立职业标准，完善职业教育和技能培训体系，吸引年轻人从事防水事业，加大生产、设计、施工和管理方面的人才培养力度，建设全产业链优秀人才队伍；弘扬工匠精神，打造一支职业化的工程服务商队伍。

建立防水工程质量保证和保险机制，加强工程质量保障。以全文强制规范为导向，以防水工程设计使用年限为依据，继续推动建立防水工程质量保证和保险机制，鼓励众多大企业成为公开承诺质量保证年限的先行者，推动构筑"智能工业＋工程服务＋质量保证"的全产业链发展，遏制建筑渗漏顽疾。

加强行业自律，构建公平竞争市场格局。自觉遵守国家法律法规、执行国家产业政策，按照公平公正、诚实守信和依法竞争的原则，落实自律规约，履行社会责任；发挥骨干企业、行业协会和第三方机构力量，积极规范企业生产和经营行为，引导防水行业的经营者依法竞争，进一步改善行业生态，继续推动构建行业公平竞争市场环境。

未来5年，我们将贯彻新发展理念，抓住供给侧结构性改革这条主线，以全文强制规范实施为突破口，找准防水行业新需求、新领域，拓展和延伸产业链，开发新的经济增长点，为"加快形成以国内'大循环'为主体、国内国际'双循环'相互促进的新发展格局"做出行业应有的贡献。展望未来，我们要通过全行业的努力，不断提升防水行业整体竞争力，不断推动行业高质量发展，为2035年成为世界防水强国而努力奋斗！

谢谢各位代表！

2.9.3 协会章程（2020年版）

中国建筑防水协会章程

（2020年12月7日 中国建筑防水协会第八次会员代表大会通过）

第一章 总则

第一条 本团体的名称是：中国建筑防水协会，英文名称：China National Building Waterproof Association，英文缩写：CWA。

第二条 本团体是由从事建筑防水材料生产、科研、设计、施工等相关行业的企事业单位、科研院校和社会团体以及有关人士自愿结成的全国性、行业性、非营利性的社会组织。

第三条 本团体的宗旨：坚持为建筑防水行业企事业单位服务，为政府服务，发挥桥梁纽带作用；维护国家利益，维护行业和会员单位的合法权益；推动我国建筑防水行业和防水事业的健康发展；组织会员开展慈善活动，促进国家慈善事业的发展。

本团体遵守宪法、法律、法规和国家政策，践行社会主义核心价值观，弘扬爱国主义精神，遵守社会道德风尚，自觉加强诚信自律建设。

本团体坚持中国共产党的全面领导，根据中国共产党章程的规定，设立中国共产党的组织，开展党的活动，为党组织的活动提供必要条件。

第四条 本团体接受业务主管单位国务院国有资产监督管理委员会和登记管理机关民政部的业务指导和监督管理。

第五条 本团体的住所：北京市。

第二章 业务范围

第六条 本团体的业务范围：

（一）贯彻执行党和国家的有关方针、政策、法规，研究、探讨本行业发展中存在的重大问题，随时向政府有关部门反映行业情况、要求和建议，协助政府有关部门完善行业自律；

（二）根据授权组织对本行业基本情况和发展状况、统计资料的调查、搜集、整理、分析，为政府有关部门制定行业发展规划、经济技术政策、立法等提供依据，并参与有关活动；

（三）为会员企业和委托单位组织专家对科技成果、新产品、新技术等项目进行评估，对经营管理活动进行诊断和咨询；

（四）参与制修订本行业有关标准规范，并组织贯彻实施；接受政府或企业专项委托，出具行业发展规划和市场分析报告；经政府有关部门批准，开展行业信用体系建设；

（五）根据行业特点，组织协商订立行规行约，建立行业自律机制和公平竞争秩序，维护行业和会员合法权益；

（六）搜集和提供国内外有关技术经济信息，根据规定编印会刊、会讯、专题资料和书籍，开办网站；受政府委托承办或根据市场和行业的需要举办展览展示和经济技术研讨会、交流会，开展技术咨询和技术服务，为会员提供多方位多层次的服务；

（七）开展多种形式技术培训和职业教育工作，为会员企业培养各类技术和管理人才；

（八）加强同国外有关行业组织和企业的联系与交流，组织对外经济技术交流和协作活动；在会员企业对外出口、利用外资、引进技术以及开拓国际市场等方面进行协调；组织行业开展反倾销、反补贴和保障措施工作，维护产业合法权益；

（九）组织会员开展行业相关的扶贫、济困、扶老、环境保护等慈善和公益活动，向会员普及慈善理念，践行行业的社会责任，促进国家慈善事业发展。

第三章 会　员

第七条　本团体的会员种类：单位会员和个人会员。

第八条　申请加入本团体的会员，必须具备下列条件：

（一）拥护本团体的章程；

（二）有加入本团体的意愿；

（三）在本团体的业务领域内具有一定的影响；

（四）依法成立的从事建筑防水材料生产、防水工程设计施工、防水装备制造、经销物流、科研教育、中介服务、上下游产业链及关联原辅材料制造服务等的企事业单位、科研院校和社会团体，可申请成为单位会员；

（五）从事建筑防水材料生产、防水工程设计施工、防水装备制造、经销物流、科研教育、中介服务、上下游产业链及关联原辅材料制造服务等领域的个人，可申请成为个人会员；

（六）愿积极参加本团体活动，支持行业发展。

第九条　会员入会的程序是：

（一）提交入会申请书；

（二）经理事会或常务理事会讨论通过；

（三）理事会和常务理事会闭会期间，经理事会授权由秘书处审核通过；由秘书处注册登记会员、颁发会员证书，并予以公告。

第十条 会员享有下列权利：

（一）本团体的选举权、被选举权和表决权；

（二）参加本团体的活动；

（三）获得本团体服务的优先权；

（四）对本团体工作的批评建议权和监督权；

（五）入会自愿，退会自由。

第十一条 会员履行下列义务：

（一）遵守本团体章程及行规行约，执行本团体的决议；

（二）维护本团体的合法权益；

（三）完成本团体交办的工作；

（四）按规定交纳会费；

（五）向本团体反映情况，提供有关资料。

第十二条 会员如果连续 2 年不履行会员义务的，经劝告无效，视为自动退会。当会员不再符合会员条件、或丧失完全民事行为能力、或有对行业造成重大恶劣影响，自动丧失会员资格。

第十三条 会员退会、自动丧失会员资格或者被除名后，其在本团体相应的职务、权利、义务自行终止。会员退会须书面通知本团体，交回会员证书。

第四章　组织机构和负责人的产生、罢免

第一节　会员代表大会

第十四条 本团体的最高权力机构是会员代表大会，会员代表大会的职权是：

（一）制定和修改章程；

（二）选举和罢免理事、监事；

（三）审议理事会的工作报告和财务报告；

（四）审议监事会的工作报告；

（五）制定并修改会费标准；

（六）决定终止事宜；

（七）决定协会重大业务活动，资产的保值增值；

（八）决定其他重大事宜。

第十五条 会员代表大会每届 5 年。因特殊情况需提前或延期换届的，须由理事会表决通过，报业务主管单位审查，并经社团登记管理机关批准。延期换届最长不超过

1年。

因特殊情况需要召开临时会员代表大会的，经1/3以上会员代表提议或理事会表决通过，报业务主管单位审查，并向社团登记管理机关报批，可以召开临时会员代表大会。

临时会员代表大会会议职权、会议程序、表决程序等内容与会员代表大会无异。

第十六条　会员代表大会须有2/3以上会员代表出席方能召开。制定和修改章程，须经到会会员代表2/3以上表决通过；其他决议，须经到会会员代表1/2以上表决通过。

第二节　理事会

第十七条　理事会是会员代表大会的执行机构，在会员代表大会闭会期间领导本团体开展日常工作，对会员代表大会负责。

第十八条　理事会的职权是：

（一）执行会员代表大会的决议；

（二）选举和罢免会长、副会长、秘书长和常务理事；

（三）筹备召开会员代表大会；

（四）向会员代表大会报告工作和财务状况；

（五）决定会员的吸收和除名；

（六）决定办事机构、分支机构、代表机构和实体机构的设立、变更和注销；

（七）决定副秘书长、各机构主要负责人的聘任或免职；

（八）领导本团体各机构开展工作；

（九）制定内部管理制度；

（十）决定承接政府的职能转移，购买服务、依法申请相关税收、政策的优惠；

（十一）决定资产依法的保值增值，以及其他重大的资产处置活动；

（十二）决定其他重大事项。

第十九条　理事会每年至少召开一次会议；情况特殊的，可采用通讯形式召开。

第二十条　理事会须有2/3以上理事出席方能召开，其决议须经到会理事2/3以上表决通过方能生效。

第三节　常务理事会

第二十一条　本团体设立常务理事会。常务理事从理事中选举产生，人数不超过理事的1/3。在理事会闭会期间，常务理事会行使第十八条第一、三、五、六、七、八、九、十、十一项的职权，对理事会负责。

第二十二条　常务理事会至少每半年召开1次会议；情况特殊时，可采用通讯形式召开，通讯会议不得决定负责人调整事项。

第二十三条 常务理事会须有 2/3 以上常务理事出席方能召开，其决议须经到会常务理事 2/3 以上表决通过方能生效。

第四节 负责人

第二十四条 本团体负责人包括会长、副会长、秘书长和监事会主席。

第二十五条 本团体的负责人必须具备下列条件：

（一）坚持中国共产党领导，拥护中国特色社会主义，坚决执行党的路线方针政策；

（二）遵纪守法，勤勉尽职；

（三）具备相应的专业知识、经验和能力，熟悉行业情况；

（四）身体健康，能正常履责，年龄不超过 70 周岁，秘书长为专职；

（五）具有完全民事行为能力；

（六）没有法律法规禁止任职的其他情形；

（七）在本团体业务领域内有较大影响。

第二十六条 本团体负责人如超过最高任职年龄的，应当办理离职手续。本团体负责人在任职期限内如果超过最高任职年龄的，须经理事会表决通过，报业务主管单位审查并经社团登记管理机关批准同意后，方可任职。

第二十七条 本团体会长、副会长、秘书长、监事会主席每届任期 5 年，连任不得超过两届。

第二十八条 本团体会长为法定代表人。因特殊情况，经会长委托，理事会同意，报业务主管单位审查和社团登记管理机关批准后，可以由副会长或秘书长担任法定代表人。法定代表人代表本团体签署有关重要文件。本团体法定代表人不兼任其他团体的法定代表人。

第二十九条 本团体会长行使下列职权：

（一）召集和主持理事会、常务理事会；

（二）检查会员代表大会、理事会和常务理事会决议的落实情况；

（三）提名秘书长人选，交理事会决定。

第三十条 本团体设立秘书处，秘书处的工作由秘书长主持，秘书长为本团体专职工作人员。本团体秘书长行使下列职权：

（一）主持秘书处开展日常工作，组织实施年度工作计划；

（二）协调各分支机构、代表机构、实体机构开展工作；

（三）提名副秘书长以及各机构主要负责人，交理事会或常务理事会决定；

（四）决定办事机构、代表机构、实体机构专职工作人员的聘用；

（五）处理其他日常事务。

第三十一条 本团体监事会主席行使下列职权：

（一）主持监事会工作；
（二）列席理事会、常务理事会会议；
（三）监督本团体财务状况。

第五节 监事会

第三十二条 本团体设立监事会，对本团体的决策和各项活动行使监督、检查职能，对会员代表大会负责。

第三十三条 监事会由3人组成。设监事会主席1名、监事2名，其中1名为职工监事，由本团体秘书处在职员工内部产生。监事会成员在任期内不兼任本团体理事会成员。

第三十四条 监事会任期5年，可连选连任。

第三十五条 监事会的职权是：

（一）监督理事会执行会员代表大会决议情况，监督秘书处执行理事会、常务理事会决议情况；
（二）监督会员代表大会的选举程序；
（三）列席理事会会议，对理事会工作及提案提出意见或建议；
（四）向会员代表大会报告监事会工作；
（五）监督本团体的财务工作；
（六）监督本团体对外交流工作。

第三十六条 监事会至少每年召开2次会议。

第三十七条 监事会会议须有2/3以上的监事出席方能召开，其决议经到会监事2/3以上表决通过方能生效。

第六节 分支机构、代表机构

第三十八条 本团体在本章程规定的宗旨和业务范围内，根据工作需要设立分支机构、代表机构。本团体的分支机构、代表机构是本团体的组成部分，不具有法人资格，不得另行制定章程，不得发放任何形式的登记证书，在本团体授权的范围内开展活动、发展会员，法律责任由本团体承担。

分支机构、代表机构开展活动，应当使用冠有本团体名称的规范全称，并不得超出本团体的业务范围。

第三十九条 本团体不设立地域性分支机构，不在分支机构、代表机构下再设立分支机构、代表机构。

第四十条 本团体的分支机构、代表机构名称不以各类法人组织的名称命名，不在名称中冠以"中国""中华""全国""国家"等字样，并以"分会""专业委员会""工作委员会""专项基金管理委员会""代表处""办事处"等字样结束。

第四十一条 分支机构、代表机构的负责人,年龄不得超过 70 周岁,连任不超过 2 届。

第四十二条 分支机构、代表机构的财务必须纳入本团体法定账户统一管理。

本团体在年度工作报告中将分支机构、代表机构的有关情况报送登记管理机关。同时,将有关信息及时向社会公开,自觉接受社会监督。

第五章 资产管理、使用原则

第四十三条 本团体经费来源:

(一)会费;

(二)捐赠;

(三)政府资助;

(四)在核准的业务范围内开展活动和服务的收入;

(五)利息;

(六)其他合法收入。

第四十四条 本团体按照国家有关规定收取会员会费。

第四十五条 本团体经费必须用于本章程规定业务范围和事业的发展,不得在会员中分配。

第四十六条 本团体建立严格的财务管理制度,保证会计资料的合法、真实、准确、完整。

第四十七条 本团体配备具有专业资格的会计人员。会计不得兼任出纳。会计人员必须进行会计核算,实行会计监督。会计人员调动工作或离职时,必须与接管人员办清交接手续。

第四十八条 本团体的资产管理必须执行国家规定的财务管理制度,接受会员代表大会和财政部门的监督。资产来源属于国家拨款或者社会捐赠、资助的,必须接受审计机关的监督,并将有关情况以适当方式向社会公布。

第四十九条 本团体换届或更换法定代表人之前必须接受财务审计。

第五十条 本团体的资产,任何单位、个人不得侵占、私分和挪用。

第五十一条 本团体专职工作人员的工资,按照国家有关法律、法规和政策确定。本团体按规定参加基本养老、基本医疗等社会保险和缴存住房公积金。

第六章 章程的修改程序

第五十二条 对本团体章程的修改,须经理事会表决通过后报会员代表大会审议。

第五十三条 本团体修改的章程,须在会员代表大会通过后 15 日内,报业务主管单位审查，经同意，报社团登记管理机关核准后生效。

第七章　终止程序及终止后的财产处理

第五十四条　本团体完成宗旨或自行解散或由于分立、合并等原因需要注销的，由理事会提出终止动议。

第五十五条　本团体终止动议须经会员代表大会表决通过，并报业务主管单位审查同意。

第五十六条　本团体终止前，须在业务主管单位及有关机关指导下成立清算组织，清理债权债务，处理善后事宜。清算期间，不开展清算以外的活动。

第五十七条　本团体经社团登记管理机关办理注销登记手续后即为终止。

第五十八条　本团体终止后的剩余财产，在业务主管单位和社团登记管理机关的监督下，按照国家有关规定，用于发展与本团体宗旨相关的事业。

第八章　附则

第五十九条　本章程须经 2020 年 12 月 7 日第八次会员代表大会表决通过。

第六十条　本章程的解释权属本团体理事会。

第六十一条　本章程自社团登记管理机关核准之日起生效。

2.9.4　大会相关决议

关于修订中国建筑防水协会会费交纳标准及管理办法的议案

（2020 年 12 月 7 日，中国建筑防水协会第八次会员代表大会审议通过）

各位代表：

按照国务院办公厅《关于进一步规范行业协会商会收费的通知》（国办发〔2020〕21 号）等有关文件要求，协会拟对会费交纳标准和管理办法进行调整，加强对会费管理，建立健全严格的财务管理制度。

一、调整会费交纳标准

1. 会员单位每年交纳会费 2000 元，与原会费标准保持不变；

2. 理事单位每年交纳会费 3000 元，与原会费标准保持不变；

3. 常务理事单位每年交纳会费 5000 元，与原会费标准保持不变；

4. 正副会长单位由每年交纳会费 50000 元，调整为正副会长单位每年交纳会费 100000 元；

5. 科研院所、大专院校、事业单位、社团组织等会员单位和个人会员免会费，与原会费标准保持不变。

二、完善会费管理办法

进一步规范和完善会费管理办法及各级各类会员基础服务项目。详见《中国建筑防水协会会费交纳标准及管理办法》。

协会会费收费标准已在"信用中国"网站公示。

请审议。

附件：《中国建筑防水协会会费交纳标准及管理办法》

中国建筑防水协会
二〇二〇年十二月七日

附件：

中国建筑防水协会会费交纳标准及管理办法

（2020年12月7日，中国建筑防水协会第八次会员代表大会审议通过）

为加强会费管理，合理收支，建立健全严格的财务管理制度，明确会员基础服务项目，根据民政部有关规定和本会章程，结合本会会员单位实际情况，制定本办法。

一、会费交纳标准

1. 会员单位每年交纳会费2000元；
2. 理事单位每年交纳会费3000元；
3. 常务理事单位每年交纳会费5000元；
4. 正副会长单位每年交纳会费100000元；
5. 科研院所、大专院校、事业单位、社团组织等会员单位和个人会员免会费。

二、会费交纳办法

会员单位以年为周期交纳会费，会费汇入本会账户。

收款单位：中国建筑防水协会

纳税人识别号：5110000050000880X8

开户行：工商行百万庄支行

汇款账号：0200 0014 0901 4455 950

本会会员部负责会费收取工作，综合部负责会费管理工作。在收到会员会费后，将由综合部开具财政部门监制、由民政部统一印刷的"全国性社会团体会费统一票据"。

三、会费管理

1. 本会严格按照本办法规定的会费标准和办法收缴会费，加强管理，合理支出。

2. 本会收取的会费，将按照本会章程规定，全部用于开展各项活动和本会的必要费用开支。

3. 本会秘书处制定严格的会费管理制度，明确会费的使用和审批程序和主要领导，严格遵守财务纪律，切实加强会费的管理和监督，如实填报相关报表，接受上级主管部门及监事会的财务监督和审计，定期向会员代表大会和理事会报告会费的收支情况。

四、各级各类会员基础服务项目

（一）会员单位

1. 维护会员合法权益，向政府有关部门表达会员合理诉求。

2. 整合会员优质资源，调解会员内部纠纷。

3. 免费获得最新政策信息、行业动态等信息资讯。

4. 免费参加协会开展的信用评价、科学技术奖等评优活动。

5. 在协会官网发布会员企业的最新技术信息或企业动态。

6. 向上下游行业推荐优秀会员企业。

7. 优惠参加协会开展的技术研讨会、培训、展览会等活动。

8. 协助会员做好打假维权工作。

9. 赠送全年《建筑防水资讯》和《中国建筑防水》杂志等。

（二）理事单位

1. 参与协会重要工作的研究讨论，共同决定协会重大事项。

2. 优先参与本会组织的国际交流合作。

3. 享受普通会员1—9项服务。

（三）常务理事单位

1. 参与协会重要工作的研究讨论，共同决定协会重大事项。

2. 优先参与本会组织的国际交流合作。

3. 根据需要优惠或免费就防水生产技术、施工工艺、标准规范等问题，提供帮助或指导建议。

4. 享受普通会员1—9项服务。

（四）正副会长单位

1. 参与协会重要工作的研究讨论，共同决定协会重大事项。

2. 优先参加协会组织的国际交流合作。

3. 根据需要优惠或免费就防水生产技术、施工工艺、标准规范等问题，提供帮助或指导建议。

4. 优惠注册参加中国国际屋面和建筑防水技术展览会，作为嘉宾受邀出席相关活动。

5. 免费为正副会长本人提供会长工作会和协会年会期间的注册和食宿服务。

6. 享受普通会员 1—9 项服务。

五、其他事项

1. 根据本会章程规定，结合本会会员单位实际，连续两年无故不交纳会费按自动退会处理。

2. 本办法经中国建筑防水协会第八次会员代表大会审议通过后实施。

中国建筑防水协会
二〇二〇年十二月七日

关于审议设立"中国青年屋面工（防水工）冠军赛"的议案

（2020 年 12 月 7 日，中国建筑防水协会第八次会员代表大会审议通过）

各位代表：

为贯彻落实国家和建筑防水行业的各项人才发展规划、政策，加快培养和选拔高技能人才，推动建筑防水行业高技能人才队伍建设，完善行业职业技能教育体系，充分发挥职业技能竞赛在高技能人才培养、选拔和激励等方面的作用，吸引更多年轻人从事防水行业，优化防水施工人才年龄结构，并与国际赛事接轨。根据《中国建筑防水协会章程》，经秘书处工作会和中国建筑防水协会党支部讨论通过，并经 2020 年第二次会长工作会审议通过，决定自 2021 年起在建筑防水行业设立"中国青年屋面工（防水工）冠军赛"，每两年举办一届。

"中国青年屋面工（防水工）冠军赛"暂设置三个项目，分别为平屋面系统、瓦屋面系统、金属屋面系统。各项目获得冠军的队伍将优先入选成为次年代表中国参加"世界青年屋面工冠军赛"集训队成员。

比赛赛制和参赛办法另文规定。

请审议。

中国建筑防水协会
二〇二〇年十二月七日

关于设立"528防水日"的议案

(2020年12月7日,中国建筑防水协会第八次会员代表大会审议通过)

各位代表:

建筑防水关乎建筑安全与寿命,关乎百姓民生与安康。遮风避雨是人类生活的基本需求,随着消费升级和品质提升,社会大众对于建筑物的安全、健康和舒适性提出了更高的要求,建筑渗漏已严重影响百姓安居乐业。

为了宣传建筑防水的重要性和房屋渗漏危害性,提升社会关注度和公众防水意识,扩大有效需求和引导合理消费,加强技术交流和促进全产业链发展,经协会2020年第一次会长工作会审议,秘书处提议拟将每年5月28日设立成为"防水日",通过举办"防水日"系列活动,达到以下效果:

1. 开展大型行业技术学术交流活动,营造科技创新氛围;
2. 开展各类防水宣传社会活动,提高社会关注度;
3. 开展各类公益慈善活动,履行企业社会责任;
4. 开展线上线下防水产品促销活动,扩大消费需求。

请审议。

中国建筑防水协会
二〇二〇年十二月七日

关于中国建筑防水协会购置办公用房的议案

(2020年12月7日,中国建筑防水协会第八次会员代表大会审议通过)

各位代表:

为保证本会服务质量和效率,本着协会长远发展的目的,协会秘书处拟用结余资金购买办公用房。

在去年12月七届四次会员代表大会上,审议通过了《关于审议用结余资金购买办公用房的议案》。经过一年的努力,协会以单价4.08万元/平方米的价格签署了购置北京市丰台区广安路9号院国投财富广场约650平方米办公用房的意向书,该办公用房面积与目前租赁办公用房面积相当。希望通过购置办公用房，节约内部管理成本，确保资产保值增值。

请审议。

中国建筑防水协会
二〇二〇年十二月六日

2.9.5　第八届理事会理事

姓名	职务	单位
白力伟	总经理	索普瑞玛（中国）建材有限公司
白云龙	总经理	沈阳星辰防水科技有限公司
白召军	总工	河南建筑材料研究设计院有限责任公司
毕生洪	总经理	上海琼海防水保温工程有限公司
曹迈宇	总经理	长沙大禹建材科技有限公司
巢文革	院长	中建材苏州防水研究院有限公司
陈宝贵	会长	河南省建筑防水协会
陈国强	总经理	廊坊鸿禹乔防水材料有限公司
陈　杰	董事长	广州丽天防水材料有限公司（现为丽天防水科技有限公司）
陈土兴	董事长兼总经理	金华市欣生沸石开发有限公司
陈伟忠	董事长	科顺防水科技股份有限公司
陈晓龙	姑苏建材总经理	苏州市建筑科学研究院集团股份有限公司
陈　岳	副秘书长	中国建筑防水协会
陈　震	总经理	北京卡莱睿禹防水材料有限公司
程效明	董事长	山东汇源建材集团有限公司
戴　翔	总经理	无锡市翔宇化工有限公司
邓　科	董事长	圣戈班（中国）投资有限公司
邓思荣	总经理	广州市台实防水补强有限公司
杜　昕	董事长	北京圣洁防水材料有限公司
杜忠胜	总经理	烟台鲁蒙防水防腐材料有限公司
方　建	董事长	安徽米兰士装饰材料有限公司
傅若梁	总经理	上海汇城建筑装饰有限公司
葛　兆	技术总监	西卡渗耐防水系统（上海）有限公司

续表

姓名	职务	单位
耿进玉	董事长	雨中情防水技术集团有限责任公司（现为雨中情防水技术集团股份有限公司）
宫　安	会长	吉林省建筑防水协会
龚富强	董事长	河南省润锋基实业（集团）有限公司
管　理	董事长	北新防水有限公司
桂春芳	执行会长	湖北省建筑防水协会
郭大凯	董事长	四川金兴防水工程有限责任公司
郭志铅	总经理	河北金坤工程材料有限公司
韩维忠	董事长	北京东方宝红建筑防水材料有限公司
郝广英	董事长	北京禹都建筑防水材料有限公司
何　宾	副会长	江西省建筑防水协会
何家旭	总经理	上海台安实业集团有限公司
贺永安	管理者代表	杭州金屋防水材料有限公司
洪晓苗	秘书长	浙江省建筑防水行业协会
侯凯强	董事长	常鑫防水科技股份有限公司
侯尚民	总经理	寿光市发达布业有限公司
花海东	总工程师	江苏卧牛山建筑节能科技有限公司（现为卧牛山建筑节能有限公司）
黄金星	董事长	大禹伟业（北京）国际科技有限公司
黄尚文	董事长	威县双赢化工有限公司
季静静	总经理	山东鑫达鲁鑫防水材料有限公司
简凤仙	总经理	上海路得建材国际贸易有限公司
江华凌	亚太区市场部总监	基仕伯化学材料（中国）有限公司鄂州分公司
江　强	总经理	广东能辉新材料科技有限公司
蒋明星	董事长	浙江省东阳市明星防水材料厂
解　飞	总经理	大庆深润化工科技有限公司
金惠荣	秘书长	北京市建设工程物资协会防水分会
金仑华	董事长	浙江金庄防水材料有限公司
寇晓军	董事长	四川新三亚建材科技股份有限公司
黎小平	秘书长	惠州市防水行业协会
李藏哲	总工程师	衡水中铁建土工材料制造有限公司（现为衡水中裕铁信防水技术有限公司）
李春光	董事长	保定鑫旺纸塑包装有限公司
李德生	董事长	唐山德生防水股份有限公司
李冠中	副总经理	青岛大洋灯塔防水有限公司
李华生	副总经理	江西思科防水新材料有限公司

续表

姓名	职务	单位
李建中	总经理	哈尔滨民富建材科技有限公司
李金钟	董事长	亚士创能科技（上海）股份有限公司
李 俊	经理	巴斯夫（中国）有限公司
李 伶	总经理	德尉达（上海）贸易有限公司
李 猛	董事长	天津市奇才防水材料工程有限公司
李瑞秋	会长	黑龙江省建筑防水协会
李 伟	董事长	河南蓝翎环科防水材料有限公司
李卫国	董事长	北京东方雨虹防水技术股份有限公司
李文芳	总经理	福建铜浪建材科技发展有限公司
李 岩	秘书长	四川省建筑防水协会
李 勇	董事长	北京市建国伟业防水材料有限公司（现为北京建国伟业防水材料集团有限公司）
练生全	总经理	广东银洋环保新材料有限公司
梁千盛	董事长	广东巴德富科技有限公司（现为巴德富集团有限公司）
梁思禹	董事长	河北省奥佳建材集团有限公司
廖绍锋	会长	安徽省建筑业协会建筑防水专业委员会
林德殿	董事长	上海三棵树防水技术有限公司
林文清	董事长	广东天骄建材有限公司（现为广东筑龙新材料技术有限公司）
林言锦	总经理	盛隆防水科技（上海）有限公司
刘爱兵	董事长	璞耐特（大连）科技有限公司
刘冠麟	董事长	云南欣城防水科技有限公司
刘启军	董事长	湖北九阳防水材料科技有限公司
刘诗银	董事长	湖北永阳材料股份有限公司
刘晓强	董事长	潍坊石花化工建材有限公司
刘 洋	执行董事	湖北首云建筑防水工程有限公司
卢 东	副总经理	厦门京湘特种工程有限公司
卢桂才	董事长	西牛皮防水科技有限公司
卢建华	总经理	兰溪市天信新型建材有限公司（现为浙江天信建材有限公司）
麻志勇	总经理	吉士达建设集团有限公司
孟宪龙	董事长	宏恒达防水材料有限公司
孟祥旗	董事长	华高科（宁波）集团有限公司
苗 燕	驻会副会长	中国建筑防水协会
缪明松	总经理	广州市白云化工实业有限公司（现为广州白云科技股份有限公司）
倪贵全	董事长	开来湿克威防水科技股份有限公司
宁小春	会长	江西省建筑业协会建筑防水分会

续表

姓名	职务	单位
牛国梁	总经理	青岛神盾防水科技有限公司
潘 洋	全国销售经理	曼宁家（上海）投资管理有限公司
彭国彪	副总经理	厦门爱迪特环保科技有限公司
彭松涛	董事长	北京宇阳泽丽防水材料有限责任公司
彭 伟	董事长	四川省飞翎防水工程有限公司
蒲丽梅	市场经理	昆明风行防水材料有限公司
戚锦秀	总经理	上海伟星新材料科技有限公司
钱林弟	董事长	江苏凯伦建材股份有限公司
钱振宇	董事长	江阴海达橡塑股份有限公司
乔启信	总经理	安徽朗凯奇建材有限公司
秦宏舢	董事长	广东禹能建材科技股份有限公司
邱 雪	总经理	河北久申防水建筑材料有限公司
邱益清	董事长	南京先声合成材料有限公司溧水分公司
邱振东	总经理	山东普文特建材有限公司（现为山东普文特防水科技股份有限公司）
瞿培华	会长	深圳市防水行业协会
任会杰	董事长	河北金柳化纤有限公司
邵增峰	总经理	北京金盾建材有限公司
沈国兴	董事长	天津市禹神建筑防水材料有限公司
沈志高	总经理	扬州市志高建筑防水材料有限公司
石九龙	总经理	上海豫宏（金湖）防水科技有限公司
史文俊	总经理	成都赛特防水材料有限责任公司
宋敦清	董事长	广西青龙化学建材有限公司
苏 燕	秘书长	云南省防水防腐保温行业协会
孙 媛	总经理	北京新世纪京喜防水材料有限责任公司
孙德文	防水与修复事业部总工	江苏苏博特新材料股份有限公司
孙红宾	总经理	北京市中通新型建筑材料（平原）有限公司
孙军忠	董事长	四川桂湖防水科技集团有限公司
孙树民	总经理	秦皇岛天衣防水材料有限公司
孙艳春	董事长	中油佳汇防水科技（深圳）股份有限公司［现为中油佳汇（广东）防水股份有限公司］
孙泽斐	董事长	新京喜（唐山）建材有限公司
孙 哲	董事长	北京世纪洪雨科技有限公司
孙智宁	董事长	远大洪雨（唐山）防水材料有限公司
谈法江	董事长	苏州市力星防水材料有限公司
谈玉龙	董事长	江西玉龙防水科技有限公司

续表

姓名	职务	单位
汤建华	董事长	江苏汤姆森智能装备有限公司
童祖元	董事长	深圳蓝盾控股有限公司
万　旭	董事长	北京蓝典防水科技有限公司
王　超	董事长	山东天汇防水股份有限公司
王辰悦	董事长	北京龙阳伟业科技股份有限公司
王楚皓	总经理	广东万泓九鼎石油科技有限公司
王富良	会长	青海省建筑防水行业协会
王洪波	董事长	江苏欧西建材科技发展有限公司
王怀松	董事长	深圳卓众之众防水技术股份有限公司
王继飞	总经理	南通睿睿防水新技术开发有限公司
王嘉琪	技术经理	杜邦（中国）研发管理有限公司
王　俊	总经理	深圳市新黑豹建材有限公司
王　灵	总工	四川鑫桂湖防水保温节能科技有限公司
王录吉	董事长	大禹九鼎新材料科技有限公司
王　淼	副总经理	陕西昌炎秦岭防水技术有限公司
王培豪	会长	甘肃省建筑防水材料行业协会
王清远	秘书长	项城市防水协会（现为项城防水协会）
王荣博	董事长	山东北方创信防水科技集团股份有限公司
王曙光	总经理	胜利油田大明新型建筑防水材料有限责任公司
王术生	董事长	上海牛元工贸有限公司
王　帅	副总裁	北京万宝力防水防腐技术开发有限公司
王卫东	会长	重庆市建筑材料协会建筑防水工程（材料）专业委员会
王小武	会长	湖南省建筑防水协会
王秀龙	高级总监	上海保立佳化工股份有限公司
王依建	总经理	宁波曦昀高分子新材料有限公司
王益妹	总经理	上海侨茂建筑防水材料有限公司
王震环	总经理	哈尔滨市金堤建筑防水材料有限责任公司
王志强	董事长	潍坊市晨鸣新型防水材料有限公司
王志毅	董事长	潍坊市宇虹防水材料（集团）有限公司
王　忠	总经理	哈高科绥棱二塑有限公司
卫向阳	总经理	阿尔法新材料江苏有限公司
吴建明	总经理	常熟市三恒建材有限责任公司
吴进明	董事长	中建友（唐山）科技有限公司
吴经德	董事长	山东思达建筑系统工程有限公司
吴　敏	总经理	卡莱森泰（上海）企业管理有限公司

续表

姓名	职务	单位
吴卫平	董事长	浙江星都建材科技有限公司
吴忠孝	秘书长	宁夏建筑防水协会
夏晔	总经理	费米子（深圳）科技有限公司
夏展熙	秘书长	广东省建筑防水材料协会
羡永彪	副会长	中国建筑防水协会
肖来宣	董事长	天津滨海澳泰防水材料有限公司［现为北新澳泰高分子防水系统（天津）有限公司］
谢魁旭	总经理	辛集市三盛防水材料有限公司
谢远华	董事长	武汉佳时得建材股份有限公司
邢建华	董事长	内蒙古驼峰防水有限公司（现为驼峰防水技术集团股份有限公司）
徐晓明	总经理	辽宁兴胜防水材料科技发展有限公司
徐奕鸣	销售经理	塞拉尼斯（中国）投资有限公司
许天罡	总经理	河北四正北方新型材料科技有限公司
许永璋	秘书长	福建省建筑防水行业协会
薛玉梅	董事长	宁夏双玉防水防腐材料集团有限公司
闫汝举	董事长	河南彩虹建材科技有限公司
杨飞	副经理	河北玉环防水材料有限公司
杨际梅	会长	河北省建筑防水协会
杨小林	总经理	四川杨氏达防水材料有限公司（现为成都璞达新材料科技有限公司）
姚明明	副董事长	辽宁女娲防水建材科技集团有限公司
易环	总监	广东嘉宝莉科技材料有限公司［现为北新嘉宝莉涂料（广东）有限公司］
易立斌	总经理	上海瑞芙特建材有限公司
于建	会长	青岛市建筑防水保温协会
于占海	总经理	北京占海防水科技有限公司
余洪斌	总经理	陕西普石建筑材料科技有限公司
余建平	总经理	北京森聚柯高分子材料有限公司
喻仁和	董事长	江西万合防水科技有限公司
远义广	董事长	山东红花防水建材有限公司
臧娟	执行董事	上海东土生态建筑科技有限公司
展利	董事长	河北展利防水机械装备有限公司
张式泰	董事长	郑州中原思蓝德高科股份有限公司
张松	总经理	衡水天拓橡胶制品有限公司
张维	总经理	湖北优布非织造布有限公司
张卫	总经理	武汉市恒星防水材料有限公司
张小友	董事长	苏州市月星建筑防水材料有限公司

续表

姓名	职务	单位
张秀香	秘书长	天津市建材业协会建筑防水分会
张雪松	董事长	秦皇岛市松岩建材有限公司
张泳东	副总经理兼营销总监	德高(广州)建材有限公司
张 智	规范与认证总监	欧文斯科宁(中国)投资有限公司
章伟晨	副总经理	北京城荣防水材料有限公司
章卫国	董事长兼总裁	株洲飞鹿高新材料技术股份有限公司
赵春华	董事长	河南省华瑞防水防腐有限公司
赵光宝	董事长	宝源防水材料股份有限公司
赵金彪	亚洲区域经理	美国 OMG 公司
赵永生	常务董事	山西四方恒泰防水材料有限公司
赵云涛	总经理	固安金盾时代建筑防水材料有限公司[现为金狮盾(河北)防水材料有限公司]
赵正维	亚洲事业部经理	依工功能塑料(上海)有限公司
郑家玉	秘书长	寿光市防水行业协会
郑进中	会长	平舆县建筑防水协会
郑贤方	董事长	四川省威盾新材料有限公司
郑贤国	总裁	宏源防水科技集团有限公司
郑宪明	董事长	辽宁大禹防水科技发展有限公司
郑月友	董事长	山东正大防水材料股份有限公司
郑 昭	董事长	广东欣涛新材料科技股份有限公司
周 结	经理	上海烨加建筑材料有限公司
周 京	董事长	北京市大禹王防水工程集团有限公司
周 荣	总经理	上海汇丽涂料有限公司
周松青	董事长	湖州红星建筑防水有限公司
周子夏	总经理	北京中核北研科技发展股份有限公司
朱德明	总经理	中国建材检验认证集团苏州有限公司
朱冬青	秘书长	中国建筑防水协会
朱家远	总经理	瑞安市佳源机械有限公司
朱文勇	总经理	上海优珀斯材料科技有限公司
祝惠萍	董事长	浙江鲁班建筑防水有限公司
祝兴洲	总经理	锦绣防水科技有限公司
邹先华	董事长	深圳市卓宝科技股份有限公司
邹珍凡	总经理	广州集泰化工股份有限公司

2.10 专家委员会

2.10.1 专家委员会（含顾问专家委员会）的发展

1. 第三届专家委员会（2015—2020）

2015年11月27日，中国建筑防水协会专家委员会换届大会在北京召开。60余位专家委员出席了此次换届大会。新一届委员会的58位专家中，新增各个领域专家60%，邀请侯保荣、肖绪文两位中国工程院院士加盟。丁红梅等58人为新一届专家委员会委员；朱冬青为新一届专家委员会主任委员，朱志远、吴明、张勇、羡永彪、蔡昭昀等为新一届专家委员会副主任委员；王天等26人为顾问专家委员会委员；李承刚为顾问专家委员会主任委员，叶林标、朱祖熹、孙庆祥、张玉玲、薛绍祖等为顾问专家委员会副主任委员。

第二届专家委员成立以来，随着我国建筑防水行业的快速发展，中国建筑防水协会专家委员会发挥专业和学科优势，不断完善组织建设和规范队伍管理，并陆续新聘吸纳了更多行业及新领域优秀专家、学者加入协会专家委员会，专家委员会不断发展壮大。

2017年1月15日，经专家委员会主任会议审议，同意增补李峰、杜博为中国建筑防水协会专家委员会专家委员。

2017年9月15日，中国建筑防水协会秘书长、专家委员会主任朱冬青教授、总工张勇研究员及河南省建筑防水协会执行会长李伟董事长一行三人，专程赶到郑州拜会中国工程院院士、时任郑州大学水利与环境学院院长王复明教授，并隆重聘请王复明院士担任中国建筑防水协会专家委员。

2018年7月1—2日，在青岛举行的中国建筑防水协会专家委员会年会上，增补丁玉乔、王后裕、王莹、李治国、吴经德、张太清、张强、段文锋、胡希宝、韩啸等10人为中国建筑防水协会专家委员会委员。

2019年6月28—30日，在中国建筑防水协会专家委员会2019年会暨2019年第六届中国建筑防水（南方）专家论坛上，举办了中国建筑防水协会专家委员会新增专家委员受聘仪式，增补刘福义、李冬青、余剑英、林宏伟等4位为专家委员会委员。

2020年9月28日，中国建筑防水协会秘书长朱冬青、副会长瞿培华、总工程师张勇一行到访江苏苏博特新材料股份有限公司，聘请缪昌文院士为专家委员会专家。

至此，协会专家委员会专家委员增至75人，其中包括王复明院士、肖绪文院士、侯保荣院士和缪昌文院士等4名工程院院士。

中国建筑防水协会第三届专家委员会名单

主任委员：朱冬青

副主任委员：张勇、羡永彪、蔡昭昀、朱志远

院士专家（按姓氏笔画排序）：王复明、肖绪文、侯保荣、缪昌文

专家委员（按姓氏笔画排序）：丁玉乔、丁红梅、马丽亚、马林、王后裕、王宝柱、王莹、王新、卢江、叶军、白召军、曲慧、吕联亚、朱冬青、朱志远、朱勇军、朱德明、刘福义、许宁、杜博、李冬青、李忠人、李治国、李建军、李峰、杨杨、杨胜、肖本林、吴明、吴经德、余剑英、张广彬、张太清、张文华、张勇、张道真、张强、陆明、陈宝贵、陈弦、陈晓民、林旭涛、林宏伟、尚华胜、尚炎锋、易举、胡小媛、胡希宝、胡骏、段文锋、姜涛、贺行洋、郭青、郭景、郭德友、涂伟萍、曹征富、盛黎明、巢文革、葛兆、蒋勤逸、韩丽莉、韩啸、羡永彪、游劲秋、蔡昭昀、霍瑞琴、冀文政、檀春丽、瞿建民、瞿培华

中国建筑防水协会第一届顾问专家委员会名单

主任委员：李承刚

副主任委员：叶林标、朱祖熹、孙庆祥、张玉玲、薛绍祖

顾问专家委员（按姓氏笔画排序）：王天、牛光全、方展和、孔宪明、邓超、叶林标、叶琳昌、田凤兰、朱祖熹、刘达文、孙成珩、孙庆祥、李国干、李承刚、杨嗣信、张玉玲、陈燕、陈安宁、周文琴、单兆铁、哈成德、钟鸿英、姚国芳、徐勤舫、蒙炳权、薛绍祖

按照《中国建筑防水协会专家委员会管理办法》的规定，应于 2020 年 11 月举行换届，但受新冠疫情防控影响，专家委员会换届推迟。

2. 第四届专家委员会（2021—今）

2021 年 9 月 23 日，2021 中国建筑防水协会专家委员会年会暨换届大会在青岛召开，中国建筑防水协会顾问专家委员会专家、专家委员会现有及新当选专家委员、协会秘书处及相关单位领导、青岛市建筑防水保温协会社团负责人等在内的近 70 人参会。丁红梅等 105 位专家组成新一届协会专家委员会，其中，朱冬青为新一届专家委员会主任委员，张勇、羡永彪、蔡昭昀、朱志远为新一届专家委员会副主任委员，王复明、肖绪文、侯保荣、缪昌文为院士专家。牛光全等 28 人为专家顾问委员会委员，李承刚为顾问专家委员会主任委员，孙庆祥、叶林标、朱祖熹、薛绍祖为顾问专家委员会副主任

委员。

2022年9月26日，2022中国建筑防水协会专家委员会年会在苏州召开，中国建筑防水协会顾问专家委员会专家、专家委员会现有及新当选专家委员、协会秘书处及相关单位领导、专家等60余人参加了会议。会上，增补王纲、叶吉、董彪、蒋雅君、韩春风（按姓氏笔画排序）等5人为中国建筑防水协会第三届专家委员会委员。

2023年4月23日，中国建筑防水协会秘书长、专家委员会主任朱冬青教授级高工，副会长钱林弟及总工程师张勇研究员一行，专程拜会中国工程院院士、东南大学首席教授刘加平，并隆重聘请刘加平院士担任中国建筑防水协会专家委员会院士专家。

2023年9月14—15日，2023中国建筑防水协会专家委员会年会在广东佛山召开。中国建筑防水协会顾问专家委员会专家、专家委员会现有及新当选专家委员、协会秘书处及相关单位领导等在内的60多人参会。会上，刘国华、汪显俊、宋建荣、苑冰、胡建文、熊卫锋（按姓氏笔画排序）6位专家增补为中国建筑防水协会第三届专家委员会委员。截至目前，中国建筑防水协会专家委员会有专家委员116人，其中包括5位院士专家。

中国建筑防水协会第四届专家委员会名单

主任委员：朱冬青

副主任委员：张勇、羡永彪、蔡昭昀、朱志远

院士专家（按姓氏笔画排序）：王复明、刘加平、肖绪文、侯保荣、缪昌文

专家委员（按姓氏笔画排序）：丁玉乔、丁红梅、马丽亚、马林、王纲、王宝柱、王洪成、王莹、王颖、王新、王澜、叶吉、叶军、白召军、曲慧、吕联亚、吕强、朱勇军、朱德明、刘国华、刘金景、江刚、许宁、许渊、孙雪钊、杜奎义、杜博、李冬凤、李冬青、李永福、李弘玉、李忠人、李治国、李建军、李峰、杨胜、杨德亮、束伟农、肖本林、吴士慧、吴经德、吴碧桥、余剑英、汪丽婷、汪显俊、宋建荣、张广彬、张太清、张文华、张硕、陆明、陈玉山、陈宝贵、陈弦、陈晓民、陈鸢飞、苑冰、林旭涛、林宏伟、林莉、尚华胜、尚炎锋、易举、罗富荣、金洁、周子鹄、单立欣、赵东奇、赵春山、胡小媛、胡希宝、胡建文、胡骏、段文锋、俞海勇、姜涛、贺行洋、秦盛民、党杰、栾斌、郭文雄、郭青、郭景、郭德友、黄亮、龚兴宇、盛黎明、巢文革、葛兆董剑、董彪、蒋雅君、蒋勤逸、韩丽莉、韩春风、韩啸、游劲秋、谭一凡、谭武、熊卫锋、霍瑞琴、冀文政、檀春丽、魏勤、瞿建民、瞿培华

中国建筑防水协会第二届顾问专家委员会名单

主任委员：李承刚

副主任委员：孙庆祥、叶林标、朱祖熹、薛绍祖

顾问专家委员（按姓氏笔画排序）：牛光全、方展和、孔宪明、邓超、叶琳昌、田凤兰、刘达文、刘福义、孙成珩、李国干、杨嗣信、吴明、张道真、陈安宁、陈燕、周文琴、单兆铁、哈成德、钟鸿英、姚国芳、徐勤舫、曹征富、蒙炳权

2.10.2 专家委员会的主要工作范围

中国建筑防水协会专家委员会，是建筑防水行业管理、科研、教学、设计、制造、施工、监理等方面的专家和专业技术工作者组成的高层次专业技术人员组织，英文名称 China National Building Waterproof Association Expert Committee（简称 CWAEC）。专家委员会在防水协会领导下，从事建筑防水在学术研究、技术应用、技术支持方面的工作。

专家委员会的宗旨是：坚持中国共产党的全面领导，贯彻执行国家方针政策，发挥多学科、多专业的综合优势，在政策研究、技术发展等工作中发挥决策咨询作用。同时，协助中国建筑防水协会实施行业管理、开展技术咨询服务、推动行业技术进步，促进建筑防水行业的持续健康发展。

专家委员会工作范围：

1. 了解、掌握和研究建筑防水行业技术发展动态，及时向防水协会提供信息和工作建议。

2. 参与研究和制订建筑防水行业发展规划，完成国家和有关部门委托的技术工作，促进行业发展，如行业政策研讨、资质评定、工程质量评价、专业技术培训等。

3. 向防水协会或政府主管部门反映行业问题和提出建议，供决策参考。

4. 积极开展研发活动，协助办理科研立项、组织课题攻关、推广先进技术等。

5. 承担专业技术咨询和服务工作，如技术成果鉴定、方案评审、设计审查、工程质量鉴定、工程事故评定等。

6. 组织参与行业技术标准的编制、修订工作，积极组织编写（或翻译）出版技术资料，组织重大工程的专题技术交流。

7. 引领行业健康发展，积极开展国际交流活动。

2.10.3 专家委员会重点活动回顾

在协会秘书处的带领下，专家委员会发挥多学科、多专业的综合优势，积极参与行业各项标准、规范、政策的建立及专项课题研究，为政府、行业、企业提供"智库"服务，对促进行业技术进步和行业发展发挥了积极而重要的作用。

1. 进行防水行业发展的调查研究

专家委员会成立以来，一向重视协助协会开展行业发展政策、探讨发展方向、提出工作重点及具体措施的研究。十年来主要的调查研究报告有：

（1）2016年参与完成了《建筑防水行业"十三五"发展规划纲要》。

（2）2022年参与完成了《建筑防水行业"十四五"发展规划和二〇三五年远景目标》。

2. 参与技术咨询服务

专家委员会专家积极参与协会开展的技术咨询和技术服务，建言献策。

（1）2017年，协会受住房和城乡建设部委托开展"建筑防水标准关键指标技术研究"，部分专家委员会专家参与了该项目，完成《建筑防水标准关键指标技术发展报告》。

（2）2018年，协会参与生态环境部委托中国建材研究总院有限公司负责的总理基金项目"建材领域大气污染治理及调控政策研究"，负责其中子课题"建筑防水行业大气污染研究分析"，邀请部分专家委员会专家加入课题组，完成《建筑防水行业大气污染研究分析》。

（3）2018年，协会受北京东方雨虹防水技术股份有限公司委托开展"国际知名防水企业调研"，协会邀请部分专家参加调研工作，完成《国际知名防水企业调研报告》。

（4）2020年，协会受北新集团建材股份有限公司委托开展"建设世界一流北新防水战略咨询项目"，邀请部分专家委员会专家加入项目组，完成《北新防水建设世界一流战略咨询报告》。

3. 参与标准化工作

我国防水行业标准化工作始于50年代末期，80年代以后逐渐加强。据不完全统计，目前我国建筑防水相关现行产品和原材料标准、术语和方法标准、工程建设标准、管理评价标准等国家标准、行业标准及团体标准约达300余部，标准化工作日趋完善。

防水专家一向是标准制修订工作、技术审查工作、宣贯培训工作的主力军，标准化工作是专家委员会和多数防水专家的一项重要工作。

参与《建筑与市政工程防水通用规范》GB 55030—2022的编制工作。2022年10月24日，住建部发文批准《建筑与市政工程防水通用规范》GB 55030—2022（以下简称《规范》）发布，自2023年4月1日起实施。《规范》的发布与实施，有力地保证了双碳战略的落地，也为全面提升防水工程质量、降低建筑渗漏率和根治渗漏顽疾打下良好基础,并切实带动建筑防水行业从高速发展向高质量发展转型升级。

参与了《地下工程防水技术规范》GB 50108—2008、《屋面工程技术规范》GB 50345—2012、《坡屋面工程技术规范》GB 50693—2011、《种植屋面工程技术规程》JGJ 155—2013、《单层防水卷材屋面工程技术规程》JGJ/T 316—2013、《建筑金属围护系统工程技术标准》JGJ/T 473—2019、《城市桥梁桥面防水工程技术规程》CJJ 139—2010、《建筑用硅酮结构密封胶》GB 16776—2005、《弹性体改性沥青防水卷材》GB 18242—2018、《改性沥青防水卷材成套生产设备 通用技术条件》JC/T 2046—2022、《建筑防水材料行业绿色工厂评价要求》JC/T 2700—2022、《城市综合管廊防水工程技术规程》T/CECS 562—2018、《建筑防水材料工程要求试验方法》T/CWA 302—2023等行业相关的标准规范和材料标准的制修订工作。参与了国标图集《城市综合管廊工程防水构造》19J302 及《建筑防水构造》等图集的编制工作。

4. 参与政策法规制修订

协会积极参与国家各项法律法规规章的制修订工作,在行业内征集专家意见、开展调查工作、了解会员诉求,将行业发展状况向有关部门反映。专家委员会专家发挥各自专业优势,作出重点贡献。近年来,专家委员会专家参与的防水相关产业政策的制修订工作如下:

(1) 2018 年,质检总局(现国家市场监督管理总局)办公厅发布了《关于征求工业产品生产许可证管理产品目录调整相关意见的函》,继续保留防水卷材作为生产许可证管理产品。协会在征集专家意见基础上,根据行业实际向质检总局(现国家市场监督管理总局)提交了《关于工业产品生产许可证管理产品目录调整的意见》。

(2) 2018 年,为了更好地引导产业结构调整,发改委拟对《产业结构调整指导目录(2011 年本)(修正)》实施情况进行总结,并研究提出对目录的修订意见。受发改委委托,工信部原材料司邀请协会进行座谈并向协会征集意见。协会根据行业实际,对目录中建筑防水类的推荐、限制和淘汰标准提出修订意见。

(3) 2018 年,为了贯彻落实国家区域发展战略,持续推动产业合理有序转移,工信部启动了《产业转移指导目录(2012 年本)》修订工作。《产业转移指导目录》是我国产业区域发展和布局的指导文件,对建材行业相关产业今后的发展转型及产业布局具有重要影响。协会在行业专家和部分企业中广泛征集意见,并将防水行业现状及修订意见提交至工信部。

(4) 2019 年,工信部发布《关于委托开展〈建筑防水卷材行业准入条件〉修订的函》(工原函〔2019〕106 号)文件,委托协会主持开展《建筑防水卷材行业准入条件》编制工作,编制内容包括防水卷材企业建设用地、工厂基础设施、生产线规模与装备要求、质量控制、能源消耗、环境保护和综合利用、安全卫生和社会责任等。

（5）2019年，市场监管总局发布了《关于征求工业产品生产许可证管理产品目录调整意见的函》，要求取消建筑防水卷材生产许可证，协会组织有关专家进行了认真研究讨论，对工业产品生产许可证管理产品目录调整提出了意见和建议。

（6）2019年，协会针对《产业结构调整指导目录（2019年本，征求意见稿）》向发改委提出了意见和建议，相关建议已被采纳。

（7）2019年，协会针对《工业企业技术改造升级投资指南》向工信部、中国建筑材料联合会提交了《关于〈工业企业技术改造升级投资指南〉的修订建议》，相关建议已被采纳。

（8）2019—2020年，协会参与生态环境部《重污染天气重点行业应急减排措施制定技术指南》中"二十二、防水建筑材料制造"内容的制定，主要包括适用范围、工艺条件、主要污染物和污染环节、绩效分级指标、减排措施和核查方法等。并针对《重污染天气重点行业应急减排措施制定技术指南》征求意见稿提出了建议，建议已被采纳。

2.11 总工委员会

2011年1月13日，中国建筑防水协会宣布成立中国建筑防水协会总工委员会（以下简称"总工委员会"）成立。10年来，总工委员会参与行业标准和规范的制定、推广新产品和新技术、加强国内外防水技术交流、实施行业技术发展规划等一系列技术工作。总工委员会的成立进一步促进了先进防水技术的研发和应用，促进建筑防水行业的技术交流和合作，密切协会与防水企业间的联系，共同推动中国建筑防水技术的发展。

中国建筑防水协会第一届总工委员会名单

主任委员：王新

副主任委员（排名不分先后）：丁红梅、史立彤、朱志远、吴经德、杨胜、郭德友、葛兆、韩丽莉、蔡昭昀

委员（排名不分先后）：马守旺、方虎、王宝柱、叶军、刘涛、刘军光、江志磊、阮和章、余建平、张勇、李翔、杜奎义、周子鹄、弥明新、罗玉娟、姜涛、徐悟龙、郭文雄、颜再荣、孙雪钊、吴敏慧

2021年9月，第二届总工委员会换届工作会议在西安召开。会议汇报了协会总工委员会在参与行业政策研究和制订建筑防水行业发展规划，总工委员会，参与了国家、行业、团体等各类标准制修订工作，参与了职业技能培训支持工作、学术和技术交流、

科技成果和新技术推广方面等工作。会议产生了新一届总工委员会主任委员、副主任委员以及委员名单。

中国建筑防水协会第二届总工委员会名单

主任委员：张勇

副主任委员（按拼音首字母排序）：韩丽莉、黄亮、李雷、米星、宿世强、王颖、许宁、杨胜、叶吉、赵东奇、朱志远

委员（按拼音首字母排序）：白召军、贲成俊、陈斌、陈春荣、陈玉山、邓小磊、丁红梅、赖延鹏、丁磊、杜奎义、杜昕、范增昌、方虎、伏新合、高珏、葛兆、郭红、郭靖、郭文雄、韩丽莉、何宾、何清叶、胡斌、胡京波、胡晓珍、黄亮、季静静、贾志军、江强、姜涛、金岩、李藏哲、李建军、李雷、李旻、李松、李小溪、李晓明、李孝存、李延伟、李卓强、刘彬、刘华、刘涛、刘军光、刘杨军、孟庆祥、弭明新、米星、欧阳圣才、潘洋、尚华胜、邵增峰、宋静、宋桃、苏怀武、宿世强、孙军忠、谭武、王宝柱、王超群、王国庆、王吉福、王澜、王涛涛、王新、王颖、魏效成、吴经德、吴敏、项晓睿、徐立、徐晓明、许宁、闫金香、杨桂玲、杨胜、姚俊杰、叶吉、叶军、易斐、余洪斌、余建冰、余建平、远义广、展利、张科、张强、张硕、张巍、张勇、赵东奇、郑万凯、周为为、周子鹄

秘书长：胡希宝

2023年10月，应企业要求，根据工作需要，总工委员会进行了届中调整，增补70名新的总工委员会委员。

中国建筑防水协会第二届总工委员会委员名单（增补）

委员（以姓名拼音首字母排序）：白宇、曹海涛、曹少波、陈磊、邓居兵、邓涛、邓又康、丁天华、董卫良、段林丽、方傲、龚智湘、侯高明、胡坦、黄俊、季俊锡、况彬彬、匡钫烟、李笑侠、李学兵、李延钢、李战朋、李召、李志海、李建、林杰生、刘冲、刘国华、刘向、刘志坚、卢嫔婷、陆善庆、栾淇雅、彭波、祁聪、亓帅、屈友方、沈敏、孙荣喜、王丹、王丹帝、王家乡、王俊毅、王乐峰、王灵、魏金祥、温目成、席新雅、肖华前、谢丹、熊鑫、杨林、杨自强、叶牧文、易立斌、虞兵、袁国军、岳德双、赵鹏飞、詹乃俊、张鸣、张威、张延安、张祖华、郑薇、周磊、周丽云、朱兵、朱建萍、朱天峰

2.12 协会分支机构

2.12.1 单层屋面技术分会

1. 分会简介

中国建筑防水协会单层屋面技术分会，英文名称"Single-ply Roofing Sub-association of CWA"，2009年12月18日经中国建筑防水协会申请，根据民社登〔2009〕第1301号《社会团体分支（代表）机构登记通知书》，中华人民共和国民政部批准组织成立中国建筑防水协会单层屋面技术分会，并于2010年2月2日在北京成立。分会是由单层屋面领域的建筑防水材料生产、科研、施工等企事业单位自愿结合组成的专业技术性组织。

2. 主要业务范围

（1）推动中国单层卷材屋面系统技术的发展；

（2）研究和开发用于单层屋面系统的防水卷材、保温材料、机械固定件和相关配套材料的技术标准和测试方法；

（3）研究和开发单层屋面系统的防水、节能、保温、抗风揭等屋面系统标准和测试方法；

（4）研究和开发单层屋面系统的施工工法和技术规范；

（5）与国内外行业内专家和企业代表沟通，构建中国式单层屋面系统技术。

3. 分会领导机构和负责人

第二届分会领导机构和负责人（2014至2017年）

会长：吴经德

副会长（按拼音排序）：白力伟（Olivier Brault）、陈鸣菘、陈玉山、董正宇、李德生、林旭涛、孟凡城、孙美峰、王宏、王亚洲、魏连中、肖来宣、闫建亚、周长鑫、朱志远

秘书长：葛兆

副秘书长：陈岳

第三届分会领导机构和负责人（2018至2020年）

会长：吴经德

副会长（按姓氏笔画排序）：白力伟（Olivier Brault）、董剑、何君健、李德生、孙美峰、汪丽婷、王宏、王文超、吴敏、肖来宣、张强、张智、赵金彪、周长鑫、朱志远

常务副会长：羡永彪

秘书长：葛兆

副秘书长：陈岳

第四届分会领导机构和负责人（2021 至 2023 年）

会长：吴经德

副会长（按笔画排序）：王亚洲、朱志远、江永淋、孙鑫、李建军、李德生、肖来宣、吴敏、张威、张智、张强、季静静、周长鑫、郑贤方、赵金彪、徐志新、谈小青、宿世强、董剑、韩啸、蔡昭昀、谭武

秘书长：葛兆

副秘书长：陈岳

第五届分会领导机构和负责人（2024 年至今）

会长：吴经德

副会长（按笔画排序）：王亚洲、王家宝、王颖、朱志远、闫金香、江永淋、李松、孙鑫、李建军、肖来宣、张威、张智、张强、季静静、周长鑫、郑贤方、谈小青、宿世强、董剑、韩丽莉、韩啸、傅磊、蔡昭昀、臧娟、谭武、魏金祥

秘书长：葛兆

副秘书长：程晓辉

2.12.2 种植屋面技术分会

1. 分会简介

中国建筑防水协会种植屋面技术分会，英文名称"Green Roof Sub-association of CWA"。2009 年 12 月 18 日，经中国建筑防水协会申请，根据民社登〔2009〕第 1301 号《社会团体分支（代表）机构登记通知书》，中华人民共和国民政部批准组织成立中国建筑防水协会，并于 2010 年 3 月 12 日在北京正式成立。本分会是由景观设计、防水材料、植物培育、种植施工、植物养护等企事业单位自愿结合组成的专业技术性组织。

2. 主要业务范围

（1）本分会在中国建筑防水协会章程规定的业务范围内开展工作；

（2）推动中国种植屋面系统技术的发展；

（3）研究和开发用于种植屋面系统的相关材料及配套设施的技术标准和测试方法；

（4）研究和开发种植屋面系统的防水、节能、隔热、抗风揭等屋面系统标准和测试方法；

（5）研究和开发种植屋面系统的施工工法和技术规范；

（6）组织国内外行业内专家和企业代表开展技术交流活动，构建中国式种植屋面体系；

（7）开展种植屋面系统的材料生产技术、施工技术、标准规范、测试方法等业务培训。

成立以来，分会在宣传屋顶绿化理念、开展屋顶绿化理论研究、学术交流、成果鉴评和推广、科普宣传、技术培训、咨询服务等方面做了一些开创性的工作。并且紧密配合政府有关职能部门，联合兄弟协会，为扎实、稳步地推进国内屋顶绿化的发展，作出了积极有效的努力。

分会坚持为会员单位、为行业、为政府和社会服务，发挥桥梁纽带作用；维护国家利益，维护行业和会员单位的合法权益，规范市场，公平竞争；以推动我国种植屋面的健康发展为宗旨。

3. 分会领导机构和领导人

第二届分会领导机构和负责人（2014 至 2017 年）

会长：陈伟忠

副会长（按姓氏笔画排序）：马丽亚、王新、白力伟（Olivier Brault）、孙哲、李德生、李伶、刘涛、杜昕、旷小满、郑风礼、柯思征、羡永彪、葛兆、谭天鹰

秘书长：韩丽莉

副秘书长：王旭

第三届分会领导机构和负责人（2018 至 2020 年）

会长：柯思征

副会长（按笔画排序）：蔡昭昀、杜昕、葛兆、韩啸、季静静、李德生、李伶、马丽亚、王达、王珂、王仕豪、王新、羡永彪、叶吉、赵平、郑风礼

秘书长：韩丽莉

副秘书长：陈岳

第四届分会领导机构和负责人（2021 至 2023 年）

会长：郑贤方

副会长（按笔画排序）：马丽亚、王仕豪、王珂、王超群、叶吉、李兆峰、李伶、李笑侠、李德生、季静静、郑丹、赵平、柯思征、徐志新、葛兆、韩啸、蔡昭昀

秘书长：韩丽莉

副秘书长：陈岳

第五届分会领导机构和负责人（2024 年至今）

会长：王超群

副会长（按笔画排序）：马丽亚、王仕豪、王珂、王颖、邓涛、叶吉、孙锐、李伶、李笑侠、李德生、季俊锡、郑贤方、赵平、柯思征、翁小妹、葛兆、韩啸、蔡昭昀、臧娟

秘书长：韩丽莉

副秘书长：李楠

2.12.3 防水涂料技术分会

1. 分会简介

中国建筑防水协会防水涂料技术分会由中国建筑防水协会聚脲防水技术分会变更而来。聚脲防水技术分会于 2009 年 12 月 18 日，经中华人民共和国民政部批准中国建筑防水协会设立，并于 2010 年 3 月 20 日在北京召开了成立大会，成立了第一届分会领导机构。会员主要由喷涂聚脲防水涂料原材料、生产制造、施工企业和相关研究、检验机构组成，是中国建筑防水协会下设的非独立法人的专业分支机构。随着聚脲防水市场的转变和建筑防水涂料市场的迅速发展，分会业务范围已逐步扩大到整个建筑防水涂料市场领域。为此，2016 年聚脲防水技术分会年会期间通过了"关于将分会名称由'中国建筑防水协会聚脲防水技术分会'变更为'中国建筑防水协会防水涂料技术分会'的议案"。

2. 主要业务范围

（1）推动中国建筑防水涂料技术的发展；

（2）研究和开发用于建筑防水涂料的技术标准和测试方法；

（3）研究和开发建筑防水涂料的防水、节能、保温等标准和测试方法；

（4）研究和开发建筑防水涂料防水的施工工法和技术规范；

（5）组织国内外行业内专家和企业代表开展技术交流活动，构建中国建筑防水涂料防水技术；

（6）开展建筑防水涂料的材料生产技术、施工技术、标准规范、测试方法等业务培训。

3. 分会领导人

第二届聚脲分会领导机构和负责人（2014 至 2017 年）

会长：阮和章

副会长：王志毅、王宝柱、王建军、王嵩森、史立彤、林仁杰、冷海林、李赟周、吴宁、周华林

秘书长：庄敬

副秘书长：尚华胜

第一届防水涂料技术分会领导机构和负责人（2017 至 2021 年）

会长：熊卫锋

副会长：马守旺、王宝柱、王荣博、朱德明、陈欢、杜辉、杜奎义、杨胜、辛波、沈剑平、张泳东、陆永丽、陈伟忠、林旭涛、郑凤礼、梅林

秘书长：庄敬

副秘书长：张勇

第二届分会领导机构和负责人（2021 至 2023 年）

会长：熊卫锋

副会长：卫向阳、马守旺、王宝柱、王澜、叶建宏、刘雨、白宏成、许渊、杜奎义、李笑侠、杨胜、辛海洋、沈剑平、张泳东、陆晓勇、陈欢、林旭涛、钱浩、徐志新、徐奕鸣、龚兴宇、景传明

秘书长：张勇

副秘书长：庄敬

第三届分会领导机构和负责人（2024 年至今）

会长：熊卫锋

副会长（按姓氏笔画排序）：马守旺、王纲、王宝柱、王澜、白宏成、刘雨、许渊、杜奎义、李笑侠、杨胜、辛海洋、沈剑平、张小宁、张泳东、陆晓勇、陈波、赵东奇、钱浩、徐志新、徐奕鸣、景传明

秘书长：张勇

2.12.4　建筑密封材料分会

1. 分会简介

中国建筑防水协会建筑密封材料分会，英文名称"sealing material branch of China National Building Waterproof Association"，是中国建筑防水协会下设的非独立法人的专业分支机构。分会于2009年开始筹建，2009年12月18日依据中华人民共和国民政部统社登〔2009〕第1301号《社会团体分支（代表）机构登记通知书》，并于2010年3月29日在苏州成立。分会是由本领域的建筑密封材料生产、科研、施工等企事业单位自愿结合组成的专业技术性组织。

2. 主要业务范围

（1）本分会在中国建筑防水协会章程规定的业务范围内开展工作；

（2）推动中国建筑密封材料技术的发展；

（3）研究和开发用于建筑幕墙、建筑门窗、混凝土结构、屋面、墙体、桥梁、公路、机场跑道、停机坪、污（蓄）水池、垃圾填埋场等各种构件之间水池等各类建筑物的各类密封材料和相关配套材料的技术标准和测试方法；

（4）研究和开发既有幕墙中密封材料的检测方法；

（5）组织国内外行业内专家和企业代表开展技术交流活动，加强同国外有关行业组织和企业的联系，组织对外经济技术交流和协作活动；

(6) 开展建筑密封材料的生产技术、施工技术、标准规范、测试方法等业务培训；组织开展 QC 成果活动，指导企业加强质量管理，协助政府主管部门开展产品质量监督和管理工作；

(7) 组织对本行业基本情况和发展状况、统计资料的调查、搜集、整理、分析，为政府有关部门制定行业发展规划、经济技术政策、立法等提供依据，并参与有关活动；

(8) 为会员企业和委托单位组织专家对科技成果、新产品、新技术等项目进行鉴定、评估，协助政府部门打击假冒伪劣产品；

(9) 搜集和提供国内外有关技术经济信息；依照有关规定编印会刊、会讯、专题资料和书籍、开办网站；接受政府委托承办或根据市场和行业的需要，举办展览展示和经济技术研讨会、交流会，开展技术咨询和技术服务，为会员提供多方位多层次的服务；

(10) 根据行业特点，组织协商订立行规行约，建立行业自律机制和公平竞争秩序，维护行业和会员合法权益。

3. 分会领导机构和领导人

第二届领导机构和负责人（2014 至 2019 年）

会长：邓超

副会长：王文开、刘明、刘峰、朱以标、李分明、李步春、任绍志、陈世龙、陈明谈、张式泰、邹珍凡、周荣、赵洪千、段立业、胡新嵩、曾庆铭、羡永彪

秘书长：朱德明

第三届领导机构和负责人（2019 至 2022 年）

会长：尹青亚

副会长：陈明谈、陈世龙、丁大宏、胡新嵩、李步春、刘峰、刘明、彭冉、任绍志、司林刚、王文开、曾庆铭、张冠琦、张式泰、赵洪千、周荣、邹珍凡

秘书长：朱德明

副秘书长：王澜、高妍

第四届领导机构和负责人（2022 年至今）

会长：尹青亚

副会长（按拼音字母排序）：陈明谈、丁大宏、胡新嵩、李步春、刘明、刘峰、彭冉、任绍志、王文开、杨坤、张建、张冠琦、张式泰、周荣、邹珍凡

秘书长：王澜

副秘书长：高妍

2.12.5 金属屋面技术分会

1. 分会简介

中国建筑防水协会金属屋面技术分会，本分会是中国建筑防水协会下设的非独立法人的专业分支机构。2012年9月19日经中国建筑防水协会申请，根据民社登〔2013〕第6071号《社会团体分支（代表）机构登记通知书》，中华人民共和国民政部批准组织成立中国建筑防水协会金属屋面技术分会，并于2013年5月31日在北京成立。分会是由金属围护系统领域的大专院校、科研设计、检测认证、原材料生产、系统材料加工、工程指导安装、工程监理、技术咨询及其他相关行业承包商自愿结合组成的专业技术组织。

2. 主要业务范围

（1）组织编制金属屋面系统材料、设计、制作、施工、验收、维护、检测、评价等方面的技术标准和规范规程；

（2）制定金属屋面及钢结构围护系统企业等级会员实施条例及企业信用评价标准；

（3）收集整理国内外金属屋面系统建设、行业发展的管理和科技等信息资料，为行业有关部门、从业单位提供服务；

（4）开展学术与技术交流，举办各种学术会议、座谈会、报告会、讲习班等，组织参加国际科技学术活动及出国考察，推广应用各种金属屋面系统先进技术；

（5）组织开展对我国金属屋面系统行业从业人员的技术与技能培训工作，向有关部门推荐优秀人才与产业技术工人；

（6）搭建我国金属屋面系统各个企业间的沟通平台，增进企业之间的相互协同，促进产学研结合；

（7）利用各种媒介向社会宣传推广我国金属屋面系统的技术标准要求和技术能力，提供国内外有关金属屋面系统的科技信息；

（8）作为行业代表积极向有关政府部门反映行业及企业的诉求，组织会员单位开展针对其他行业、建设单位和政府部门的技术咨询和技术服务工作。

3. 分会领导机构和领导人

第一届分会领导机构和负责人（2013至2018年）

会长：吴耀华

常务副会长：尹敏达

副会长：（按姓氏笔画为序）

曹平、盖力、李力、苗泽献、彭耀光、王保强、徐飚、周观根、钟俊浩

2014年，增补田伟才、杜文亮、徐国军

秘书长：蔡昭昀

副秘书长：尚华胜

第二届分会领导机构和负责人（2018 至 2022 年）

名誉会长：吴耀华

轮值会长：张凤军、魏龙柱、苗泽献

会长：张凤军

常务副会长：尹敏达

副会长：（按姓氏笔画为序）

王保强、李力、多跃刚、朱勇军、朱德明、佘祖群、束伟农、张叶红、张庭、徐飙、彭耀光

秘书长：蔡昭昀

副秘书长：尚华胜

第三届分会领导机构和负责人（2022 年至今）

轮值会长：多跃刚、王保强、张叶红

名誉副会长：尹敏达

副会长（按笔画排序）：王澜、朱勇军、李力、汤浩军、束伟农、辛志勇、何志坚、陈洁、张智勇、翁家恩、徐飙、盖力、董彪、魏龙柱

秘书长：蔡昭昀

副秘书长：胡希宝、林莉

2.12.6 瓦屋面技术分会

1. 分会简介

中国建筑防水协会瓦屋面技术分会于 2014 年 7 月 18 日在上海召开了成立大会，成立了第一届分会领导机构。会员主要由各类瓦材生产、施工、研究、检验等机构组成，是中国建筑防水协会下设的非独立法人的专业分支机构。本分会是中国建筑防水协会下设的非独立法人的专业分支机构，名称为"瓦屋面技术分会"，英文名称"Tile Roof Technical Committee"。本分会是由本领域的建筑屋面瓦生产、科研、施工等企事业单位自愿结合组成的专业技术性组织，本分会不设分支机构。

2. 主要业务范围

（1）本分会在中国建筑防水协会章程规定的业务范围内开展工作；

（2）推动中国瓦屋面技术的发展；

（3）研究和开发用于瓦屋面的技术标准和测试方法；

（4）研究和开发瓦屋面的防水、节能、保温等标准和测试方法；

（5）研究和开发瓦屋面的施工工法和技术规范；

（6）组织国内外行业内专家和企业代表开展技术交流活动，构建中国瓦屋面技术系统；

（7）开展瓦屋面的材料生产技术、施工技术、标准规范、测试方法等业务培训。

3. 领导机构和领导人

第一届领导机构和负责人（2014 至 2020 年）

会长：吴华福

副会长（按姓氏笔画排序）：丁红梅、王天才、牛兰成、邓任华、权宗刚、刘福来、李东、李森、肖军、吴在祥、张继露、孟凡城、倪锦平、郭峰、谢富强、简伟海、魏伟、蒋勇

秘书长：方虎

副秘书长：尚华胜

第二届领导机构和负责人（2021 至 2023 年）

会长：秦艺

轮值会长：简伟闯、刘建国、谢富强

副会长：陈吉平、陈锐智、程晋扩、郭锋、黄跃、李东、李殷钢、廖玄戈、刘欣雨、罗国飞、罗胜状、马凤玲、倪锦平、牛兰成、权宗刚、沈雯俊、孙宏国、田堃、王水洪、王天才、吴在祥、张绍斗、周祥胜、周志军

秘书长：肖军

副秘书长：方虎、胡希宝

第三届领导机构和负责人（2024 年至今）

会长：谢富强

轮值会长：简伟闯、刘建国、牛兰成

副会长：陈峰、程晋扩、郭锋、李孟东、廖玄戈、罗茜、马凤玲、牛杰、孙宏国、王科颖、王水洪、王天才、王五雷、吴在祥、张绍斗、周祥胜、周志军

秘书长：肖军

副秘书长：胡希宝

2.12.7　青年企业家分会

1. 分会简介

2015 年 3 月 24 日，中国建筑防水协会青年企业家分会在京成立，青年企业家分会是中国建筑防水协会下设的非独立法人分支机构，是协会机制创新的又一举措，为青年企业家群体的成长提供一个更好的学习、交流平台。

2. 主要业务范围

（1）研究在经济改革和企业管理中出现的新情况、新问题；探索搞活经济，增强企业活力，提高经济效益的途径和经验；

（2）组织各类学习会、研讨会、交流会、报告会等有益的活动；

（3）组织开展会员单位之间及会员单位与境内外同行之间的业务联系、联谊活动，推进企业之间的经济协作；

（4）沟通青年企业家与政府部门、科研院校及社会各界的联系，为青年企业家提供政策、法律、信息、技术、资金等服务；

（5）反映青年企业家的意愿，维护青年企业家的合法权益；

（6）根据企业家个人的兴趣爱好，适当地开展文化体育活动，以丰富企业家的业余文化生活，密切会员之间的联系；

（7）引导青年企业家积极投身社会公益事业，为建设和谐社会作出积极贡献；

（8）发掘、评选、表彰、宣传优秀青年企业家，促进青年企业家成长。

3. 领导机构和领导人

第一届领导机构和负责人（2015 至 2019 年）

会长：程文涛

副会长（按姓氏笔画排序）：季静静、林守仰、童未峰、吴飞、杨建国、张卫

秘书长：孙侃

副秘书长：尚华胜

第二届领导机构和负责人（2019 至 2022 年）

会长：邵增峰

副会长：程文涛、季静静、林守仰、刘亚洲、童未峰、卫向阳、吴飞、杨建国、张卫

秘书长：孙侃

副秘书长：陈岳、雷小卫、刘洋、孙媛、许天罡

第三届领导机构和负责人（2022 年至今）

会长：卫向阳

名誉会长（按拼音排序）：程文涛、邵增峰、孙侃

副会长（按拼音排序）：林守仰、刘亚洲、刘晓强、雷小卫、童未峰、吴飞、许天罡、杨建国、姚明明、张卫

秘书长：季静静

副秘书长（按拼音排序）：陈岳、刘洋、孙媛、王俊、解飞、余洪斌

2.13 全国建筑防水行业社团组织会长/秘书长联席会

2.13.1 联席会组成

目前已有36个防水社团组织加入联谊会，分别是：中国建筑业协会防水分会、中国建筑学会建筑施工与建筑材料分会防水技术专业委员会、安徽省建筑业协会建筑防水专业委员会、北京城建科技促进会防水技术专业委员会、北京化学建材协会防水专委会、北京建材行业协会、北京市建设工程物资协会建筑防水分会、福建省建筑防水协会、广东省建筑防水材料协会、海南省建筑防水协会、河北省建筑防水工程协会、河南省建筑业协会建筑防水专业委员会、黑龙江省建材行业协会防水专业委员会、湖北省建筑防水协会、湖南省建材协会防水技术专业委员、湖南省建筑防水协会、辽宁省建筑防水材料工业协会、南京市防水协会、盘锦市防水行业协会、青岛市建筑防水协会、厦门市防水专业委员会、山东省建筑防水协会、山西省建筑业协会防水专业委员会、山西万荣经济促进会北京分会、陕西省建筑业联合防水专业委员会、上海市化学建材行业协会建筑防水材料与施工技术分会、深圳市建筑防水专业委员会、寿光市防水行业协会、四川省建设科技协会建筑防水分会、四川省土木建筑学会建筑防水技术专业委员会、天津市建材业协会建筑防水专业委员会、云南省建筑防水行业协会、浙江省建筑防水行业协会、浙江省建筑业行业协会建筑防水技术专业委员会、淄博市张店区建筑防水工程技术专业委员会、淄博市质量协会防水专业委员会。

2.13.2 历届建筑防水行业社会组织会长/秘书长联席工作会议（2014—2023）

2014年6月14日，第十一届全国建筑防水社团组织联谊会在合肥召开，来自全国21家防水社团组织和媒体记者，近50人参加会议。

2015年6月5日，第十二届全国建筑防水社团组织联谊会在湖北省宜昌市召开，来自全国20多家防水守望者组织的69位代表参加会议。

2016年6月17日，第十三届全国建筑防水社团组织联谊会在辽宁省丹东召开，来自全国31家防水社团组织，60人参加会议。

2017年6月23日，第十四届全国建筑防水社团组织联谊会在四川成都召开，来自全国30余家地方建筑防水社团组织的代表、若干防水企业、行业媒体等50余人参加了会议。

2018年8月31日，2018年建筑防水行业社会组织会长/秘书长联席工作会议在江西九江召开，来自全国40多家省、市行业协会、学会、专业委员会的50余位会长/秘书长参会。

2019年8月24日，2019年建筑防水行业社团组织会长/秘书长联席工作会议在延吉召开，来自全国40多个防水社团组织的近60位代表参会。

2020年9月1日，2020年建筑防水行业社会组织会长/秘书长联席（视频）工作会议在京召开，来自全国40多个防水社会组织的近60位代表参加了线上视频工作会。

2021年7月30日，2021年建筑防水行业社会组织会长/秘书长联席工作会议在山西万荣召开，来自29个地方防水行业社会组织的46位代表参加会议。

2022年8月11日，2022年建筑防水行业社会组织会长/秘书长联席工作会议在呼和浩特召开，来自全国近30个防水社团组织的40位代表参会。

2023年11月3日，2023年建筑防水行业社会组织会长/秘书长联席工作会议在浙江舟山顺利召开，来自全国40个防水社团组织的近50位代表参会。

防水行业辉煌四十年

第 3 部分 · 行业活动

3.1 概述

产业政策研究是行业发展的根基,是协会引领行业发展的重要手段;质量建设是协会重要工作和行业发展的基石,协会始终如一地把质量建设放在各项工作的首位;扶优扶强树立行业标杆,引导企业发展;人才培养为行业发展提供源源不断的动力;开展市场调研、行业宣传、出版书刊和社会责任等工作,及时掌握行业发展动向,摸清行业发展规律,宣传行业事件提升行业价值和社会形象。协会通过一系列的行业活动,凝聚行业力量,引领行业发展。

3.2 产业政策研究

对产业政策的研究和建议一直是协会工作的重中之重。协会积极参与相关产业政策的研究和编制工作,多年来,根据产业发展的现状及发展的需求,协会适时地向政府有关部门提出相关产业建议,得到有关部门的重视和认可,很多建议被政府采纳,对行业发展起到积极的引导作用。

3.2.1 政策研究

为了满足消费升级需要,自 2017 年开始,按照工信部、国标委《绿色制造标准体系建设指南》、工信部《工业绿色发展规划(2016—2020 年)》等文件要求,协会先后在工信部申请了《建筑防水行业绿色工厂评价》《绿色设计产品评价技术规范 防水卷材》等绿色制造体系中涉及的行业标准，参与了国家标准《绿色产品评价 防水与密封材料》的制定工作，开展《防水卷材行业大气污染物排放标准》等团体标准立项、编制工作，并陆续落实相关研编工作，为形成由绿色园区、绿色工厂、绿色产品和绿色建筑构成的绿色发展系统奠定基础。

2016 年，协会向全体会员印发《关于推进建筑防水行业供给侧改革的若干意见》，明确行业的主要任务是：绿色生产，淘汰落后，稳定价格，拓展市场。同时，协会向住建部、质检总局（现国家市场监督管理总局）、工信部等部门报送了《关于推进建筑防水行业供给侧改革的若干意见》，并收到了积极的回应。

2016 年，协会向质检总局（现国家市场监督管理总局）申请修订了《建筑防水卷材产品生产许可证实施细则》（以下简称《细则》），并于当年 10 月份正式实施，《细则》在准入门槛、节能环保、装备水平、标准质量等方面提出了更为科学的指标。

2017 年，协会收到《住房城乡建设部标准定额司关于商请提供提高标准专项工作方案的函》（建标实函〔2017〕17 号），作为牵头单位，协会组织相关标准编制、科研、检验检测、认证等单位，成立提高防水工程标准专项工作小组。历时 9 个月，工作组完成对德、英、美、日等先进国家防水工程标准和工程质量保证体系研究工作，多次组织行业专家研讨，向住建部标准定额司报送了《建筑防水标准关键指标技术发展报告》和《关于提高建筑防水标准的若干意见》，并提交了《提高防水工程标准课题研究报告》。

2018 年，质检总局（现国家市场监督管理总局）办公厅发布了《关于征求工业产品生产许可证管理产品目录调整相关意见的函》，继续保留防水卷材作为生产许可证管理产品，协会在征集专家意见基础上根据行业实际向质检总局（现国家市场监督管理总局）提交了《关于工业产品生产许可证管理产品目录调整的意见》。

2018 年，为了更好地引导产业结构调整，发改委拟对《产业结构调整指导目录（2011 年本）（修正）》实施情况进行总结，并研究提出对目录的修订意见。受发改委委托，工信部原材料司邀请协会进行座谈并向协会征集意见，协会根据行业实际，对目录中建筑防水类的推荐、限制和淘汰标准提出修订意见。

2018 年，为了贯彻落实国家区域发展战略，持续推动产业合理有序转移，工信部启动了《产业转移指导目录（2012 年本）》修订工作。《产业转移指导目录》是我国产业区域发展和布局的指导文件，对建材行业相关产业今后的发展转型及产业布局产生重要影响。协会在行业专家和部分企业中广泛征集意见，并将防水行业现状及修订意见提交至工信部。

2018 年，协会在骨干企业中就《京津冀及周边地区 2018—2019 年秋冬季大气污染综合治理攻坚行动方案》《汾渭平原 2018—2019 年秋冬季大气污染综合治理行动方案》《长三角地区 2018—2019 年秋冬季大气污染综合治理攻坚行动方案》《固定污染源排污许可分类管理名录》等政策文件征集意见，并将意见上报工信部、生态环境部等部门。协会根据行业实际，制定了《建筑防水行业污染防治攻坚战方案》，并开展《改性沥青防水卷材大气污染排放标准》编制工作。

2019年，市场监管总局发布了《关于征求工业产品生产许可证管理产品目录调整意见的函》，要求取消建筑防水卷材生产许可证，协会组织有关专家进行了认真研究讨论，对工业产品生产许可证管理产品目录调整提出了意见和建议。

2019年，协会针对《产业结构调整指导目录（2019年本，征求意见稿）》向发改委提出了意见和建议，相关建议被采纳。

2019年，协会针对《工业企业技术改造升级投资指南》向工信部、中国建筑材料联合会提交了《关于〈工业企业技术改造升级投资指南〉的修订建议》，相关建议已被采纳。

2019年，生态环境部先后对《京津冀及周边地区2019—2020年秋冬季大气污染综合治理攻坚行动方案（征求意见稿）》《关于修订完善重污染天气应急预案进一步夯实应急减排措施的意见（征求意见稿）》征求协会意见。协会组织行业骨干企业就该方案进行讨论，并提出了修改意见。

2019—2020年，协会参与生态环境部《重污染天气重点行业应急减排措施制定技术指南》中"二十二、防水建筑材料"内容的制定，主要包括适用范围、工艺条件、主要污染物和污染环节、绩效分级指标、减排措施和核查方法等。并针对《重污染天气重点行业应急减排措施制定技术指南》征求意见稿提出了建议，建议已被采纳。

2020年8月，住房和城乡建设部工程质量安全监管司针对全国人大代表王刚提出的《关于加快建筑防水领域规范发展的建议》和全国人大代表张雄《修订建筑防水工程质量规范与防水材料标准的建议》向协会征询意见，协会收文后组织行业专家调研，并提交了《对全国人大代表"关于加快建筑防水领域规范发展的建议"和"修订建筑防水工程质量规范与防水材料标准的建议"建议案的意见和建议》，提出"建议尽快出台全文强制规范《建筑和市政工程防水通用规范》""建议切实提高建筑防水工程定额"等。

2020年8月，全国人大代表、镇江市丹徒区世业镇先锋村党总支书记聂永平作为领衔人提交的"关于推动住宅小区屋顶绿化的建议"提议。这是第一次人大代表提议触及种植屋面行业，其意义深远，必将引起行业热烈反响。协会收到住房和城乡建设部转发的这一提议。协会种植屋面技术分会组织韩丽莉、左进、朱志远、柯思征、韩啸等行业专家针对以上提议进行系列报道；建议开展屋顶绿化以公共建筑为主体率先垂范，建议政府立法保护空中绿地、列入国家生态文明城市建设考核；建议建立科学的高密度城区屋顶绿化专项规划编制技术方法等。

在2021年全国两会上，全国人大代表、福建省工商联副主席、三棵树涂料股份有限公司董事长兼总裁洪杰领衔 10 位人大代表联名附议关于种植屋面助力碳中和的建议。作为城市绿色基础设施建设的重要组成部分，种植屋面在国内许多城市的实施推广中，始终是以建筑环境生态修复和城市大气环境治理为主要目的。"关于种植屋面助力碳中和建议"意义深远重大，引发行业广泛关注。2021 年 3 月 9—17 日，种植屋面技术分会组织韩丽莉、尚华胜、朱志远、李伯钧、蔡昭昀、董楠楠、俞海勇、左进等专家进行讨论并连续报道。

2021 年，住建部 7 月 5 日发布关于《房屋建筑和市政基础设施工程淘汰危及生产安全施工工艺、设备和材料目录（第一批）（征求意见稿）》公开征求意见的通知，该《通知》明确，限制使用沥青类防水卷材热熔工艺。针对"限制热熔施工工艺"，协会多次发函和起草倡议书，向住建部提出了意见和建议。

2022 年，市场较多工程建设项目特别是房地产集采工程项目的招投标中，出现大量低价投标、中标行为；协会适时向住房和城乡建设部工程质量安全监管司、质检总局（现国家市场监督管理总局）产品质量安全监督管理司、工业和信息化部原材料工业司、中国建筑材料联合会等部门抄送了《关于工程防水材料质量风险提示函》。协会还向工业和信息化部原材料工业司提交了《建筑防水材料生产成本快速上升 警惕不合理低价中标将引起质量风险和催生行业生态恶化》。

3.2.2 软课题

2017 年，协会承担了"总理基金项目子课题——装饰装修材料行业"中涉及建筑防水行业相关工作，撰写了《建筑防水行业大气污染研究分析报告》，提出了绿色发展、节能减排、污染防治的技术政策建议。依据此建议，2020 年 6 月，生态环境部发布了《重污染天气重点行业应急减排措施制定技术指南》，其中"二十二、防水建筑材料制造"根据企业能源消耗、装备水平、污染治理技术、排放措施、检测控制和环境管理水平等提出了防水卷材生产企业分级管理要求。

2018 年，协会参与中建技术中心"全文强制规范《建筑与市政工程防水技术规范》研编课题"，对材料和设计两章主要内容提出了诸多建设性意见。在肖绪文院士提议下，由中建牵头组织行业内的相关专家进行课题研究，形成了"建筑与市政工程防水技术研究报告"和"《规范》草案"两项研究成果，得到了住建部标准司相关领导的大力支持并成功立项，成为第 39 本全文强制性规范项目。

2019 年，工信部发布《关于委托开展〈建筑防水行业准入条件〉修订的函》（工原函〔2019〕106 号）文件，委托协会主持开展《建筑防水卷材行业规范条件》编制工作，编制内容包括防水卷材企业建设用地、工厂基础设施、生产线规模与装备要求、质量控制、能源消耗、环境保护和综合利用、安全卫生和社会责任等。

2020—2021年，协会参与中国工程院战略咨询课题"工程渗漏防治发展战略研究"，该项目由肖绪文院士负责，由中建技术中心（中建产研院）牵头实施，同济大学、北京东方雨虹防水技术股份有限公司、中国建筑防水协会、中国建材检验认证集团苏州公司、江苏大学等单位联合参与，主要研究我国防水行业发展现状、存在问题及趋势，围绕渗漏防治需求，研究工程渗漏防治体系建设及所应采取的保障措施，为我国工程防水行业发展和政府有关部门决策提供支撑和参考。课题项目历时一年半，项目成果丰硕，完成了一系列研究成果，于2021年8月召开专家评审会（线上）并顺利通过验收，评审专家对项目成果给予了高度评价，认为本项目成果和建议具有战略性、前瞻性和综合性，完成了预期目标，对解决我国工程渗漏问题、提高防水工程质量和建设高品质建筑具有重要意义。

2021年受住建部委托，由中国建筑防水协会、北京市园林绿化科学研究院（原北京市园林科学研究院）共同承担住建部软课题《种植屋面在碳中和中的效能研究》（项目号：2021—K-164），课题已于2021年7月21日顺利开题。课题相关工作陆续开展，于2022年3月15日召开了首次工作会议，与会专家及成员肯定了课题组的前期工作，对课题的具体内容和试验方法等提出了意见和建议。目前课题有序开展，并取得了一定成果。

为方便理解和正确使用新版国家标准《地下工程防水技术规范》GB 50108—201×的条文规定，更好地发挥标准的引领作用，经与标准主编协商，由中国建筑防水协会牵头组织编写《国家标准〈地下工程防水技术规范〉GB 50108—201×实施指南》。编制工作已于2018年启动，目前相关工作正在有序开展。

为深化产业链、创新链融合发展，继续推动行业共性基础技术研发，加快破解行业发展瓶颈，协会自2021年发起开展"建筑防水行业基础研究课题"申报工作，并组织行业专家对课题进行交叉评审。2021年、2022年、2023立项课题分别为24项、4项、7项，累计立项课题35项。

为深入实施创新驱动发展战略，客观反映我国建筑防水行业技术水平，洞察行业技术发展趋势，着力推动科技创新引领行业高质量发展，2022年，协会启动"建筑防水行业技术白皮书"的编制工作，组织行业专家及协会秘书处相关人员成立工作组，每两年一次。在协会组织和各方支持下，《2022中国建筑防水行业技术白皮书》于6月完稿印刷，并于2022年7月召开的第三届防水行业大会（528大会）上进行宣贯解读。

3.3　质量建设

质量是行业发展的基石。多年来，协会最主要的工作就是致力于建筑防水行业质量提升工作。从提升建筑防水材料的产品、建筑工程质量以及服务质量提升，到全产业链质量提升工作。从行检行评到质量工作会议，再到质量提升行动，可以说质量建设贯穿各个时期，一直是协会工作的重点和要点，也是行业发展不可或缺的重要内容之一。

在防水行业的质量建设方面，相关部门继续坚持"市场运作＋后期监管"的模式，一方面深入推广工程质量潜在缺陷保险，另一方面继续加强产品质量监管。市场运作主要体现在工程质量保险方面。2017年，住建部发布了《住房城乡建设部关于开展工程质量安全提升行动试点工作的通知》，在全国9个省开展工程质量保险试点，完善工程质量保证机制，有效落实工程质量责任，防范和化解工程质量风险。工程质量保险试点工作在不断推进中，目前已有多地相继出台住宅工程质量潜在缺陷保险试点实施办法，将保温与防水工程纳入到保险范围，并对保险期限做了明确规定。针对建筑防水卷材质量建设的后期监管主要由质检总局（现国家市场监督管理总局）主导。近几年，质检总局（现国家市场监督管理总局）在不断弱化门槛类的监管手段，取消了建筑防水卷材生产许可证、暂停了"证后监管"，将工作重点放在质量抽查和质量安全监管上。

3.3.1　行业质量工作会议

2014年12月7日，由质检总局（现国家市场监督管理总局）、中国建筑防水协会主办的全国建筑防水产品质量提升大会在京召开，质检总局（现国家市场监督管理总局）监督司郑卫华巡视员、工信部原材料司建材处高萍副处长、住建部科技发展促进中心毕既华副处长、质检总局（现国家市场监督管理总局）产品质量监督司监督抽查处王娜副处长、质检总局（现国家市场监督管理总局）执法督查司打假协调处杨建林副处长、中国建筑防水协会朱冬青理事长、理事会主席李卫国先生、秘书长苗燕女士等出席会议，会议由质检总局（现国家市场监督管理总局）监督司生产许可证管理处李小波处长主持。中国建筑防水协会理事长朱冬青做了《2014建筑防水行业质量提升活动工作总结》，报告回顾了与质检总局（现国家市场监督管理总局）开展质量提升工作3年来取得的成绩，介绍提升工作的思路，并汇报了2014年开展质量提升工作的具体情况，分析了在经济新常态下行业开展质量升工作计划。

2015年12月14日，2015年全国建筑防水产品质量提升工作会议在北京友谊宾馆聚英厅召开。质检总局（现国家市场监督管理总局）及质量监督司和执法督察司领导，各省、自治区、直辖市质量监督局及质量监督处领导，中国建筑防水协会正副会长、常务理事、理事、会员及其有关单位主要领导，行业专家等出席会议。会议由质检总局（现国家市场监督管理总局）质量监督司生产许可证管理处处长李小波主持。中国建筑防水协会秘书长朱冬青围绕"深化质量提升　推动结构调整加快转型升级　促进行业发展"做了《2015年度建筑防水行业质量提升工作报告》。总局产品质量监督司监督抽查处处长张亮通报了《2015年建筑防水卷材国家监督抽查情况》。总局执法督察司打假协调处副处长杨建林通报了质检总局（现国家市场监督管理总局）执法司关于2015年建筑防水卷材"质检利剑行动"的成果。

2016年12月7日，2016年全国建筑防水产品质量提升工作会议在重庆喜来登大酒店隆重举行。质检总局（现国家市场监督管理总局）已连续5年将建筑防水卷材产品列为年度质量提升重点产品，大会上，质检总局（现国家市场监督管理总局）公布了2016年建筑防水材料产品质量国抽以及建筑防水卷材"质检利剑行动"情况；中国建筑防水协会作了《2016年度建筑防水行业质量提升工作报告》。郑卫华巡视员肯定了协会在行业质量提升工作中所作的贡献，同时分析了宏观经济形势对行业的影响。

2017年12月7日，2017年全国建筑防水产品质量提升工作会议在海口举行。会议由质检总局（现国家市场监督管理总局）、中国建筑防水协会主办。质检总局（现国家市场监督管理总局）连续第6年将建筑防水卷材产品列为年度质量提升的重点产品，在建筑防水行业开展质量提升工作。大会上，质检总局（现国家市场监督管理总局）通报了2017年建筑防水卷材产品证后监管报告，2017年建筑防水卷材产品、防水涂料产品和建筑用密封胶产品国抽情况及2017年建筑防水卷材产品"质检利剑行动"情况。中国建筑防水协会发布了《关于建筑防水行业落实中共中央 国务院〈关于开展质量提升行动的指导意见〉的实施方案》，并作《2017年度建筑防水行业质量提升工作报告》。

3.3.2　质量提升活动

质量提升工作一直以不同的形式贯彻协会工作的始终，在2012年之后，随着国家质量振兴纲要（2011—2020）计划的出台，以及建筑防水行业面临产业升级、结构调整的挑战，协会抓住机遇，迅速与质检总局（现国家市场监督管理总局）开展了建筑防水行业质量提升行动。从2012年开始，质检总局（现国家市场监督管理总局）连续3年把建筑防水卷材产品列为重点质量监管的产品之一。

在协会的主导下，全行业开展了一次大规模的质量提升行动，协会全面开展了行业质量建设的顶层设计工作，并成立产业联盟和质量提升省市行活动将政策深化落实，同时配合政府部门开展打击假冒伪劣、无证生产和有证企业生产非标产品等一系列的行动让行业生态得到了初步修复。

顶层设计

2012年3月13日，质检总局（现国家市场监督管理总局）质量监督司会同工信部建材处、国家标准化委员会工业一部、中国建筑防水协会，在江苏苏州召开了"提升建筑防水卷材质量工作座谈会"。全国生产许可证审查中心、建筑防水材料生产许可证审查部、国家防水材料质检中心、防水材料分标委会、江苏省技术监督局、浙江省防水协会以及防水企业的代表参加座谈。达成在以政府为主导、企业为主体，行业参与、市场推动的原则下，以综合整治促进防水卷材质量提升、以防水卷材质量提升促进防水行业发展的共识。

2012年12月7日，由质检总局（现国家市场监督管理总局）、中国建筑防水协会主办的全国建筑防水产品质量提升大会在桂林召开。质检总局（现国家市场监督管理总局）产品质量监督司郑卫华巡视员主持会议。来自全国质检部门和防水企业的470多位代表出席会议。

会上，质检总局（现国家市场监督管理总局）发布《关于2012年建筑防水卷材产品质量联动监督抽查情况的通报》《关于北京东方雨虹防水技术股份有限公司等AA类工业企业产品质量分类监管信息的公告》，22家防水企业评定为AA类；中国建筑防水协会公布"建筑防水行业质量奖"和"建筑防水行业技术进步奖"获奖企业名单，14家企业分获"建筑防水行业质量奖"金、银奖，东方雨虹等13家企业申报的16个项目获"建筑防水行业技术进步奖"；授予山东省寿光市台头镇党委书记王爱民、辽宁省盘锦市盘山县陈家镇党委书记王志学、江苏省苏州市吴江区七都镇党委书记查旭东、山西省万荣县经济促进会会长孙典孝等4位同志"推动建筑防水产业基地发展卓越领导者"荣誉称号。

中国建筑防水协会理事长朱冬青做了《建筑防水行业质量提升年活动工作总结》，报告围绕坚持结构调整、落实质量提升、推动行业发展这个主线，全面总结了2012年建筑防水行业质量提升年工作。质检总局（现国家市场监督管理总局）产品质量监督司梅建华司长做了题为"追求以质取胜 促进质量提升——不断提高建筑防水产品质量水平"的讲话。

2013年，工信部颁布的《建筑防水卷材行业准入条件》和质检总局（现国家市场监督管理总局）颁布的《建筑防水卷材产品生产许可证实施细则（2013版）》均已开始实施。协会积极推动这两项产业政策的出台，并在行业中进行宣传和贯彻。

2013年12月6日，协会推动质检总局（现国家市场监督管理总局）和工信部发布《关于加强建筑防水行业质量建设促进建筑防水卷材产品质量提升的指导意见》。该意见由协会协调两部委开展调研和文件准备工作，并参与撰写。意见制定了质量建设的工作方针和目标，系统地要求加强企业产品质量主体责任能力建设与全链条质量监督管理体系建设，加强有利于质量提升的市场环境建设与行业质量诚信体系建设。

深化落实

产业政策贯彻落实是质量提升的关键，协会积极开展政策宣贯工作，积极宣传质量提升工作的意义，在行业中形成了积极的舆论氛围。同时在组织建设上也进行了大胆创新，协会推动13家行业领军企业成立了促进建筑防水行业健康发展产业联盟，鼓励他们成为行业自律的先行者、落实企业主体责任的示范者和推动行业健康发展的引领者。

2013年4月8日，促进建筑防水行业健康发展产业联盟创立仪式在京举行。来自工信部、质检总局（现国家市场监督管理总局）、中国建筑防水协会的领导、全国主要防水社团组织负责人及153位中国建筑防水协会理事共同见证了产业联盟的成立。联盟在成立的短短一年内，在行业建设、渗漏调查、央视报道、技能培训和行业技能大赛等方面作出了突出的贡献。

2014年，为有效地在全国范围推广质量提升工作，协会策划了建筑防水行业"质量提升省市行"活动。借鉴产业联盟在行业建设中的成功经验，在各地复制这一模式，调动各地方防水社团组织的积极性，让他们在各地的质量提升工作中发挥主导作用，积极协调企业和政府部门共同开展区域性的质量提升工作。上海、深圳、河北、四川、辽宁、广州、浙江等地陆续建立的质量提升工作组织，对外发布了质量提升的宣言和行动纲领，在这些组织的推动下，深圳、河北和辽宁等地方政府陆续出台了促进建筑防水行业质量提升的相关文件，为各地质量提升工作提供了政策依据。

2014年，协会协助质检总局（现国家市场监督管理总局）完成了《建筑防水行业质量风险报告》，从风险发生的危害，风险成因分析，风险的防控措施等方面进行了比较详尽的论述。协会还向质检总局（现国家市场监督管理总局）提出了《关于开展建筑防水卷材产品质量专项监督行动》建议，重点是对有证企业生产非标产品问题监管。

2015年、2016年，质检总局（现国家市场监督管理总局）办公厅连续两年发文，开展建筑防水卷材产品生产许可获证企业专项监督检查，检查分为企业现场检查和产品抽样检验；同期，质检总局（现国家市场监督管理总局）全国工业产品生产许可证办公室发文，开展建筑防水卷材产品生产许可发证检验机构和获证企业建筑防水卷材物理性能检验比对工作。

2017年，质检总局（现国家市场监督管理总局）再次发文，开展建筑防水卷材产品质量提升专项行动方案。在总结5年来质量提升工作经验的基础上，进一步坚持问题导向，抓住重点环节和关键要素，加大监督执法力度，始终保持对质量违规行为严打严管态势。进一步落实企业主体责任，发挥市场调节的重要功能，重视优秀企业的示范引领作用，营造行业追求质量发展的良好生态。进一步调动社会各方面力量，将提升建筑防水产品质量与提高住房建设工程质量安全统筹起来，推动形成全产业链的质量提升工作机制。

2023年1月28日，质检总局（现国家市场监督管理总局）印发《全国重点工业产品质量安全监管目录（2023版）》，防水卷材和防水涂料再次被列入目录，针对河北省衡水市桃城区、江苏省苏州市吴江区、山东省潍坊市寿光市、湖北省荆州市荆州区作为重点区域，开展重点监管。质量提升工作越发精准、动态、科学且形式多样。

打假扶优

2014年，质检总局（现国家市场监督管理总局）再次把建筑防水卷材列入"质检利剑行动"之中。经过连续3年持续进行建筑防水行业质量提升工作，完善了行业质量建设的相关产业政策，建立了质量提升工作组织，搭建了开展质量提升工作的网络，打击了制售假冒伪劣企业的嚣张气焰，震慑了无证生产和生产非标产品的企业，在行业中形成了一股正能量，行业生态得到初步修复。

2016—2017年，原质检总局（现国家市场监督管理总局）持续7年推进防水行业的产品质量提升工作，继续将建筑防水卷材产品列为年度质量提升重点产品，委托协会开展了"建筑防水卷材产品生产许可获证企业专项监督检查""建筑防水卷材产品生产许可发证检验机构和获证企业建筑防水卷材物理性能检验比对"等行业质量提升活动。期间，先后有20余个省市在建筑防水行业的800余家获证企业开展质量自查。开展万里行活动走访了21个省市地区的66家企业，行业内共转发系列报道超过400次。通过多年的产品端质量提升工作，从产业政策和质量监督角度倒逼防水企业不断提高生产装备和检验装备水平，提升生产工人和检验工人的职业技能，强化产品生产效率和质量控制能力，从供给侧实现产品质量提升。

"十三五"期间，协会先后两次推动了关于防水行业发展的人大建议案，成功向住建部、工信部提交了关于标准提升的相关课题报告和意见，推动工信部废止了《沥青复合胎柔性防水卷材》JC/T 690—2008等7项落后防水材料产品标准，举办了两次中国技能大赛——全国建筑防水行业（防水工）职业技能竞赛，开展了多个项目的防水工职业技能培训。这一系列质量提升活动的开展，在打击假冒伪劣产品，提高国标产品市场占有率，规范行业市场竞争，促进行业装备改造升级等方面起到了巨大的推动作用，逐步修复了行业质量生态，提升了行业市场价值，推动了行业全产业链质量提升和转型升级。

质量风险研究

2018年，编写《建筑防水卷材产品质量提升方案》，总结行业开展质量提升工作5年取得的成绩和效果，提出今后质量提升工作的方向和内容，特别针对聚集地区、聚焦问题、重点风险监测方面提出具体措施、方案和意见，集中发力，意再获成效。

2019年，编写《发证产品质量安全风险评估报告（防水卷材）》，分别从7大类防水卷材产品的种类、用途、特点、标准情况、主要质量问题梳理，围绕行业状况、监管模式、质量安全风险形势等方面，分析取消许可证管理的可行性。2019年年底，国家取消防水卷材生产许可证管理。

2021年8月，由国检集团苏州公司完成的《建筑防水卷材产品质量安全研究报告》报送质检总局（现国家市场监督管理总局），从行业概况，监管难点，产品主要质量问题及原因分析、质量安全风险、质量提升工作成果等五个方面做了分析研究,是2019年取消防水卷材生产许可证管理后第一次提交的较为全面的防水卷材质量安全分析报告,为政府部门监管监督提供了信息和方向。

2023年,撰写《建筑防水卷材产品质量安全状况分析报告》,从产品概况、生产许可证管理和历史沿革、行业基本情况、产品和行业质量安全现状、主要问题和原因分析以及相关建议等方面,向政府建议恢复防水卷材许可证管理。

3.3.3 行检行评

行检行评是协会加强质量监督的重要抓手,行检行抽工作促进全国建筑防水材料产品质量和生产管理水平的提升。从2013至2017年,协会再次在行业联盟企业间开展了行业检查。通过对16家联盟企业的共47家分子公司的现场核检查和产品抽样检验,全面了解行业联盟企业在行业快速发展时期、国家质量提升监管活动中,企业的软硬件实力提升、与许可证要求的符合性、产品质量存在的问题等,为国家相关部门了解行业状况提供了真实可靠的依据。

3.4 发展共识

2016年,协会发布了《建筑防水行业未来发展共识(2016—2020)》,提出:全面落实国家产业政策,行业整合优化与结构调整并举,满足国家建设工程市场需求和人民对品质生活日益提高的需要;挖掘增长新动能,推动行业持续健康发展。坚持以创新驱动推动行业转型升级,制造业和服务业并举,探索防水工程总承包和工程质量保证保险新机制。以绿色建材评价为导向,推广清洁生产,优化产品结构;打通绿色产品、绿色工厂、绿色园区、绿色供应链等全要素发展路径,满足绿色建筑需求。促进行业两化融合,持续提升劳动生产率,构建原材料供应、产品制造、设计、施工应用的全产业链平台。构建"政府主导、企业主体、行业自律、社会监督"的社会共治机制,运用质量提升、标准规范等手段,打造公平竞争市场环境,优化行业生态。建立多层次人才培训体系,探索防水工人职业化制度。面向世界科技前沿,大力开展国际交流,加速行业国际化步伐;践行"一带一路"倡仪,大力开拓国际市场。

2018年,协会发布了《新时期防水行业发展共识》(上海共识),提出:以习近平新时代中国特色社会主义思想为指导,全面贯彻党的十九大精神,坚持新的发展理念,推动防水行业进入高质量发展的新时期;全面落实国家产业政策,加快新旧动能转换,坚持创新战略,抢抓发展主动权。树牢社会主义生态文明观,践行绿色发展理念,打好污染防治攻坚战，助力美丽中国建设；以质量提升为供给侧改革中心任务，继续开展行业全产业链质量提升工作，为行业高质量发展奠定基础。强化行业自律，提升行业价值，加强行业文化建设，优化行业生态，不断提升行业发展效益。

2019年4月，协会发布了西安共识，提出：继续推进修复行业生态、创新行业发展之路，共同打造行业命运共同体。支持编制全文强制规范，做好行业顶层设计，全面开启行业高质量发展新局面。支持后生产许可证时代政府和协会即将出台的规范行业秩序的相关措施。支持2020年在北京举办世界屋面青年工冠军赛，修补行业短板，推动建立中国职业化防水工人队伍。

2019年12月，协会发布了广州共识，提出：鼓励和支持行业重组，深化供给侧结构性改革；全行业共同努力营造公平竞争市场环境；继续开展全产业链质量提升工作，推进全产业链发展；携手共进防水行业高质量发展新时代。

2020年，协会发布了《关于后疫情时代促进建筑防水行业健康有序高质量发展的共识》，提出：有序复工复产，保障有效供给；坚定信心，守望相助，共克时艰；优化资源配置，鼓励产能合作，大力推动行业重组，提高行业集中度；深化行业自律，构建行业公平竞争市场环境；稳定市场价格，提升行业价值。激发需求，激活动能，推动转型，创造行业新的利润增长点；履行社会责任，坚持节能环保和绿色发展，重塑行业使命。

2021年4月，协会发布了《关于"十四五"防水行业高质量发展共识（2021—2025)》（莆田共识），提出：坚持深化供给侧结构性改革，以创新驱动和高质量供给引领和创造新需求，找准全行业"稳增长"方向，提升供给体系的韧性和对国内需求的适配性，确保行业持续稳定健康发展；践行新发展理念，构建新发展格局，以全文强制规范实施为契机，加速行业发展方式、发展动力、发展模式全方位转型升级；贯彻绿色发展理念，提升行业绿色发展水平，构筑绿色发展体系，积极落实国家碳达峰、碳中和目标；以创新驱动为导向，以客户需求为目标，加大企业科研投入，加强基础研究，提高行业科研能力；配合政府精准监管和智慧监管等质量提升2.0行动，落实企业质量主体责任，推动行业高质量发展；不断完善学历教育、职业教育、职业技能培训和继续教育等多层次人才培养体系，提高从业者素质；构建"政府主导、企业主体、行业自律、社会监督"的社会共治体系，优化行业生态；加强行业文化建设，共同维护行业利益、提升行业价值。

2021年12月，协会发布了《关于共同维护行业利益的发展共识》（重庆共识），提出：稳增长是"十四五"行业发展的重要任务，仍然是明年行业发展的主基调；弘扬行业文化，崇尚商业文明，共同维护行业利益，着力创建公平竞争的市场环境；支持全文强制规范的尽快出台和实施，并组织全行业全社会宣贯，增加高质量防水产品供给，激发市场有效需求，积极推动防水工程质量提升；全力支持和践行国家"双碳"目标，推动防水行业绿色低碳高质量发展；加快推进《建筑防水行业"十四五"规划和二〇三五年远景目标》编制和发布工作；克服种种困难，坚决支持协会继续办好中国国际屋面和建筑防水技术展览会。

2022 年 4 月，协会发布了"不忘初心 筑牢底线"共识，提出：积极推动相关部门尽快出台全文强制《建筑与市政工程防水通用规范》，及时修订防水相关标准规范，一并实施，并组织全行业全社会大力宣贯，以此推动需求侧激发新动能和供给侧转型升级，从而实现建筑防水行业高质量发展；协会正副会长单位、联盟企业、常务理事和理事单位发挥引领示范作用，率先强化企业质量主体责任，带领全体会员和行业不忘初心、筑牢底线，提振信心、共克时艰，坚定不移走高质量发展之路。

2023 年 12 月，协会发布了杭州共识，提出：行业面临前所未有的挑战，市场下行，企业间竞争加剧，急需寻找新突破，积极推动传统产业转型升级。面对挑战，行业应保持定力、提振信心，把握新机遇，以技术创新推动行业可持续发展；正确理解《防水通用规范》的重要意义，全力推动《防水通用规范》落地，以标准引领行业技术进步和高质量发展；坚持底线思维，增强忧患意识，提高风险防控能力，着力防范化解行业发展风险，持续推进修复行业生态，提升行业价值；增进企业互信，抱团取暖；弘扬行业文化，崇尚商业文明，共同维护行业利益，坚持共商共建共享的行业治理观。

3.5　扶优扶强

设立奖项　鼓励优秀企业

2012 年，协会设立"建筑防水技术进步奖"，2013 年，协会设立"建筑防水工程技术奖"，并于 2017 年在科技部备案设立"建筑防水行业科学技术奖"（备案号：0278）。10 余年间，共计授予北京东方雨虹防水技术股份有限公司等 58 家企业申报的 136 个项目"建筑防水技术进步奖"，授予辽宁大禹防水工程有限公司等 40 家企业申报的 183 个项目"建筑防水工程技术奖（防水工程）"。2014 年开展"建筑防水行业标准化实验室"评定工作，截至 2023 年，共计 145 家企业申报进行实验室评定。

持续开展防水行业企业信用评价活动

2008 年 7 月，商务部、国资委联合发文，批准中国建筑防水材料工业协会成为行业信用评价的试点单位。截至 2023 年 12 月 31 日，300 多家参与了防水企业信用评价工作，共 233 家会员企业获得了信用评价等级。2023 年，协会继续在行业内开展防水企业信用评价，共 50 家会员企业参加了信用评价初评工作，其中 38 家企业获得了信用评价等级；共 68 家企业参加了信用评价复评工作，其中 65 家企业获得了信用复评等级。信用评价工作，有效推动防水企业注重内部风险管理和财务管理，关注员工福利和社会评价，全方位提升企业经营管理水平。

推荐企业参与全国建设行业科技成果推广项目申报

协会还与住建部科技与产业发展促进中心合作开展"全国建设行业科技成果推广项目——建筑防水专项技术与产品"评选活动，有近百个项目通过评定。

规范行业市场，加强行业自律

2013 年，协会按照会员企业的意愿，推动行业 13 家骨干企业组建了"促进建筑防水行业健康发展产业联盟"。联盟以促进产业健康发展为宗旨，严格实行产品质量和市场行为的自律，不生产和销售假冒伪劣产品，不搞恶性竞争，以自身的力量和市场影响力发挥示范、引领作用，成为产业联盟是行业自律的先行者，是落实企业主体责任的示范者，是推动行业健康发展的引领者。

联盟发起人：北京东方雨虹防水技术股份有限公司、深圳市卓宝科技股份有限公司、盘锦禹王防水建材集团有限公司、唐山德生防水材料有限公司、广东科顺化工实业有限公司（现为科顺防水科技股份有限公司）、广西金雨伞防水装饰有限公司（现为西牛皮防水科技有限公司）、辽宁大禹防水科技发展有限公司、北京中建友建筑材料有限公司、胜利油田大明新型建筑防水材料有限责任公司、潍坊市宏源防水材料有限公司（现为宏源防水科技集团有限公司）、潍坊市宇虹防水材料（集团）有限公司、上海台安工程实业有限公司（现为上海北新月皇新材料有限公司）、江苏凯伦建材股份有限公司。

协会先后于 2012 年、2014 年、2017 年开展了签署"中国建筑防水企业质量信誉自律宣言"、质量承诺书、发布《推动建筑防水行业开展全产业链质量提升活动的倡议书》等活动，用行规行约规范企业运营方式，并连年组织召开会长工作会和联盟领导人会议，与行业大型企业达成行业发展共识，鼓励大企业主动承担行业发展使命，促进行业重组整合，推进建筑工程标准和质量提升，推动行业自律和市场规范，构建公平竞争市场环境。

2022 年，《建筑与市政工程防水通用规范》正式发布，联合东方雨虹、科顺防水、北新防水、江苏凯伦等 4 家上市公司，共同开展强条落地宣贯等工作。据统计，各级防水社团组织、防水企业等分别针对建筑防水供给方、需求方、设计、施工应用方以及建设工程管理、质量监督等有关各方密集开展宣贯工作，宣贯场次超过 5000 场，参与人数超过 15 万人次。

2023年，"促进建筑防水行业健康发展产业联盟"成立十周年。4月8日，中国建筑防水协会2023年第一次会长工作会暨联盟领导人会议在北新建材会议室召开。协会正副会长和联盟领导人及代表共31人出席了会议。本次会议由北新防水有限公司承办。会议由朱冬青秘书长主持。

10年来，在协会倡导和支持下，联盟用自身的正能量，深入推进行业质量提升行动，助力行业高质量发展，不忘初心、筑牢底线，达成"不做非标产品"的最大公约数和联盟底线的共识。造就了一支推动行业健康发展的中坚力量，使之成为行业高质量发展的引领者、先行者、示范者、推动者；实现全社会工程建设招投标杜绝以非标为标的的招投标行为，非标比例大幅度下降；行业集中度大涨，TOP10市场占有率由2013年的10%增长到2022年的45%占有率规模以上企业统计数据；行业技术装备水平大幅提升，先进产能迅速增长；职业技能培训使质量提升延伸到全产业链，在全文强制国标《建筑与市政工程防水通用规范》GB 55030—2022落地的当下，总结联盟成立十周年的成果和经验，对防水行业不忘初心、继续踔厉奋发具有十分重要的意义。10年来，在政府主导、企业主体、行业参与、市场推动等多方参与和推动下，从质量监督、生产许可、产品标准、行业准入、行业自律和加强沟通等多种手段深入，使得行业质量提升取得显著成绩。

开展先进会员企业评选活动

依据中共中央办公厅、国务院办公厅印发的《评比达标表彰活动管理办法（试行）》和"全国评比达标表彰工作协调小组办公室"公布的《关于公布全国评比达标表彰保留项目目录的通告》，中国建筑防水协会每两年一次在行业开展"先进会员企业"表彰活动。自活动开展以来，每次活动均有超过50家以上的企业参与。

开展防水行业科技成果评估

推动企业申报建筑防水行业科技成果评估，不断夯实行业发展的科技基础。协会始终坚持以科学技术驱动行业高质量发展，通过开展科技成果评估，加快科技成果转化推广。自2012年以来，超过24项科研成果通过了防水行业科技成果评估项目。

3.6 人才培养

3.6.1 学历教育

在协会、专家和防水企业的支持下，与湖北工业大学共建的"防水材料与工程"本科及硕士专业均获得了长足进步。"十三五"期间，已有五届 300 多名防水专业本科学历学生和一批工程硕士毕业，湖北工业大学也获批建成湖北省建筑防水工程技术中心和组建坝道工程医院湖北工业大学分院。2019 年 7 月，教育部认可湖北工业大学自设"防水材料与工程"专业为本科学科，这是中国第一个由教育部认可的防水专业本科学历学科。

学历教育方面，2021 年河南省教育厅、河南省工业和信息化厅批准成立了黄淮学院防水材料与工程产业学院。黄淮学院防水材料与工程产业学院采取院士领衔、校地共建的模式，与平舆县政府、王复明院士创办的坝道工程医院（平舆）、蓝翎环科等单位联合，在蓝翎环科举办暑期实践活动，致力于建设一支防水材料与工程新队伍。

3.6.2 职业技能培训

多年来，建筑防水行业一直致力于做好新时代人才培养工作，弘扬工匠精神，不断完善学历教育、职业教育、职业技能培训和继续教育等多层次人才培养体系，打造一支高素质的防水队伍。

2013 年 10 月，协会首次邀请法国索普瑞玛公司 2 名改性沥青防水卷材大师在北京举办首届改性沥青防水卷材应用技术培训班，职业技能培训班共 28 名企业培训师参加，为期 24 天。自 2014—2019 年、2023 年（2020—2022 年由于疫情政策中止外国人来华），协会特邀请了来自美国、德国、加拿大、日本等发达国家的资深专家每年来华进行防水材料施工的系列培训师培训，并每年举办建筑防水行业注册培训师继续教育。

从 2014 年至今，中国建筑防水协会组织或参与的各类职业技能培训，包含改性沥青防水材料（含自粘材料）、高分子防水材料、防水涂料、机械喷涂（含 JS、聚氨酯、聚脲等材料）、打胶工等的标准化施工。2022 年，协会举办了"第一期建筑防水行业样板技术师培训"，开展改性沥青防水卷材、高分子防水卷材、防水涂料 3 项样板技术师系统培训。2023 年，协会举办了"首期项目经理和建筑修缮培训"，全体学员的理论知识和实操水平得到了实质性的提升，社会评价良好。这 10 年，协会培育了考评员 100 余名、注册培训师近 400 名、防水工 8000 余名（其中技师近 200 名）、高级防水工 300 余名、中级防水工近 3000 名、初级防水工近 5000 名。

2020 年，根据职业资格改革工作要求，为做好建材行业职业能力评价体系建设，促进技术技能型人才队伍建设，使职业资格鉴定和职业能力评价有序衔接并平稳过渡，按照《关于申报建材行业职业能力评价机构的通知》（建职鉴〔2019〕02 号）要求，经审核通过，中国建筑防水协会成为第二批建材行业职业能力评价机构，将依据国家有关政策和建材行业职业能力评价工作要求，按照市场需要开展职业能力水平评价活动。

3.6.3 技能大赛

2013 年 12 月，首届全国建筑防水行业职业技能大赛在厦门举办。

2014年至今，协会连续举行了全国建筑防水行业职业技能大赛。2015年，增加了"机械喷涂"项目（之后改名为防水涂料项目），也首次设置了全国分赛区的初赛（东北、山东、西南、华北、华东、华南赛区），赛程由此改为全国分赛区初赛、全国复赛及全国决赛3个赛程。在四川、深圳、河南（平舆、项城、郑州）、山东、江苏、河北、安徽、吉林、湖南、湖北、江西、云南等地防水社会组织和国家建材行业特有工种职业技能鉴定（040）站的积极支持和配合下，协会举办了改性沥青防水卷材、高分子防水卷材、防水涂料3个项目的全国建筑防水行业（防水工）职业技能大赛，共发展有14个初赛区，其中2018年初赛人数总计有800余名选手，成为有最多参与选手的一年。

2017年，中共中央、国务院发布了《关于开展质量提升行动的指导意见》，协会收到了《住房城乡建设部标准定额司关于商请提供提高标准专项工作方案的函》（建标实函〔2017〕17号），建筑防水行业（防水工）职业技能大赛被人社部列为中国技能大赛二类竞赛，以上种种都标志着防水行业的质量提升延伸到工程端和服务端，行业进入了全产业链质量提升时代。

2017年和2020年，大赛晋升为中国技能大赛；2019年和2021年，分别有3位冠军选手被人社部授予"全国技术能手"荣誉称号。

2021年和2023年，东方雨虹王巍和张广辉分别获得了全国五一劳动奖章。他们把"干一行、钻一行、精一行"的工匠精神融进到血液里，成为了新一代的技术工人。

在防水工大赛的基础上，为进一步规范防水企业的实验室检测工作，协会举办了"2022年首届全国建筑防水行业（物理性能检验员）职业技能大赛"。2023年首次划分了分赛区，在山东、江苏、湖北、北京等地防水社会组织、当地企业、检测单位和国家建材行业特有工种职业技能鉴定（040）站的积极支持和配合下，形成全国4个分赛区，赛程由此改为全国分赛区初赛、全国复赛及全国决赛三个赛程。

从2014年开始，协会开始组织选手参加两年一度的世界青年屋面工冠军赛，并于2017年获得了2020年IFD大赛主办权。2020年，原本应在北京开赛的世界青年屋面工冠军赛因为疫情延迟举办，最终无奈取消。

2023年，协会举办了首届"中国青年屋面工冠军赛"，比赛设平屋面项目和瓦屋面项目。多年来，协会完成了省级、行业级、国家级、国际级技能赛事全覆盖。

协会主办的职业技能大赛影响力进一步提升。2013—2024年，防水行业职业技能大赛的参赛选手从26名发展到800余名，影响力越来越大。特别是2017年和2020年比赛成为人社部认可的国家二类竞赛，产生了6位"全国技术能手"、20名"中国防水特级大师"。

3.6.4 社会关注与肯定

防水从业者的技术水平不断提升，也受到了社会各界的关注与肯定，行业职业技能培训成果显著。中国屋面防水大师、宏源防水李国亮获评了"2021年度齐鲁首席技师"荣誉称号；东方雨虹张广辉被列入住建部第十六届高技能人才拟推荐候选人名单。京禹达集团闫立峰成为了第一位在技能大赛决赛中斩获桂冠的项城赛区代表，他的获奖为项城防水打开了新的局面，在项城防水施工领域取得了突破性进展，并当选河南省第十四届人大代表，代表项城市超30万防水人面向社会做提案，给建筑防水产业工人提振了信心，也引领更多年轻人加入这支队伍。

3.7 市场调研

开展走访企业市场调研活动

多年来，协会连年开展走访调研活动，调研区域以建筑防水主要产区为主。以协会秘书长、副会长、专家委员会专家为主力，当地防水社团组织一同参加调研活动。重点是向企业介绍产业政策的动态，了解企业落实产业政策和开展质量提升活动，以及企业自身发展的情况。

防水企业经济运行情况调查

2014年以来，我国经济和社会生活发生了一些重大事件，如生活资料、生产资料价格大幅上涨、从紧的宏观调控、股市大幅回调等。这些事件无疑对防水企业的生产经营产生了影响。为摸清在特定环境下本行业整体运行情况，并向有关政府部门进行反映，同时使防水企业能够全面系统了解行业整体发展情况，协会秘书处对部分企业经营情况进行了调查。为协会了解企业实际经营情况，更好地为企业服务提供了依据。

建筑防水行业年度产量和卷材产能调查

行业统计工作是行业建设的基础工作之一。为了更好地了解行业发展现状及未来趋势，为相关部门制定防水行业相关的产业政策提供依据，切实做好行业统计工作，协会对会员单位开展了产量和产能调查调查，并形成了分析简报。2021年的建筑防水行业年度产量和卷材产能统计中，共100家企业参与。

防水行业发展现状调研

2020年4月，按照国资委工信部部署、贯彻落实《国家发展改革委办公厅民政部办公厅关于积极发挥行业协会商会作用支持民营中小企业复工复产的通知》精神，协会开展《防水行业发展现状调研》工作。从开拓业务领域、深化细化服务、加强正面宣传、强化行业自律等方面支持和帮助企业有序复工复产，促进行业资源整合和联动，加强产业链上下游间的沟通合作。共有150家企业参与调研。

开展新型冠状病毒感染疫情对防水企业生产经营影响调研

2020年2月底，中国建筑防水协会在行业内开展了"新型冠状病毒感染疫情对防水企业生产经营影响问卷调查"，有近百家企业参与调查。基于行业历史数据、疫情影响问卷调查数据以及疫情于3月份基本控制并于4月份基本结束的假设，结合行业实际情况和相关行业报告，形成了分析报告。

2020—2021度建筑防水行业科技研发信息征集调研

2022年3月，为深入实施创新驱动发展战略，客观反映我国建筑防水行业技术水平，洞察行业技术发展新趋势，着力推动科技创新引领行业高质量发展，协会启动《2022中国建筑防水行业技术白皮书》编制工作。为此，在行业开展2020—2021建筑防水行业科技研发信息征集工作，共有60家企业参与。

新冠疫情对企业经营发展影响的跟踪调查

2022年5月初，中国建筑防水协会在行业内开展了本轮"新冠疫情对防水行业影响调研"，154家防水相关企业参与调查。基于行业历史数据、疫情影响问卷调查数据，结合行业实际情况和相关行业报告，形成本分析报告。

防水企业厂房屋面光伏化调研

2023年3月，中国建筑防水协会对理事以上单位及重点会员单位发放了2023年防水企业厂房屋面光伏化调研问卷。收回问卷近100份，并形成了分析报告。

苏州市商品住宅渗漏情况调查活动

2017年8月，《中国建筑防水》杂志社针对家装防水与渗漏维修领域发起并开展了"苏州市商品住宅渗漏情况调查活动"。本次调查历时4个月，共统计了109户高层、82户小高层、201户多层、19户别墅，总计411户，其中有375户渗漏，以住户为单位的住宅渗漏率高达91.69%；住宅不同部位的渗漏率为屋顶83%，外墙61.86%，卫生间11.49%，阳台、窗户31.13%，地下车库92.68%。活动形成调查报告向社会发布，取得了较大反响，为业内了解存量住宅渗漏现状提供了参考数据。

家装防水与渗漏维修领域年度调查活动

自 2018 年开始,《中国建筑防水》杂志社悦居防水服务平台每年针对建筑防水的细分领域——"家装防水与渗漏维修"开展年度调查活动,并形成家装防水与渗漏维修领域年度调查报告向业内发布,至今共发布过 4 次(分别为 2018、2019、2020 和 2022 年)。活动为用户选择家装防水材料提供了参考,也为培育家装防水品牌、助力企业提升品牌影响力发挥了积极作用。

3.8　行业宣传

中国建筑防水协会官方微信公众号

2014 年 5 月 5 日,中国建筑防水协会官方微信号正式上线。其目的为传播行业热点事件和企业动态、行业活动和政策解读。截至 2023 年,中国建筑防水协会微信公众号拥有超 6 万粉丝,粉丝覆盖防水行业大中小型企业公司高层管理者至一线员工、众多行业专家学者以及数量庞大的一线施工人员,还覆盖了防水上下游产业相关工作者。协会微信公众号影响力在行业内名列前茅,在防水行业具有很高权威性。

中国建筑防水协会官方网站——中国防水网(www.cnwb.net)

中国防水网(www.cnwb.net)是中国建筑防水协会唯一官方网站。网站创办时间已 10 余年,网站年访问次数达 16 万余次。中国防水网汇聚丰富的防水资讯,包含"政策、质量、商机、企业、社团"等诸多栏目,是防水企业获得行业信息的重要窗口。除了网页版,手机版网站(即微网站)也上线运营,方便手机用户浏览,扩大了网站的受众。协会每工作日更新 10 条行业相关信息,会员单位可在协会网站的"新闻动态－企业"栏目以及"首页－会员发布"栏目关注。协会官网于 2017 年完成改版工作,同期官网手机版上线。

协会官方资讯发布平台——《建筑防水资讯》

2014 年以来,作为协会内刊的《建筑防水资讯》定时向会员及有关单位提供国内外建筑防水科技动态和研究成果,报道本行业和相关行业市场商情,传递协会及会员单位和本行业活动情况等方面的信息,为会员单位制定发展规划、生产经营计划、开发新技术、改进经营管理提供参考,受到广大会员的肯定和欢迎。

中国建筑防水协会手机应用端"中国防水"上线

2014年，中国建筑防水协会应用端"中国防水"上线。"中国防水"是中国建筑防水协会自办的一个建筑防水行业信息的手机发布平台，将最新发生的行业热点事件和企业动态、行业新闻及时传递到手机用户面目前。

中国建筑防水协会官方微博

2011年5月23日，中国建筑防水协会官方微博正式上线。传播行业热点事件和企业动态、行业活动和政策解读。

中国建筑防水协会官方搜狐号

中国建筑防水协会搜狐号于2017年创建，成为协会、行业、会员单位传递信息的渠道之一。

中国建筑防水协会官方抖音号

2019年抖音号创建，为协会乃至行业拓宽了传播渠道和形式。

中国建筑防水协会官方视频号

2020年视频号的设立，为协会乃至行业拓宽了传播渠道和形式。

中国建筑防水协会展会网站——"防水展会网"

协会为"中国国际屋面和建筑防水技术展览会"专门开设"防水展会网"网站，为参展商和观众更好地提供方便、快捷、内容丰富的中英文信息服务。"防水展会网"作为全面服务于"中国国际屋面和防水技术展览会"的专门网站，设有"展会介绍""展商服务""观众服务""新闻中心""旅行服务"等栏目。既有本届展会的相关信息（如展会预览、参展商名录、展期活动、观众登记）和相关动态，也有历届展会的回顾，方便观众和参展商了解本展会的发展过程和总体概况，并建立了主办方与观众和展商的互动联络。栏目中还设有观众参观指南和参展商参展指南。

中国建筑防水产品质量提升信息平台

由质检总局（现国家市场监督管理总局）产品质量监督司和中国建筑防水协会联合主办的中国建筑防水产品质量提升信息平台，是我国建筑防水行业质量提升工作的信息载体，记录着建筑防水行业质量提升工作取得的成绩，也记录着打击假冒伪劣行动的战绩，既有对质量诚信企业的褒扬，也记录了在国抽中不合格的企业名单。

信息平台设有"质量新闻""政策信息""抽检公告""标准规范""质量红榜""不合格名单""信用评价""专题报道"等 10 个栏目。信息平台及时、全面地报道建筑防水行业质量建设方方面面的信息,成为建筑防水行业质量提升工作的记录者和传播者。后因业务调整需要,于 2019 年注销。

防水行业专业杂志——《中国建筑防水》

1984 年 2 月,中国长城防水材料公司向原国家建材局申请创办《中国建筑防水材料》杂志。经批准,1984 年 3 月《中国建筑防水材料》杂志创刊号出版发行。2014 年来,杂志以宣传行业产业政策、介绍最新科研成果、交流防水工程设计与施工经验、传播业内信息动态为主要报道内容,读者对象以全国建筑防水材料科研与生产、设计与施工应用、质量检测等单位的技术与管理人员为主。2014 年,杂志被国家广播电视总局第一批认定为科技类学术期刊。

2019 年,根据出版行业形势与杂志办刊条件的变化,经主管主办单位同意,杂志从 1 月起由原半月刊改版为月刊。

《中国建筑防水·悦居》数字期刊创刊

2013 年,《中国建筑防水》杂志社以与居家生活息息相关的"家装防水"为切入口,创办国内首本定位于家装防水的科普数字期刊(电子杂志)——《中国建筑防水·悦居》。

《中国建筑防水·悦居》最初为双月刊,2015 年 1 月,《中国建筑防水·悦居》数字期刊由双月刊调整为月刊,同期《中国建筑防水·悦居》杂志 APP 正式上线,读者除通过原 PC 途径阅读外,还可通过手机、平板电脑在线或下载阅读。

2015 年 9 月,《中国建筑防水·悦居》获得网络出版许可资格,出版许可证号:"新出网证(苏)字 0033 号"[后改为"(署)网出证(苏)字第 018 号"],截至 2023 年 12 月底已出版 119 期。杂志报道范围以家装防水防潮为主,兼顾与之相关的绿化、隔热及门窗密封、渗漏维权等内容,是江苏省内首本由面向行业的传统科技期刊孕育出的面向大众的专业数字期刊。

2017 年,《中国建筑防水·悦居》杂志 APP 升级为悦居防水服务平台,拥有"渗漏维修平台、悦居商城平台、《中国建筑防水·悦居》电子杂志及资讯平台"3 大子版块,通过微信端口、APP 端口、网站端口为普通业主速递防水资讯、解惑析疑。

杂志首届编委会由中国建筑防水协会总工张勇研究员担任主任委员,杨胜、徐建月、朱志远、左勇志等领导与专家担任副主任委员,李永鑫等 10 位企业领导与行业专家担任常务副主任委员,成春权等 14 位与家装防水相关各领域专家代表担任委员。

"中国建筑防水杂志社丨新闻"微信公众号

2014年，《中国建筑防水》杂志社创办了"中国建筑防水杂志社丨新闻"（ID：cbw1984—2014）微信公众号，以宣贯行业最新政策、传播行业最新动态、解读行业最新热点为主要报道方向，努力发出真声音、传递正能量、弘扬主旋律。公众号公信力、影响力一直位居行业前列，诞生了建筑防水行业首篇10万＋推文，如今多篇文章阅读量达到10万＋，是当前建筑防水行业最具影响力公众号之一。

"悦居防水"微信公众号

由《中国建筑防水》杂志社主办的"悦居防水"（ID：easyliving-FS）微信公众号于2016年2月创办，是《中国建筑防水》杂志社旗下服务家装防水与渗漏维修的公众号，以《中国建筑防水·悦居》数字期刊为基础，结合"悦居防水"服务平台，科普家居防水专业知识，搭建企业与用户交流、交易的平台，解住户渗漏之忧，做百姓防水帮手。

"中国建筑防水杂志社丨科技"微信公众号

由《中国建筑防水》杂志社主办的"中国建筑防水杂志社丨科技"（ID：engineer－FS）微信公众号于2016年12月创办，基于技术杂志内容，为业内工程技术人员量身定制的在线技术交流与传播平台，是行业唯一的技术类公众号。主要发布内容包括防水材料、工程设计和施工技术探讨，防水工程案例介绍，标准规范的制修订计划、会议及发布、内容解读，《中国建筑防水》杂志新刊概览，建筑欣赏及海外防水相关资讯。

新浪防水行业频道

新浪地产（微博）防水频道下设"行业要闻""专家声音""行业标准""法规标准""产品介绍"及"企业推荐"等版块。频道把最新的防水行业资讯及专家视点传达至开发商端，并全面覆盖国家标准、施工工法及产品标准，为开发商查询相关政策法规提供方便。在提供丰富资讯的同时，频道还重点展示了防水行业领先品牌及优秀防水产品，为开发商采购提供参考。

网易家居开通首个防水行业400监督投诉热线

2014年8月8日，网易家居400防水行业监督投诉热线开通发布会在北京举行。在中国质量协会、中国消费者协会、中国建筑防水协会的指导和支持下，网易家居正式向全社会网民发布防水行业首个监督投诉热线，希望通过媒体的监督，普及消费者在房屋渗漏方面的认知，为消费者维权提供有效帮助。网易家居防水行业监督投诉热线号码是4008-163-163转13833。

与主流媒体合作探讨行业问题

2014年7月4日,协会与北京零点调查公司联合发布了全国住宅建筑渗漏调查报告,并与《人民日报》《经济日报》《中国质量报》等主流媒体合作,深入分析了我国住宅建筑渗漏率居高不下的原因,并探讨了根治渗漏的终极之道。

2016—2017年,在原质检总局(现国家市场监督管理总局)的指导下,协会通过质量提升万里行等相关活动,组织行业主流媒体走访企业,报道防水企业在产品质量、生产装备、实验室条件等方面质量提升行为,深挖示范项目及企业质量事迹,总结企业质量提升模式,加强舆论宣传,让行业进一步为社会和公众重视。

此外,协会与中国人民广播电台(央广网)、新浪地产、网易家居、腾讯家居、百度、搜房网、中国建材报、中华建筑报、中国房地产报、中国质量报等媒体都建立了良好的合作关系。

3.9　出版书刊

协会组织专家编写各类培训教材

2005年,湖北工业大学创办了中国高等院校第一个"防水材料与工程"本科专业。为了更好地依托防水行业专家对专业建设进行咨询,指导和参与教材编写,成立了"湖北工大防水材料与工程建设与咨询委员会",有10多位防水专家入选成为该委员会委员。2010年,由中国建筑工业出版社出版了中国第一套(四本)高等院校防水专业试用教材(技术丛书)。

2011年由陈建华和王澜组织行业内的专家起草编写建筑防水行业职业技能鉴定培训教材《防水工》,于2013年3月在辽宁进行的首次防水工技能鉴定培训班上进行了试用,2013年5月定稿后由中国建材工业出版社正式出版发行。

2015年11月,协会组编的"建筑防水行业职业技能鉴定培训教材《防水工(金属屋面)》"正式出版发行。2017年4月,协会组编的"建筑防水行业职业技能鉴定培训教材《防水工(第二版)》"正式出版发行。

《中国建筑防水年鉴》

为了系统、翔实地记录我国建筑防水行业的发展足迹和成就,中国建筑防水协会从2014年起主编行业大型资料性工具书——《中国建筑防水年鉴》(以下简称为《年鉴》)。《年鉴》由《中国建筑防水》杂志社、苏州英孚防水信息咨询有限公司(现苏州悦居防水科技有限公司)承编,由中国建材工业出版社出版发行。《年鉴》主要内容包括:重要政策文件，中央及各部委、各地领导谈防水，行业社团组织及服务机构，行业运行情况及统计数据，行业热点专题，标准、专利、科技成果，各省、自治区、直辖市知名防水企业情况，行业交流情况，各类认证（定）、评优、评价及评选活动等 9 个篇章。第一版《年鉴》（2012—2013）共 130 万字，于 2014 年 8 月出版；第二版《年鉴》（2014—2015）共 144 万字，于 2016 年 8 月出版；第三版《年鉴》（2016—2017）共 120 万字，于 2019 年 7 月出版；第四版《年鉴》（2018—2019）共 100 万字，于 2021 年 10 月出版。

《家装防水防潮与渗漏维修技术》

2020 年 12 月，《中国建筑防水》杂志社"悦居防水"服务平台组织专家编写出版了《家装防水防潮与渗漏维修技术》一书，首次界定了我国家装防水的技术范畴。该书由行业知名专家胡骏教授担任主编，杂志社潘文亮、庞正其担任副主编，在参考现有文献资料的基础上，结合长期的工程实践经验编撰而成，旨在为从事家装防水工作的技术人员和物业维修管理人员提供学习参考并积极开展工程实践，使百姓的居家生活免受居室渗漏危害，助推家装防水技术向专业化和系统化方向发展。该书由中国建材工业出版社正式出版，全书 21 万字。

注册建筑师培训教材之九——《建筑防水》

2013 年，协会组织编写了全国注册建筑师继续教育必修课教材（之九）——《建筑防水》。全书近 70 万字，包括各类建筑部位防水设计及相关内容，由协会专家张道真教授主编。2023 年，协会启动全国注册建筑师继续教育必修课教材（之十四）——《建筑防水》修编工作，2024 年 7 月正式出版发行，全书超 53 万字，由协会专家蔡昭昀主编，协会专家张道真教授担任顾问工作。

3.10 社会责任

举办公益活动　心系百姓民生

2012—2013 年我会向民政部申请承担了"走进社区　诊治渗漏"公益示范项目，该项目为中央财政支持的社会服务公益示范项目。自"走进社区 诊治渗漏"公益活动开展至今，中国建筑防水协会邀请众多防水领域的知名专家，深入全国各大城市，走进近 50 个人口密度在 5 万人以上的社区，介绍房屋渗漏对建筑安全的危害，提供房屋渗漏诊断及治理方面的免费咨询，开展公益大讲堂活动，发放 5 万多份防水知识手册、2 万多张渗漏治理宣传光碟、1 万多份快速堵漏材料，免费为近百户特殊人群提供房屋渗漏维修服务,拍摄 5 部房屋典型渗漏治理视频并上传至"中国防水网"供百姓免费下载和观看。参加活动的居民在遇到简单渗漏时,可以结合专家的讲解和派发的资料,自己进行简单的防水维修。活动中,防水专家还为社区居民上门指导,现场分析渗漏原因并提出解决方案。

近两年,在北京与上海地区,协会同北京市东城区致残人协会、北京市致残人协会云朵家园、上海市化学建材行业协会、上海市致残人协会共同合作,精准帮扶有需要的特殊群体。

参与疫情防控　助力复工复产

2019—2022 年,协会陆续发布《中国建筑防水协会关于建筑防水行业做好新型冠状病毒疫情防控阻击战的倡议书》《中国建筑防水协会关于科学防控疫情、合理有序复工复产的倡议书》《中国建筑防水协会复工疫情防疫指南》,倡议积极配合相关部门防控工作、强化疫情防控、勇于担当社会责任;开展表扬"建筑防水行业支援新冠抗疫工作先进集体"活动,向积极支援抗疫工作的"逆行者"们致敬;开展"新型冠状病毒疫情对防水企业生产经营影响调查"和"疫情暴发后防水行业发展现状调研"。此外,协会高度重视行业舆论宣传,弘扬和传播正能量,宣传防水行业和会员企业在疫情防控、捐款捐助方面的感人事迹。

支援抗疫　表彰行业先进

突如其来的新冠疫情,给我国经济社会发展带来前所未有的冲击。在新冠抗疫过程中,各大防水企业、社会组织挺身而出,纷纷组织或参与捐款、捐物,驰援建设各地公共卫生设施,在支援新冠抗疫工作中发挥了重要作用,作出了突出贡献。各防水企业、社团组织共捐款超过 3500 万元,捐赠了 20 万个以上的口罩(包括一次性医用口罩、N95 口罩和 KF94 口罩等)、5 万套以上的防护服、几十吨消毒液、若干生活物资,驰援建设雷神山、火神山及各地防疫设施。为在全行业内激发正能量、弘扬真善美,中国建筑防水协会开展了表扬"建筑防水行业支援新冠抗疫工作先进集体"活动,并在 2020 年中国国际屋面和建筑防水技术展览会举办之际,表扬了 47 家"建筑防水行业支援新冠抗疫工作先进集体"。

参与脱贫攻坚工作

2018—2019 年,协会连续两年指导平舆县(贫困县)开展全国建筑防水行业防水工职业技能大赛(平舆赛区)初赛。2019 年,协会指导平舆开展改性沥青和高分子项目两个项目的防水工培训,进一步提升平舆地区防水从业者的防水施工水平;积极配合上级党委号召，针对扶贫项目开展捐款活动；参与"中国社会组织动态"组织的"消费扶贫在行动"工作；开展"脱贫""扶贫"相关宣传报道。2018 年—2019 年，中国建筑防水协会青年企业家分会组织慈善公益活动，活动范围覆盖了东北、华北、华东、华南、华中、西南等片区，捐款金额近 10 万元，各会员单位均积极响应，彰显分会青年企业家们的社会担当。

弘扬敬老美德　青分会开展慈善活动

为弘扬中华民族敬老爱老的优秀传统美德，营造尊老、爱老、助老的氛围，中国建筑防水协会青年企业家分会连续 7 年组织开展以"关爱久久 暖秋重阳"为主题的重阳节慈善活动。青年企业家分会在华北、华中、华东、华南、东北、西北、西南、北京等地以多种形式开展慈善活动。2023 年，共 60 家全员单位响应，积极参与，共捐赠物资近 10 万元。青年企业家的公益精神受到了各地民政部门的肯定。

开展"家庭渗漏诊治月"活动

2020 年，《中国建筑防水》杂志社"悦居防水"服务平台携手家装防水领域中的领军企业，由中建材苏州防水研究院有限公司提供技术支持，并联合各省市建筑防水协会共同开展了首届"家庭渗漏诊治月"活动。活动采用线上和线下相结合的方式，居民线上报修后，由防水专家给予一对一的免费渗漏在线诊治，并提供解决做法；有维修需求的渗漏住户，"悦居平台"提供渗漏诊治服务；对部分确有困难的渗漏水住户，给予免费维修；对于部分有渗漏水但问题不太严重的住户，邮寄小包装防水材料，供用户自行治理。

截至 2023 年，该活动已经连续举办了四届，一共为全国范围内的 1044 户居民提供了专家在线一对一免费渗漏诊治，其中有 640 户居民接受了各地方站点的防水工作人员上门勘查维修，有 168 户居民收到了活动免费赠送的家装防水材料。活动期间，"悦居平"台各地方站点还联合当地物业开展了系列线下活动，70 多家悦居平台入驻企业为居民修漏提供了技术支撑。该活动于 2020 年荣获第十二届江苏省科协科技期刊"十佳品牌活动"荣誉。

防水行业辉煌四十年

● 第4部分 · 技术活动

4.1 概述

协会在技术活动中坚持企业是技术创新的主体原则,注重发挥专家委员会的智力支撑作用,积极构建国内外技术交流平台,推动先进技术引进和消化吸收,组织搭建产学研一体化的技术创新平台。协会主要通过鼓励企业开展各种方式的技术创新活动,对成绩突出者进行表彰和宣传,发挥先进者的示范作用;开展包括研讨会、技术交流会和技术论坛等形式的技术交流活动;发挥专家委员会技术指导技术咨询作用;组织对科技成果进行评价,对成熟的科技成果组织推广应用;开展多种形式的技术培训;组织科技成果的展览展示等方式推动行业技术进步;通过各专业分会开展专门领域的技术活动。

4.2 科技创新

4.2.1 重大科技攻关项目

"十四五"国家重点研发计划项目"房屋建筑工程防水质量保障与渗漏治理关键技术"

项目针对当前防水行业存在的关键问题,拟解决基于扩散机理和渗流理论的工程渗漏科学治理问题,揭示防水工程耐久性劣化机理。具体在水泥基外围护系统渗漏控制、防水工程耐久性设计方法、高效防水材料研发及应用、防水材料关键性能现场快速检测、工程渗漏现场无损检测、运维期防水工程质量保障与渗漏修复等6个方面取得技术突破。最终,建立健全建筑防水工程管理与技术体系,大幅提高防水工程工作年限,系统解决工程渗漏频发顽疾，全面保障防水工程质量，极大提升居住品质，为绿色建筑发展深度赋能。

项目牵头承担单位：中国建筑科学研究院有限公司

项目负责人：王景贤

项目下设 5 个课题：水泥基外围护系统的渗漏机理及控制技术、建筑防水工程耐久性设计关键技术、高效防水材料研发及其应用技术、防水材料及工程渗漏现场检测关键技术与设备、运维期防水工程质量保障体系及渗漏修复技术，分别由上海市建筑科学研究院有限公司、中国建筑标准设计研究院有限公司、武汉理工大学、中国建筑科学研究院有限公司、清华大学专家领衔。

项目执行年限：2022 年 11 月—2026 年 10 月

经费预算：总经费 5255.00 万元，其中中央财政经费 1575.00 万元。

4.2.2 行业科技创新

中国国际屋面和建筑防水展览会技术创新奖、优秀新产品奖

2006 年 12 月 11 日，第四届中国国际屋面和建筑防水技术展览会在北京举行。为鼓励企业技术创新，开发具有自主知识产权的新产品新技术，本届展会组委会特设立"技术创新奖"。经专家评审，17 家参展企业的新产品新技术荣获"第四届中国国际屋面和建筑防水技术展览会技术创新奖"。2020 年、2023 年，协会已开展两届中国国际屋面和建筑防水技术展览会"优秀新产品奖"评选活动，鼓励企业技术创新，开发具有自主知识产权的新产品新技术。

推广新技术、新产品

2007 年行业在科技创新中涌现了一批新技术、新产品，包括高性能喷涂聚氨酯、聚脲、高铁专用防水卷材、防水涂料、耐根穿刺防水卷材、单层屋面系统、坡屋面用防水垫层、自粘泛水胶带、排水板、沥青保护板、热反射涂料和垫层以及种植屋面系统、防水保温一体化屋面系统和机械固定工法等，这些都是符合"四节一环保"等产业政策的新型防水技术和材料，是行业新的利润增长点。

1. 由协会组织申报，苏州防水材料研究设计所承担的国家"十一五"科技支撑计划项目——既有居住建筑屋面节能改造关键技术和示范项目已全面开展。项目的各项研究工作进展顺利，并已取得阶段性成果。这些项目的研制成功，对我国"十一五"屋面系统发展和现有屋面节能改造具有重要意义。该项目包括：

（1）种植屋面系统技术，由苏州所联合北京园林研究所共同承担。

（2）节能环保型薄壁轻钢坡屋面系统，由苏州所联合武汉理工大学、欧文斯科宁公司、北京索斯泰克公司和武汉万豪房地产公司共同承担。

（3）防水保温一体化技术，由苏州所联合三利、烟台同化、巴斯夫或陶氏化学公司共同承担。

2. 组织进行中国首次种植屋面防水卷材耐根穿刺试验

种植屋面系统在国内各地兴起，为了科学地指导种植屋面防水材料的选用及种植屋面系统的设计，协会组织开展了种植屋面防水卷材耐根穿刺试验，试验在北京园林科学研究所进行，实验选取了7家企业的8个样品和对比样品，参照德国耐根穿刺试验方法和标准进行，在室内恒温恒湿条件下，试验周期2年，考核防水卷材的耐根穿刺性能。

自2007年起，陆续有防水企业送样检测，到2014年9月10日止，共有54个产品样本通过了该项检测实验。

3. 与住房和城乡建设部科技与产业化发展中心（原建设部科技发展促进中心）联合开展《全国建设行业科技成果推广项目——建筑防水专项技术与产品》

协会与住房和城乡建设部科技与产业化发展中心（原建设部科技发展促进中心）联合开展《全国建设行业科技成果推广项目——建筑防水专项技术与产品》，一大批项目被列入"全国建设领域科技成果推广项目"。近年来，众多列入"全国建设领域科技成果推广项目"和企业自主研发的技术及产品在市场中得到广泛应用并取得良好效果。

一批科技创新产品开始大规模应用于建设领域，如高铁专用防水卷材、喷涂高性能聚氨酯涂料、聚脲等；一些新技术不断完善和配套，日趋系统化，如种植屋面系统技术、单层屋面系统技术、防水保温一体化系统技术等；还有一些新材料在试点示范的基础上成功推广，如坡屋面系统技术、机械固定技术等；新颖的施工技术是当年的亮点之一如全自动道桥防水卷材铺设技术、三元乙丙无穿孔机械固定技术、自粘高分子卷材预铺技术；成功引进一些国外的实验方法，如防水卷材耐根穿刺性能试验、单层屋面抗风揭试验等。这些科技创新活动表明行业技术进步正向深度和广度发展。

引导更多企业开展科技创新

2008年是中国建筑防水行业的科技创新年，技术进步取得明显成效。一大批列入"全国建设领域科技成果推广项目"和企业自主研发的技术及产品在市场中得到广泛应用并取得良好效果。

自2021年发起协会开展"建筑防水行业基础研究课题"申报工作，引导企业开展科技创新，继续推动行业共性基础技术研发，加快破解行业发展瓶颈。

连续组织技术研讨会

为加强行业技术交流,协会连续多年举办丰富的技术研讨活动,包括防水涂料技术与市场研讨会、建筑密封材料技术研讨会、单层卷材屋面技术研讨会、种植屋面技术研讨会、建筑防水与建筑安全研讨会、中国国际屋面工程技术论坛、地下建筑防水技术专家论坛、注册建筑师研讨会、国际防水高端论坛、防水行业双碳目标研讨会、防水行业节能环保创新大会、防水行业大会(528大会)、中国防水技术与市场研讨会等。

开展"建筑防水行业科学技术奖"评选

为促进建筑防水行业持续健康的发展,提高企业技术创新能力和市场竞争力,推动建筑防水行业的整体技术进步和转型升级,中国建筑防水协会从2012年起开展了"建筑防水行业科学技术奖——技术进步奖"评选活动,已累计有百余个项目获奖。为推动建筑防水行业转变传统服务方式,提升防水工程施工技术、工程质量和工程管理水平,依据《中华人民共和国科学技术进步法》《国家科学技术奖励条例》和《科技部关于进一步鼓励和规范社会力量设立科学技术奖的指导意见》(国科发奖〔2017〕196号),中国建筑防水协会向科技部国家科学技术奖励办公室申请设立了"建筑防水行业科学技术奖——工程技术奖(金禹奖)"(备案号0278)。

荣获2019年国家科学技术进步奖·二等奖

2020年1月10日,2019年度国家科学技术奖在京揭晓,两个与建筑防水相关的项目获得"2019年度国家科学技术进步奖·二等奖",分别为东南大学、江苏苏博特新材料股份有限公司、江苏省建筑科学研究院有限公司"现代混凝土开裂风险评估与收缩裂缝控制关键技术(编号J-214—2—02)",北京东方雨虹防水技术股份有限公司、北京化工大学、岳阳东方雨虹防水技术有限责任公司、北京东方雨虹防水工程有限公司"地下空间防水防护用高性能多材多层高分子卷材成套技术及工程应用(编号J-214—2—04)"。

编制"建筑防水行业技术白皮书"

为深入实施创新驱动发展战略,客观反映我国建筑防水行业技术水平,洞察行业技术发展趋势,着力推动科技创新引领行业高质量发展,2022年,协会启动"建筑防水行业技术白皮书"的编制工作,组织行业专家及协会秘书处相关人员成立工作组,每两年一次。在协会组织和各方支持下,《2022中国建筑防水行业技术白皮书》于6月完稿印刷,并于2022年7月召开的第三届防水行业大会(528大会)上进行宣贯解读。

4.3 品牌技术论坛

4.3.1 概述

协会每年举办众多技术交流活动，搭建技术交流平台。中国防水技术与市场研讨会、国际防水高端论坛、防水行业大会（528 大会）、未来领袖高端论坛、中国建筑防水（南方）专家论坛、建筑防水行业节能环保绿色创新大会、分领域专业技术研讨会共同构成协会技术与市场研讨交流平台，已经成为协会的品牌产品。技术与市场的研讨活动范围和规模持续扩大。

4.3.2 中国防水技术与市场研讨会

自 2000 年开始，协会连续举办了十三届"中国防水技术与市场研讨会"，已成为行业技术发展的风向标。

表 4-1 中国防水技术与市场研讨会列表（2014—2023 年）

届数	时间	地点	参与人数	会议简述
第十四届	2014 年 12 月 8 日	北京	500	本次研讨会上，共有 9 位业内专家就混凝土结构与防水的关系、防水工程失效鉴定、卷材生产线环保设备技术、全国建筑渗漏现状调查、防水施工标准化管理、种植屋面设计与施工技术、屋面防火试验与防火设计规范、防水涂料机械化施工、国外屋面工人技能培训与比赛等内容作了专题报告
第十五届	2015 年 12 月 15 日	北京	220	围绕前沿的防水技术与行业创新的发展理念等，主办方特邀 10 位国内外防水专家进行了交流与研讨，来自全国建筑防水行业的 200 余位代表参加了此次研讨会
第十六届	2016 年 12 月 8 日	重庆	350	本次会议邀请到 8 位演讲嘉宾，围绕宏观技术趋势的探讨和解读、供给侧结构性改革与建材工业发展方向、建筑防水行业绿色发展的机遇与挑战、金属围护系统防水性能探讨、我国防水行业职业技能培训发展趋势、城市综合管廊建设形势及对防水的要求、新常态下我国立体绿化的发展前景、装配式建筑及其防水技术等内容进行交流

续表

届数	时间	地点	参与人数	会议简述
第十七届	2017年12月8日	海口	550	本次会议邀请到12位演讲嘉宾，演讲内容既有经济运行趋势、房地产业发展动态、高铁等基础设施建设走势、防水行业概览等宏观话题，也有生产许可证管理改革、行业环保政策实务、建筑金属围护系统、高分子卷材改性、改性沥青防水卷材生产设备、沥青烟气处理装备、综合管廊防水工程、桥面防水技术等行业热点内容。来自全国建筑防水行业的500多名代表聆听了研讨会
第十八届	2018年12月18—19日	成都	700	本次会议邀请到11位演讲嘉宾，演讲内容既有房地产业发展动态、防水行业运行情况和发展态势、铁路等基础设施建设走势等宏观话题，也有绿色建筑围护结构技术、种植屋面新技术、PVC及TPO防水卷材、高分子生产卷材设备选型工艺、改性沥青防水卷材自动摊铺设备、高分子防水卷材焊接施工关键技术、金属屋面技术、现浇综合管廊防水设计分析等行业热点内容
第十九届	2019年12月12—13日	广州	700	20位演讲嘉宾多维度问道产业技术前沿，演讲内容既有粤港澳大湾区建设与减灾防灾工程、防水行业运行分析及发展展望、全文强制防水规范的编制及其对行业影响的探索等宏观话题，也有防水材料相容性研究、矿山法隧道防排水存在的问题及对策、明挖法隧道全包防水与接缝防水设计优化及其探讨、地下建筑防水技术、建筑涂料功能化与绿色化发展、高渗透环氧材料在土木工程中的应用和发展、数字时代下供应链平台创新与实践改性沥青防水卷材生产装备技术近年的创新与发展等行业热点内容
第二十届	2020年12月7—8日	杭州	800	13位演讲嘉宾多维度问道产业技术前沿，演讲内容既有如何推动房地产行业高质量发展、2020建筑防水行业运行分析及"十四五"发展展望等宏观话题，也有铁路BIM标准体系建立和应用及对防水行业的挑战、工业建筑防水设计及应用、构建新型标准体系支撑高质量发展、轨道交通新技术的应用及对未来防水市场的影响、地下工程结构混凝土收缩裂缝控制与刚性防水关键技术、防水行业数字化转型思考、认证——推动防水行业高质量发展、水工建筑物工程安全技术与应用、高耐水和环保型VAE乳液在防水涂料中的应用、老旧小区改造适用防水技术及市场、数字赋能供采，重塑企业核心竞争力等行业热点内容

续表

届数	时间	地点	参与人数	会议简述
第二十一届	2021年12月7—8日	重庆	700	共计14个专题报告展现了恢宏的技术光芒，带给参会者无尽的技术思想启迪，提振行业信心，带领防水人抓住包含全文强制规范实施、双碳目标1+N政策体系实施方案、两新一重、城市更新、房地产高品质发展、节能环保政策提升、高性能、高耐久、高环保技术和产品创新等在内的新发展机遇
第二十二届	2022年12月27日	线上	8000	本次研讨会精心邀请了9位专家，分享9个主题报告，涉及行业运行展望、防水通用规范行业及材料技术影响分析、市场动态透视、大型公共建筑及重要基础设施防水设计、双碳目标落地、标准引领绿色发展及工程防水设防思路辨析等热点话题
第二十三届	2023年12月7—8日	杭州	900	研讨会共分为宏观形势、城市更新、家装零售、工商业建筑屋面、防水通用规范五大板块，共计21个专家带来了专题报告。从宏观经济形势、城市更新、城中村改造、老旧改、防水C端市场、工商业建筑屋面、新基建和市政工程等新领域，以及《防水通用规范》下产品研发、系统设计、标准化和市场新商业模式实践等方面，多维度、多视角全面审视过往，把握机遇，展望未来

4.3.3 国际防水高端论坛

自2016年开始，协会连续举办了五届"国际防水高端论坛"，作为固定于每年一届、于中国国际屋面与建筑防水技术展开幕前一天召开的国际防水高端论坛，自举办以来，探讨内容的广度和深度受到行业专家、学者和广大技术人员广泛好评，并已成为与展会配套开展的重要学术活动，更是一次不可多得的行业信息、技术交流盛筵。

表4-2 国际防水高端论坛列表（2019—2023年）

届数	时间	地点	参与人数	会议简述
第一届	2016年7月13日	上海	400	14位来自欧洲、北美及国内的屋面及建筑防水行业顶级技术专家，围绕全球主要地区屋面及建筑防水行业市场现状及发展展望、合成高分子防水卷材及聚合物改性沥青防水卷材最新研究成果、先进瓦屋面技术等发表了精彩演讲

续表

届数	时间	地点	参与人数	会议简述
第二届	2017年5月22日	深圳	550	14位来自欧洲、北美及国内的屋面和建筑防水领域顶尖专家带来了他们的最新研究成果。演讲内容覆盖地下工程防水防渗、技术规范及市场机制、涂膜防水技术、围护结构的水密性和气密性、合成高分子卷材、改性沥青防水卷材、种植屋面、光伏屋面等8大领域
第三届	2018年5月27日	上海	450	以关键技术问题为导向，市场及行业趋势深度剖析，地下防水工程、屋面外墙防水并驾齐驱，防水卷材、防水涂料有的放矢，14个重磅选题横跨5大具体版块，15位嘉宾带来了他们各自研究方向的成果及市场实践中的经验
第四届	2019年5月27日	上海	380	8大焦点级版块，15位全球防水嘉宾，2019（上海）国际防水高端论坛四度开讲
第五届	2022年9月27日	苏州	240	7大焦点级板块，15位智囊专家，从近零能耗建筑围护系统设计与施工、绿色建筑、光伏屋面系统等新型屋面系统，以及建筑地下空间、轨道交通、城市综合管廊等基础设施建设相关的防水技术与市场信息等方面进行分享
第六届	2023年8月2日	上海	260	6大焦点级板块，15位全球演讲嘉宾，本次论坛以"科技引领高质量发展"为主题，邀请欧洲、北美及国内的屋面及建筑防水行业顶级专家，屋面市场现状前景、国际屋面工招募及培训、近零能耗建筑防水、混凝土抗裂防渗、防水材料耐久性研究、光伏屋面、预铺反粘防水技术、高耐候防水涂料等议题进行研讨

4.3.4 防水行业大会

自2020年开始，协会连续举办了四届"防水行业大会（528大会）"，作为一场在行业内掀起关注热潮的盛会，会议的规模、质量和演讲嘉宾的水平都屡创新高。大会内容丰富，打造了1大主会场、6大平行分论坛和1大同期巡展。多元化的大会形式和丰富精彩的内容，为与会来宾呈献了一道年度行业盛会的精神大餐。会议融合共享防水涂料、种植屋面、单层卷材屋面、瓦屋面、施工技术、企业管理等相关细分方向技术进展及市场信息，探讨更好地洞悉机遇、把握大势、协同共进、共促发展，高质量推动防水行业转型升级。

表 4-3 防水行业大会（528 大会）列表（2020—2023 年）

届数	时间	地点	参与人数	会议简述
第一届	2020 年 5 月 28 日	线上	220000 人次	528 大会旨在后疫情时期分析防水行业面临的挑战与机遇，凝聚行业共识、提振行业信心、坚定行业发展方向。大会邀请 9 位行业权威专家，多维度分析后疫情时期防水行业发展的挑战与机遇，探讨高速铁路、城市轨道交通、综合管廊及环保市政工程、数据中心工程、老旧小区改造等庞大建设市场中的防水需求和探讨行业转型发展
第二届	2021 年 5 月 27—28 日	北京	700	本次 528 大会会议内容更加丰富，会议首次开设主论坛及多个平行分论坛，包括 2021 第二届防水行业大会主论坛及 2021 防水涂料技术分会年会暨第五届防水涂料技术与市场研讨会、2021 年种植屋面技术分会年会暨第十二届种植屋面技术研讨会、2021 年单层屋面技术分会年会暨第十五届单层屋面技术研讨会、第一届建筑防水行业供应链创新和应用大会、2021 中国建筑防水协会瓦屋面技术分会年会暨第七届瓦屋面技术与市场研讨会、第七届青年企业家分会年会及研讨会六大平行论坛
第三届	2022 年 7 月 26—27 日	南京	700	为洞悉行业发展趋势，交流技术发展动向，捕捉市场商机，本次 528 大会会议内容更加丰富，汇聚防水涂料、种植屋面、单层卷材屋面、瓦屋面、企业管理、施工技术等相关细分方向技术进展及市场信息。邀请到了行业 64 位专家，通过举办 1 个主论坛、6 个平行论坛方式，分享了他们的思考和研究成果，成为了一场名副其实的行业技术与市场信息的思维盛宴
第四届	2023 年 4 月 24—25 日	南京	1100	2023 第四届防水行业大会融合共享防水涂料、种植屋面、单层卷材屋面、瓦屋面、施工技术、企业管理等相关细分方向技术进展及市场信息，旨在探讨更好地洞悉机遇、把握大势、协同共进、共促发展，高质量推动防水行业转型升级。此次大会成功邀请到 70 余位行业大咖，1100 余位行业参会来宾共同围绕行业热门学术话题、分领域专业知识及技术研究进行多形式、多角度、高规格的交流学习与探讨

续表

届数	时间	地点	参与人数	会议简述
第五届	2024年5月28—29日	南京	1000	今年是协会成立四十周年，为了积极贯彻落实国家"双碳"目标，宣贯防水相关标准，洞察市场走势，交流新技术、新工艺、新装备，促进防水行业全产业链质量提升，重塑行业信心，作为协会庆祝成立四十周年庆祝活动之一，大会包括八届八次理事会和常务理事会，1个主论坛、9个平行论坛，论坛邀请70余位专家演讲，内容涉及防水涂料、家装零售、城市更新及建筑修缮、种植屋面、单层卷材屋面、瓦屋面、供应链、施工技术、企业管理等相关细分方向技术进展及市场信息，1050人齐聚南京参与了这一盛会

4.3.5 防水行业未来领袖高端论坛

2016年行业年会首次设立"防水行业未来领袖高端论坛"，目的在于用创新思维驱动行业转型升级，给在行业中敢创新、有探索、有实践的企业家们搭建一个平台。截至目前，未来领袖高端论坛已成功举办七届，共有29位行业企业家登台发表演讲，已逐步成为行业年会不得不看的重磅论坛之一。

表4-4 防水行业未来领袖高端论坛列表（2016—2023年）

届数	时间	地点	参与人数	会议简述
第一届	2016年12月7日	重庆	350	本次论坛邀请到5位演讲嘉宾：北京东方雨虹防水技术股份有限公司董事长李卫国、深圳市卓宝科技股份有限公司董事长邹先华、山东北方创信防水技术有限公司董事长王荣博、唐山德生防水股份有限公司董事长李德生、深圳蓝盾控股有限公司总裁童未峰。5位行业企业家围绕行业现状、价值理念、商业模式、创新驱动、产业链延伸等内容，结合各自企业的实践经验，登台发表了主题演讲
第二届	2017年12月7日	海口	550	本次论坛邀请到4位演讲嘉宾：江苏凯伦建材股份有限公司董事长钱林弟、青岛爱尔家佳新材料股份有限公司总经理王宝柱、山东思达建筑系统工程有限公司总经理吴经德、山东汇源建材集团有限公司总裁程文涛。4位行业优秀企业家围绕企业如何面对新时代的机遇和挑战，就如何通过管理创新、文化创新、市场创新等手段，如何借助资本市场、一带一路等途径，把企业做大做强、做专做精等内容，结合各自企业的实践经验，发表了主题演讲

续表

届数	时间	地点	参与人数	会议简述
第三届	2018年12月18日	成都	700	本次论坛邀请了5位演讲嘉宾：北京东方雨虹防水技术股份有限公司副董事长许利民、深圳市卓宝科技股份有限公司董事长邹先华、科顺防水科技股份有限公司董事长陈伟忠、科顺股份集团总裁方勇、成都赛特防水材料有限责任公司总经理史文俊。5位行业优秀企业家围绕建筑防水行业问题分析与出路探讨，就如何做高品质防水系统，扎实提升行业价值，如何洞察防水行业危机中的新机遇，中小企业在新时代如何寻求发展等内容，结合各自企业的实践经验，发表了主题演说
第四届	2019年12月12日	广州	700	本次论坛邀请到3位演讲嘉宾：北京东方雨虹防水技术股份有限公司董事长李卫国、北新集团建材股份有限公司董事长王兵、广东青龙新材料有限公司董事长宋敦清。3位行业优秀企业家围绕共同守护生存底线，共同改善营商环境，如何共同携手，推动防水行业高质量发展，中小型防水企业生存与发展探索等内容，结合各自企业的实践经验，发表了主题演说
第五届	2020年12月7日	杭州	800	本次论坛邀请到3位演讲嘉宾：三棵树涂料股份有限公司创始人、董事长兼总裁洪杰、亚士漆（上海）有限公司、亚士创能科技（上海）股份有限公司创始人、董事长兼总裁李金钟、四川省威盾新材料有限公司董事长郑贤方。3位优秀企业家围绕企业内发展文化理念，如何面对新时代的机遇和挑战，未来走势分析和重点战略布局等内容，结合各自企业的实践经验，发表了主题演说
第六届	2021年12月7日	重庆	700	本次论坛邀请到4位演讲嘉宾：北京东方雨虹防水技术股份有限公司董事长李卫国、北新防水有限公司董事长管理、科顺股份防水董事长陈伟忠、阿尔法防水总裁卫向阳。4位行业优秀企业家围绕共同携手，推动防水行业高质量发展、恪守经营正道，赋能美好生活、未来防水，创新时代等内容，结合各自企业的实践经验，发表了主题演说，提出他们改善行业竞争环境的倡议和新竞争理念，弘扬行业文化，崇尚商业文明的建议，并号召全行业共同努力营造公平竞争市场新环境

续表

届数	时间	地点	参与人数	会议简述
第七届	2023年12月7日	杭州	900	本次论坛邀请到5位演讲嘉宾：第七届防水行业未来领袖高端论坛力邀四大防水上市公司董事长（北京东方雨虹防水技术股份有限公司董事长）李卫国、（北新集团建材股份有限公司党委书记兼总经理、北新防水有限公司董事长）管理、（科顺防水科技股份有限公司董事长）陈伟忠、（江苏凯伦建材股份有限公司董事长）钱林弟以及青年防水企业佼佼者（阿尔法新材料江苏有限公司总裁）卫向阳同台。分享当前形势下，他们如何面对机遇和挑战的精辟分析，如何坚守底线和提升行业价值的企业实践，以及对行业高质量发展的战略思考

4.3.6 南方专家论坛

第四届中国建筑防水（南方）专家论坛召开

2015年6月27日，第四届中国建筑防水（南方）专家论坛在深圳五洲宾馆隆重召开。本次论坛由中国建筑防水协会、中国建筑防水专家委员会主办；深圳建筑防水专家委员会、深圳市土木建筑学会防水专业委员会承办；《中国建筑防水》杂志社和湖北工业大学等18家机构协办。叶林标、吴明、张道真等近40位行业专家，全国22个防水社团组织的负责人，中国建筑防水协会青年企业家分会代表，来自深圳市的建设单位、设计单位、总包与装饰单位、监理单位和全国各地的建筑防水企业代表，共580余人出席了会议。

第五届建筑防水（南方）专家论坛召开

2017年5月22日，圳福田香格里拉大酒店，2017（深圳）国际防水高端论坛暨第五届中国建筑防水（南方）专家论坛精彩开讲。此次论坛由国际屋面联盟主办，中国建筑防水协会、深圳市防水行业协会承办。论坛旨在为全球屋面和建筑防水行业的从业者提供平台，分享行业最新科研成果和应用技术。孟建民、王复明两位中国工程院院士亲临助阵。

第六届中国建筑防水（南方）专家论坛召开

2019年6月29日，由中国建筑防水协会、深圳市防水行业协会、湖北工业大学联袂主办的2019第六届中国建筑防水（南方）专家论坛大会暨中国建筑防水协会专家委员会2019年会新增专家委员受聘仪式暨坝道工程医院湖北工业大学分院成立暨湖北省建筑防水工程技术研究中心专家委员会成立暨"防水材料与工程"本科毕业十周年人才培养研讨会等"五合一"学术活动，在湖北工业大学图书馆会议中心成功召开，450人出席大会。

第七届中国建筑防水（南方）专家论坛召开

2021年7月17日，由深圳市住房和建设局指导，中国建筑防水协会、深圳市防水行业协会共同举办的第七届中国建筑防水（南方）专家论坛在深圳市君悦酒店举行。相关领导、专家、协会会长、副会长、秘书长、行业知名专家，广东、海南、深圳、澳门等华南地区相关协学会和机构的领导、专家，其他省市防水协会领导，行业媒体机构领导，深圳市住建系统有关协学会，建设单位、设计院、总包和监理单位代表，深圳市防水行业协会专委会专家代表，约250人出席本次论坛。

第八届中国建筑防水（南方）专家论坛召开

2023年7月2日，由中国建筑防水协会、深圳市防水行业协会共同举办并得到深圳市住房和建设局指导的第八届中国建筑防水（南方）专家论坛在深圳成功召开，共350余人出席了会议。中国建筑防水（南方）专家论坛，由中国建筑防水协会和深圳市防水行业协会共同举办，两年一届，是中国建筑防水行业的大型学术活动。论坛自2009年首次举办以来，历经14年的不断成长，定位愈发清晰，规模逐渐扩大，影响不断深远。

4.3.7 双碳 & 节能环保论坛

首届建筑防水行业环保节能创新技术论坛

2015年10月11日，由中国建筑防水协会、中国建筑材料科学研究总院苏州防水研究院主办，中国石化炼油销售有限公司、Mai沥青网协办的"建筑防水行业环保节能创新技术论坛"在北京新大都饭店国际会议中心召开。

第二届建筑防水行业节能环保绿色创新大会

党的十九大后，国家陆续出台了一系列大气污染防治的政策文件和行动方案，对防水行业提出了更高要求。为加快落实节能环保政策，研讨新政策对防水行业发展的影响，采取积极有效的应对措施，提升建筑防水行业环保治理理论水平和技术水平，落实行业企业社会责任，2018年9月17日，第二届建筑防水行业节能环保绿色创新大会在北京美泉宫饭店举行，150余人出席会议。

首届防水行业"双碳"发展战略研讨会暨第三届防水行业节能环保创新大会

为更好把握"绿色低碳"背景下建筑防水行业的新机遇,2021年10月11日,2021年首届防水行业"双碳"发展战略研讨会暨第三届防水行业节能环保创新大会在西安召开,近200人出席了会议。在技术研讨环节,共有10位嘉宾做报告,探讨了全产业链减碳路径与节能环保创新。

第二届防水行业"双碳"发展战略研讨会暨第四届防水行业节能环保创新大会

由中国建筑防水协会主办、西安昱昌环境科技有限公司协办的2023年第二届防水行业"双碳"目标研讨会暨第四届防水行业节能环保创新大会于2023年10月25日在陕西西安召开。会议旨在积极落实国家"碳达峰、碳中和双碳目标",通过"减碳"和"绿色发展"实现建筑防水行业转型升级。大力推进行业绿色低碳转型发展,有序推进行业供给侧结构性改革,推动产业结构优化、支持绿色低碳技术研发推广,完善和健全绿色低碳标准体系等,把绿色低碳发展作为推动建筑防水行业高质量发展的重要引擎。

4.3.8 专家委员会年会

2015年

2015年11月27日,中国建筑防水协会专家委员会换届大会在北京召开。60余位专家委员出席了此次换届大会。新一届委员会的58位专家中,新增各个领域专家60%,邀请侯保荣、肖绪文两位中国工程院院士加盟。丁红梅等58人为新一届专家委员会委员;朱冬青为新一届专家委员会主任委员,朱志远、吴明、张勇、羡永彪、蔡昭昀等为新一届专家委员会副主任委员;王天等26人为顾问专家委员会委员;李承刚为顾问专家委员会主任委员,叶林标、朱祖熹、孙庆祥、张玉玲、薛绍祖等为顾问专家委员会副主任委员。

2018年

2018年7月1—2日,2018年中国建筑防水协会专家委员会年会在青岛召开。专家委员会王复明院士、肖绪文院士,及中国工程院院士、上海建工集团总公司总工程师叶可明应邀出席了会议,专家委员侯保荣院士因故无法出席会议,但派助手出席了会议。中国建筑防水协会秘书长、专家委员会主任委员朱冬青,副会长苗燕,副会长、专家委员会副主任委员羡永彪,专家委员会副主任委员蔡昭昀、朱志远、张勇,河南省平舆县人大常委会主任禹卫东,以及协会专家委员的其他专家等在内的近70人参会。会上增补了丁玉乔、王后裕、王莹、李治国、吴经德、张太清、张强、段文锋、胡希宝、韩啸等10人为中国建筑防水协会专家委员会委员。会后，专家委员们还前往青岛东方雨虹建筑材料有限公司，参观了全套进口的克劳斯玛菲（KMB）年产1400万平方米的TPO高分子防水卷材生产线。

2019年

2019年6月28—30日，中国建筑防水协会专家委员会2019年会暨第六届中国建筑防水（南方）专家论坛在湖北工业大学举行，会议同期还举行了坝道工程医院湖北工业大学分院成立、湖北省建筑防水工程技术研究中心专家委员会成立、"防水材料与工程"本科毕业十周年人才培养研讨会等学术活动，近500人参会。在中国建筑防水协会专家委员会2019年会活动上，举办了新增专家委员受聘仪式，会上宣读了《关于增补中国建筑防水协会专家委员会委员的决定》和《关于递补中国建筑防水协会专家委员会委员的决定》，专家委员会增补、递补刘福义教授、李冬青教授、余剑英教授、林宏伟高工等4位专家，朱冬青秘书长为他们颁发了聘任证书。会后，与会专家们还前往咸宁参观了朗迈股份湖北生产基地，并参加了湖北与时塑业有限公司专家座谈会。

2021年

2021年9月23日，2021中国建筑防水协会专家委员会年会暨换届大会在青岛召开，中国建筑防水协会顾问专家委员会专家、专家委员会现有及新当选专家委员、协会秘书处及相关单位领导、青岛市建筑防水保温协会社团负责人等在内的近70人参会。丁红梅等105位专家组成新一届协会专家委员会，其中，朱冬青为新一届专家委员会主任委员，张勇、羡永彪、蔡昭昀、朱志远为新一届专家委员会副主任委员，王复明、肖绪文、侯保荣、缪昌文为院士专家。牛光全等28人为专家顾问委员会委员，李承刚为顾问专家委员会主任委员，孙庆祥、叶林标、朱祖熹、薛绍祖为顾问专家委员会副主任委员。

2022年

2022年9月26日，2022中国建筑防水协会专家委员会年会在苏州召开，中国建筑防水协会顾问专家委员会专家、专家委员会现有及新当选专家委员、协会秘书处及相关单位领导、专家等60余人参加了会议。会上，增补王纲、叶吉、董彪、蒋雅君、韩春风（按姓氏笔画排序）等5人为中国建筑防水协会第三届专家委员会委员。会议期间，专家一行参观了江苏凯伦建材股份有限公司高分子建材产业园的研发中心、产业园展厅、高分子卷材生产线、光伏屋面系统等。

2023 年

2023 年 9 月 14—15 日，2023 中国建筑防水协会专家委员会年会在广东佛山召开，中国建筑防水协会领导、顾问专家委员会专家、专家委员会现有及新当选专家委员、协会秘书处及相关单位领导等在内的 60 多人参会。会上，刘国华、汪显俊、宋建荣、苑冰、胡建文、熊卫锋（按姓氏笔画排序）等 6 位专家增补为中国建筑防水协会第三届专家委员会委员。会议期间，参会专家一行参观了巴德富集团企业展厅及研发中心，科顺防水科技股份有限公司企业展厅、研发平台及培训中心。

4.3.9 总工委员会论坛

2024 年

2024 年 8 月 9 日，中国建筑防水协会总工委员会技术交流会在山东烟台举行。本次技术交流会由中国建筑防水协会主办，万华化学集团股份有限公司承办。这是 2024 年中国建筑防水协会总工委员会的首场活动，协会总工委员及防水企业技术负责人等 70 余人参与了本次论坛。中国建筑防水协会驻会副会长羡永彪，中国物品编码中心技术研究部副主任李健华，万华化学市场部总经理刘明松，万华化学市场发展资深主任晋艳丽出席并发表相关讲话，论坛由中国建筑防水协会副秘书长胡希宝主持。会议期间，参会委员一行参观了烟台万华总部产业园、企业展厅等。

4.4 展览展示

防水展发展大事记（2014 年至今）

协会自 2002 起先后在北京、上海、深圳举办中国国际屋面和建筑防水展，展览规模、影响力日渐扩大，成为业内公认的亚洲规模最大、最具影响力的展览会。协会于 2018 年和 2019 年分别在成都和广州举办了两届巡展。

中国防水展成为协会引领和服务行业的有力抓手，展会的发展过程中始终践行协会使命，在引领行业创新和高质量发展、推动行业形象和价值提升、揭示行业未来发展趋势、促进行业技术交流和商贸合作方面起到了重要的作用。

表 4-5 中国国际屋面和建筑防水技术展览会列表

时间	地点	面积（m²）	展商数 国内企业	展商数 国外企业	观众数（人次）	相关活动
2014年7月17—19日	上海世博展览馆	25000	252	18	27240	展览会开幕式、开幕式国际招待晚宴、注册建筑师"建筑防水"必修课培训班、建筑师专场研讨会、国际防水技术施工演示、新产品现场演示、新产品现场演示、瓦屋面技术分会成立大会、瓦屋面工程技术研讨会、瓦屋面工程技术研讨会、"注册建筑师日"系列活动、改性沥青技术国际专家研讨会、专题技术讲座：如何帮助中国防水企业进入美国市场、"走进社区诊治渗漏"大型公益活动
2015年12月15—17日	北京国家会议中心	25000	220	38	29380	展览会开幕式、国际招待晚宴、注册建筑师专场研讨会、2015"联跟杯"全国建筑防水行业职技能大赛、节能瓦屋面现施工演示、金属屋面现场施工演示、2015"建筑防水工程金禹奖"公开评审、2015第十五届中国防水技术与市场研讨会、中国国际太阳能光伏建筑体化技术发展论坛、专题技术讲座、2015年中国建筑防水协会瓦屋面技术分会年会暨研讨会、美国专家专题研讨会、"走进社区 诊治渗漏"大型公益活动
2016年7月14—16日	上海世博展览馆	30000	226	43	24600	展览会开幕式、国际招待晚宴、注册建筑师专场研讨会、地下空间防水技术论坛、国际屋面和防水技术施工演示、新产品现场施工演示、新品发布会、新产品现场施工演示、2016年单层屋面技术研讨会、"协会微信公众号"粉丝见面会、"走进社区诊治渗漏"大型公益活动

续表

时间	地点	面积（m²）	展商数 国内企业	展商数 国外企业	观众数（人次）	相关活动
2017年5月23—25日	深圳会展中心	30000	255	34	25200	展览会开幕式，国际招待晚宴，建筑防水设计技术研讨会，国际屋面和防水技术施工演示，中国建筑防水行业工匠精神展示，新产品、新技术发布会，新产品现场施工演示，建筑防水行业质量提升万里行暨中国建筑防水行业工匠精神展示启动仪式，中国房地产与防水行业合作发展大会暨装配式建筑防水技术研讨会，重大基础设施防水技术主题论坛，建筑防水设计施工技术研讨会，国际屋面和防水技术施工演示，"15年，讲述我与展会的故事"征文颁奖，防水行业注册培训师继续教育培训会，"走进社区 诊治渗漏"大型公益活动
2018年5月28—30日	上海世博展览馆	30000	265	28	15126	展览会开幕式、国际招待晚宴、建筑师专场研讨会、平舆防水产业创新暨王复明院士工程防水研究院项目落户平舆发布会、2020年世界青年屋面工人冠军赛组委会启动仪式、既有建筑改造维修技术论坛、中国房地产与防水行业合作发展大会暨城市与建筑更新研讨会、国际大型现场施工演示、全产业链新品发布会、防水行业注册培训师继续教育培训会、重大基础设施技术论坛、广联达建材供需对接会、地下空间防水技术论坛、"走进社区 诊治渗漏"大型公益活动

续表

时间	地点	面积（m²）	展商数 国内企业	展商数 国外企业	观众数（人次）	相关活动
2019年5月28—30日	上海世博馆	33000	301	36	17698	展览会开幕式、国际招待晚宴、既有建筑维修改造技术研讨会、地下空间防水技术论坛、建筑师专场研讨会、防水行业注册培训师继续教育培训会、国际大型现场施工演示、建筑防水施工技术研讨会、2019中国防水展全产业链新品发布会、第三届中国房地产与防水行业合作发展论坛、数字供采新生态—广联达数字采购联盟供需对接会、京东零售建材交流大会、防水行业职业发展国际分享会、韩国防水技术专场交流会、"走进社区 诊治渗漏"大型公益活动
2020年10月28—30日	北京国家会议中心	25000	243	20	18466	展览会开幕式、建筑防水行业抗疫表彰活动、建筑师专场研讨会、建筑防水施工技术研讨会、老旧小区改造技术论坛、2020年建筑防水行业团体标准发布仪式／2020中国防水展优秀新产品授牌仪式、建筑防水行业支援新冠抗疫工作先进集体表彰、第四届中国房地产与防水行业合作发展论坛、全产业链新品发布会、国际屋面和防水技术施工演示、防水行业注册培训师继续教育培训会、地下空间防水技术论坛、广联达建筑防水专场对接会、2020中国防水展线上云展、中国建筑防水行业抗疫宣传片、重点工程中的防水人、普鲁夫带您逛展会、国内外展商友人送祝福直播

续表

时间	地点	面积（m²）	展商数		观众数（人次）	相关活动
			国内企业	国外企业		
2023年8月3—6日	国家会展中心（上海）	35000	258	27	20741	展览会开幕式、国际招待晚宴、《防水通用规范》背景下地下防水工程技术研讨会、全文强制防水规范暨防水工程质量保证保险研讨会、"落实建筑防水通用规范 推动'好房子'高质量发展"产业合作论坛、全文强制防水规范宣贯会（项城防水专场）、全文强制防水规范宣贯会（平舆防水专场）、建筑修缮防水技术研讨会、供应链创新技术研讨会、建筑修缮互动论坛、建筑师专场研讨会、防水行业注册培训师继续教育培训会、首届中国青年屋面工冠军赛、建筑防水施工技术研讨会、2023中国防水展全产业链新品发布会、中国国际屋面和建筑防水技术展览会"优秀新产品"表彰活动、"落实建筑防水通用规范 推动'好房子'高质量发展"产业合作论坛、广联达建筑防水专场、沙龙、"走进社区 诊治渗漏"公益活动

4.5 专业分会的技术活动

4.5.1 单层屋面技术分会

2014年

4月24日，2014年中国建筑防水协会单层屋面技术分会年会暨第八届单层屋面技术研讨会在京召开，百余代表参加了会议。葛兆秘书长代表分会作了中国建筑防水协会单层屋面技术分会2013年度工作报告，回顾了分会在过去一年开展的工作，并提出了2014年的工作重点。本次会议审议通过了分会第二届领导机构名单，吴经德连任会长，白力伟、陈鸣松、陈玉山、董正宇、李德生、林旭涛、孟凡城、孙美峰、王宏、王亚洲、魏连中、肖来宣、闫建亚、周长鑫、朱志远等15人当选副会长，葛兆任秘书长，陈岳任副秘书长。技术研讨环节，共有11位专家分别针对单层屋面技术相关领域作了演讲。

2015年

1月8日，邯郸市瓦德新型建材有限公司协办了"2015中国建筑防水协会瓦屋面技术分会第一次工作会"，参加工作会的代表在行业产业升级、加强行业培训、促进瓦屋面行业标准化工作等方面取得了一致意见。

4月21日，2015中国建筑防水协会单层屋面技术分会年会暨第九届单层屋面技术研讨会在京召开，来自全国100多位单层屋面系统提供商的代表和设计与施工专业人士参加了会议。技术研讨环节，共有11位专家作了精彩演讲。

6月29日，在北京召开了团体标准《建筑防水卷材施工技术规程》启动会，编制组分别按照大纲规定的内容进行了编写。

6月1—13日和9月7—19日，德国屋面工程协会专业培训师来华进行了两期共计26天的施工技术培训，学员共28人。单层屋面企业积极参与此项培训工作。

2016年

7月15日，2016中国建筑防水协会单层屋面技术分会年会暨第十届单层屋面技术研讨会在京召开，来自全国150多位单层屋面系统供应商的代表和设计与施工专业人士参加了会议。来自7个企业事业单位的7位专家针对生产设备、防水材料、试验方法、工程案例等方面开展了演讲与交流。

质检总局（现国家市场监督管理总局）办公厅发布《关于开展2016年建筑防水卷材产品生产许可获证企业专项监督检查行动的通知》（质检办监函〔2016〕891号），决定在2016年继续组织中国建筑防水协会会同有关省级质量技术监督部门开展建筑防水卷材产品生产许可获证企业专项监督检查行动。单层屋面企业积极配合证后监管专项行动，此次共抽查了8批次的高分子防水卷材，合格率达到100%。

9—12月，全国工业产品许可证办公室委托中国建筑防水协会组织开展了建筑防水卷材物理性能检验比对工作。41家企业参与了PVC防水卷材产品检验结果。

2017年

7月7日，单层屋面技术分会年会暨第十一届单层屋面技术研讨会在京召开，来自全国各地的百余位单层屋面系统提供商代表以及科研、设计、施工、检测等相关领域的专业人士齐聚湖北大厦。

当年，共申请《建筑防水卷材安全与通用技术规范》《建筑防水材料相容性试验方法》《建筑防水材料耐久性评价及技术要求》《建筑防水材料老化试验方法》等4项标准规范。

2017年国际防水展：慧羿（上海）建筑科技有限公司进行了单层屋面高分子防水卷材系统的施工演示。

2018 年

4—8月，在潍坊和常州开展了两期高分子施工技能培训。

6月28日，单层屋面技术分会年会暨第十二届单层屋面技术研讨会在常州召开，来自全国各地的百余位单层屋面系统提供商代表以及科研、设计、施工、检测等相关领域的150余位专业人士参会。年会选举产生了分会新一届领导机构成员：吴经德任第三届分会会长，白力伟等16人任副会长，羡永彪任常务副会长，葛兆任秘书长，陈岳任副秘书长。

10月，观摩世界屋面青年工冠军赛，参加平屋面比赛。

当年，制修订：《建筑防水材料有害物质试验方法》GB/T 41078—2021、《建筑防水材料老化试验方法》GB/T 18244—2022；申请和制修订：《建筑金属围护系统工程技术标准》JGJ/T 473—2019、《防水卷材屋面用机械固定件》JG/T 576—2021、《坡屋面用防水材料 高分子泛水材料》JC/T 2679—2022、《单层防水卷材屋面工程技术规程》JGJ/T 316—2013标准规范。

2018年度建"筑防水行业科学技术奖——工程技术奖（金禹奖）"，山东思达的神龙四厂等项目获得了金禹奖金奖。

2019 年

3月20日，根据中国工程建设标准化协会关于印发《2018年第二批协会标准制订、修订计划》的通知（建标协字〔2018〕030号文）的要求，由中国建筑防水协会负责制订的团体标准《单层防水卷材屋面工程技术规程》（以下简称《规程》）编制组成立暨第一次工作会在京召开。

7月23日，2019年单层屋面技术分会年会暨第十三届单层屋面技术研讨会在北京湖北大厦召开。会上总结了2018年分会所作各项工作，部署了2019年分会工作计划；递补李建军为分会副会长；研讨会上12位中外专家论道单层屋面前沿技术，启迪单层屋面行业发展方向。

7月，指导平舆开展高分子项目的防水工职业技能培训。

8月13日，团体标准《热塑性聚烯烃（TPO）预铺防水卷材》T/CBMF 43—2019发布。

2020 年

7月16日,为充分发挥单层屋面技术分会平台作用,交流国内外最新单层屋面技术和市场信息,贯彻落实党中央、国务院决策对统筹推进常态化疫情防控的部署,中国建筑防水协会单层屋面技术分会以网络在线直播方式召开了"第十四届单层屋面技术与市场研讨会"。

分会会员企业积极参与 2020 年度"建筑防水行业科学技术奖——工程技术奖(金禹奖)"申报工作,山东思达的"亚新科天纬燃油系统(天津)有限公司屋面保温及 TPO 卷材防水分包工程"等多个项目获得了金禹奖金奖和银奖。

分会会员积极参与"全国建筑防水行业(防水工)职业技能大赛",北京东方雨虹的张广辉等选手获得了大赛高分子防水卷材项目的冠亚季军。

分会会员积极参与了《建筑金属围护系统工程技术标准》JGJ/T 473—2019、《屋面工程技术规范》GB 50345—2012、《屋面工程质量验收规范》GB 50207—2012、《建筑防水卷材安全和通用技术规范》(制定中)《建筑防水材料行业绿色工厂评价要求》JC/T 2700—2022、《单层防水卷材屋面工程技术规程》等标准规范的制修订工作。

2021 年

5月27日,2021 年单层屋面技术分会年会暨第十五届单层屋面技术研讨会在北京丰大国际大酒店召开,本次会议由天津滨海澳泰防水材料有限公司〔现为北新澳泰高分子防水系统(天津)有限公司〕协办。10 位行业专家分别就研讨会围绕单层前沿技术成果及国内先进单层屋面产品与应用方案进行分享和解读。会上通报了中国建筑防水协会单层屋面技术分会三年工作报告,选举产生了中国建筑防水协会单层屋面技术分会第四届领导机构:吴经德当选会长,葛兆当选秘书长。

2022 年

3月21日,住建部发布《住房和城乡建设部关于印发 2022 年工程建设规范标准编制及相关工作计划的通知》(建标函〔2022〕21 号),《单层防水卷材屋面工程技术规程》JGJ/T 316(以下简称《规程》)列入局部修订计划。《规程》局部修订编制组成立暨第一次工作会议以线上视频形式召开。

7月26日,作为 2022 年防水行业 528 大会平行论坛之一的 2022 单层屋面技术分会年会暨第十六届单层屋面技术与市场研讨会在南京白金汉爵大酒店召开。12 位专家围绕单层屋面技术规程与标准、系统质保体系与设计要求、光伏屋面单层系统应用技术、耐久性材料的研发与应用、高分子卷材生产装备等主题进行了深入探讨。

2023 年

2月10日,《规程》局部修订编制组第二次工作会议以线下线上相结合的形式召开。会议对《规程》的局部修订给出了指导,虽然技术难度相对来说不大,但格式要求却极高。为做好4月1日后《通用规范》的有效落地和实施工作,《规程》要抓紧修订进度争取在3月底前完成征求意见稿,给予行业和社会端初步的修订意见稿。

3月17日,固德威建筑光伏一体化创新论坛暨零碳生态伙伴大会在苏州召开,以中国建筑防水协会为指导,现场发布了《基于单层屋面的光伏系统安全技术白皮书》。

3月26日,《规程》局部修订编制组第三次工作会议以线下线上相结合的形式召开。各章节负责专家逐条对涉及修订的条文进行了说明与解释,参会代表就修订的条文给出了意见或建议,并对重点内容进行充分讨论与研究,形成一致意见。

4月24日,2023年单层屋面技术分会年会暨第十七届单层屋面技术研讨会在南京白金汉爵大酒店召开,本次会议由中国建筑防水协会主办,中国建筑防水协会单层屋面技术分会承办单位,索尔维中国有限公司协办。14位行业专家分别围绕单层前沿技术成果及国内先进单层屋面产品与应用方案进行分享和解读。会上通报了中国建筑防水协会单层屋面技术分会2022年工作报告,新增补了分会副会长,表彰了19家单层屋面技术分会先进会员企业。近300位代表参加了论坛。

4.5.2 种植屋面技术分会

2014 年

4月23日,2014年中国建筑防水协会种植屋面技术分会年会暨第五届种植屋面技术研讨会在京召开,来自全国近百位从事种植屋面技术推广与开发、设计与施工的专业人士参加了会议。分会秘书长韩丽莉代表分会作了第一届种植屋面技术分会工作报告,全面回顾了分会自2010年3月成立以来在宣传屋顶绿化理念,开展屋顶绿化理论研究、学术交流、成果鉴评和推广、科普宣传、技术培训、咨询服务、政策建言、建立标准体系和试验方法等方面的工作和所取得的成绩。技术研讨会有8位专家从政策与市场、前沿理论与案例分析、标准与规范、产品设计等方面作了演讲。

2015 年

4月22日,2015年种植屋面技术分会年会暨第六届技术与市场研讨会召开,会议邀请日本著名规划设计师大桥镐志先生和新加坡设计总商会主席、世界绿色建筑协会副主席戴礼翔演讲,多位业界专家围绕种植屋面技术的发展、海绵城市、绿色建筑、立体绿化等与种植屋面相关的议题展开了探讨。

10月19日,由中国建筑防水协会主办,北京市园林科学研究院、中国建筑防水协会种植屋面分会承办，清华大学建筑设计研究院生态规划与绿色建筑设计研究所、北京屋顶绿化协会协办的中法种植屋面及绿色建筑技术交流研讨会在北京市园林科学研究院召开。

11月20日，配合主编单位（中国建筑材料工业技术监督研究中心、中国建筑材料科学研究总院苏州防水研究院、北京建筑材料科学研究总院、中国建筑防水协会），进行国家标准《绿色屋面用防水材料　耐根穿刺防水材料》的编写工作。

协助北京屋顶绿化协会在北京市有关区县开展了屋顶绿化试点示范工程建设，包括参加了对北京市海淀区、西城区、通州区、大兴区、昌平区等的屋顶绿化示范工程设计方案的评审，后期参加了对北京市朝阳区、东城区、西城区、通州区、丰台区、大兴等地屋顶绿化示范工程施工质量的评价等。

2016年

4月23日，种植屋面技术分会2016年年会暨第七届技术与市场研讨会以"绿色建筑与海绵城市"为主题在国内著名的三星级绿色建筑——深圳建筑科学研究院召开。来自全国260余位从事种植屋面技术推广与开发、设计与施工的专业人士参加了会议。

6月19日，在北京市园林科研院举办了"立体绿化与海绵城市建设"大型公益论坛，重点围绕屋顶绿化设计与施工、建筑防水技术的探讨等做主旨技术报告。种植屋面分会为此次公益论坛的轮值主席和主持单位。

7月13日，在"2016（上海）国际防水高端论坛"上，分会秘书长韩丽莉女士做了题为《绿色中国——种植屋面发展的机遇和挑战》的大会演讲。

8月12日，在河北省建筑科学研究院举办了"建筑绿化、屋顶菜园与海绵城市建设的实践应用"大型公益论坛，重点围绕国内建筑绿化十几年的实践与反思，做了绿色建筑，防水技术，生态修复等全方位的城市生态建设技术探讨。

8月12日，在天津市新金融低碳设计研究院举办了"于家堡低碳景观与低碳城市建设"大型公益论坛，重点围绕屋顶农场设计与施工、建筑防水动态防护系统及"透蓄"型海绵城市行道树栽植结构尝试与探讨做主旨技术报告。

10月19日，在清华大学建筑设计研究院举办了"绿色建筑与生态空间融合与创新"高峰论坛。

11月28日至29日，在北京屋顶绿化协会的配合下，由种植屋面分会和北京市园林科学研究院负责专业对接，接待了赴京调研学习北京市立体绿化规划与建设管理的深圳市绿化管理处副处长宋丽萍、深圳市仙湖植物园副主任谭一凡一行5人。调研内容包括半天座谈和一天实地考察。

12月8日，在"中国防水技术与市场研讨会"上，分会秘书长韩丽莉女士从立体绿化与海绵城市建设、立体绿化中的防水问题、立体绿化防水技术分析与实践等 3 个方面对立体绿化中的防水技术进行了分析。

2017 年

7 月 6 日，2017 年种植屋面技术分会年会暨第八届种植屋面技术与市场研讨会在京召开，来自全国建筑防水、园林设计领域的 130 余名代表参加了会议。

7 月 31 日，建筑防水标准关键指标技术发展报告结题评审会，种植屋面分会专家针对种植屋面部分提出优化建议。

9 月 19 日，在天津市建筑设计院，种植屋面分会联合北京屋顶绿化协会、京津冀生态景观及立体绿化产业技术创新战略联盟共同举办生态城市建设合作与创新研讨会，并参观考察天津市绿色建筑项目。

10 月 12 日，于清华大学，种植屋面分会联合北京土木建筑学会、北京工程勘察设计行业协会、北京屋顶绿化协会、京津冀生态景观及立体绿化产业技术创新战略联盟等共同举办绿色建筑与城市生态空间——"旧城改造绿化空间拓展实践与反思"研讨会，扩大分会影响力。

2017 国际防水展：深圳市铁汉生态环境股份有限公司（现为中节能铁汉生态环境股份有限公司）代表行业做种植屋面施工演示。

2018 年

3 月 21 日，奥地利碧谢霍夫曼有限公司总裁蓝卡尔先生、研究与测试部 Herbitect 产品经理工学博士罗伯特·阿特曼先生及北京园林科学研究院高工王茂良等一行到访中国建筑防水协会，与中国建筑防水协会秘书长朱冬青、副会长苗燕、总工张勇、副秘书长尚华胜、副秘书长陈岳等进行了深入交流。

6 月 22 日，为更好地推动粤港澳大湾区种植屋面的健康发展，交流国内外最新种植屋面技术和市场信息，广东省工程勘察设计行业协会主办的"种植系统及其防水研讨会"在科顺股份总部大楼举行。专家分别就《建筑绿化与建筑防水》《德国 Xeroflor® 绿色屋面技术》《科顺种植屋面（顶板）雨水管理系统》《高分子 TPO 耐根穿刺卷材》《立体绿化产业与创新》等多个主题进行演讲。

7 月 25—27 日，中国建筑防水协会种植屋面技术分会 2018 年会在唐山召开，会议进行了种植屋面技术分会会长工作会议、分会 2018 年工作总结、分会领导机构换届、分会先进会员企业表彰、第九届种植屋面技术与市场研讨会、参观唐山德生屋顶菜园。

2019 年

4月8日，中国建筑防水协会和中国建筑材料联合会共同发布的团体标准《沥青基耐根穿刺防水卷材阻根剂含量试验方法》正式实施。

4月17日，2019年种植屋面技术分会年会暨第十届种植屋面技术与市场研讨会在厦门帝元维多利亚大酒店召开。为推动种植屋面技术发展，拓展海绵城市、绿色建筑、立体绿化等市场发展之道，170余防水人士云集，论道种植屋面行业大势新技。会议针对2018年分会进行总结及2019年工作部署；分会专家委员会迎来换届：包志毅、蔡昭昀、陈振声等33位专家当选，主任委员为韩丽莉。

2020 年

2020年6月23日以网络在线直播方式召开了"第十一届种植屋面技术与市场研讨会"。研讨会围绕种植屋面政策趋势与前沿技术成果，以及国内先进种植屋面产品与应用方案进行了分享和解读。

全国人大代表、镇江市丹徒区世业镇先锋村党总支书记聂永平作为领衔人提交了"关于推动住宅小区屋顶绿化的建议"提议。这是第一次人大代表提议触及种植屋面行业，其意义深远，种植分会组织韩丽莉、左进、朱志远、柯思征、韩啸等行业专家针对以上提议进行系列报道。

分会会员积极参与了《种植屋面工程技术规程》《屋面工程技术规范》《屋面工程质量验收规范》《建筑防水卷材安全和通用技术规范》《建筑防水材料行业绿色工厂评价要求》等标准规范的制修订工作。

2021 年

5月16日，由中国建材工业出版社出版、丽水市建筑设计研究院和浙江省农业科学院编著的《农用种植屋面建筑构造》图书发布会在2021（第十七届）国际绿色建筑与建筑节能大会暨新技术与产品博览会期间举办。

5月27日，2021年种植屋面技术分会年会暨第十二届种植屋面技术研讨会在北京丰大国际大酒店召开，本次会议由四川省威盾新材料有限公司协办。9位行业专家分别就研讨会围绕种植屋面前沿技术成果及国内先进种植屋面产品与应用方案进行分享和解读。会上通报了中国建筑防水协会种植屋面技术分会三年工作报告，选举产生了中国建筑防水协会种植屋面技术分会第四届领导机构：郑贤方当选会长，韩丽莉当选秘书长。

7月21日，由中国建筑防水协会、北京市园林科学研究院共同承担的住建部软课题《种植屋面在碳中和中的效能研究》开题报告会在北京举行，30多位课题组专家、成员参加了本次会议。

2022 年

3月15日，由中国建筑防水协会、北京市园林科学研究院共同承担的住建部软课题《种植屋面在碳中和中的效能研究》工作会议在中国建筑防水协会秘书处以线上方式召开。

7月18日，中国建材检验认证集团苏州有限公司获得 CMA 关于防水涂料相关试验能力资质认可，已正式受理防水涂料耐根穿刺检测委托。同时，由中国建筑防水协会、建筑材料工业技术监督研究中心、中国建材检验认证集团苏州有限公司等主编的团体标准《种植屋面耐根穿刺防水涂料》[立项文件见关于印发《2019年第二批中国建筑防水协会标准制修订计划》的通知（中建防水协发〔2019〕117号）] 编制工作即将启动。

7月26日，作为2022第三届防水行业大会平行论坛的2022年种植屋面技术分会年会暨第十三届种植屋面技术研讨会在南京白金汉爵大酒店召开，本次会议由北京世纪洪雨科技有限公司协办。10位行业专家分别就研讨会围绕种植屋面前沿技术成果及国内外先进种植屋面产品与应用方案进行分享和解读。会上通报了中国建筑防水协会种植屋面技术分会2021年工作报告，变更了中国建筑防水协会种植屋面技术分会副会长：宏源防水科技集团有限公司技术总监邓涛同志当选分会副会长。

9月8日，《种植屋面用耐根穿刺防水涂料》编制组成立暨第一次工作会议以线上线下相结合的形式召开。

2023 年

4月12日，"城市种植屋面碳中和效能研究"项目验收评审会在北京召开。2021年5月，住建部发布《住房和城乡建设部关于印发2021年科学技术计划的通知》（建标〔2021〕42号），软科学研究项目"城市种植屋面碳中和效能研究"被列入计划，项目编号：2021—K-164，由中国建筑防水协会、北京市园林科学研究院共同承担。

4月24日，2023年种植屋面技术分会年会暨第十四届种植屋面技术研讨会在南京白金汉爵大酒店召开，本次会议由中国建筑防水协会主办，中国建筑防水协会种植屋面技术分会承办，上海迈德胜化学有限公司协办。会上通报了中国建筑防水协会种植屋面技术分会2022年工作报告，进行了分会先进会员企业表彰仪式和《建筑绿化防水工程指南》新书发售仪式。13位行业专家分别就研讨会围绕种植屋面前沿技术成果及国内外先进种植屋面产品与应用方案进行分享和解读。近200位代表参加了种植论坛。

4.5.3 防水涂料技术分会

2014 年

5月16日，2014喷涂防水技术研讨会及聚脲防水技术研讨会在京召开，来自全国百余位企业代表和设计与施工专业人士参加了会议，10位行业专家进行了演讲。

2015 年

7月1日,2015年喷涂防水技术研讨会暨聚脲防水技术分会年会在上海金山召开,近百位代表参加了会议。中国建筑防水协会理事长朱冬青出席会议并致辞,聚脲防水技术分会会长阮和章、分会副会长陈和江、分会秘书长庄敬等分会领导也出席会议,7位业内人士就最新的喷涂技术进展做了介绍。同期还举办了"2015年防水涂料喷涂施工技能比赛"决赛,并在年会上公布了2015年全国建筑防水喷涂施工职业技能比赛获奖选手名单。

2016 年

8月26日,2016喷涂防水涂料技术分会年会暨建筑防水涂料技术研讨会在北京召开。中国建筑防水协会会长李卫国、副秘书长尚华胜、总工张勇,喷涂防水技术分会会长阮和章、秘书长庄敬、副会长王宝柱等分会领导,中国建筑防水协会专家委员会王天、朱志远、曹征富等专家,以及会员单位代表,原材料、辅助材料、生产装备、施工机具提供企业,防水涂料生产制造、施工应用企业,科研、检测等企事业单位代表共100余人参加了会议。10位行业专家分别围绕防水涂料原材料、性能、应用、机械化施工、先进技术等方面进行了报告分享。

随着聚脲防水市场的转变和建筑防水涂料市场的迅速发展,分会业务范围已逐步扩大到整个建筑防水涂料市场领域。为此,经聚脲防水技术分会申请,中国建筑防水协会第七届理事会第二次会议审议通过了《关于将分会名称由"中国建筑防水协会聚脲防水技术分会"变更为"中国建筑防水协会防水涂料技术分会"的议案》,中国建筑防水协会批复同意(《关于同意将"中国建筑防水协会聚脲技术分会"变更为"中国建筑防水协会防水涂料技术分会"的批复》中建防水协发〔2016〕61号)。

2017 年

8月25日,"2017中国技能大赛——'联盟杯'全国建筑防水行业(防水工)职业技能竞赛喷涂项目初赛"在沧州举办,28人参赛,15名选手晋级进入决赛。

8月21日,中国建筑防水协会防水涂料技术分会成立筹备会在京召开。来自防水涂料行业的部分原材料供应商、防水涂料生产企业、施工单位、装备公司、检测机构、研究院等组织机构候选单位负责人参加了本次会议。会上,对分会组织架构、业务范围和未来发展等事项达成了共识。

8月31日,防水涂料技术分会成立大会暨第一届防水涂料技术与市场研讨会在北京召开,本次会议有近200人参会。防水涂料技术分会宣告成立,会上选举产生了第一届分会领导机构,熊卫锋当选会长,马守旺等17人当选副会长,庄敬当选秘书长,张勇当选副秘书长。在技术与市场研讨会环节，14 位中外专家围绕环保对行业的影响、市场与技术的现状及发展趋势、产品评价方法、标准系统升级优化、原料及辅料的研发与应用情势、涂料工程应用案例、生产装备的发展情况等主题进行了精彩演讲。

9 月 3—5 日，第一届防水工（聚脲）国家职业资格鉴定培训暨"中国聚脲技术职业技能培训"培训会议在青岛召开，共 30 余人参加了培训。

11 月 21 日上午，"2017 中国技能大赛——'联盟杯'全国建筑防水行业（防水工）职业技能竞赛决赛"在苏州职业技能培训中心揭幕，本次技能大赛第一次晋升为国家级大赛，决赛为期两天，机械喷涂项目包含其中。

2018 年

2 月 2 日，为加强交流、增进了解，由中国建筑防水协会防水涂料技术分会秘书处组织，来自辽宁大禹、四川蜀羊、陶氏化学、盘锦禹王、派丽集团、远大洪雨等会员单位的 20 名代表，开展了对美国顺缔新材料（上海）及上海东大化学两家单位为期一天的参观交流。

4 月 3 日，中国建筑防水协会防水涂料技术分会 2018 年年会在河北唐山举行，本次会议共有 200 余人参会。会上进行了 2017 年分会工作总结及 2018 年工作部署；为增强分会的技术引领作用，分会专家委员会在本届年会上宣告成立，Roger Wolfgang Kammer、陈呼和、杜博等 46 人当选为专家委员，主任委员由朱志远担任；11 位业内专家分享了行业最新市场及技术成果。会后组织与会专家及代表前往唐山东方雨虹防水技术有限公司工厂进行参观交流。

4 月 17—19 日，第二届防水工（聚脲）国家职业资格鉴定培训暨"中国聚脲技术职业技能培训"在青岛召开，共 30 余人参加了培训。

8 月 16—17 日，2018 年"雨虹杯"全国建筑防水行业职业技能大赛（机械喷涂项目）初赛在北京举行，来自全国的 29 名选手赛。

10 月 16—19 日，2018"联盟杯"全国建筑防水行业职业技能大赛决赛在苏州举行，赛程为期 4 天，其中包含机械喷涂项目。

2019 年

3 月 26 日，2019 防水涂料技术分会年会暨第三届防水涂料技术与市场研讨会在山东潍坊举行，本次会议共有 220 余人参会。会议由中国建筑防水协会主办，中国建筑防水协会防水涂料技术分会承办，宏源防水科技集团有限公司协办，还得到了寿光市防水行业协会的支持。会上进行了分会 2018 年工作总结及 2019 年工作布置；13 位业内专家分享了行业最新市场及技术成果。会后组织与会专家及代表前往宏源防水科技集团有限公司寿光市台头镇生产基地进行参观交流。

4月22—25日，第三期防水工（聚脲）培训暨"中国聚脲技术职业技能培训"会议在青岛召开，共30余人参加了培训。

8月8日，"雨虹杯"全国建筑防水行业（防水工）职业技能大赛防水涂料项目初赛在北京举行，来自全国29名选手参赛，其中12名选手晋级决赛。

10月28日，为加强技术交流，增进会员单位的了解，由中国建筑防水协会防水涂料技术分会秘书处组织，在防水涂料技术分会秘书长庄敬、副秘书长张勇研究员的带领下，来自中电建华东设计院、东方雨虹、凯伦、卓宝、宏源、顺缔、凡士通、巴斯夫建材、中核北研、宇阳泽丽、株洲飞鹿、阿尔法、瑞鼎鸿业等会员单位的20余位代表，开展了对万华化学集团股份有限公司为期半天的参观交流。

11月29日，经万华化学集团股份有限公司组织，中国建筑防水协会防水涂料技术分会协调，"聚氨酯乳液在水性防水涂料的应用技术可行性研讨会"在中国建筑防水协会举行。通过为期半天的会议，与会代表对水性聚氨酯有了更全面的认识和了解，初步确定了水性聚氨酯防水涂料团体标准编制的意向，会后将会逐步开展该团体标准的立项及编制工作。

2020年

因新冠疫情，将原定于5月28日在线下召开"2020首届防水行业大会暨第四届防水涂料技术与市场研讨会"，改为网络在线直播方式，邀请到了9位行业专家做报告分享。

根据《中国建筑防水协会分会管理办法》的规定，防水涂料技术分会第一届理事会届满，但受新冠疫情防控影响，换届工作推迟。

9月2日，2020年建材行业职业技能竞赛——"雨虹杯"建筑防水行业（防水工）职业技能大赛（防水涂料）初赛在北京举行，来自全国35名选手参赛，12名选手入围决赛。

11月5日，2020年建材行业职业技能竞赛——"联盟杯"全国建筑防水行业（防水工）职业技能大赛决赛在苏州开赛，其中包含防水涂料项目。

2021年

1月份，协会及涂料分会领导和专家一行前往上海，先后走访埃克森美孚亚太研发有限公司、科德宝高性能材料集团、塞拉尼斯（上海）国际贸易公司、西卡（中国）有限公司、MBCC集团、陶氏化学（中国）投资有限公司、万华化学上海研发中心等企业进行座谈交流。

中国建筑材料联合会、中国建筑防水协会共同归口的团体标准《硅烷改性聚醚防水涂料》T/CBMF 105—2021 / T/CWA 203—2021、《聚天门冬氨酸酯防水涂料》T/CWA 204—2021，于 2021 年 4 月 1 日发布，2021 年 8 月 1 日起正式实施。

5 月 27 日，2021 防水涂料技术分会年会暨第五届防水涂料技术与市场研讨会（2021 第二届防水行业大会期间）在北京召开。同时，会上进行分会理事会领导机构换届，选举产生了第二届领导机构，熊卫锋当选会长，马守旺等 21 人当选副会长，张勇当选秘书长，庄敬当选副秘书长。在技术与市场研讨会环节，15 位专家围绕防水涂料前沿技术成果及国内外先进防水涂料产品与应用方案进行分享和解读。

9 月 26 日，"华擎杯"全国建筑防水行业（防水工）职业技能大赛防水涂料初赛在北京开赛。

11 月 4—6 日，2021"雨虹杯"全国防水行业职业技能大赛决赛在苏州举行，其中包含防水涂料项目，其中，防水涂料喷涂实操比赛是在 11 月 6 日进行。

12 月 6 日，中国建筑防水协会标准《装饰装修用环保型防水涂料》（征求意见稿）予以公示并公开征求意见。

12 月 16 日，中国建筑防水协会标准《水性聚氨酯防水涂料》以线上形式召开审查会并顺利通过审查。12 月 27 日中国建筑防水协会批准《水性聚氨酯防水涂料》协会标准，标准号 T/CWA 206—2021，于 2021 年 12 月 3 日发布，自 2022 年 1 月 1 日起正式实施。

2022 年

1 月，协会及涂料分会领导和专家一行前往上海，先后走访万华化学集团股份有限公司、陶氏化学（中国）投资有限公司、塞拉尼斯（上海）国际贸易公司、瓦克化学（中国）有限公司等企业进行座谈交流。

7 月 26 日，2022 防水涂料技术分会年会暨第六届防水涂料技术与市场研讨会在南京召开。在技术与市场研讨会环节，15 位行业专家分享了涂料前沿技术成果及国内外先进防水涂料产品及应用。

中国建筑防水协会团体标准《无溶剂聚氨酯防水涂料》T/CWA 209—2022，2022 年 6 月 15 日发布，自 2022 年 7 月 15 日实施。

7 月 13 日，中国建筑防水协会发布《关于变更团体标准〈水性聚氨酯防水涂料〉标准号的公告》，公告显示《水性聚氨酯防水涂料》更新为 T/CWA 207—2021，标准内容保持不变。

中国建筑防水协会共同归口，中建材苏州防水研究院有限公司、宏源防水科技集团有限公司负责制定的《水性非固化橡胶沥青防水涂料》团体标准送审稿已完成，于

2022年9月2日通过审查。《水性非固化橡胶沥青防水涂料》T/CWA 211—2022，于2022年12月28日发布，并于2023年3月1日正式实施。

2022年9月8日，由中国建筑防水协会、建筑材料工业技术监督研究中心、中国建材检验认证集团苏州有限公司等单位共同组织编写的《种植屋面用耐根穿刺防水涂料》团体标准，召开编制组成立暨第一次工作会议。

2022年11月17—18日，2022年全国建筑防水行业（防水工）职业技能大赛喷涂项目比赛在苏州举行。其中，11月17日为"雨虹杯"全国建筑防水行业（防水工）职业技能大赛涂料项目初赛，11月18日为"科顺杯"全国建筑防水行业（防水工）职业技能大赛涂料项目决赛。

2023年

1月11日，工信部发布《工业和信息化部关于公布2022年团体标准应用示范项目的通告》（工信部科函〔2022〕272号），其中，由中国建筑材料联合会、中国建筑防水协会共同归口的团体标准《硅烷改性聚醚防水涂料》T/CBMF 105—2021.T/CWA 203—2021被列入工信部2022年团体标准应用示范项目的名录。

2—3月，协会及涂料分会领导和专家一行前往上海，先后走访迈图高新材料集团、塞拉尼斯（中国）投资有限公司、陶氏化学（中国）投资有限公司、科思创（上海）投资有限公司、福漫（上海）贸易有限公司、立邦投资有限公司、迈伯仕化学建材（中国）有限公司［现为西卡迈伯仕化学建材（上海）有限公司］、圣戈班研发（上海）有限公司、上海伟星新材料科技有限公司、上海三棵树防水技术有限公司等企业进行座谈交流。

3月24日，由中国建筑防水协会共同归口的团体标准《建筑防水材料工程要求试验方法》T/CWA 302—2023发布，于2023年3月25日正式实施。内容涉及防水涂料耐水性、耐热老化性能、耐候性的检测。

4月24日，2023防水涂料技术分会年会暨第七届防水涂料技术与市场研讨会在南京召开。会上进行了分会副会长调整仪式，增补了北新防水有限公司副总经理白宏成、巴德富集团有限公司防水事业部总经理钱浩为分会副会长；进行了防水涂料技术分会专家委员会换届仪式，王文江等47位专家当选分会第二届专家委员会委员，其中朱志远当选主任委员；为表彰先进，鼓励企业不断提高核心竞争力，为推动防水涂料事业持续健康发展作出更大贡献，会议评选出13家会员企业为中国建筑防水协会防水涂料技术分会"2021—2022年度先进会员企业"。在技术与市场研讨会环节，17位行业专家分享了涂料前沿技术成果及国内先进防水涂料产品及应用。

9月22日，由中国建筑材料联合会、中国建筑防水协会共同归口管理的团体标准

《建筑防水材料耐久性评价方法》T/CBMF 240—2023/T/CWA 303—2023，并将于 2024 年 1 月 22 日起实施。

9 月 28 日，由中国建筑防水协会共同归口的团体标准《耐水型聚合物水泥防水涂料》T/CWA 213—2023 发布，并于 2023 年 12 月 28 日正式实施。为耐水型聚合物水泥防水涂料的生产和使用提供了依据。

12 月 29 日，行业标准《聚合物乳液建筑防水涂料》JC/T 864—2023 发布，于 2022 年 7 月 1 日实施。

9 月 20—21 日，2023 年"雨虹杯"全国建筑防水行业（防水工）职业技能大赛防水涂料项目初赛在北京正式开赛。

11 月 4—5 日，2023 年"凯伦杯"全国建筑防水行业（防水工）职业技能大赛决赛在苏州开赛，决赛项目共分三个项目，其中包含防水涂料项目。

4.5.4 建筑密封材料分会

2014 年

3 月 7 日，参加建筑门窗配套件委员会第四届建筑门窗配套件行业科技创新论文大赛颁奖盛典暨品牌经济高峰论坛。

3 月 8 日，广州年会第二十届全国铝门窗幕墙行业年会暨新产品博览会，中国金属结构协会铝门窗幕墙委员会 20 周年庆典晚会。

3 月 27 日，第二次组织密封胶行业人员，参加在苏州开展密封胶物理检验工国家职业资格鉴定。来自全国各密封胶生产企业的 48 名学员参加了此次技能鉴定培训，为各密封胶生产企业培养第二批中高级密封材料检验员。

7 月 1 日，中国建筑防水协会建筑密封材料分会年会暨第五届密封材料技术研讨会在广西南宁隆重召开。来自全国 200 余位密封胶生产企业、原材料供应、科研院所、检验和认证机构等代表参加了会议。按照分会章程进行了换届工作。本次会议审议通过了分会第二届领导机构名单并颁发了证书，河南建筑材料研究设计院有限责任公司教授级高工邓超连任会长，王文开、刘明、刘峰、朱以标、李分明、李步春、任绍志、陈世龙、陈明谈、张式泰、邹珍凡、周荣、赵洪千、段立业、胡新嵩、曾庆铭、羡永彪等 17 人当选副会长，朱德明任秘书长。

7 月 2 日，组织了《彩色涂层钢板用密封胶》《建筑用防霉密封胶》《建筑幕墙用硅酮结构密封胶》等相关标准工作会，中国建材检验认证集团苏州有限公司副总、分标委秘书长朱志远介绍了验证试验过程中的数据和现象，与参编企业代表就检测项目设置和检测方法的选用进行了热烈讨论。

7 月 4 日，参加中国金属结构协会年会组织的关于召开加强建筑幕墙工程质量安全监管座谈会。介绍了结构胶检测与标准的制修订情况。

7月17—19日,参加第十二届中国国际屋面和建筑防水技术展览会,17日组织钟化贸易(上海)有限公司、可恩吉防水打胶工程有限公司进行密封胶施胶演示。

8月1—2日,参加临朐有机硅专业委员会成立大会。

9月3日,参加苏州市金属结构协会年会。

10月、11月,完成了白云、高士等30家企业56个结构胶、29个密封胶、1个隔热条共86个样品的年检抽样工作;参与了辽宁、广东、上海、浙江、深圳等省市近11家企业的评审工作。

11月5—7日,参加国际门窗幕墙展。

12月6—8日,参加全国建筑防水产品质量提升大会暨2014年建筑防水行业年会、行业辉煌30周年庆。

12月19—20日,济南2014年铝门窗幕墙工作会议。

12月21—22日,深圳参加中国装饰协会幕墙工程委员会六届四次会议。

2015年

1月14日,临朐有机硅专业委员会20多人来秘书处交流。

3月18—20日,参加广州年会第二十一届全国铝门窗幕墙行业年会暨新产品博览会。

5月18日,中国建筑防水协会建筑密封材料分会年会暨第六届密封材料技术研讨会在广东佛山三水隆重召开。全国300多位来自密封胶生产企业、原材料供应商、科研院所、检验和认证机构等单位的代表参加了会议。在此次技术研讨会上,共有10位专家、学者围绕密封材料的生产工艺改进、原材料性能、互联网+与密封行业的融合、材料应用等内容作了精彩报告。研讨会结束后,分会组织全体代表参观了位于佛山市三水区的佛山市金银河智能装备股份有限公司,由该公司董事长张启发陪同。

5月19日,分会组织大家对四个新的密封胶标准进行了学习。四个标准分别为:GB/T 29755—2013《中空玻璃用弹性密封胶》、JG/T 475—2015《建筑幕墙用硅酮结构密封胶》、JC/T 885—2016《建筑用防霉密封胶》、JC/T 884—2016《金属板用建筑密封胶》。标准主要起草人、中国建材检验认证集团苏州有限公司副总经理朱志远教授级高工对4个标准的内容进行了详细讲解,120多位来自密封材料企业的代表随后展开了热烈讨论。

5月26日,在山东临朐参加了中装协幕墙工程委员会第六届专家组工作会及晚会。

6月14日至21日,建筑密封材料分会秘书处随日本考察团参观考察了迈图、东丽·道康宁等两家建筑密封材料生产企业,并观摩了日本栗崎工业株式会社打胶工培训和密封胶现场施工过程；详细了解了日本的密封胶施工技能培训和鉴定。

6月24—26日，参加门窗配套件委员会工作会议，在"新状态"下进行精细化管理、创新管理、市场拓展交流；参观宁波新安东橡塑制品有限公司。

6月26—28日，参加由中国建筑金属结构协会铝门窗委员主办、山东永安协办的在青岛中国建筑金属结构协会铝门窗行业主流技术介绍及市场热点分析报告编委会成立大会暨新书编辑工作启动仪式。

9月15日参加了临朐铝型材协会有机硅专业委员会"第二届年会暨技术交流会"。

10月、11月份完成了广州白云、高士、豪使特、大友、圣保达、集泰、和新、易乐、澳思科等28家企业，67个结构胶、40个密封胶、2个隔热条、8个结构胶认定、14个耐候胶认定产品，共131个样品的年检抽样工作。

10月22日—11月6日，在中国建筑防水协会的统一部署下，佛山市元通胶粘实业有限公司的帮助下，建筑密封材料分会以秘书长朱德明为团长的赴欧考察团一行19人对意大利TURELLO SRL德诺公司、意大利NANNINI公司、Momentive PM BV-NL迈图公司进行了参观考察。

11月27日，参加中国建筑防水协会专家组换届。

12月13日上午，代表秘书处参加了由质检总局（现国家市场监督管理总局）组织召开的防水材料产品质量提升大会。

12月13日下午—15日，参加中国建筑防水协会换届大会、第十三届中国国际屋面和建筑防水技术展览会。

12月，参加苏州市金属结构协会换届大会。

12月20日，参加上海召开的铝门窗幕墙委员会工作会议。

2016年

1月20日，参加在武汉召开的幕墙工程委员会六届五次全体委员大会。

3月6—12日，参加广州年会第二十二届全国铝门窗幕墙行业年会暨新产品博览会。

5月12—13日，作为专家组人员参观江阴海达、上海天祥、吴江金刚玻璃厂，观看防火、既有幕墙检测。

6月13日，中国建筑防水协会建筑密封材料分会年会暨第七届密封材料技术研讨会在青州青都国际大酒店隆重召开。全国350多位来自密封胶生产企业、原材料供应商、科研院所、检验和认证机构等单位的代表参加了会议。在附设的第七届技术研讨会上有22篇论文进行了发表，涉及密封胶生产设备、原材料、密封材料。有9位专家、学者围绕密封材料的国内外发展现状、产业政策、标准检测、产品研发、生产技术、产品应用、原材料、设备等内容作了精彩报告。

6月14日，作为2016年建筑密封材料分会年会暨第七届国际密封材料技术研讨会的重要活动内容之一的"智能智造工业4.0发布暨有机硅行业交流峰会"，在中国铝型材产业基地——临朐盛大举办。

6月14日，召开了由150多名参会代表参加的标准《建筑幕墙用硅酮结构密封胶》GB/T 475—2015宣贯会。

7月8—10日，参加由中国建筑金属结构协会铝门窗委员主办、山东永安协办的在青岛2016—2017年中国建筑金属结构协会铝门窗行业主流技术介绍及市场热点分析报告编委会会议。

7月12—15日，上海世博洲际酒店参加2016（上海）国际防水高端论坛及展览会。

8月6日，参加苏州市金属结构协会组织在园区苏大商学院召开的苏州市建筑幕墙门窗科技大会暨节能和创新技术中外专家演讲会。

10月26—28日，首期防水与密封胶行业施工人员注册培训师培训班开班，本期培训与技能鉴定班由密封材料分会主办，国家建筑材料行业特有工种职业技能鉴定040站、科昵西贸易（上海）有限公司、日本栗崎工业株式会社共同协办。日本专家团非常重视，派来了多位资深专家来华授课，有科昵西贸易（上海）有限公司川竹总经理、日本栗崎工业株式会栗崎专务董事、山野部长、钟化贸易公司小林成夫先生等。

10月、11月份完成了中蓝晨光、俊川科技等35家结构胶、耐候胶、武汉源发、宁波信高隔热条认定产品生产企业，共106批次产品的年检抽样工作。

11月9—10日，参加中国建筑金属结构协会幕墙门窗展。

12月10日，代表秘书处参加了由质检总局（现国家市场监督管理总局）组织召开的防水材料产品质量提升大会暨年会。

12月16日，参加中原晚宴，17日成都参加金属结构工作会。

2017年

3月4日，参加苏州市建筑金属结构协会2017年年会暨第七届三次理事扩大会。

3月10—12日，参加了2017年全国铝门窗幕墙行业年会暨中国建筑经济广州峰会、第23届新产品博览会。

3月19日，组织密封胶相关企业参加《绿色建材评价技术要求 防水与密封材料》国家标准启动会。

3月22日，在上海花园饭店，参加了钟化贸易有限公司主办的"KANEKA技术发展及PCa密封防水技术论坛"。了解了日本建筑密封胶施工技术的发展历史。

3月24—25日，参加了2017年全国金属围护系统行业大会，并参观了淀川盛馀

（合肥）高科技钢板有限公司，探讨金属围护系统目前存在的密封防水问题。

4月17—7月9日，受质检总局（现国家市场监督管理总局）委托，密封材料分会协助本次国抽牵头单位国家防水与节水产品质量监督检验中心（国家建筑材料工业建筑防水材料产品质量监督检验测试中心），对建筑用硅酮结构密封胶、中空玻璃用弹性密封胶、硅酮建筑密封胶等3种产品，编制抽查方案，以及对国抽申报机构递交的密封胶生产企业进行整理汇总，涉及地区北京、河南、四川、山东、江苏、浙江、上海、广东等八个省、直辖市。

5月21—22日，2017深圳国际防水高端论坛暨第五届中国建筑防水（南方）专家论坛。

5月23—25日，第十五届中国国际屋面与建筑防水技术展览会，与质检总局（现国家市场监督管理总局）产品质量监督司副巡视员王军先生、中国建筑防水协会朱冬青秘书长等领导进行交流。

6月6日，在苏州展览中心观摩了2017年中国国际技能大赛（苏州赛区），大赛是为了全力备战第44届世界技能大赛，配合我国申办第46届世界技能大赛而准备的。

6月21日，由中国建筑防水协会建筑密封材料分会主办，广西桂林金山化工有限责任公司（现为桂林金山新材料有限公司）承办的"2017中国建筑防水协会密封材料分会年会暨第八届技术研讨会"在广西桂林漓江大瀑布饭店召开。会议期间还进行了第八届密封材料技术研讨会，中国建筑防水协会张勇等10位企业界专家学者代表结合行业当前热点，以及企业发展中遇到的问题和解决经验，发表了精彩演讲。

6月22日，召开了由150多名参会代表参加的标准内容会议，会上介绍了我国标准化方面的改革，对《绿色建材评价技术要求 防水与密封材料》（报批稿）宣贯会。并召开了《组角胶》第一次工作会议。

6月22—24日，参加在江西安义由江西奋发协办的中国金属结构协会门窗配套件委员会召开的2017年度工作会议。

6月24日，在山东永安胶业有限公司新大楼参加"中国建筑门窗幕墙用硅酮密封胶发展博览馆"及"房地产供应链（密封胶品类）教育培训基地"授牌仪式。

6月25日，参加由中国建筑金属结构协会铝门窗委员主办、山东永安协办的《2017—2018年中国幕墙门窗行业主流技术介绍及市场热点分析报告》编委专家研讨会议。

7月1—2日，随金属结构协会专家组"门窗幕墙新产品新技术观摩考察团"深入福建地区，探访了奋安集团、新福兴玻璃有限公司，参观了住房城乡建设部绿色建筑示范项目福州"海峡海峡文化中心"施工现场。

7月3日，在杭州召开了《绿色建材评价技术要求 防水与密封材料》审定会。

10月14—17日，前往阿联酋阿布扎比，观摩44届世界技能大赛。

10月18日前往埃及开罗大学进行交流拜访，就职业技能教育寻求潜在的合作机会。通过此次出访了解了世界技能大赛比赛的项目、技术标准、比赛程序和组织形式，对以后开展"打胶工"培训和技能鉴定或技能比赛水平起到重要的指导作用。

10月22日—11月6日，在中国建筑防水协会的统一部署下，建筑密封材料分会秘书处组团考察美国，考察团一行对FM公司、卡博纳公司、道康宁公司进行了访问交流。考察团由建筑密封材料分会、道康宁、大光明、山东宝龙达、高立德、卡乐尔、广东大友、四川俊川、安徽斯迈特、深圳美宝粘、佛山海际进出口公司、广州莱宝12家企业的领导及技术品管人员共14人组成。

10月26日，国家绿色产品评价标准化总体组（简称总体组）在北京组织召开首批绿色产品国家标准专题审查会。

10月、11月，完成了山东、广州等36家企业结构胶、耐候胶、隔热条认定产品生产企业，共108批次产品的年检抽样工作。

10月—12月，完成了道康宁、之江、欧利雅等60批次结构胶、耐候胶等样品的上海备案抽样工作。

11月28—29日，开班第二期"防水与密封胶行业施工人员注册培训师"培训，由科昵西贸易（上海）有限公司主讲，国家建筑材料行业特有工种职业技能鉴定040站进行鉴定。

12月7日，代表秘书处参加了由质检总局（现国家市场监督管理总局）组织召开的防水材料产品质量提升大会暨年会，8日参加了第十七届中国防水技术与市场研讨会。

2018年

2月8日，受质检总局（现国家市场监督管理总局）的委托，协助国家防水与节水材料产品质量监督检验中心制订密封胶2018年第二季度产品质量国家监督抽查方案及招投标要素。

3月9日—12日，广州年会第二十四届全国铝门窗幕墙行业年会暨新产品博览会，建筑门窗配套件委员会第六届建筑门窗配套件行业科技创新论文大赛颁奖盛典暨叶檀论坛。

3月27—28日，国检集团苏州公司防水密封认证专家组和国检集团绿色产品认证院组成的审核组，前往广州市白云化工实业有限公司，开展了建筑密封胶领域首批按GB/T 35609—2017《绿色产品评价 防水与密封材料》绿色建材产品认证试点工作，拉开了密封材料绿色产品认证序幕。

4月15日，在南昌召开的江西省建筑业协会建筑防水分会年暨行业未来发展高峰论坛上作了以打胶工为例的"开展行业职业技能鉴定，促进行业施工技术进步"主题演讲。

4月19日，观摩在上海举办的玻璃展。

4月23日，协助起草小组，在苏州召开了《建筑门窗用组角密封胶》第二次工作会暨《建筑密封胶用色浆》和《建筑密封胶用包装材料》团体标准第一次工作会议。

5月6日，参加了在天津召开的2018（天津）防水行业质量提升暨年度大会。

5月27日—29日，上海国际防水高端论坛暨第十六届中国国际屋面与建筑防水技术展览会。

5月30日，参加在上海召开的2020年IFD世界青年屋面工冠军赛（北京举办）筹备会议

6月28日，中国建筑防水协会建筑密封材料分会2018年年会暨第九届国际密封材料技术研讨会在九江信华建国酒店成功召开。在年会附设的第九届密封材料技术研讨会上，有35篇论文及报告进行了发表，涉及密封胶行业情况、生产设备、原材料、密封材料。有11位专家、学者围绕密封材料的原材料、产品研发、生产技术、工程应用等内容作了精彩报告。

7月1—2日，参加了在青岛召开2018中国建筑防水协会专家委员会年会

7月5日，参加了在山东青岛温德姆至尊酒店举行，由中国建筑金属结构协会铝门窗幕墙委员会主办，山东永安胶业有限公司协办，中国幕墙网特别策划的2018—2019年度《中国门窗幕墙行业主流技术与市场热点分析报告》编委专家研讨会。活动当天，组委会在青岛鲁海丰海洋牧场，举办了别开生面的大赛启动开幕仪式。

8月1日，由湖南省经济和信息化委员会、湖南省人力资源和社会保障厅主办，中国建筑防水协会指导，湖南省建筑防水协会、湖南神宇新材料有限公司共同承办的"神宇杯"第三届全省建筑防水职业技能大赛暨2018全国建筑防水行业职业技能大赛（华中赛区）初赛在长沙拉开帷幕。

8月30—31日，参加了中国建筑材料联合会科技教育委员会"2018年度工作会议暨建材行业校（院）长论坛"。

9月，协助标准起草小组对GB/T 35609—2017《绿色产品评价 防水与密封材料》中的项目—"新鲜水消耗量"指标进行修订，重新进行走访实地调研，确定为"≤0.7t/t"。10月份发出了（修改单）征求意见函。

9月，应加拿大索普瑞玛公司、加拿大不列颠哥伦比亚（BC）省屋面工程协会和美国屋面工程协会等机构邀请，以李卫国会长为团长、朱冬青秘书长为执行团长的中国建筑防水协会会长代表团一行19人，对加拿大等地进行了商务访问。并在加拿大温哥华

召开了2018年第三次中国建筑防水协会会长工作会议。

9月12日，参加了在苏州新城花园酒店隆重举行，由中国建筑金属结构协会、中国房地产业协会、中国建筑装饰协会联合主办，"莫干山联盟"独家承办，并得到苏州、上海、浙江等地方协会支持的"2018转型发展高峰论坛"。

9月17日，参加了在北京美泉宫饭店举行的第二届建筑防水行业节能环保绿色创新大会，并主持会议的下半场第一节。

11月初，协助标准起草小组完成了《建筑门窗用组角密封胶》征求意见稿，并开始征求意见。

11月3日—16日随中国建筑防水协会组织的考察团前往欧洲进行了为期14天的走访考察。

12月4—8日，协助"国家防水中心"在江苏苏州举办了"密封材料检验员"的培训活动。培训方式为3天的理论及实操培训，7晚进行理论考核，8日进行实操考核。

12月18日参加了在成都世纪城国际会议中心召开的"2018建筑防水绿色发展西部论坛暨第十八届中国防水技术与市场研讨会"。

12月13日，参加了在杭州开元名都大酒店隆重召开的由浙江中南建设集团有限公司和杭州之江有机硅化工有限公司支持协办，中国建筑金属结构协会铝门窗幕墙委员会主办的"2018年工作会议"。

12月14日，参加了在金螳螂公司举行的幕墙行业精英联谊座谈活动。进一步加强交流，共同开创新的发展机遇，未来展开更多务实合作，共同推动行业企业新的发展。

12月26日，代表分会参加了在无锡瑞廷西郊酒召开的中国建筑装饰协会幕墙工程分会七届二次全体委员大会。

12月27日，在苏州由全国轻质与装饰装修建筑材料标准化技术委员会建筑密封材料分技术委员会（SAC/TC195/SC3）组织了13名代表组成的标准审查委员会对《建筑门窗用组角密封胶》进行了审查，共有标委会、生产企业、科研院所、质检机构及使用单位的30名代表参加了会议。

2019年

1月18日，秘书长朱德明代表密封材料技术分会在京向中国建筑防水协会进行述职。

3月23日，参加在北京湖北大厦召开的2019年中国建筑防水协会青年企业家分会年会暨二届一次会员大会。

4月17日，参加在厦门帝元维多利亚大酒店召开的"种植屋面技术分会年会暨第十届种植屋面技术与市场研讨会"。

5月28—30日，上海国际防水高端论坛暨第十六届中国国际屋面与建筑防水技术展览会。

6月5日，参加在苏州举行的2019年全国建筑幕墙顾问行业联盟观摩及学术交流会。

6月22日，参加大梅沙喜来登大酒店中国门窗幕墙行业技术及市场分析报告编委会议及永安海钓活动。

6月26日，中国建筑防水协会建筑密封材料分会2019年年会暨第十届国际密封材料技术研讨会召开。本次会议审议通过了分会第三届领导机构名单并颁发了证书，河南建筑材料研究设计院有限责任公司董事长尹青亚任会长，陈明谈、陈世龙、丁大宏、胡新嵩、李步春、刘峰、刘明、彭冉、任绍志、司林刚、王文开、曾庆铭、张冠琦、张式泰、赵洪千、周荣、邹珍凡等17人当选副会长，朱德明任秘书长，王澜、高妍任副秘书长。

6月27日，在佛山召开了《建筑用硅酮结构密封胶》GB 16776 修订工作启动会，来自行业协会、标准化技术委员会、结构胶生产企业、上下游企业、检测机构和媒体等单位在内的约100名代表参加了本次会议。

6月27日，在佛山召开《建筑密封胶用色浆》和《建筑密封胶用包装材料》团体标准第二次工作会。

6月28—30日，中国建筑防水协会、深圳市防水行业协会、湖北工业大学联袂主办的2019第六届中国建筑防水（南方）专家论坛大会。

7月11—15日参加了顺和、华士康、立天、华成硅4家企业的结构胶评审。

8月16—17日，澳门混凝土检测维修及防水工程协会举办了三周年会；并参加了"澳门工程界在大湾区的发展机遇"论坛，解读了内地建筑材料技术探讨与检测。

8月24日，在延吉召开了建筑防水行业社会组织会长/秘书长联席工作会议及2018年度各分会述职会议。

9月8日，参加了在相城区白金汉爵酒店隆重举行的由杭州之江有机硅化工有限公司承办，苏州市建筑金属结构协会、苏州市房地产行业协会、苏州市土木建筑学会幕墙专业委员会支持协办的《合作共赢——建筑幕墙门窗行业精英中秋交流联谊会》。

9月18—23日参加了由苏州市工程质量检测行业协会组织的赴日本考察团。参观考察了东京、川越、京都、奈良、大阪等城市的著名建筑。

10月、11月份配合国家防水质检中心完成了郑州中原、北京卓越等36家结构胶、耐候胶认定推荐产品生产企业，共110批次产品的年检抽样工作。

10月26日—11月7日，在中国建筑防水协会的统一部署下，建筑密封材料分会秘书处组团考察欧洲。

12月1日，参加中国金属结构协会建筑门窗配套件委员会工作会议。

12月2日，参加中国金属结构协会第十一次会员代表大会。

12月3日铝门窗幕墙分会年度工作会。

12月12日，参加中国建筑防水年会（七届四次会员代表大会七届六次理事会）暨中国建筑防水协会35周年纪念活动。

12月20日，参加中国建筑装饰协会幕墙工程分会七届三次全体会员大会。

2020年

1月15日，参加了苏州市建筑金属结构协会建筑幕墙门窗科技（专家）委员会和苏州市土木建筑学会幕墙专业委员会主任工作会议。

4月24日，应中亿丰建设集团及苏州市建筑金属结构协会邀请，参加了"中亿丰"《关于发展建筑铝型材和铝门窗及幕墙咨询座谈会》。

8月12日，由中国金属结构协会铝门窗幕墙分会组织召开的第26届全国铝门窗幕墙行业年会暨2020中国建筑经济广州分会。

8月14日，参加幕墙年会技术交流会。

8月13日，参加了广州白云主办的《共筑建筑幕墙产业链创新发展暨第九届中国建筑幕墙安全应用高峰论坛》。

9月1日，应浙江时间新材料有限公司林菊琴董事长和莫红英总监的邀请，中国建筑金属结构协会铝门窗幕墙分会专家、中国建筑防水协会密封材料分会秘书长、苏州协会副会长、中国建材检验认证集团苏州有限公司总经理朱德明先生一行，访问了位于浙江台州的"时间新材料"生产基地。

10月、11月份完成了山东永安、宝龙达等36家结构胶、耐候胶认定推荐产品生产企业，共111批次产品的年检抽样工作。

10月25日，参加了在深圳大梅沙洲际酒店召开的中国建筑金属结构协会铝门窗幕墙分会主办、中国幕墙网协办的第六届《2020—2021中国门窗幕墙行业技术及市场分析报告》编委研讨会。

10月28日，参加了在北京国家会议中心召开的今年疫情以来中国防水行业第一场线下重大经贸活动，以"把握新机遇，迎接新未来"为主题的2020年中国国际屋面和建筑防水技术展览会。

11月18日，中国建筑防水协会建筑密封材料分会2020年年会暨第十一届国际密封材料技术研讨会在苏州召开。会议期间举办了"第十一届国际密封材料技术研讨会"，有24篇论文及报告进行了发表，来自行业的12位专家、企业界的精英，针对密封胶生产设备、原材料以及最新标准规范等当前热点，发表了精彩的演讲。

11月19日，在苏州雅都大酒店召开了标准会，由中国建材检验认证集团苏州有限公司标准编制人员，解读"GB 16776建筑用硅酮结构胶标准"修编工作情况和《建筑密封胶用色浆》《建筑密封胶用包装材料》《建筑门窗用组角密封胶》等标准的宣贯介绍。

12月6日，参加了2020建筑防水行业年会和第二十届中国防水技术与市场研讨会。

12月7日，参加了在杭州召开的中国建筑防水协会第八次会员代表大会、八届一次理事会。

12月8日，参加了2020年青年企业家分会暨二届二次会员大会。

2021年

1月8日，考察北新华南公司。

1月9日，参加深圳市深圳防水行业总结大会。

1月29日，组织召开了《建筑用硅酮结构密封胶》编写组第二次工作会（线上），来自行业协会、标准化技术委员、专家及参编企业三十多人，会上参编企业介绍了试验验证分析、讨论确定了标准草案及下一步工作计划；协助编制组讨论并下发各参编单位验证试验经费分摊公示函。

3月10日，参加中国金属结构协会铝门窗幕墙分会组织召开的第27届全国铝门窗幕墙行业年会暨2021中国房地产与门窗幕墙产业合作联盟年度会议。

3月13日，参加幕墙年会技术交流会。

3月26日，参加金属屋面分会会长工作会。

4月1日，参加市场监管局产品质量安全监督管理司组织的重点产品质量提升座谈会。

5月28日，参加"528防水日"暨第二届防水行业大会。

6月28日，出席莱德建材新品发布会。

7月17日，出席2021年第七届中国建筑防水（南方）专家论坛。

7月19日，出席威盾系统启动仪式。

7月22日，辅助CTC开展绿色产品及绿色建材认证，邀请了江西奋发、大光明、元通、山东宝龙达、中天东方氟硅、爱果科技、江门市润景、湖北君邦、北京森聚柯、顺德区鹏大新材料、固诺（天津）、安徽靖康、盛势达（广州）、北京世纪远达、西卡纳（北京）等25家密封胶企业参加了在京举办的主题为"建筑防水行业绿色建材产品认证工作论坛"。

9月23日，参加中国建筑防水协会专家委员会年会暨第三届专家委员会换届大会。

10月11日，出席西安首届防水行业"双碳"发展战略研讨会暨第三届防水行业节能环保创新大会。

10月13日，参加建筑门窗配套件委员会2021年工作会议。

10月23日，参加深圳市土木建筑学会六届三次理事会。

11月15日，参加了苏州市建筑金属结构协会第八届理事会、第一次工作会议及表彰大会。

12月7日，出席中国建筑防水协会第八届第二次会员代表大会。

12月29—30日，参加苏州建筑金属结构协会第八届材料配套委员会、"青联会"主任工作会议。

11月、12月份完成了西卡、陶氏、迈图、之江等32家结构胶、耐候胶认定推荐产品生产企业共73批次结构胶、46批次密封胶产品的年检抽样工作。

2022年

1月11日，参加浙江省首届房地产与门窗幕墙产业创新论坛。

3月10日，参加防水协会分会负责人述职（线上）。

3月10日，中国金属结构协会铝门窗幕墙分会组织召开的第28届全国铝门窗幕墙行业年会、第17届门窗幕墙行业读者调查活动颁奖、C21峰会。

3月11日，参加广州白云组织的第十一届中国建筑幕墙安全应用高峰论坛。

3月11日，参加广州集泰主办的第二届建筑之"冠"采光顶、金属屋面学术与工程应用论坛。

3月22日，中国建筑材料联合会以视频会议形式组织召开了《有机硅弹性涂料》[于2020年1月14日，中国建筑材料联合会发布《关于下达2020年第一批协会标准制订计划的通知》（中建材联标发〔2020〕4号），《有机硅弹性涂料》列入制订计划]。

5月19日，参加防水协会组织的防水行业公益大讲堂（线上）。

7月26日，参加防水涂料分会年会。

7月27日，参加2022年八届四次理事会、八届四次常务理事会暨第三届防水行业大会。

8月28日，参加广州集泰安庆新材料产业基地奠基庆典。

9月6日，在召开了《建筑用硅酮结构密封胶》编写组第三次工作会（线上），来自标准主管单位、标委会和编制组的70人，会上白云、硅宝建议在美标的基础上增删项目，最后编制组重点听取并兼顾多方意见，删减了一些与之相关性不大的、技术内容存在争议的项目。

10月、11月份参与完成了基亿、卡特尔、元通、日丰等40家结构胶、耐候胶认定推荐产品生产企业共81批次结构胶、44批次密封胶产品的年检抽样工作。

11月8日，参加《建筑与市政工程防水通用规范》全文强条宣贯。

11月13—18日，参加走访苏州市建筑科学研究院集团股份有限公司、苏州金纬机械制造有限公司、优尔屋面科技（苏州）有限公司、西卡（中国）有限公司、江苏莱德建材股份有限公司、固德威技术股份有限公司、苏州市月星建筑防水材料有限公司、江苏凯伦建材股份有限公司等11家公司。

12月23日，参加深圳防水行业协会地方标准审查会。

12月24日，参加《中港澳台防水实战案例》书第一次讨论交流会。

12月24日，参加深圳市防水行业大会。

12月27日，参加防水行业年会暨第二十二届中国防水技术与市场研讨会（线上）。

2023年

2月26日，参加了在苏州召开的中国建筑装饰协会幕墙工程分会第八届会员代表大会暨2022年年会。

2月28日，参加了在北京召开的2023年产品质量国家监督抽查技术评审组工作会议。

3月23日，参加了国家市场监督管理总局在福州举办的专家培训会议暨工作交流会议。

3月30日，参加了2023年中国建筑防水协会分会负责人述职会。

4月6日，参加了第29届全国铝门窗幕墙行业年会暨中国建筑经济广州峰会。

4月7日，参加了广州市白云化工实业有限公司主办的第12届中国建筑幕墙安全应用高峰论坛。晚上参加了广州集泰化工股份有限公司举办的"聚力高质量筑梦新时代"晚会。

4月8日，参加了幕墙分会举办的"阿尔法建筑大会"。

4月24日，参加了2023年防水涂料技术分会年会暨第七届防水涂料技术与市场研讨会。

4月25日，参加了中国建筑防水协会八届六次理事会、八届六次常务理事会。

5月18日，参加了重庆金兴防水30周年庆。

5月24日，参加了中国建筑防水协会在苏州召开的《建筑与市政工程防水通用规范》GB 55030—2022解读及案例分享专题研讨会。

6月20日，中国建筑防水协会建筑密封材料分会2023年年会暨第十二届国际密封材料技术研讨会在苏州召开。建筑密封材料分会第三届领导机构任期已满，会上按照分会章程进行了换届选举工作。会议期间举办了"第十二届国际密封材料技术研讨会"，有34篇论文及报告进行了发表，来自行业的11位专家、学者围绕密封材料的原材料、产品研发、生产技术、检测认证、工程应用等内容作了精彩报告。

6月20日，主办方介绍标准《建筑用硅酮结构密封胶》GB 16776—2005修订进展，介绍《建筑密封材料试验方法 第22部分：固化特性的测定》GB/T 13477.22—2022、《建筑密封材料试验方法 第23部分：人工加速气候老化下拉伸-压缩循环后耐久性的测定》GB/T 13477.23—2022、《聚氨酯建筑密封胶》JC/T 482—2022等最新的建筑防水密封相关标准。

7月2日，参加了第八届中国建筑防水（南方）专家论坛。

7月14日，参加了2023年"雨虹杯"全国建筑防水行业（防水工）职业技能大赛华南赛区（初赛）。

7月29日，参加了深圳市建设工程防水技术标准SJG19审查会。

8月2—3日，参加了中国建筑防水协会在上海召开的2023（上海）国际防水高端论坛及中国国际屋面和建筑防水技术展览会。

9月13日，参加了在青岛召开的2023年TC195/SC1年度会议暨建筑防水团体标委会年会。

9月14—16日，参加了在顺德召开的中国建筑防水协会专家委员会年会。

9月20日，参加了采筑及国检集团苏州公司在苏州召开的《建筑用密封胶质量白皮书》第一次工作会议。

9月24日，参加了郑州中原忠蓝德40周年庆典活动。

9月26日，参加了在南京召开的由《中国建筑防水》杂志社主办的第四届建筑防水科技创新大会以及《中国建筑防水》杂志第九届编委会会议。

10月、11月份参与完成了成都硅宝、四川新达、俊川科技、佛山卡特尔、佛山元通、佛山东方、祥盛、恒盛、宏英、绵秀泰、高立德、固展、泰诺风保泰、武汉源发等28家企业57个结构胶、33个密封胶、2个隔热条共92个样品的年检抽样工作。

10月8日，作为组长参加了山东沃赛新材料科技有限公司专利论证会。

10月25日，参加了中国建筑防水协会在西安召开的第二届防水行业"双碳"发展战略研讨会暨第四届防水行业节能环保创新大会。

11月4日，参加了在苏州举办的2023"宏源杯"全国建筑防水行业（物理性能检验员）职业技能大赛全国决赛。

11月5日，参加了在苏州举办的2023"凯伦杯"全国建筑防水行业（防水工）职业技能大赛全国决赛。

11月21日，参加了西卡在苏州举办的西卡中国三十周年暨亚太区研发中心大楼开幕庆典。

12月4日，在北京参加了"建筑用硅酮结构密封胶行业推荐复审工作专家论证会"。

12月7—8日，参加了在杭州萧山中国建筑防水协会八届七次理事会、八届七次常务理事会暨第二十三届中国防水技术与市场研讨会。

4.5.5　金属屋面技术分会

2013 年

一、成立大会

5月31日，中国建筑防水协会金属屋面技术分会在北京召开成立大会，分会设会长1名、秘书长1名、副会长若干名。

二、金属屋面技术分会副会长扩大会议

7月12—13日，在北京召开金属屋面技术分会副会长扩大会议，讨论通过了《中国金属围护系统承包商资质等级标准》。

三、成立专家委员会

10月19日，金属围护系统专家委员会在山东淄博召开成立大会，委员会由33名金属围护系统专家组成，设委员会主任1名、副主任若干名。

四、承包商资质

8月29日，金属屋面技术分会发布了《中国金属围护系统承包商资质等级标准》（试行），11月评定了首批14家会员企业获得中国金属围护系统承包商资质等级证书。

五、金禹奖评审

开展首批金禹奖项目评审。

2014 年

一、行业会议

3月，在上海召开首届金属围护系统行业大会，会上对获得金禹奖的19个项目颁发了证书及奖杯，为第二批获得金属围护系统承包商资质等级证书的会员企业颁发了证书，出版了第一本金属围护系统行业论文集。

二、专家会议

5月，在南通召开了由中国建筑防水协会金属屋面技术分会和中国钢结构协会房屋建筑钢结构分会联合主办，以"创新发展·合作共赢"为主题的"2014年度金属围护系统行业专家工作会议"。

三、参加中国建筑防水协会组织会议及各项活动

2月，金属屋面技术分会首次组织由27人组成的考察团访问德国，考察团一行参加了2014年科隆屋面国际博览会、参观了霍高文建筑系统有限公司和德国屋面职业工人培训学校，详细了解和学习了当今世界先进的建筑围护材料及构造做法，收集了大量珍贵的技术资料。尤其是在屋面职业工人培训学校，代表团不仅学习了德国相关的屋面

施工人员资质规定,参观了学校的培训流程,还与校方进行了深入的沟通与交流。之后考察团赶赴斯图加特、慕尼黑、柏林、沃尔夫斯堡以及埃森等多个城市,参观了保时捷博物馆、宝马世界、柏林犹太人纪念馆、大众汽车城、德国矿业联盟工业区等采用金属围护系统建筑的优秀案例。

四、评选金禹奖及其他表彰

组织行业专家对参与申报金禹奖的项目进行多轮评审,最终评选出"南昌国际体育中心"等19个项目获得金禹奖。

五、承包商资质

3月、7月及10月,评定了三批共24家会员企业获得中国金属围护系统承包商资质等级证书。

2015年

一、行业会议

3月,在浙江绍兴召开第二届金属围护系统行业大会,宣读《关于授予第二届16项工程为"金禹奖"的决定》并颁发了证书、奖杯,宣读《2014年度行业十强企业》《关于授予金星勋章企业家称号的决定》《2014年度行业十强企业》《2014度优秀项目经理》并颁发了证书,征集出版了金属围护系统行业论文集。

二、专家会议

5月,在北京召开"2015年度金属围护系统行业专家工作会议",会议围绕"新材料、新工艺"的主题,特邀请7家公司就行业发展中新技术及存在的问题进行了研讨。

三、参加中国建筑防水协会组织会议及各项活动

2月,组织会员单位赴美国进行围护系统考察活动。考察团一行参加了美国屋面工程协会(NRCA)第128届年会并参观美国国际屋面博览会。展会中考察团团员们参观学习了美国金属屋面行业的先进技术,与美国金属围护系统协会、金属围护系统杂志社等进行了交流与探讨,并与美国屋面工程协会(NRCA)的Mr John Schehl先生探讨了关于中美金属围护系统工程技术培训的合作方向。访问欧文斯科宁技术中心、杜邦技术中心、美国FM公司及OMG公司总部,进行技术交流与考察。同时对新奥尔良、奥兰多、华盛顿、纽约等城市的金属围护系统建筑经典案例进行考察。

5月,组织赴日欧拜访日本金属屋面协会。

10月,组织会员单位赴欧洲进行围护系统考察活动,重点参观了法国2015年第29届巴黎国际建筑博览会(BATIMAT),参观了米兰世博会,考察学习了欧洲相关金属围护系统项目。

四、评选金禹奖及其他表彰

组织行业专家对参与申报金禹奖的项目进行多轮评审，最终评选出"南京禄口国际机场二期工程 T2 航站楼屋面系统工程""南宁吴圩国际机场金属屋面围护工程"等 16 个项目获得金禹奖。

五、承包商资质

8 月，评定了 6 家会员企业获得中国金属围护系统承包商资质等级证书。

六、组织编制行业标准

启动编制《建筑金属围护系统工程技术标准》，5 月 18 日在北京召开编制组成立暨第一次工作会。分会组织行业 30 家单位参与编制。

组织编写建筑防水行业职业技能鉴定培训教材《防水工》（金属屋面）并出版。

七、协会宣传

2015 年 6 月，为了与行业信息化接轨，加大力度对会员单位和金属围护系统项目的宣传，加强会员之间相互沟通，传递建筑领域重要信息，开通了分会微信公众账号，内容涉及优秀案例介绍、行业咨询、标准图集、相关技术、企业宣传等多方面内容。

八、技术工作

2015 年 10 月 4 日，到湛江"彩虹"风灾现场调研考察。

2016 年

一、行业会议

3 月，在深圳召开第三届金属围护系统行业大会，会上对获得金禹奖的项目颁发了证书和奖杯，对获得"行业十强企业"的单位、获得"优秀设计师""优秀项目经理"的个人进行了表彰并颁发了证书，征集出版了金属围护系统行业论文集。

二、会长工作会议

1 月，在深圳市，召开会长工作会议。会议主题是：新材料、新系统、新能源、新思路。

三、专家会议

5 月，在江苏省苏州市，召开第四届金属围护系统专家委员会工作会议。

四、参加中国建筑防水协会组织会议及各项活动

10 月，组织会员单位赴欧洲进行考察，观摩在波兰举办的第 46 届国际屋面联合会（IFD）即第 26 届世界青年屋面工冠军赛（以下简称"IFD 大赛"），首次组织在国内青工选拔赛中获得参赛资格的佼佼者参加今年的国际青年屋面工大赛的全部 3 项比赛，（比赛分为平屋面、瓦屋面及金属屋面三大项）。

五、组织编制行业标准

分会组织行业 14 家单位参与国家标准《建筑用不锈钢压型板》的编制,该标准根据国家标准化管理委员会国标委综合〔2015〕52 号文批准,首次会议于 2016 年 5 月 20 日在北京召开。

六、评选金禹奖及其他表彰

评审金禹奖申报项目,最终评选出"南山文体中心""吉林市人民大剧院金属屋面工程"等 19 个项目获得金禹奖。

七、承包商资质

7 月,评定了 5 家会员企业获得中国金属围护系统承包商资质等级证书。

八、人才与技能培训

为提高金属屋面行业施工工艺和技术水平,促进行业与国际接轨,首届"金属屋面防水技工技能培训"于 4 月 7—9 日在江苏海门举办。82 名技工参加。

九、技术工作

2016 年 9 月,到厦门市翔安区调研考察台风"莫兰蒂"风灾现场。

2017 年

一、行业会议

3 月,第四届金属围护系统行业大会暨学术年会在合肥召开,大会由淀川盛馀(合肥)高科技钢板有限公司、中冶建筑研究总院有限公司承办。

会议颁发了"金禹奖""品牌金星企业"奖;金属围护系统行业"2016 年度十强企业""2016 年度优秀项目经理"奖;2016 年度"十佳先进个人"奖;征集出版了金属围护系统行业论文集。

二、会长工作会议

1 月,在北京召开会长工作会议。

三、专家会议

6 月,在河南省新乡市召开第五届金属围护系统专家委员会工作会议。

四、参加中国建筑防水协会组织会议及各项活动

7 月 7 日,第三期金属屋面防水技工技能培训考核暨北京新机场屋面系统技术培训大会在森特士兴集团股份有限公司新材料生产基地举行,近 30 名嘉宾与 40 名学员参加了典礼仪式。

此次培训由中国建筑防水协会金属屋面技术分会、国家建筑材料行业特有工种职业技能鉴定 040 站主办,北京城建集团有限责任公司、森特士兴集团股份有限公司承办。

本次培训以北京新机场屋面系统技术内容为载体,不仅增加了中国建筑防水协会金

属屋面技术分会的防水技工技能培训考核的新板型,更提高了防水工的考核标准,将有力推动国内金属屋面系统技术的进步。

11月,组织会员单位参加在法国首都巴黎举行的全球最大的建材展BATIMAT博览会。

五、组织编制行业标准

根据住房和城乡建设部《关于印发2015年工程建设标准规范制订、修订计划的通知》(建标〔2014〕187号)的要求,主编单位于2017年5月16日在北京召开该标准征求意见统稿会,对已公开征求行业标准《建筑金属围护系统工程技术规程(征求意见稿)》的意见进行讨论。编制组主编、专家、主要执笔人,共28人参加会议。

六、评选金禹奖及其他表彰

评选出"广州白云国际机场扩建工程二号航站楼屋面工程""武汉天河机场三期扩建工程"等19个项目获得金禹奖。

七、承包商资质

2017年评选两批,共7家会员企业获得中国金属围护系统承包商资质等级证书。

2018年

一、行业会议

3月,由山东万事达建筑钢品股份有限公司、中冶建筑研究总院有限公司承办的第五届金属围护系统行业大会暨金属屋面技术分会会员代表大会在北京召开。

大会通过选举产生了第二届金属屋面技术分会领导班子,张凤军、魏龙柱、苗泽献分别当选2018—2020年轮值会长、蔡昭昀当选秘书长。

二、专家会议

6月,以"新时代·新方法·新技术"为主题的2018年度中国金属围护系统行业专家工作会议在北京召开,近50位专家参加会议,会议完成了专家领导机构换届工作。

三、会长工作会议

12月,在上海召开会长工作会议,上海钢之杰钢结构建筑系统有限公司承办。

四、参加中国建筑防水协会组织会议及各项活动

9月22—30日,金属屋面技术分会邀请瑞士建筑围护结构协会的专业培训师来华,开展金属围护系统施工技术培训活动。

理论课程:直立锁缝金属屋面特性、金属屋面节点做法与排板要求、IFD大赛要点及注意事项等。

实操课程:专业手工工具使用方法,金属屋面屋脊、山墙、檐口及出屋面烟囱,天窗收边具体做法等。

11月，前往拉脱维亚首都里加派员参加国际屋面联合会第27届（IFD）2018世界青年屋面工冠军赛比赛，并对比赛进行观摩。

五、组织编制行业标准参与科技支撑计划项目

12月27日，中国工程建设标准化协会团体标准《建筑金属结构产品认证标准》启动会在成都成功召开。

六、评选金禹奖及其他表彰

组织行业专家对参与申报金禹奖的项目进行多轮评审，最终评选出"广西文化艺术中心金属屋面工程""黄石奥体中心金属屋面工程"等7个金奖，"青岛国际会议中心金属屋面工程""廊坊文化产业园大剧院金属屋面工程"等12个银奖获奖项目。

七、会长工作会议

12月，在上海嘉定召开会长扩大会议，商讨分会组织落实工作和行业法等事宜。

八、积极扩大行业规模

发展10家企业成为新会员单位。

九、提供会员服务

充分利用分会微信公众号平台，积极为会员单位提供交流、沟通服务，维护企业间公平竞争和共赢机制，为行业持续推进信息传播正能量。

十、承包商资质

2018年评选两批，共5家会员企业获得中国金属围护系统承包商资质等级证书。

2019年

一、行业会议

3月，在苏州召开第六届金属围护系统行业大会，大会主题："厚积薄发 共创行业未来"。会议由博思格钢铁（苏州）有限公司、中冶建筑研究总院有限公司承办。

会议举办了主题学术研讨会，多位与会代表发言就高铁站房系列项目金属围护系统的技术应用情况、广深地区大型公共建筑金属围护系统项目案例分析、强风地区金属围护系统的抗风揭设计研究等进行了充分讨论。

二、专家会议

5月，金属围护系统行业专家工作会议在深圳召开，近50位行业专家参加了会议。

会议对专家工作组发展思路及制度、近年来金属围护系统技术发展方向、近期发布国家及行业标准情况等议题做了主题报告，并展开热烈讨论，进行了充分的学术交流。

三、会长工作会议

12月，在安徽省六安市召开会长工作会，会议对金属围护系统协会工作及行业自律问题等进行了充分研讨，并对分会2020年3月在北京召开的行业年会筹备工作制订

了实施方案。

四、参加中国建筑防水协会组织会议及各项活动

5月28—30日，中国建筑防水协会主办、金属屋面技术分会协办的2019年中国国际屋面和建筑防水技术展览会在上海世博展览馆举办。

金属屋面技术分会积极组织会员单位及上下游供应商企业参与亚洲最大规模的屋面和防水专业展会。

7月，分会考察团赴日本考察交流，与淀川制钢株式会社、日本屋根协会等机构进行深入的沟通与交流。

11月，组织国内金属围护系统行业骨干企业和会员单位、科研及设计院所、专业检测机构等单位的相关技术人员赴欧洲进行金属围护系统领域的专项考察交流。考察交流主要围绕金属围护系统连接及紧固件技术等，拜访了瑞士SFS工业集团，对德国近现代装配式建筑进行了考察观摩，重点参观了扎哈·哈迪德、查理德·迈耶、戈特费里德·玻姆等大师的建筑作品。

12月，参加中国建筑防水协会在广州召开的行业年会暨第十九届中国防水技术与市场研讨会，并配合中国建筑防水协会做好协会相关工作。

五、组织编制行业标准参与科技支撑计划项目

积极组织会员企业参与行业标准的编制工作，由中国建筑防水协会和中冶建筑研究总院有限公司联合主编，分会组织会员单位参编的行业标准《建筑金属围护系统工程技术标准》JGJ/T473—2019，于2019年7月30日发布，于2020年3月1日实施。

组织会员单位编制多部标准：CECS《焊接不锈钢屋面工程技术标准》、CECS《金属屋面工程防水修缮标准》。

为迎接2020年中国承办的"（IFD）2020世界青年屋面工冠军赛"，配合协会进行金属屋面和立墙比赛模型技术研讨，并制订方案。

六、评选金禹奖及其他表彰

组织行业专家学者对年度建筑防水行业科学技术奖—工程技术奖（金禹奖）的申报项目进行评选，"中国电子科技集团公司第八研究所山南所区金属围护系统工程""多维联合集团天津基地金属围护系统工程"等12个金奖项目，"福建建工建筑工业化研发生产基地（一期）""重庆万达茂金属屋面（采光顶）工程"等12个银奖项目。

七、积极扩大行业规模

发展17家企业成为新会员单位。

2020 年

召开行业会议

2020 年 11 月在北京召开第七届全国金属围护系统行业大会。

组织行业积极参与应对疫情

疫情期间，分会为积极参与疫情防控各项工作的企业提供信息和技术咨询，充分利用网络平台，组织企业间相互支持协作，应对疫情防控和保证企业安全生产。

微信公众号推送文章，介绍国内外的优秀项目、先进技术、行业资讯，并报道行业活动等。

组织编制行业标准

中国工程建设标准化协会 CECS 标准《焊接不锈钢屋面工程技术标准》2020 年 6 月 5 日—6 日，第三次编制工作会议成功在成都举办。2020 年 8 月完成网上征求意见。

CECS《金属屋面工程防水修缮标准》分会组织会员单位参编金属围护系统相关标准，完成征求意见稿，并挂网公示。

2020 年 6 月 2 日，分会组织编制的国家标准图集《压型金属板建筑构造》17J925—1 正式出版发行。

参加中国建筑防水协会组织工作

参与中国建筑防水协会组织的各项活动，组织会员单位积极参与建筑防水行业科学技术奖"工程技术奖"（金禹奖），建筑防水行业科学技术奖"技术进步奖"申报活动，完成本年度"金禹奖""技术进步奖"评审工作。

评选出"孚能科技镇江生产基地金属围护系统工程""奇瑞捷豹路虎汽车有限公司乘用车车间柔性卷材金属屋面工程"等 12 个金奖项目，"联合国地理信息展览馆金属屋面工程""西安吉利汽车有限公司项目金属围护系统工程"等 9 个银奖项目。

5 月，疫情期间，2020 首届防水行业大会暨第四届防水涂料技术与市场研讨会网络直播，引爆全产业链！大会主题是："携手跨越 共赢未来！"分会秘书长蔡昭昀做主旨报告，在线人数达 22 万人。

积极扩大行业规模

积极招募和发展分会会员单位，扩大协会在行业的影响力，为行业会员单位提供有效服务，为促进行业技术水平不断提高，维护企业间的公平竞争提供有效平台，为保证行业持续、稳定、良性发展提供支持，发展 21 家企业成为新会员单位。

技术交流

2020 年 11 月 28 日金属屋面技术分会组织全国知名设计院建筑师及协会专家 50 余人到冬奥保障项目"国家会议中心二期工程"进行金属屋面工程现场观摩及技术交流会。

提供会员服务

微信公众号推送文章，介绍国内外的优秀项目、先进技术、行业资讯，并报道行业活动等。

2021 年

组织行业会议

分会原定于 2021 年 11 月在江苏省苏州市常熟召开第八届全国金属围护系统行业大会，因疫情影响延期至 12 月，最终调整至 2022 年 3 月 24—26 日召开。

在这一年间，秘书处为筹备年度行业大会做了大量充分的各种准备工作，针对疫情影响召开线上会议，做好会议期间疫情防控等组织落实工作，积极组织落实学术研讨方案，组织整理分会骨干企业优秀项目案例，为提高行业间业务交流、公平竞争，为减少新冠疫情对行业的影响，组织会员企业积极应对加强合作交流共渡难关，组织专家为会员企业提供咨询和技术服务。

会长工作会议

3 月，金属屋面技术分会会长工作会在北京召开，会议就碳达峰、碳中和对行业的影响展开了热烈的讨论，对分会的发展以及在行业中的引领作用、标准体系、技术创新、系统认证等方面提出了宝贵的意见和建议。投票选举产生 2022—2024 年的三位轮值会长候选人，分别为：北京东方诚国际钢结构有限公司董事长多跃刚、多维联合集团有限公司总经理王保强和上海钢之杰钢结构建筑系统有限公司总经理张叶红。

专家组工作

专家工作组工作会原定于 2021 年 6 月在烟台召开，因疫情取消，专家工作组 2021 年吸纳了 8 位新专家，专家覆盖设计、施工、研发单位。

参加中国建筑防水协会各项活动

3 月，结合"十四五"规划，积极配合中国建筑防水协会主题宣传，就"种植屋面助力碳中和建议系列报道"，金属屋面技术分会秘书长蔡昭昀撰文《城市更新及高质量发展过程中的绿色建筑设计目标》。

参加中国建筑防水协会主办的 2021 第二届防水行业大会（528 大会）。

7 月，在中国建筑防水协会和深圳市防水行业协会主办的第七届中国建筑防水（南方）专家论坛上分会秘书长蔡昭昀作技术报告。

12 月，在重庆中国建筑防水协会主办的第八届第二次会员代表大会上，分会副会长朱勇军作技术报告。

组织编制行业标准

金属屋面技术分会参编的中国工程建设标准化协会标准《焊接不锈钢屋面工程技术

标准》已发布。

金属屋面技术分会组织会员单位参编的中国工程建设标准化协会标准《金属屋面防水修缮工程技术规程》已发布。

金属屋面技术分会参编的中国工程建设标准化协会标准《建筑金属结构产品认证标准》已报批。

金属屋面技术分会组织会员单位参编的中国工程建设标准化协会标准《建筑金属围护系统检测技术规程》。

金属屋面技术分会参编的中国工程建设标准化协会标准《装配式围护系统紧固件技术标准》启动编制。

评选金禹奖及其他表彰

开展了本年度"建筑防水行业科学技术奖-工程技术奖（金禹奖—金属围护系统工程）"评选活动，经企业自愿申报、答辩，专家组评审，评选出"成都天府国际机场金属屋面系统工程""平潭海洋国际会展中心金属屋面系统工程"等10个金奖项目，"扬子江国际会议中心建设项目金属屋面系统工程""东北亚（长春）国际机械城会展中心金属屋面系统工程"等13个银奖获奖项目。

积极扩大行业规模

发展7家企业成为新会员单位。

提供会员服务

分会微信公众号发表49期，共计187篇文章，介绍国内外的优秀项目、先进技术、行业资讯，并报道行业活动等。

5月组织专家组成员到访隆基新能源公司进行交流活动。

12月，参加多维集团在北京举办以"聚焦双碳目标，赋能绿建未来"为主题的多维维能BIPV新品发布会暨战略签约仪式。参加会员单位杭州桑尼能源科技股份有限公司与中冶建筑研究总院共同编制完成CECS标准《光伏组件屋面工程技术规程》T/CECS 902—2021发布会。

技术交流

2021年5月21日金属屋面技术分会专家组成员到访隆基新能源公司学习交流。

2022年

组织行业会议

8月，在江苏常熟召开以"聚焦十四五、致力碳中和"为主题的第八届金属围护系统行业大会暨金属屋面技术分会会员代表大会，大会通过选举产生了第三届金属屋面技术分会领导班子，多跃刚、王保强、张叶红分别当选2022—2024年轮值会长、蔡昭昀当选秘书长。会议由烨辉（中国）科技材料有限公司、中冶建筑研究总院有限公司承办。

组织编制行业标准

1. 组织分会会员单位及相关专家编制的中国工程建设标准化协会《焊接不锈钢屋面工程技术标准》，于 2021 年 12 月 20 日通过了审查，并批准发布实施。标准号为 T/CECS 959—2021，自 2022 年 5 月 1 日起施行。

2. 组织分会会员单位及相关专家编制的中国工程建设标准化协会《金属屋面防水修缮工程技术规程》，于 2021 年 12 月 30 日通过了审查，并批准发布实施。标准号为 T/CECS 1005—2022，自 2022 年 6 月 1 日起施行。

3. 由围护系统分会参与编制的中国建设工程标准化协会团体标准《建筑金属结构及围护系统认证通用技术要求》，标准号为 T/CECS 10179—2022，经中国工程建设标准化协会认证与保险工作委员会组织审查通过，并已批准发布，自 2022 年 8 月 1 日正式实施。

该标准是建筑金属结构及围护系统认证领域的首部标准，填补了本领域产品认证标准的空白，为建筑金属结构及围护系统领域的产品认证工作提供了依据，有助于推动建筑金属结构领域认证工作的发展。

4. 组织分会会员单位及相关专家参与《金属围护系统抗台风性能评估及加固技术规程》的编制工作。

5. 组织分会会员单位及相关专家参与《装配式围护系统紧固件技术标准》的编制工作。

6. 组织分会会员单位及相关专家参与《光伏屋面工程技术标准》的编制工作。

参加中国建筑防水协会组织会议及各项活动

2 月，参与中国钢结构协会秘书长李庆伟一行赴中国建筑防水协会交流座谈活动。

8 月，组织分会专家参加中国建筑防水协会组织的建筑行业科技成果评估，受疫情影响，评估会以线上视频会议形式开展，科顺防水科技股份有限公司、天津滨海澳泰防水材料有限公司两项防水产品通过科技成果评估。

评选金禹奖及其他表彰

组织专家对申报金禹奖的项目进行多轮评审，共计评审出金禹奖"白云国际会议中心二期金属屋面系统工程""滁州奥体中心体育场金属屋面系统工程"等 11 个金奖项目，"烟台八角湾国际会展中心金属屋面系统工程""维龙（鹤山）珠西智慧物流园围护系统工程"等 15 个银奖项目。

积极扩大行业规模

发展 11 家企业成为新会员单位。

提供会员服务

1月,参加会长单位森特士兴集团股份有限公司——森特士兴集团光伏一体化重点实验室和技术研究中心揭牌仪式,秘书长蔡昭昀到会祝贺并发言。

组织分会专家到苏州凯伦高分子新材料科技有限公司进行参观交流活动。4月,分会部分专家到北新防水有限公司进行参观交流。

微信公众号发表 57 期,共计 137 篇文章,介绍国内外的优秀项目、先进技术、行业资讯,并报道行业活动等。截至 2022 年 12 月 31 日,关注分会微信公众号 5547 人。

2023 年

积极组织并参与行业活动

1. 利用分会微信公众号网络平台,为会员企业提供行业信息和技术咨询,推动会员企业间相互支持协作,宣传和推广行业优秀案例和技术应用;金属屋面技术分会公众号 2023 年发表 67 期,共计 147 篇文章,关注分会微信公众号 7164 人,阅读次数 8.5 万余次。

2. 组织开展 2023 年度金属围护系统新技术观摩交流系列活动,到访江苏凯伦建材股份有限公司、优尔屋面科技公司(苏州)有限公司,从设计、施工、检测、认证等环节进行了交流与观摩。

3. 组织会长单位负责人和行业专家到华东地区的山东、江苏等地进行实地考察,走访了山东经典重工集团股份有限公司、山东冠洲股份有限公司、山东鸿星新材料科技股份有限公司、山东万事达建筑钢品股份有限公司、山东新美达科技材料有限公司。

4. 组织会员单位参加"2023 国际防水高端论坛和 2023 上海防水展"。

5. 参加会员企业多维联合集团有限公司成立 40 周年庆典。

6. 分会专家与欧文斯科宁(中国)投资有限公司举行研讨会,探讨防水新规下金属屋面技术发展方向。

7. 派员参加会员单位"首钢集团彩涂产品发展研讨会和绿洲 3.0 焕新升级暨 TPF 塑钢瓦新品战略发布会"并做主旨报告。

8. 派专家参与广州南沙全民文化体育综合体屋面专项设计研讨会、成都天府站屋面太阳能光伏发电设计方案研讨会。

9. 派员参加全文强制规范《建筑与市政工程防水通用规范》GB 55030—2022 修编前工作研讨。

组织行业会议

1. 2025 年 5 月在安徽省马鞍山市举办了"第九届全国金属围护系统行业大会"，大会的主题是："前行不辍 与时共进"。会议由中国建筑防水协会金属屋面技术分会、中国钢结构协会围护系统分会主办，马鞍山钢铁股份有限公司和中冶建筑研究总院有限公司承办。大会通过表决选举新增三位副会长。

2. 回顾金属围护系统分会十年历程，评选出分会杰出贡献人物 11 人，杰出突出贡献单位 17 家企业，突出贡献专家 8 人，特别贡献个人 2 人，并颁发了奖状奖杯；本届金禹奖颁发金奖 11 项，银奖 15 项，有 17 家参展企业展示了高新技术成果。

3. 2023 年 3 月在天津静海召开金属屋面技术分会第三届第二次会长工作会议，会议由东方诚建设集团有限公司承办，与会会长、副会长共同对行业发展趋势及业内相关问题进行探讨，并商讨新一届分会工作目标和行业自律机制，共同为行业发展献计献策。

4. 2023 年 12 月在江苏南通召开金属屋面技术分会第三届第三次会长工作会议，会议由多维联合集团有限公司承办，会议通过了分会 2024 年工作计划，初步确定了 2024 年专家工作会、会长工作会和 2025 年第十一届行业大会的有关事项。

组织编制行业标准及参与行业技术工作

1. 参与编制 CECS 标准《金属屋面工程保险技术标准》。
2. 参与编制 CECS 标准《装配式围护系统紧固件技术标准》。
3. 组织编制 CWA 标准《光伏屋面工程技术标准》。
4. 协助会员单位组织立项团体标准《水性涂层彩涂钢板及钢带》。
5. 参与修订行业标准《单层防水卷材屋面工程技术规程》JGJ/T 316—2013。
6. 参与编制工信部标准《屋面用单层防水卷材应用技术规程》。
7. 组织并参与修编 2024 年度注册建筑师必修课教材《建筑防水》。
8. 组织编制的国家建筑标准设计图集《金属面夹芯板建筑构造》出版发行。
9. 担任主编进行修编 2024 年度注册建筑师必修课教材《建筑防水》。

完成中国建筑防水协会安排的工作

1. 派员参加中国建筑防水协会 12 月份在杭州召开的"中国建筑防水协会行业年会暨第二十三届中国防水技术与市场研讨会"。

2. 组织会员企业申报"建筑防水行业科学技术奖——工程技术奖（金禹奖——金属围护系统工程）"，组织分会专家对奖项进行评审，评选出"金禹奖"金奖 9 项，银奖 9 项。

3. 派员参加中国建筑防水协会在南京召开的 4.28 大会。

4. 派员参加 8 月在上海举办的"2023 中国国际屋面和建筑防水技术展览会"。

5. 参与12月中国建筑防水协会秘书长朱冬青一行赴中国钢结构协会交流座谈。

积极扩大行业规模

2023年发展新会员单位30家。

提供会员服务

1. 通过金属屋面技术分会微信公众号为会员单位提供各类优秀项目及金禹奖获奖案例分享，对新型材料和行业技术动态进行宣传、宣讲，及时通报行业资讯信息，多方位促进会员单位之间的交流；

2. 组织会员单位及相关专家编制行业标准，并通过分会微信公众号和微信工作群进行技术交流、宣贯和共享。

4.5.6 瓦屋面技术分会

2014年

2月，瓦屋面分会代表团9人访问欧洲，参观德国屋面职业工人培训学校和科隆屋面国际博览会。

7月18日，在上海世博展览馆召开中国建筑防水协会"瓦屋面技术分会"成立大会暨研讨会。

7月18日，瓦屋面技术分会组织德国屋面工程大师在防水展现场进行施工演示，开展行业施工技术培训。

2015年

1月8日，2015年中国建筑防水协会瓦屋面技术分会第一次工作会在邯郸召开。

9月8日，中国建筑防水协会瓦屋面技术分会第二次研讨会在北京顺义召开。当天下午代表们参观了正在顺义东方雨虹培训基地举办的建筑防水行业培训师高级培训班，与德国培训专家进行了深入讨论，研究了瓦屋面行业开展类似培训的可行性。

12月16日，2015年中国建筑防水协会瓦屋面技术分会年会暨研讨会在北京国家会议中心与第十三届中国屋面和建筑防水技术展览会同期举办。

2016年

7月14日，第十四届中国国际屋面和建筑防水技术展览会在上海世博展览馆盛大开幕。曼宁家作为瓦屋面技术分会的会长单位，每年均会邀请德国的屋面大师在展会现场为观众带来施工演示和互动体验，此次展会中分会成员佛山荣冠也派出了规模庞大的演示团队现场演示了陶瓦屋面的干法铺设。

7—10月，进行了IFD青年屋面工大赛选拔及培训，通过3次筛选后，3名队员在中国苏州和德国法兰克福进行了3次集训。

10月26日，首次参加IFD大赛瓦屋面项目比拼。来自全世界12个国家的25支代表队齐聚华沙MT波兰展览和会议中心。其中，9支队伍参加瓦屋面项目比赛、6支队伍参加金属屋面项目比赛，10支队伍参加平屋面项目比赛。

12月12日，中国建筑防水协会瓦屋面技术分会在江苏周庄召开了《坡屋面用 高分子金属泛水卷材》标准编写的启动会议和《坡屋面工程技术规范》GB 50693—2011修编的讨论会。

12月13日，中国建筑防水协会瓦屋面技术分会年会暨技术研讨会在苏州职业技能培训中心召开。来自全国各地的瓦屋面生产、施工、检测等单位的代表40余人出席了会议。

2017年

4月召开《高分子自粘通风泛水带产品标准》会议，组织相关检查认证单位和相关企业技术人员对产品编写大纲和材料指标制定进行讨论。

5月，在深圳展会展览馆召开中国建筑防水协会屋面工程展览会，屋面行业企业纷纷在展会上展出各种新产品和新技术，在展会举办同期举办了坡面面干法屋面施工技能操练。

9月22日来自全国60余家80名分会的会员共聚一堂参加了2017年瓦屋面分会年会和技术研讨会，研讨会首次采用了热点主题板块的形式，并在各热点区域邀请产业的专家，给与会人员带来一场饕餮盛宴，这次研讨会取得圆满结果。

2018年

曼宁家中国公司代表中国参与了2018世界青年屋面冠军赛，为此先后多次组织培训和集训，并于11月13—16日在拉脱维亚参加了"2018年IFD世界青年屋面冠军赛"瓦屋面项目的比赛，为2020年比赛打下了坚实的基础。

12月20日，成都世纪城新国际会展中心3号馆2号会议室。诸多瓦屋面行业俊杰齐聚首，共迎"2018瓦屋面技术分会年会暨第五届瓦屋面技术与市场研讨会"。会议增补北京金鑫雅居工程技术有限公司董事长刘建国为瓦屋面技术分会副会长。

12月20日，2018年中国防水展上，北京金鑫雅居工程技术有限公司操作的通风、隔热、装配式坡屋面施工演示。

2019年

5月28日—30日，瓦屋面技术分会部分会员积极参加了"第十七届中国国际屋面和建筑防水技术展览会",对瓦屋面系统技术和装备进行了展览展示,并参与了国际演示区的瓦屋面通风系统施工技术演示活动。

7月24日在北京召开了"2019瓦屋面技术分会年会暨第六届瓦屋面技术与市场研讨会"。届时将同期召开"瓦屋面专家委员会成立大会"。

为提高瓦屋面防水施工技术操作人员职业技能,保证建筑防水施工质量,配合拟开展"2020IFD世界青年屋面工冠军赛",曼宁家、金鑫雅居、深圳天道等公司在企业内部开展了相关职业技能培训工作。同时深圳天道公司还与徐州技术学院开展职业技能培训合作,建立瓦屋面职业技能培训基地,实现校企合作的职业技能培训新模式。

积极转发了防水协会开展的"建筑防水行业技术进步奖""金禹奖""标准化实验室评定"等行业评优活动相关通知。

2020年

5月1日,团体标准《波形沥青瓦》T/CWA201—2020正式实施。波形沥青瓦结合了目前中国坡屋面系统的构造和施工方法,顺应中国政府大力提倡的建筑节能原则,得到了市场的一致认可。该标准可以为瓦屋面的设计、应用、监管、施工、验收等各方面提供可靠的技术支持,以达到规范产品生产和服务工程建设的目的。

受新冠疫情影响,瓦屋面技术分会年会及研讨会取消。

2021年

5月28日,作为2021第二届防水行业大会平行论坛的2021瓦屋面技术分会年会暨第七届瓦屋面技术与市场研讨会在北京丰大国际大酒店召开,本次会议由北京金鑫雅居工程技术有限公司协办。8位行业专家分别就研讨会围绕瓦屋面前沿技术成果及国内先进瓦屋面产品与应用方案进行分享和解读。会上宣读了中国建筑防水协会瓦屋面技术分会第一届工作报告,选举产生了中国建筑防水协会瓦屋面技术分会第二届领导机构:秦艺当选会长,肖军当选秘书长。

2022年

7月27日,2022中国建筑防水协会瓦屋面技术分会年会暨第八届瓦屋面技术与市场研讨会在宁召开。会议由邯郸市瓦德新型建材有限公司协办。9位行业专家分别围绕瓦屋面前沿技术成果及国内先进瓦屋面产品与应用方案进行了分享和解读;会议回顾总结了瓦屋面技术分会2021年至2022年上半年工作;宣读了瓦屋面技术分会秘书处人事变更决定。

2023 年

3月31日,《坡屋面工程技术标规范》GB 50693—2011(以下简称《规范》)修订第六次工作会议,以线下、线上相结合的形式召开。来自标准主编、参编单位的多位领导、专家及代表近30人参加了会议。

4月25日,2023中国建筑防水协会瓦屋面技术分会年会暨第九届瓦屋面技术与市场研讨会在南京召开,本次会议由中国建筑防水协会瓦屋面技术分会承办,邯郸市瓦德新型建材有限公司、永得宁国际贸易(上海)有限公司协办。9位行业专家分别就研讨会围绕瓦屋面前沿技术成果及国内先进瓦屋面产品与应用方案进行分享和解读。会上对中国建筑防水协会瓦屋面技术分会会长进行调整增补,汇报了中国建筑防水协会瓦屋面技术分会2022年度工作报告。

8月3—4日,首届"雨虹杯"青年屋面工冠军赛在国家会展中心(上海)顺利举办,来自全国的18支队伍(其中平屋面11支,瓦屋面7支)参加了本次比赛。科顺刘阿凯陈威,金鑫雅居石川张威分别夺得平屋面、瓦屋面项目冠军。

4.5.7 青年企业家分会

2014 年

为使青年企业家更多关注和参与行业的发展,为青年企业家群体的成长提供一个更好的学习、交流平台,中国建筑防水协会于2014年12月7日在六届七次理事会上通过成立青年企业家分会(青年领军者俱乐部)的议案。

2015 年

3月24日,中国建筑防水协会青年企业家分会在京成立,青年企业家分会是中国建筑防水协会下设的非独立法人分支机构,是协会机制创新的又一举措,它将为青年企业家群体的成长提供一个更好的学习、交流平台。本次会议选举产生了分会第一届领导机构,程文涛任会长,季静静、林守仰、童未峰、吴飞、杨建国、张卫任副会长,孙侃任秘书长。会议审议通过《青年企业家分会管理办法》《中国建筑防水协会青年企业家分会经费收支管理办法》等议案。

2016 年

3月21日,中国建筑防水协会第一届青年企业家分会年会暨防水行业企业管理研讨会在海南省三亚市召开。分会秘书长孙侃向与会嘉宾汇报了2015年度青年企业家分会工作情况。分会组织了防水行业企业管理研讨会。北京金盾建材有限公司邵增峰、长沙大禹建筑工程有限公司曹麦宇、北方创信防水技术有限公司王荣博、保定北方防水工程公司许天罡、中国建筑材料科学研究总院苏州防水研究院陈文洁、中国建筑防水协会喷涂防水涂料分会秘书长（美国固瑞克公司）庄敬分别就防水技术、企业管理经验、经营战略等进行了交流。

2017 年

5月，第十五届中国国际屋面和建筑防水技术展览会在深圳举办。青年企业家分会与17家会员企业共同集体亮相展会。

5月24日，普露夫来到中国建筑防水协会青年企业家分会年会现场，来自中国建筑防水协会的领导、多位业界知名人士及各地的青年企业家分会会员共计200余人出席了本次年会。

6月18日，中国建筑防水协会青年企业家分会，在执行会长邵增峰带领下，一行28人赴盘锦进行实地考察学习。

8月，中国建筑防水协会青年企业家分会成员一行51人聚集内蒙古，走进了内蒙古包头市永兴发防水材料有限责任公司进行实地考察活动，并举行了主题为"中国质造——防水企业所面临的机遇与挑战"的圆桌论坛活动。

值此重阳节之际，为弘扬中华民族敬老、爱老传统美德，营造和谐社会的良好氛围，中国建筑防水协会青年企业家分会分别在华北、华中、华南、华东等地区组织开展了"关爱久久 暖秋重阳"公益慈善活动。

12月，中国建筑防水协会青年企业家分会成员在海口举办了一场质量提升研讨会。研讨会上青年企业家们认真贯彻落实2017全国建筑防水产品质量提升工作会议的会议精神，总结和分享学习心得。同时青年企业家也根据自身企业发展现状和市场发展趋势，如何进行优化升级与转型发展的对策互动探讨、交流分享。

2018 年

1月30日，辽宁女娲集团副董事长、陈家镇商会会长姚明明以及陈家镇商会的部分企业家一行16人走访慰问了陈家镇的6个村子共计16户贫困家庭。他们冒着严寒为贫困农民送上猪肉、豆油、鸡蛋等慰问品，并与他们促膝交谈，详细了解他们的身体、生活情况与春节准备情况，受到当地百姓的一致赞誉。

3月17—18日，在苏北名城新沂，2018年中国建筑防水协会青年企业家分会年会暨中国防水标准化论坛举行。天津市禹神建筑防水材料有限公司总经理杨建国当选为分会2018年轮值会长。在中国防水标准化论坛环节中，6位嘉宾进行了精彩分享。第二天参会嘉宾将前往阿尔法生产基地，参加防水标准化生产与施工的现场演示观摩交流活动。

4月10日,参加以"群英聚首 智赢未来"为主题,由湖北省质量技术监督局和湖北省建筑防水协会共同主办的"湖北省建筑防水行业质量提升工作大会暨2017年建筑防水行业年会"在湖北石首召开。

5月30日,参加第十六届中国国际屋面和建筑防水技术展览会。

7月4日,由青年企业家分会举办"青年防水人 魅力杭州行"活动启程,在执行会长杨建国的带领下一行近30名青年企业家分会成员赴杭州进行实地考察与学习。

10月17日,正值重阳,为弘扬中华民族敬老、爱老、助老的传统美德,进一步倡导敬老、爱老、助老的新风尚,营造和谐社会的良好氛围。中国建筑防水协会青年企业家分会分别在华北、华中、华南、华东、东北、西北、西南七大地区八座城市组织开展"关爱久久 暖秋重阳"公益慈善活动。本次活动得到全体会员的积极响应,共捐助慈善物资近10万元。

11月3日至16日,在中国建筑防水协会的组织下青年企业家分会副会长季静静、卫向阳、副秘书长刘亚洲、专家委员王春晓、王坤与来自17家会员企业的技术及管理高层领导及地方协会的相关领导共24人,赴欧洲进行了为期14天的走访考察。

11月24日,中国建筑防水协会青年企业家分会在执行会长杨建国、秘书长孙侃、副会长邵增峰、吴飞、季静静的带领下,一行60人走进河北省石家庄市6家知名企业,进行为期2天的交流互访。

12月,在成都举办了一场工作研讨会,会上针对建立防水行业诚信档案管理平台、建立青协内部合作代工模式、年会事宜等几个议题开展讨论。

2019年

3月23日,2019年中国建筑防水协会青年企业家分会年会暨二届一次会员大会召开。会议总结了上一届青年企业家分会工作情况,部署了2019年分会(新一届)的主要工作和活动,探讨了标准化与防水行业技术创新,以及未来防水企业发展的商业模式。年会上,分会第二届领导人诞生:北京金盾建材有限公司总经理邵增峰当选会长、北京世纪洪雨科技有限公司总经理孙侃当选秘书长。武汉市恒星防水材料有限公司总经理张卫当选分会2019年轮值会长。

5月28日,参加由中国建筑防水协会、国际屋面联合会、美国屋面工程协会、中国建筑防水协会青年企业家分会联合主办的防水行业职业发展国际分享会。

5月28—5月30日,参加为期三天的第17届中国国际屋面和建筑防水技术展览会。

6月,青年防水人信息管理平台正式推出使用。

6月18日—6月20日受寿光市防水行业协会、寿光市政府、寿光市台头镇政府的邀请,中国建筑防水协会青年企业家分会成员在会长邵增峰、秘书长孙侃、执行会长张卫的带领下一行60余人聚集寿光进行了为期三天的交流考察活动。

6月19日，中国建筑防水行业青年企业家圆桌会议在寿光召开，全国各地的40余名青年企业家代表受邀出席会议。

重阳节来临之际，中国建筑防水协会青年企业家分会分别在华北、华中、华南、华东、东北、西北、西南七大地区组织开展"关爱久久 暖秋重阳"公益慈善活动。据了解，这是青年企业家分会的第三届重阳节大型公益慈善活动，此活动旨在汇聚大爱，引导年轻人孝敬家人，关爱老人，重塑社会孝道文化，形成崇尚"百善孝为先"的传统文化氛围。

12月2—3日，中国建筑防水协会青协企业家分会组织"工厂开放日"活动在江苏新沂阿尔法工厂圆满举办。

12月，参加中国能源化工产业峰会，中国建筑防水协会青年企业家分会和山东海韵沥青有限公司签订《沥青保供合作协议书》。

2020年

1月份，疫情发生后青年企业家分会迅速成立疫情应急委员会，第一时间落实武汉及其他城市会员身体健康情况，迅速开展抗疫防控的宣传工作。青年企业家分会通过共同努力，发挥团队力量，多种渠道紧急筹集、运输救援物资，截至2020年1月30日，青年企业家分会共捐赠了60吨蔬菜、10吨消毒液、1万个口罩、会员企业通过网上捐款近20万元等；所有物资由会长、执行会长、副会长亲临现场调度监督装车确保质量、确保数量、确保运输。

重阳节到来之际，青年防水人用行动尽一份绵薄之力、把温暖传递，让爱洒满人间弘扬中华民族敬老、爱老、助老的传统美德、中国建筑防水协会青年企业家分会分别在华北、华中、华南、华东、东北、西北、西南七大地区、十座城市开展"关爱久久 暖秋重阳"公益慈善活动，这是第四届重阳节大型公益慈善活动汇聚大爱，引导年轻人孝敬家人。

10月28—30日，中国国际屋面和建筑防水技术展览会在北京国家会议中心成功举办。作为2020年中国防水行业第一场线下重大经贸活动，本届展会展出面积达25000平方米，超260家展商。青年企业家分会再次以全场最大面积亮相。

12月8日，2020年中国建筑防水协会青年企业家分会年会暨二届二次会员大会在浙江杭州召开。

12月9日，青年企业家分会会长邵增峰、执行会长季静静、秘书长孙侃及来自全国各地的青年企业家一行近80人到防水行业智能制造标杆企业东方雨虹芜湖生产基地参观交流。

2021 年

5月28日,作为 2021 第二届防水行业大会平行论坛的第七届青年企业家分会年会及研讨会顺利举行。会上还举行了中国建筑防水协会青年企业家分会"共享资源、共享工厂"启动仪式。

7月,河南遭遇极端罕见暴雨灾情,汛情严峻。青年企业家分会管理层高度重视。在会长邵增峰、轮值会长季静静的号召下,全体会员积极响应参与,秘书长孙侃迅速组织成立小组紧急部署。

九九重阳节,浓浓敬老情。为弘扬敬老、爱老的传统美德,值此 2021 年重阳节来临之际,中国建筑防水协会青年企业家分会,组织全体会员开展尊老、爱老、敬老、助老慰问慈善活动,"关爱久久 暖秋重阳"爱心活动,已是青年企业家分会连续第五次举办。

12月7日,中国建筑防水行业企业发展研讨会在重庆召开。中国建筑防水协会秘书长朱冬青、青年企业家分会会长邵增峰、轮值会长季静静、副会长卫向阳及来自全国各地的 30 余名青年企业家代表受邀出席会议。

2022 年

7月27日,由中国建筑防水协会主办、北新防水有限公司协办的 2022 第三届防水行业大会(528 大会)在宁召开,近 700 位嘉宾代表齐聚南京参与了这一盛会。分会因第二届领导机构已经届满,按《中国建筑防水协会章程》和《中国建筑防水协会分会管理办法》文件规定,在本次会议上青年企业家分会进行换届,会上选举产生了青年企业家分会第三届领导机构。

7月28日,由中国建筑防水协会青年企业家分会会长(阿尔法总裁)卫向阳带队,完美句号防水总经理王奔、京石防水总经理孙凯、天津鹏腾总经理孙彦青、合肥中通防水总经理孙帅等多名青年企业家分会成员,走进江苏陕普防水材料科技有限公司新生产基地学习参观。

8月,中国建筑防水协会青年企业家分会联合万荣县慈善总会,开展了"阳光助学"光彩活动。青年企业家分会多名会员单位参加本次活动。

8月,多名青年企业家分会成员走进会长单位阿尔法新材料江苏有限公司进行参观学习,交流互动。

8月26日至29日,由万荣县委常委、统战部部长徐晓凯同志带队,县工商联主席王静及工作人员,实地走访了 17 名 2022 年高考被国家二本 B 类以上院校录取的孤儿及单亲、伤残、重疾、重大意外的贫困家庭,了解其家庭生活情况,并将企业家的爱心送至全县优秀大学生手中,每生 3000 元,共计 51000 元。

9月7日，中国建筑防水协会青年企业家分会主办的青协商学院（拟定）第一期首讲线上培训圆满举办。

为弘扬中华民族敬老爱老的优秀传统美德，营造尊老、爱老、助老的氛围，中国建筑防水协会青年企业家分会连续第六年组织开展了以"关爱久久 暖秋重阳"为主题的重阳节慈善活动。

10月，中国建筑防水协会青年企业家分会主办的青协商学院（拟定）第一期002—003讲线上培训圆满举办。

2023年

4月25日，中国建筑防水协会青年企业家分会于南京召开2023年年会暨第三届二次会员大会。会议听取了分会2022年工作报告，并且宣布成立了青学荟。会上，先进会员企业、卓越奉献者和爱心公益奖项的获得者也受到了表彰。在论坛环节，邀请了多位嘉宾分享他们在专业领域中的知识和经验。

8月3日，中国国际防水展在上海盛大开幕。这是一场全球范围内的防水行业盛典，中国建筑防水协会青年企业家分会联合13家企业亮相展会，向全世界展示了青年防水人的形象和活力。

重阳节来临之际，中国建筑防水协会青年企业家分会、九阳防水、陕普防水、合肥中通防水等相关防水社团、企业纷纷开展尊老敬老活动，弘扬了中华民族敬老爱老的传统美德，营造了爱老、助老的氛围。

12月7日，中国建筑防水协会青年企业家分会在杭州成功召开了以"穿越时光的思考——企业在变革中的调整与应对策略"为主题的研讨会。

防水行业辉煌四十年

第 5 部分 · 国际交流与合作

5.1 与国际行业组织保持联系

1. 美国屋面工程协会（National Roofing Contractors Association，NRCA）

2000年2月26日，朱冬青副理事长率中国建筑防水材料工业代表团访美。自此，中国建筑防水协会与美国屋面工程协会建立了长期友好合作伙伴关系，双方在技术交流，展位互换，展会宣传，技术培训，资料共享等方面取得了显著成果。

中国建筑防水协会每年均会组织防水代表团赴美参加美国屋面工程协会的国际屋面展览会（International Roofing Expo）并同其专家进行技术研讨及交流。同时，美国屋面工程协会每年也会组织代表团来华参加我会主办的中国国际屋面和建筑防水技术展览会（Roofing & Waterproofing Expo）。

2. 德国屋面工程协会（Central Association of German Roofing Contractors，ZVDH）

2003年10月28日，以我会常务副理事朱冬青为团长的中国防水代表团一行18人赴欧洲专程拜访了德国屋面工程协会（ZVDH），约定双方相互交流，互参展会，展会宣传，行业互访等合作事宜，确立了长期友好关系。

德国屋面工程协会每年都会组织代表团来华参加我会主办的中国国际屋面和建筑防水技术展览会（Roofing & Waterproofing Expo）同时德国屋面工程协会邀请了我会代表团赴德参加其主办的每两年一届的屋面及木材国际展览会（Roof+Timber International）。

3. 国际屋面联合会（International Federation of the Roofing Trade，IFD）

2014年6月3日，中国建筑防水协会受邀正式加入了国际屋面联合会，成为其合作伙伴一员。双方进行了技术交流，行业互访，技能大赛等合作。

4. 美国聚脲发展协会（Polyurea Development Association，PDA）

2010年4月1日，美国聚脲发展协会（PDA）代表来华参加了中国建筑防水协会聚脲技术分会召开的中美聚脲技术研讨会。同年10月21日，中国聚脲防水技术分会与美国聚脲发展协会签订了结盟协议，建立了一个推广聚脲技术及其应用的产业实践联盟。该联盟旨在通过专业发展提高行业影响力，并共同为聚脲技术的研究方法、技术和产品提供支持。双方维持平等的信息交流伙伴关系。

5. 日本防水材料联合会（Japan Waterproof Materials Association，JWMA）

日本防水材料联合会多年来一直参加我会主办的防水展会，双方在防水技术研讨，防水施工培训等方面进行了广泛合作和交流。2012年6月，应日本防水材料联合会会长的邀请，朱冬青理事长率代表团拜会了日本防水材料联合会，双方就两国防水行业发展、市场趋势、应对国际危机和业界合作进行了广泛的交流，特别是在节能环保绿色安全等领域，双方达成了合作共识。

6. 日本屋面工程协会（Japan Roofing Contractors Association，JRCA）

2004年6月30日，日本屋面工程协会代表参加了我会主办的第二届中国国际建筑防水技术展览会，并洽谈合作事宜。此后，日本屋面工程协会连续数年参加我会主办的防水展会，双方在防水技术研讨，防水施工培训等方面进行了广泛合作和交流。

7. 匈牙利屋面承包商协会（Hungarian Federation of Roofing Contractors）

2007年3月，我会组织代表团访问匈牙利屋面承包商协会及其屋面培训学校，建立了长期合作互访关系。

8. 欧洲沥青瓦协会

2004年6月30日，欧洲沥青瓦协会均派出高级代表团出席了我会主办的第二届中国国际建筑防水技术展览会，自此确立了技术交流和行业访问等友好合作关系。

9. 法国绿色屋面协会

2013年5月，我会受邀组织种植屋面代表团赴欧拜访法国绿色屋面协会，就绿色屋面技术及相关发展趋势展开了深入研讨，并从此与其保持技术交流与联系。

10. 巴西屋面行业展会主办方（Roofing Expo Brazil）

2012年，中国建筑防水协会同巴西屋面行业展会主办方建立联系，双方就展会互换，展会宣传方面建立合作关系。同年6月18日，中国建筑防水协会作为展会合作方组团参加了巴西第一届国际屋顶屋面维护与建筑防水技术展览会（Roofing Expo Brazil 2012）。

11. 印度屋面行业展会主办方（Roof India）

2011年，中国建筑防水协会同印度屋面行业展会主办方建立联系，双方就展会互换，展会宣传方面建立合作关系。连续几年来，我会均组织防水代表团参加印度屋面展，同时，印方也积极组织印度防水行业人员来华参加我会的防水展，进行学习和观摩。

5.2 中国建筑防水协会对外出访活动

中国建筑防水协会派出团组和专家开展对外交流活动年表（2014年至今）

派出团组参与活动	国家（地区）	团长、出访者	人数	出访日期
出席第127届美国国际屋面工程协会年会暨美国国际屋面展览会（IRE）、拜会了美国屋面工程协会主席团	美国	朱冬青	23	2014.2
金属屋面分会组团考察欧洲，参观德国屋面和木工展览会	欧洲	尹敏达、蔡昭昀	26	2014.2
参观2014年德国屋面和木工展览会，拜访瑞士西卡渗耐公司、陶氏化学公司欧洲研究中心、德国杜拉普鲁夫公司	欧洲	朱冬青、苗燕	27	2014.2
参加美国卡莱尔集团国际防水技术论坛	美国	朱冬青、朱志远	2	2014.10
参加青年领军者职业技能大赛，参观匈牙利国际屋面职业学校	匈牙利	苗燕、羡永彪	10	2014.11
出席第128届美国国际屋面工程协会年会暨美国国际屋面展览会（IRE）、拜会美国屋面工程协会主席团	美国	朱冬青、苗燕、羡永彪	28	2015.2
参观第128届美国国际屋面工程协会年会暨美国国际屋面展览会（IRE），同时应邀访问金属围护系统生产厂商和检测机构	美国	尹敏达、蔡昭昀	22	2015.2
参加第十四届印度屋面展（ROOFINDIA）	印度	张娜	3	2015.5
应邀访问日本建筑防水材料联合会、日本田岛株式会社及道康宁•东丽等机构	日本	羡永彪、苏明、尚华胜	4	2015.6
应邀访问俄罗斯屋面工程协会及泰和尼科公司（TECHNONICAL）	俄罗斯	朱冬青、苗燕	17	2015.7
拜访国际屋面联合会欧洲地区各国家级屋面协会，游说其支持中国申办2020年世界青年屋面工大赛	欧洲	朱冬青、苗燕	4	2015.9
拜访欧洲地区相关防水企业、参观第29届法国巴黎建筑及建材展览会（BATIMAT）	欧洲	朱冬青、苗燕	34	2015.10

续表

派出团组参与活动	国家（地区）	团长、出访者	人数	出访日期
参观第29届法国巴黎建筑及建材展览会（BATIMAT）及米兰世博会，考察欧洲相关金属围护系统项目	欧洲	尹敏达、蔡昭昀	14	2015.10
出席第129届美国国际屋面工程协会年会暨美国国际屋面展览会（IRE）	美国	朱冬青、苗燕	24	2016.2
应邀访问美国屋面工程协会（NRCA）、加拿大索普瑞玛公司、美国卡莱尔公司、美国阿迪公司、美国格雷斯公司、美国OMG公司和美国GAF公司	加拿大、美国	朱冬青、李卫国	2	2016.8
参观第26届世界青年屋面工大赛并应邀访问欧洲相关防水行业企业及屋面工培训学校	欧洲	朱冬青、苗燕	24	2016.10
世界青年屋面工冠军赛参赛及观摩代表团	欧洲	尚华胜、张恒瑞	17	2016.10
参观第26届世界青年屋面工大赛并应邀访问欧洲相关金属屋面相关企业	欧洲	尹敏达、蔡昭昀	12	2016.10
参观第130届美国国际屋面工程协会年会暨美国国际屋面展览会（IRE），同时应邀访问参观了杜邦公司Tyvek（R）防水透汽膜生产工厂和研发测试中心，天祥集团［Intertek（R）］建筑产品检测实验室，美国西北太平洋国家实验室（Pacific Norwest National Laboratory，PNNL）建筑节能分部以及美国劳伦斯·伯克利国家实验室（Lawrence Berkeley National Lab.，LBNL）	美国	朱冬青、苗燕	23	2017.02
参加2017年印度屋面展（ROOFINDIA）	印度	张娜	1	2017.04
协会种植屋面技术代表团，应邀访问种植屋面行业相关企业及实验室，包括奥地利璧谢霍夫曼公司、德国朗盛公司、FLL实验室等	欧洲	苏明	14	2017.05
应邀参加第65届国际屋面联合会（IFD）大会，经会议投票表决，中国北京获得2020年IFD大会及第28届IFD世界青年屋面工冠军赛（以下简称"IFD大赛"）主办权。在IFD国际屋面工程案例大奖评选中，经中国建筑防水协会选送，"梅溪湖国际文化艺术中心工程"与"佛山市公共文化综合体之坊塔项目"分别荣获金属屋面和金属围护系统提名奖	欧洲	朱冬青	2	2017.10
拜访欧洲地区相关防水设备制造商、参观法国巴黎建筑及建材展览会（BATIMAT）	欧洲	朱冬青、苗燕	33	2017.10
协会建筑密封材料分会代表团，应邀参观访问美国密封胶行业相关企业及美国相关实验室，包括道康宁、博纳、FM实验室等公司	美国	朱德明	14	2017.11

续表

派出团组参与活动	国家（地区）	团长、出访者	人数	出访日期
参加第131届美国国际屋面工程协会年会暨美国国际屋面展览会（IRE），同时应邀访问参观了相关防水企业	美国	朱冬青、苗燕	22	2018.02
应邀拜访日本建筑防水材料协会及装配式建筑相关企业	日本	朱冬青、苗燕	7	2018.04
参加2018年印度屋面展（ROOFINDIA）	印度	万山青	1	2018.06
应邀拜访索普瑞玛公司并访问加拿大屋面培训学校	加拿大	朱冬青、苗燕	20	2018.09
观摩第27届IFD世界青年屋面工冠军赛，应邀拜访欧洲防水行业相关企业及屋面培训学校	欧洲	朱冬青、苗燕	27	2018.11
第27届IFD世界青年屋面工冠军赛参赛团队及观摩团队	欧洲	尚华胜、张恒瑞	20	2018.11
金属屋面分会观摩第27届IFD世界青年屋面工冠军赛	欧洲	蔡昭昀	10	2018.11
应邀参加2019年德国慕尼黑建材展（BAU）	欧洲	苗燕	4	2019.01
参加美国国际屋面工程协会年会暨美国国际屋面展览会（IRE），同时应邀同美国屋面工程协会主席团开展交流	美国	朱冬青、苗燕	22	2019.02
应邀参加加拿大屋面国际展览会（RoofTech）	加拿大	苗燕	2	2019.04
应邀参加第67届IFD大会及IFD国际屋面工程颁奖典礼，我会选送的"湖北荆门彭墩酒庄"项目获得了IFD2019年最重要的也是竞争最激烈的坡屋面大奖，这也是中国首次获得IFD屋面工程国际大奖	英国	朱冬青	6	2019.09
应邀访问日本屋面工程协会、日本金属屋面协会及日本防水材料联合会	日本	朱冬青	2	2019.10
参加法国巴黎建筑及建材展览会（BATIMAT），拜访欧洲地区相关防水企业	欧洲	朱冬青、苗燕	30	2019.11
应德国屋面工程协会邀请，参加德国屋面及木材展览会（ROOF+TIMBER）	欧洲	朱冬青	15	2020.01
参加美国国际屋面工程协会年会暨美国国际屋面展览会（IRE），同时应邀同美国屋面工程协会主席团开展交流	美国	朱冬青、苗燕	4	2023.03
应邀参加加拿大屋面国际展览会（RoofTech）	加拿大	苗燕	1	2023.04
应邀参加国际屋面联合会大会（IFD）	欧洲	朱冬青	2	2023.10

续表

派出团组参与活动	国家（地区）	团长、出访者	人数	出访日期
参加美国国际屋面工程协会年会暨美国国际屋面展览会（IRE），同时应邀同美国屋面工程协会主席团开展交流	美国	朱冬青、苗燕	3	2024.01
应邀参加德国屋面及木材展览会（ROOF＋TIMBER）并参观部分欧洲防水企业及奥地利屋面培训学校	欧洲	朱冬青、羡永彪、瞿培华	38	2024.03
参加参观2024 DACH＋HOLZ国际屋面及木工展	德国	陈岳	2	2024.03

5.3　中国建筑防水协会接待国外专家活动

中国建筑防水协会接待访华团组和专家开展对外交流活动年表（2015年至今）

来访团组和专家名称	活动内容	团长、来访者	人数	来访日期
意大利卷材设备生产商欧利来（Euroline）公司来访	交流研讨	总经理：亚历桑德罗·帕万线先生（Alessandro Pavan）	4	2015年9月1日
德国屋面工程协会主席及夫人来访	交流拜访	Karl-Heinz Schneider 先生及其夫人	2	2015年9月2日
欧洲最大屋面防水材料生产商之一的俄罗斯泰和尼科公司（TECHNONICAL）总裁来协会拜访并会谈	技术交流、会谈合作	谢尔盖先生	4	2015年9月10日
著名华裔建筑工程专家陈惟理博士来访	交流研讨	陈惟理博士	1	2017年3月21日
国际屋面联合会（IFD）秘书长施陶赫先生（Detlef Stauch）到访	商讨2020年IFD大会及大赛筹备等事宜	施陶赫先生（Detlef Stauch）	1	2019年2月26日
巴斯夫（中国）有限公司全球副总裁Henry Paeckert一行到访交流	技术交流、会谈合作	Henry Paeckert 先生	4	2020年11月23日
美国卡莱建筑集团技术交流视频会	视频技术交流会	卡莱建筑集团国际运营总监John Austin等	4	2022年3月10日

续表

来访团组和专家名称	活动内容	团长、来访者	人数	来访日期
奥地利碧榭霍夫曼有限公司（Büsscher & Hoffmann）到访交流座谈	技术交流、会谈合作	总裁蓝卡尔先生、产品经理工学博士罗伯特·阿特曼先生等	6	2023年3月30日
德国屋面工程协会资深专家盖德·范德韦尔特先生到访交流	交流研讨	盖德·范德韦尔特先生	1	2023年8月9日
西卡集团防水事业部负责人Philippe Stoll先生一行到访交流	交流研讨	Philippe Stoll先生	6	2024年3月16日
奥地利碧榭霍夫曼（Büsscher & Hoffmann）总裁蓝卡尔一行到访中国建筑防水协会	交流研讨	蓝卡尔先生	1	2024年4月25日
日东电工中国公司（Nitto）总经理田丸大辅一行到访中国建筑防水协会	交流研讨	总经理田丸大辅先生、企画部部长明石达人先生	4	2024年5月9日

5.4　对外交流取得的成果

5.4.1　引进装备及技术

1986—1991年

1987年12月天津油毡厂的SBS/APP改性油毡生产线正是投产，这条耗资1000万元的生产线引自奥地利维拉斯Villas公司。随后，1988年3月第二条引进线落户武汉油毡厂，总投资达1954万元人民币。意大利布阿托公司也于1992年进入中国，并一举拿下了长春、盘锦两大油毡厂的订单。1993年四川永川防水材料厂投资3500万元人民币引进美国阿迪公司的生产线。至此，历时六年的引进风潮落幕，在这六年里，11家企业先后引进14条改性沥青油毡生产线，总产能达1.2亿平方米。

改性沥青油毡生产线引进情况

引进企业名称	主要产品	生产能力（万m²）	总投资（万元）	用汇额（万美元）	投产日期	设备引进国别	备注
天津油毡厂	APP、SBS改性油毡	1000	1000.3	308	1987.12	奥地利Villas公司	

续表

引进企业名称	主要产品	生产能力（万 m²）	总投资（万元）	用汇额（万美元）	投产日期	设备引进国别	备注
武汉油毡厂	APP、SBS改性油毡	1000	1954	285	1988.3	奥地利 Villas 公司	
沈阳蓝光新型防水材料公司	APP 改性油毡	600	3000	230	1989.7	意大利 Brai 公司	中外合资
盘锦市新型防水材料厂	APP、催化氧化沥青油毡	2000	4000	456	1989	西班牙 Texsa 公司	4条生产线
北京—奥克兰建筑防水公司	APP、SBS 改性油毡	1000	3324	832 万马克	1990.9	德国 Reiser 公司	中外合资
宝鸡市原纸油毡厂	APP 改性油毡	600	1760	240	1990.10	意大利 Brai 公司	
长春市防水材料厂	APP 改性油毡	800	3300	210	1992.6	意大利 Boato 公司	
保定石油化工总厂	APP、SBS 改性油毡	1000		302	1992.5	德国 Rummer 公司	
无锡减震器厂	汽车用沥青阻尼板、SBS 改性油毡	800	2100	455 万马克	1992.4	德国 Rummer 公司	目前仅生产沥青阻尼板
盘锦通达防水材料公司	APP 改性油毡	800		264	1992.9	意大利 Boato	中外合资
四川永川防水材料厂	APP、SBS 改性油毡	450	3500	285	预计1993.12	美国 R&D 公司	中外合资

2005 年至今

近年来，东方雨虹、卓宝、辽宁大禹等企业先后引进十余条美国阿迪公司的生产线。仅在 2014 年，东方雨虹引进意大利 BOATO 公司的三条改性沥青卷材生产线、三条阿迪公司改性沥青卷材生产线，德国威达公司在扬州生产基地引进意大利生产线。

通过多层次、频繁的国际交流，拉近了我国与发达国家在产品技术、生产工艺和防水理念上的差距，将国际先进的技术、设备、工艺和实验方法引进国内。

单层卷材屋面技术和理念

单层卷材屋面在是欧美普遍采用的屋面防水系统，由于与我国多道设防的传统防水理念相背离，在国内推广面临挑战，制约了 PVC、TPO、三元乙丙等高分子防水材料在我国的应用和发展。

为此协会组织成立单层卷材屋面技术委员会（后发展成单层卷材屋面技术分会），邀请外国专家进行相关技术及理念的普及和推广工作。通过近几年的努力，市场形势也有了好的发展，单层卷材屋面已经在很多行业里面被广为接受，特别是造纸、烟草、汽车、IT、印染等行业里大量采用。住房和城乡建设部 2013 年颁布的《单层防水卷材屋面工程技术规程》JGJ/T 316—2013 为单层卷材屋面在我国发展铺平了道路。

耐根穿刺卷材技术

种植屋面集生态效益、环境效益和社会效益于一身，是绿色、节能屋面系统中的重要一员，然而，植物根系对防水卷材具有穿刺的破坏作用，因此要求防水材料必须具备耐根穿刺性能。为此，协会通过国际技术交流，将国外耐根穿刺的防水材料和实验方法引进国内，并支持北京市园林科学研究所（现称北京市园林绿化科学研究院）参考国际标准，建立国内首家耐根穿刺性能检测实验室。2007 年 4 月 20 日，首批 4 个样本在北京市园林科学研究所正式进行为期 2 年的耐根穿刺防水卷材性能试验。截至 2024 年，已有众多样本在此进行了实验。

5.4.2 国际合作

种植屋面用防水卷材耐根穿刺实验室

协会多次组织考察德国 FLL 实验室，进行了大量资料收集整理工作，在引进德国 FLL 实验方法的基础上，2007 年，协会推动北京园林科学研究所建立了国内首个种植屋面用防水卷材耐根穿刺实验室。实验室的建成为种植屋面用防水卷材的耐根穿刺性能研究、产品标准、实验方法等提供了科研平台，对我国种植屋面系统的发展有着重要的意义。

2010 年，该实验室通过了国家计量认证（CMA），出具的检测报告具有法律效力。

屋面抗风揭实验室

抗风揭实验是检测单层屋面系统的指标之一，协会先后 5 次访问美国 FM 实验室，并于 2009 年 4 月 23 日促成苏州防水研究院与 FM 认证公司在北京签署了单层卷材屋面系统抗风揭检测合作协议。2010 年 8 月 26 日，中国建筑材料科学研究总院苏州防水研究院屋面系统抗风揭实验室正式建成运营，此举提升了我国单层屋面系统的抗风揭检测方法、标准制定、认证评价和设计施工等工作水平，标志着我国单层屋面系统技术发展又上了一个新台阶。

随后，抗风揭实验室检测业务拓展到金属屋面。2011 年 3 月，美国 FM 正式授权中国建筑材料科学研究总院苏州防水研究院屋面系统抗风揭实验室开展金属屋面系统抗风揭实验。该实验室是根据美国FM公司的金属屋面抗风揭试验方法进行试验和认证的，所采用的方法有别于材料性能检测和风洞试验，能够有效评价金属屋面系统所能达到的抗风揭能力，保证建筑的安全；检验金属屋面系统的设计、施工、材料（包括固定座、檩条和屋面板等）以及整个金属屋面系统的可靠性和可行性。金属屋面系统抗风揭实验室的建成，为我国建立金属屋面系统抗风揭的检测方法、标准规范和认证评价体系奠定坚实的基础，对我国金属屋面系统的规范发展有着重要的意义。

国际防水展

中国国际屋面和建筑防水技术展览会创办于2002年，是由中国建筑防水协会、中国建筑材料集团有限公司、美国屋面工程协会主办，中国建筑防水协会承办的国际性专业的防水展会。既有政府支持，又有国际组织的参与及国内行业权威组织承办，奠定了中国国际屋面和建筑防水展的发展基础。经过多年积累，中国国际屋面和建筑防水技术展览会已成为亚洲第一、世界第三大屋面和建筑防水专业展览会。

国际屋面联合会（IFD）屋面大奖和青年屋面工大赛

国际屋面联合会（IFD）屋面大奖最初设立于2013年，被誉为全球屋面行业的"奥林匹克"大奖。在此之前，IFD大会和国际青年屋面工冠军赛每年一届，一般每年秋季在世界各地不同国家举办。自2013年起，IFD做出变革，单数年举办IFD大会和国际屋面大奖的选举及颁奖，双数年举办IFD大会及世界青年屋面工冠军大赛。

自2015年起，中国建筑防水协会开始组织申报国际屋面联合会（IFD）举办的国际屋面大奖的评选。

2015—2023年申报历程及获奖

2015年，东方雨虹的"深圳机场T3航站楼屋面防水保温工程"经中国建筑防水协会选送，荣获2015年国际屋面工程大奖金属屋面提名奖。

2017年，经中国建筑防水协会选送，山东雅百特科技有限公司的"梅溪湖国际文化艺术中心工程"与"佛山市公共文化综合体之坊塔项目"分别荣获2017年IFD国际屋面工程案例大奖金属屋面和金属围护系统提名奖。

2019年，英国伦敦时间9月27日晚，在英国爱丁堡第67届国际屋面联合会（IFD）会议上，北京瀚邦基业科技发展有限公司的"荆门彭墩酒庄"项目荣获2019IFD坡屋面工程冠军大奖。这也是中国防水企业首次荣获国际屋面行业的"奥林匹克"大奖。

2021年，IFD屋面大奖颁奖礼于2021年10月15日在德国马尔堡举行，中国选送了 11 个项目参加所有四个项目奖项的角逐，很遗憾的是本次没有获得提名和大奖。

2023 年，IFD 屋面大奖颁奖礼与 2023 年 10 月 13 日在意大利 Kurhaus Meran 举行，今年有来自美国、中国、南非、拉脱维亚、波兰、德国、奥地利、瑞士、匈牙利和英国等国家超过 100 个申报项目参与四个奖项类别的角逐。最终英国、匈牙利、拉脱维亚、奥地利的工程项目分获坡屋面、平屋面、金属屋面和立墙项目组的冠军。

2014 年和 2016 年，中国建筑防水协会已经组织国内代表队连续两届参加了号称全球屋面行业奥运会的"世界青年屋面工冠军赛"（简称"IFD 大赛"）。近些年，协会还组织代表团考察欧洲的职业技能教育和培训体系。通过国际交流，希望找到一条适合我国行业发展的职业化教育培训之路。

经过不懈努力，中国建筑防水协会成功申请到了 2020 年"世界青年屋面工冠军赛"的承办权，经过与 IFD 组委会的多次沟通，原计划定于 2020 年 10 月 28—30 日"2020 中国国际屋面和建筑防水技术展览会"期间同期举办"第 28 届世界青年屋面工冠军赛"，举办地点为北京。但由于新冠疫情在全球蔓延，2020 北京大赛不得不延期举办。

在 2023 年意大利召开的 IFD 大会上，协会表达了希望继续申办 IFD 青年屋面工大赛的意愿，获得了与会代表的一致支持。

防水行业辉煌四十年

● 第 6 部分 · 标准规范

6.1 概述

就前30年的标准管理而言,从1984年12月,中国建筑防水材料公司苏州研究设计所成立之前,防水材料的标准化管理是由河南建筑材料科学研究所,此后转为苏州所归口管理,直至1996年国家对标准进行清理调整,标准归口管理转为标委会。从1997年起,新制定标准开始由全国轻质与装饰装修建筑材料标准化技术委员会(SAC/TC195)归口。2008年7月3日,"全国轻质与装饰装修建筑材料标准化技术委员会建筑防水材料分技术委员会(SAC/TC195/SC1)"成立。建筑防水材料分技术委员会秘书处设在中国化学建筑材料公司苏州防水材料研究设计所。2008年10月22日,建筑密封材料分技术委员会成立,标委会秘书处承担单位河南建筑材料研究设计院有限责任公司和辽宁省建筑材料研究设计院,秘书处常设机构在河南建筑材料研究设计院有限责任公司。

6.2 标准规范情况简述

2014年由中国建材检验认证集团苏州有限公司朱志远等制定了《透汽防水垫层》《隔热防水垫层》行业标准。由建材工业技术监督研究中心杨斌等制定了《聚苯乙烯防护排水板》行业标准。由中国建材检验认证集团股份有限公司刘海波等制定了《混凝土接缝防水用预埋注浆管》国家标准,乔亚玲等修订了《建筑反射隔热涂料》JG/T235—2014,公安部四川消防研究所曾绪斌等制定了《屋顶及屋顶覆盖制品外部对火反应试验方法》GB/T30735—2014，由中国建筑材料科学研究总院苏州防水研究院杨胜等制定了《道桥用环氧沥青》NB/SH/T0881—2014，由北京市化工产品质量检验监督站刘冰等修订了《高分子防水材料第 2 部分止水带》GB18173.2—2014。

2015 年，由交通运输部公路科学研究院刘英等制定了《路桥用水性沥青基防水涂料》JT/T 535—2015；由招商局重庆交通科研设计院有限公司徐光红等制定了《路桥用溶剂性沥青基防水粘结涂料》JT/T 983—2015；由北京卓越金控高科技有限公司马启元等指定了《建筑门窗幕墙用中空玻璃弹性密封胶》JG/T 471—2015；由中国建筑防水协会朱冬青等制定了《建筑幕墙用硅酮结构密封胶》JG/T 475—2015；由交通运输部公路科学研究院李峰等制定了《路面加热型密封胶》JT/T 740—2015、《路面裂缝贴缝胶》JT/T 969—2015、《沥青路面有机硅密封胶》JT/T 970—2015；由中国建材检验认证集团苏州有限公司朱志远等制定了《玻纤胎沥青瓦》GB/T 20474—2015、《单层卷材屋面系统抗风揭试验方法》GB/T 31543—2015、《喷涂橡胶沥青防水涂料》JC/T 2317—2015；由西安市广天建材节能技术开发有限公司张耀武等制定了《建筑用穿墙防水对拉螺栓套具》JG/T 478—2015；由北京建材检验认证集团股份有限公司刘海波等制定了《混凝土接缝防水用预埋注浆管》GB/T 31538—2015；由上海市建筑科学研究院（集团）有限公司徐颖等制定了《建筑材料及其制品水蒸气透过性能试验方法》GB/T 17146—2015；由河南建筑材料研究设计院有限公司邓超等制定了《硅酮结构密封胶中烷烃增塑剂检测方法》GB/T 31851—2015；由北京天山新材料技术股份有限公司陈亚菊等制定了《密封胶固化程度的测定》GB/T32369—2015；由中冶建筑研究总院有限公司屈海峰等制定了《水泥基灌浆材料应用技术规范》GB/T 50448—2015；由上海市政工程设计研究总院（集团）有限公司王恒栋等制定了《城市综合管廊工程技术规范》GB 50838—2015。

2016 年，由中国铁路经济规划研究院林传年等制定了《铁路工程喷膜防水材料 第 2 部分 喷涂橡胶沥青》Q/CR 517.2—2016；由中国建材检验认证集团苏州有限公司朱志远等制定了《金属板用建筑密封胶》JC/T 884—2016、《建筑用防霉密封胶》JC/T 885—2016、《防水卷材生产企业质量管理规程》JC/T 1072—2016；由北京建筑材料检验研究院有限公司檀春丽等制定了《建筑构件连接处防水密封膏》JG/T 501—2016；由建筑材料工业技术监督研究中心朱立德等制定了《修补砂浆》JC/T 2381—2016；由建筑材料工业技术监督研究中心杨斌等制定了《地基与基础处理用环氧树脂灌浆材料》JC/T 2379—2016；由中国建材检验认证集团股份有限公司丛林等制定了《聚乙烯丙纶防水卷材用聚合物水泥粘结料》JC/T 2377—2016；广州市市政集团有限公司安关峰等制定了《沉管法隧道施工和质量验收规范》GB 51201—2016。

2017 年，由中国建材检验认证集团苏州有限公司朱志远制定了《预铺防水卷材》

GB/T 23457—2017、《湿铺防水卷材》GB/T 23467—2017、《绿色产品评价 防水与密封材料》GB/T 35609—2017；由建筑材料工业技术监督研究中心杨斌等制定了《种植屋面用耐根穿刺防水卷材》GB/T 35468—2017；由同济大学张永明等制定了《用于陶瓷砖粘结层下的防水涂膜》JC/T 2415—2017；由苏州非金属矿工业设计研究院有限公司沈春林等制定了《非固化橡胶沥青防水涂料》JC/T 2428—2017；由河南建筑材料研究设计院有限责任公司尚炎锋等修订了《硅酮和改性硅酮建筑密封胶》GB/T 14683—2017；由河南建筑材料研究设计院有限公司段林丽等制定了《混凝土建筑接缝用密封胶》JC/T 881—2017；由交通运输部公路科学研究院刘英等制定了《公路工程土工合成材料 防水材料 第1部分：塑料止水带》JT/T 1124.1—2017；由河南建筑材料研究设计院有限公司邓超等制定了《建筑密封材料试验方法 第3部分：使用标准器具测定密封材料挤出性的方法》GB/T 13477.3—2017、《建筑密封材料试验方法 第4部分：原包装单组分密封材料挤出性的测定》GB/T 13477.4—2017、《建筑密封材料试验方法 第8部分：拉伸粘结性的测定》GB/T 13477.8—2017、《建筑密封材料试验方法 第10部分：定伸粘结性的测定》GB/T 13477.10—2017、《建筑密封材料试验方法 第11部分：浸水后定伸粘结性的测定》GB/T 13477.11—2017、《建筑密封材料试验方法 第15部分：经过热、透过玻璃的人工光源和水曝露后粘结性的测定》GB/T 13477.15—2017、《建筑密封材料试验方法 第17部分：弹性恢复率的测定》GB/T 13477.17—2017、《建筑密封材料试验方法 第19部分：质量与体积变化的测定》GB/T 13477.19—2017、《建筑密封材料试验方法 第20部分：污染性的测定》GB/T 13477.20—2017；由广州合成材料研究院有限公司易军等制定了《弹性密封胶暴露于动态人工气候老化后内聚形态变化的试验方法》GB/T 35495—2017；由烟台同化防水保温工程有限公司王建武等制定了《硬泡聚氨酯保温防水工程技术规范》GB 50404—2017；由住房和城乡建设部科技与产业发展中心梁洋等制定了《盾构法隧道施工及验收规范》GB 50446—2017。

2018年，由交通运输部公路科学研究所路为等制定了《路桥用塑性体改性沥青防水卷材》JT/T 536—2018；由中铁工程设计咨询集团有限公司邓运清等制定了《铁路桥梁混凝土桥面防水层》TB/T 2965—2018；由中国建材检验认证集团苏州有限公司朱志远等制定了《单组分聚脲防水涂料》JC/T 2435—2018；由福建省建筑科学研究院陈璞等制定了《建筑室内装修用环氧接缝胶》JG/T 542—2018；由建筑材料工业技术监督研究中心杨斌等制定了《沥青防水卷材用胎基》GB/T 18840—2018；由河南建筑材料研究设计院有限公司邓超等制定了《建筑密封材料试验方法 第2部分：密度的测定》GB/T 13477.2—2018、《建筑密封材料试验方法 第12部分：同一温度下拉伸-压缩循环后粘结性的测定》GB/T 13477.12—2018；由中国建材建议认证集团股份有限公司姜仙莉等制定了《屋面瓦试验方法》GB/T 36584—2018；由上海橡胶制品研究所有限公司张建庆等制定了《密封胶抗撕裂强度的测定》GB/T 36878—2018；由上海建科检验有限公司韩震雄等制定了《结构装配用建筑密封胶试验方法》GB/T 37126—2018；由中国电力企业联合会周厚贵等制定了《建筑工程化学灌浆材料应用技术标准》GB/T 51320—2018；由中国建筑防水协会张勇等制定了《城市综合管廊防水工程技术规程》T/CECS 562—2018。

2019年，由中国建材检验认证集团苏州有限公司朱志远等制定了《热塑性聚烯烃（TPO）预铺防水卷材》T/CBMF 43—2019、《特种非固化橡胶沥青防水涂料》T/CBMF 44—2019、《沥青基耐根穿刺防水卷材阻根剂含量试验方法》T/CBMF49—2019/T/CWA 301—2019；由中国建筑防水协会张勇等制定了《自粘丁基橡胶钢板止水带》T/CECS 10015—2019；由中国建材检验认证集团有限公司路晓斌等制定了《烧结瓦》GB/T 21149—2019；由中石油燃料油有限责任公司研究院李剑新等制定了《防水材料用沥青》NB/SH/T 0981—2019；由河南建筑材料研究设计院有限公司段林丽等制定了《建筑密封材料试验方法 第13部分：冷拉-热压后粘结性的测定》GB/T 13477.13—2019、《建筑密封材料试验方法 第14部分：浸水及拉伸—压缩循环后粘结性的测定》GB/T 13477.14—2019；由中国建筑防水协会尚华胜等制定了《金属围护系统工程技术标准》JGJ/T 473—2019；中国建筑标准设计研究院有限公司顾泰昌等制定了《建筑接缝密封胶应用技术规程》T/CECS 581—2019；由住房和城乡建设部科技与产业发展中心张旭东等制定了《绿色建材评价 防水卷材》T/CECS 10038—2019、《绿色建材评价 防水涂料》T/CECS 10040—2019。

2020年，由奥来国信（北京）检测技术有限公司檀春丽等制定了《高分子改性沥青水性喷涂防水涂料》T/CBMF 84—2020、《建筑防水涂料有害物质限量》T/CBMF 85—2020；由中国建材检验认证集团苏州有限公司王澜等制定了《建筑门窗用组角结构密封胶》JC/T 2560—2020；由苏州非金属矿工业设计研究院有限公司沈春林等制定了《水性渗透型无机防水剂》JC/T 1018—2020、《聚氨酯灌浆材料》JC/T 2041—2020、《建筑防水材料用聚合物乳液》JC/T 1017—2020；由中国建材检验认证集团股份有限公司臧凡等制定了《波形沥青瓦》T/CWA 201—2020；由中国建材检验认证集团股份有限公司关红艳等制定了《乙烯-乙酸乙烯酯共聚物改性防水板中乙酸乙烯酯含量的测定方法》JC/T 2556—2020；由厦门市建筑科学研究院有限公司李长太等制定了《预制混凝土外墙防水工程技术规程》T/CECS777—2020。

2021年，由中国建材检验认证集团苏州有限公司朱志远等制定了《硅烷改性聚醚防水涂料》T/CBMF 105—2021/T/CWA 203—2021、《聚天门冬氨酸酯防水涂料》T/CWA 204—2021、《水性聚氨酯防水涂料》T/CWA 207—2021、《金属屋面抗风掀性能检测方法 第1部分：静态压力法》GBT 39794.1—2021、《建筑防水材料有害物质试验方法》GB/T 41078—2021；由中国建筑防水协会尚华胜等制定了《防水卷材屋面用机械固定件》JG/T 576—2021；由中国建材检验认证集团苏州有限公司余奕帆等制定了《建筑密封胶用包装材料》T/CWA 205—2021；由中国建筑科学研究院有限公司石清等制定了《金属屋面抗风掀性能检测方法 第2部分：动态压力法》GB/T 39794.2—2021；由山东思达建筑系统工程有限公司陈玉山等制定了《酮乙烯酯（KEE）防水卷材屋面工程技术标准》T/CWA 501—2021。

  2022年，由中建股份肖绪文院士领衔制定了强制性工程建设规范《建筑与市政工程防水通用规范》GB 55030—2022；由中国建筑防水协会张勇等制定了《高性能聚合物改性沥青防水卷材》T/CWA 208—2022；由中国建材检验认证集团苏州有限公司朱志远等制定了《无溶剂聚氨酯防水涂料》T/CWA 209—2022、《热熔橡胶沥青防水涂料》JC/T 2678—2022；由中建材苏州防水研究院有限公司杨胜等制定了《沥青用耐高温添加剂》T/CWA 210—2022；由中建材苏州防水研究院有限公司沈春林等制定了《水性非固化橡胶沥青防水涂料》T/CWA 211—2022、《沥青防水卷材用强力交叉膜》T/CWA 212—2022；由中国建筑防水协会朱冬青等制定了《坡屋面用防水材料 高分子泛水材料》JC/T 2679—2022；由建筑材料工业技术监督研究中心杨斌等修订了《建筑防水材料老化试验方法》GB/T 18244—2022；中国建筑防水协会尚华胜等制定了《建筑防水材料行业绿色工厂评价要求》JC/T 2700—2022；广州白云化工实业有限公司张冠琦等制定了《建筑密封材料试验方法 第21部分：人工加速气候老化后颜色变化的测定》GB/T 13477.21—2022；河南建筑材料研究设计院有限责任公司段林丽等修订了《丁基橡胶防水密封胶粘带》JC/T 942—2022、《聚氨酯建筑密封胶》JC/T 482—2022，制定了《建筑密封材料试验方法 第22部分：固化特性的测定》GB/T 13477.22—2022，尹青亚等制定了《建筑密封材料试验方法 第23部分：人工加速气候老化下拉伸－压缩循环后耐久性的测定》GB/T 13477.23—2022；中国建筑防水协会尚华胜、中建材苏州防水研究院有限公司巢文革等修订了《改性沥青防水卷材成套生产设备 通用技术条件》JC/T 2046—2022；中国建材检验认证集团股份有限公司刘建钊等制定了《建筑防水涂料涂膜吸水性试验方法》JC/T 2663—2022。

  2023年，由中国建材检验认证集团苏州有限公司朱志远等制定了《建筑防水材料工程要求试验方法》T/CWA 302—2023、《耐水型聚合物水泥防水涂料》T/CWA 213—2023、《建筑防水材料耐久性评价方法》T/CBMF 240—2023/T/CWA 303—2023；由中建材苏州防水研究院有限公司王晓莉等制定了《预铺防水卷材用热熔压敏胶》T/CWA 214—2023；由北京圣洁防水材料有限公司杜昕等修订了《高分子增强复合防水片材》GB/T 26518—2023；中国铁路经济规划研究院有限公司倪光斌等修订了《铁路隧道防排水材料 第1部分：防水板和排水板》TB/T 3360.1—2023；由中国铁道科学研究院集团有限公司金属即化学研究所王涛等修订了《铁路隧道防排水材料 第2部分：止水带》TB/T 3360.2—2023；由中国建筑防水协会尚华胜等制定了《绿色设计产品评价技术规范 防水卷材》T/CBMF 218—2023/T/CWA 701—2023；辽宁省产品质量监督检验院回志峰等修订了《混凝土瓦》JC/T 746—2023；中国国检测试控股集团股份有限公司孙飞龙等制定了《建筑隔热屋面环境耐久性评价规范》JC/T 2754—2023；上海市建科检验有限公司高钰等修订了《聚合物乳液建筑防水涂料》JC/T 864—2023。

标准化管理工作

1984年12月中国建筑防水材料公司苏州研究设计所成立之前，防水材料的标准化管理是由河南建筑材料科学研究所负责，此后转为苏州所归口管理，直至1996年国家对标准进行清理调整，标准归口管理转为标委会。从1997年新制定标准开始由全国轻质与装饰装修建筑材料标准化技术委员会（SAC/TC195）归口。随着防水材料标准化工作的不断发展，2004年开始中国化学建筑材料公司苏州防水材料研究设计所申请成立建筑防水材料分技术委员会，经国家标准化管理委员会国标委综合〔2008〕87号文批准的"全国轻质与装饰装修建筑材料标准化技术委员会建筑防水材料分技术委员会（SAC/TC195/SC1）"（以下简称建筑防水材料分技术委员会），于2008年7月3日，在苏州市会议中心召开了成立大会。建筑防水材料分技术委员会秘书处设在中国化学建筑材料公司苏州防水材料研究设计所，朱冬青任主任委员，张勇、许嘉龙、羡永彪任副主任委员，朱志远任委员兼秘书长，郭青、陈斌任委员兼副秘书长。

2014年4月1—2日，全国轻质与装饰装修建筑材料标准化技术委员会建筑防水材料分技术委员会（TC195/SC1）在苏州召开标委会年度工作会议，并于2014年4月向国标委提出分标委会换届申请。

根据国家标准化管理委员会《关于成立全国轻质与装饰装修建筑材料标准化技术委员会木塑复合材料分技术委员会等2个分技术委员会的批复》（标委办综合〔2008〕222号）的文件通知，建筑密封材料分技术委员会于2008年10月22日在河南省郑州市召开了成立大会。标委会秘书处承担单位河南建筑材料研究设计院有限责任公司和辽宁省建筑材料研究设计院，秘书处常设机构在河南建筑材料研究设计院有限责任公司，邓超任主任委员，段爱萍任秘书长，并于2014向国标委提出了分标委会换届申请。

2016年1月20日，全国轻质与装饰装修建筑材料标准化技术委员会建筑防水材料分技术委员会（TC195/SC1）二届二次工作会议在天津召开。

2017年4月24日全国轻质与装饰装修建筑材料标准化技术委员会建筑防水材料分技术委员会（TC195/SC1）二届三次工作会议在苏州召开。

2018年4月8日，全国轻质与装饰装修建筑材料标准化技术委员会建筑防水材料分技术委员会（TC195/SC1）二届四次工作会议在苏州召开，同期举办了中国建筑防水协会团体标准技术委员会成立大会，36人成为委员会委员，其中，张勇为委员会主任委员，羡永彪、朱志远为副主任委员，尚华胜为秘书长。

2019年4月1日，全国轻质与装饰装修建筑材料标准化技术委员会建筑防水材料分技术委员会（TC195/SC1）二届五次会议暨中国建筑防水协会团体标准技术委员会年度会议在苏州召开。会上，同时举行了中国建筑防水协会团体标准技术委员会年度工作会议，会上增补了王景贤、王澜、刘金景、余剑英、黄亮为中国建筑防水协会团体标准技术委员会委员。

2020年8月5—6日，全国轻质与装饰装修建筑材料标准化技术委员会建筑防水材料分技术委员会（TC195/SC1）第二届六次年度会议暨中国建筑防水协会团体标委会年会在四川成都召开。会上，同时举了中国建筑防水协会团体标委会年会，增补了李雷为团标委委员，成立了中国建筑防水协会团体标准化技术审查委员会，防水协会总工张勇任技术审查委员会主任委员，瞿培华、朱志远任副主任委员。

2023年9月13日，全国轻质与装饰装修建筑材料标准化技术委员会建筑防水材料技术委员会（TC195/SC1）第二届七次年度会议暨中国建筑防水协会团体标准化技术委员会年会在山东青岛成功召开。会上，同时举行了中国建筑防水协会团体标准技术委员会年度工作会议。第二届SAC/TC195/SC1工作届满，根据《全国专业标准化技术委员会管理办法》的有关要求，SAC/TC195/SC1换届工作已开始筹备，面向全国各有关单位公开征集第三届SAC/TC195/SC1委员。

全国轻质与装饰装修建筑材料标准化技术委员会建筑密封材料分技术委员会（SAC/TC195/SC3）2020年度工作会议于9月22—23日在洛阳召开。

2023年4月20日，全国轻质与装饰装修建筑材料标准化技术委员会建筑密封材料分技术委员会（SAC/TC195/SC3）换届暨三届一次工作会议在海南三亚举行。

6.3　建筑防水行业标准列表

6.3.1　防水材料产品标准

防水材料产品国家标准	标准号
石油沥青纸胎油毡	GB/T 326—2007
建筑石油沥青	GB/T 494—2010
纤维水泥波瓦及其脊瓦	GB/T 9772—2009

续表

防水材料产品国家标准	标准号
聚氯乙烯（PVC）防水卷材	GB 12952—2011
氯化聚乙烯防水卷材	GB 12953—2003
硅酮和改性硅酮建筑密封胶	GB/T 14683—2017
石油沥青玻璃纤维胎防水卷材	GB/T 14686—2008
建筑用硅酮结构密封胶	GB 16776—2005
土工合成材料 聚乙烯土工膜	GB/T 17643—2011
沥青防水卷材用基胎 聚酯非织造布	GB/T 17987—2000
高分子防水材料 第1部分：片材	GB 18173.1—2012
高分子防水材料 第2部分：止水带	GB 18173.2—2014
高分子防水材料 第3部分：遇水膨胀橡胶	GB/T 18173.3—2014
高分子防水材料 第4部分：盾构法隧道管片用橡胶密封垫	GB 18173.4—2010
弹性体改性沥青防水卷材	GB 18242—2008
塑性体改性沥青防水卷材	GB 18243—2008
水泥基渗透结晶型防水材料	GB 18445—2012
沥青防水卷材用胎基	GB/T 18840—2018
改性沥青聚乙烯胎防水卷材	GB 18967—2009
聚氨酯防水涂料	GB/T 19250—2013
玻纤胎沥青瓦	GB/T 20474—2015
烧结瓦	GB/T 21149—2019
承载防水卷材	GB/T 21897—2008
建筑密封胶分级和要求	GB/T 22083—2008
带自粘层的防水卷材	GB/T 23260—2009
石材用建筑密封胶	GB/T 23261—2009
无机防水堵漏材料	GB 23440—2009
自粘聚合物改性沥青防水卷材	GB 23441—2009
聚合物水泥防水涂料	GB/T 23445—2009
喷涂聚脲防水涂料	GB/T 23446—2009
预铺防水卷材	GB/T 23457—2017
建筑结构裂缝止裂带	GB/T 23660—2009
中空玻璃用硅酮结构密封胶	GB 24266—2009
建筑用阻燃密封胶	GB/T 24267—2009
建筑门窗、幕墙用密封胶条	GB/T 24498—2009
玻璃纤维建筑膜材	GB/T 25042—2010
防水用塑性体改性沥青	GB/T 26510—2011
高分子增强复合防水片材	GB/T 26518—2023

续表

防水材料产品国家标准	标准号
防水用弹性体（SBS）改性沥青	GB/T 26528—2011
玻璃纤维湿法毡	GB/T 26733—2011
土木工程结构用玄武岩纤维复合材料	GB/T 26745—2021
聚丙烯腈基碳纤维	GB/T 26752—2020
热塑性聚烯烃（TPO）防水卷材	GB 27789—2011
可再分散性乳胶粉	GB/T 29594—2013
地面用光伏组件密封材料 硅橡胶密封剂	GB/T 29595—2013
中空玻璃用弹性密封胶	GB/T 29755—2013
湿铺防水卷材	GB/T 35467—2017
种植屋面用耐根穿刺防水卷材	GB/T 35468—2017
地面光伏组件用密封材料 压敏胶粘带	GB/T 37888—2019
防水材料产品行业标准	标准号
煤矿堵水用高分子材料技术条件	AQ 1087—2011
煤矿喷涂堵漏用高分子材料技术条件	AQ 1088—2011
煤矿加固煤岩体用高分子材料	AQ 1089—2011
煤矿充填密闭用高分子发泡材料	AQ 1090—2011
垃圾填埋场用高密度聚乙烯土工膜	CJ/T 234—2006
垃圾填埋场用线性低密度聚乙烯土工膜	CJ/T 276—2008
垃圾填埋场用非织造布土工布	CJ/T 430—2013
水工建筑物塑性嵌缝材料技术标准	DL/T 949—2005
喷涂聚脲防护材料	HG/T 3831—2006
高分子防水卷材用热熔压敏胶粘剂	HG/T 5913—2021
建筑防水沥青嵌缝油膏	JC/T 207—2011
水乳型沥青防水涂料	JC/T 408—2005
聚氨酯建筑密封胶	JC/T 482—2022
聚硫建筑密封胶	JC/T 483—2022
丙烯酸酯建筑密封胶	JC/T 484—2006
建筑窗用弹性密封胶	JC/T 485—2007
铝箔面石油沥青防水卷材	JC/T 504—2007
玻璃纤维增强水泥波瓦及其脊瓦	JC/T 567—2008
非对称截面石棉水泥半波板	JC/T 627—2008
混凝土瓦	JC/T 746—2023
玻纤镁质胶凝材料波瓦及脊瓦	JC/T 747—2021
聚氯乙烯建筑防水接缝材料	JC/T 798—1997

续表

防水材料产品行业标准	标准号
钢丝网石棉水泥小波瓦	JC/T 851—2008
高分子防水卷材胶粘剂	JC/T 863—2011
聚合物乳液建筑防水涂料	JC/T 864—2023
混凝土接缝用建筑密封胶	JC/T 881—2017
金属板用建筑密封胶	JC/T 884—2016
建筑用防霉密封胶	JC/T 885—2016
干挂石材幕墙用环氧胶粘剂	JC 887—2001
建筑表面用有机硅防水剂	JC/T 902—2002
中空玻璃用丁基热熔密封胶	JC/T 914—2014
单组分聚氨酯泡沫填缝剂	JC/T 936—2004
丁基橡胶防水密封胶粘带	JC/T 942—2022
道桥用改性沥青防水卷材	JC/T 974—2005
道桥用防水涂料	JC/T 975—2005
道桥嵌缝用密封胶	JC/T 976—2005
聚合物水泥防水砂浆	JC/T 984—2011
建筑防水材料用聚合物乳液	JC/T 1017—2020
水性渗透型无机防水剂	JC/T 1018—2020
中空玻璃用复合密封胶条	JC/T 1022—2007
混凝土裂缝用环氧树脂灌浆材料	JC/T 1041—2007
坡屋面用防水材料 聚合物改性沥青防水垫层	JC/T 1067—2008
坡屋面用防水材料 自粘聚合物沥青防水垫层	JC/T 1068—2008
沥青防水卷材用基层处理剂	JC/T 1069—2008
自粘聚合物沥青泛水带	JC/T 1070—2008
沥青瓦用彩砂	JC/T 1071—2008
胶粉改性沥青玻纤毡与玻纤网格布增强防水卷材	JC/T 1076—2008
胶粉改性沥青玻纤毡与聚乙烯膜增强防水卷材	JC/T 1077—2008
胶粉改性沥青聚酯毡与玻纤网格布增强防水卷材	JC/T 1078—2008
丙烯酸盐灌浆材料	JC/T 2037—2010
聚氨酯灌浆材料	JC/T 2041—2020
天然钠基膨润土防渗衬垫	JC/T 2054—2020
聚合物水泥防水浆料	JC/T 2090—2011
塑料防护排水板	JC/T 2112—2012
环氧树脂防水涂料	JC/T 2217—2014
防水卷材沥青技术要求	JC/T 2218—2014
混凝土用硅质防护剂	JC/T 2235—2014

续表

防水材料产品行业标准	标准号
外墙外保温用水泥基界面剂和填缝剂	JC/T 2242—2014
聚甲基丙烯酸甲酯（PMMA）防水涂料	JC/T 2251—2014
喷涂聚脲用底涂和腻子	JC/T 2252—2014
脂肪族聚氨酯耐候防水涂料	JC/T 2253—2014
喷涂聚脲用层间处理剂	JC/T 2254—2014
隔热防水垫层	JC/T 2290—2014
透汽防水垫层	JC/T 2291—2014
喷涂橡胶沥青防水涂料	JC/T 2317—2015
聚乙烯丙纶防水卷材用聚合物水泥粘结料	JC/T 2377—2016
用于陶瓷砖粘结层下的防水涂膜	JC/T 2415—2017
非固化橡胶沥青防水涂料	JC/T 2428—2017
单组分聚脲防水涂料	JC/T 2435—2018
热熔橡胶沥青防水涂料	JC/T 2678—2022
坡屋面用防水材料 高分子泛水材料	JC/T 2679—2022
膨润土橡胶遇水膨胀止水条	JG/T 141—2001
建筑门窗用密封胶条	JG/T 187—2006
钠基膨润土防水毯	JG/T 193—2006
外墙外保温用丙烯酸涂料	JG/T 206—2018
建筑反射隔热涂料	JG/T 235—2014
混凝土裂缝修复灌浆树脂	JG/T 264—2010
遇水膨胀止水胶	JG/T 312—2011
建筑防水维修用快速堵漏材料技术条件	JG/T 316—2011
混凝土裂缝修补灌浆材料技术条件	JG/T 333—2011
混凝土结构防护用成膜型涂料	JG/T 335—2011
混凝土结构修复用聚合物水泥砂浆	JG/T 336—2011
混凝土结构防护用渗透型涂料	JG/T 337—2011
合成树脂装饰瓦	JG/T 346—2011
硅改性丙烯酸渗透性防水涂料	JG/T 349—2011
金属屋面丙烯酸高弹防水涂料	JG/T 375—2012
建筑门窗复合密封条	JG/T 386—2012
建筑用膜材料制品	JG/T 395—2012
建筑幕墙用硅酮结构密封胶	JG/T 475—2015
建筑构件连接处防水密封膏	JG/T 501—2016
防水卷材屋面用机械固定件	JG/T 576—2021
公路水泥混凝土路面接缝材料	JT/T 203—2014

续表

防水材料产品行业标准	标准号
路桥用水性沥青基防水涂料	JT/T 535—2015
路桥用塑性体改性沥青防水卷材	JT/T 536—2018
公路工程土工合成材料防水材料	JT/T 664—2006
路面加热型密封胶	JT/T 740—2015
公路工程土工合成材料 防水材料 第1部分：塑料止水带	JT/T 1124.1—2017
道路石油沥青	NB/SH/T 0522—2010
防水材料用沥青	NB/SH/T 0981—2019
铁路桥梁混凝土桥面防水层	TB/T 2965—2018
铁路隧道防排水材料 第1部分：防水板和排水板	TB/T 3360.1—2023
铁路隧道防排水材料 第2部分：止水带	TB/T 3360.2—2023
防水材料产品团体标准	**标准号**
自粘丁基橡胶钢板止水带	T/CECS 10015—2019
高固型水性橡胶高分子防水涂料	T/CECS 10016—2019
水性喷涂持粘高分子防水涂料	T/CECS 10084—2020
皮芯结构热压交联高分子胎基湿铺防水卷材	T/CECS 10173—2022
预铺复合防水卷材	T/CECS 10174—2022
高分子膜基预铺防水卷材	T/CECS 10197—2022
防水保温一体化板	T/CECS 10198—2022
丁基橡胶自粘防水卷材	T/CECS 10201—2022
无溶剂聚氨酯防水涂料	T/CWA 209—2022
沥青用耐高温添加剂	T/CWA 210—2022
水性非固化橡胶沥青防水涂料	T/CWA 211—2022
沥青防水卷材用强力交叉膜	T/CWA 212—2022
耐水型聚合物水泥防水涂料	T/CWA 213—2023
预铺防水卷材用热熔压敏胶	T/CWA 214—2023
玻纤增强型热塑性聚烯烃（TPO）防水卷材	T/CWA 215—2024
防水材料试验方法标准	**标准号**
建筑防水卷材试验方法 第1部分：沥青和高分子防水卷材 抽样规则	GB/T 328.1—2007
建筑防水卷材试验方法 第2部分：沥青防水卷材 外观	GB/T 328.2—2007
建筑防水卷材试验方法 第3部分：高分子防水卷材 外观	GB/T 328.3—2007
建筑防水卷材试验方法 第4部分：沥青防水卷材 厚度、单位面积质量	GB/T 328.4—2007
建筑防水卷材试验方法 第5部分：高分子防水卷材 厚度、单位面积质量	GB/T 328.5—2007
建筑防水卷材试验方法 第6部分：沥青防水卷材 长度、宽度和平直度	GB/T 328.6—2007
建筑防水卷材试验方法 第7部分：高分子防水卷材 长度、宽度、平直度和平整度	GB/T 328.7—2007

续表

防水材料试验方法标准	标准号
建筑防水卷材试验方法 第8部分：沥青防水卷材 拉伸性能	GB/T 328.8—2007
建筑防水卷材试验方法 第9部分：高分子防水卷材 拉伸性能	GB/T 328.9—2007
建筑防水卷材试验方法 第10部分：沥青和高分子防水卷材 不透水性	GB/T 328.10—2007
建筑防水卷材试验方法 第11部分：沥青防水卷材 耐热性	GB/T 328.11—2007
建筑防水卷材试验方法 第12部分：沥青防水卷材 尺寸稳定性	GB/T 328.12—2007
建筑防水卷材试验方法 第13部分：高分子防水卷材 尺寸稳定性	GB/T 328.13—2007
建筑防水卷材试验方法 第14部分：沥青防水卷材 低温柔性	GB/T 328.14—2007
建筑防水卷材试验方法 第15部分：高分子防水卷材 低温弯折性	GB/T 328.15—2007
建筑防水卷材试验方法 第16部分：高分子防水卷材 耐化学液体（包括水）	GB/T 328.16—2007
建筑防水卷材试验方法 第17部分：沥青防水卷材 矿物料黏附性	GB/T 328.17—2007
建筑防水卷材试验方法 第18部分：沥青防水卷材 撕裂性能（钉杆法）	GB/T 328.18—2007
建筑防水卷材试验方法 第19部分：高分子防水卷材 撕裂性能	GB/T 328.19—2007
建筑防水卷材试验方法 第20部分：沥青防水卷材 接缝剥离性能	GB/T 328.20—2007
建筑防水卷材试验方法 第21部分：高分子防水卷材 接缝剥离性能	GB/T 328.21—2007
建筑防水卷材试验方法 第22部分：沥青防水卷材 接缝剪切性能	GB/T 328.22—2007
建筑防水卷材试验方法 第23部分：高分子防水卷材 接缝剪切性能	GB/T 328.23—2007
建筑防水卷材试验方法 第24部分：沥青和高分子防水卷材 抗冲击性能	GB/T 328.24—2007
建筑防水卷材试验方法 第25部分：沥青和高分子防水卷材 抗静态荷载	GB/T 328.25—2007
建筑防水卷材试验方法 第26部分：沥青防水卷材 可溶物含量（浸涂材料含量）	GB/T 328.26—2007
建筑防水卷材试验方法 第27部分：沥青和高分子防水卷材 吸水性	GB/T 328.27—2007
建筑密封材料试验方法 第1部分：试验基材的规定	GB/T 13477.1—2002
建筑密封材料试验方法 第2部分：密度的测定	GB/T 13477.2—2018
建筑密封材料试验方法 第3部分：使用标准器具测定密封材料挤出性的方法	GB/T 13477.3—2017
建筑密封材料试验方法 第4部分：原包装单组分密封材料挤出性的测定	GB/T 13477.4—2017
建筑密封材料试验方法 第5部分：表干时间的测定	GB/T 13477.5—2002
建筑密封材料试验方法 第6部分：流动性的测定	GB/T 13477.6—2002
建筑密封材料试验方法 第7部分：低温柔性的测定	GB/T 13477.7—2002
建筑密封材料试验方法 第8部分：拉伸粘结性的测定	GB/T 13477.8—2017
建筑密封材料试验方法 第9部分：浸水后拉伸粘结性的测定	GB/T 13477.9—2017
建筑密封材料试验方法 第10部分：定伸粘结性的测定	GB/T 13477.10—2017
建筑密封材料试验方法 第11部分：浸水后定伸粘结性的测定	GB/T 13477.11—2017
建筑密封材料试验方法 第12部分：同一温度下拉伸-压缩循环后粘结性的测定	GB/T13477.12—2018
建筑密封材料试验方法 第13部分：冷拉-热压后粘结性的测定	GB/T 13477.13—2019
建筑密封材料试验方法 第14部分：浸水及拉伸-压缩循环后粘结性的测定	GB/T 13477.14—2019

续表

防水材料试验方法标准	标准号
建筑密封材料试验方法 第15部分：经过热、透过玻璃的人工光源和水曝露后粘结性的测定	GB/T13477.15—2017
建筑密封材料试验方法 第16部分：压缩特性的测定	GB/T13477.16—2002
建筑密封材料试验方法 第17部分：弹性恢复率的测定	GB/T 13477.17—2017
建筑密封材料试验方法 第18部分：剥离粘结性的测定	GB/T 13477.18—2002
建筑密封材料试验方法 第19部分：质量与体积变化的测定	GB/T 13477.19—2017
建筑密封材料试验方法 第20部分：污染性的测定	GB/T13477.20—2017
建筑密封材料试验方法 第21部分：人工加速气候老化后颜色变化的测定	GB/T 13477.21—2022
建筑密封材料试验方法 第22部分：固化特性的测定	GB/T 13477.22—2022
建筑密封材料试验方法 第23部分：人工加速气候老化下拉伸-压缩循环后耐久性的测定	GB/T 13477.23—2022
建筑防水涂料试验方法	GB/T 16777—2008
建筑防水材料老化试验方法	GB/T 18244—2022
建筑防水材料有害物质试验方法	GB/T 41078—2021
屋顶和屋顶覆盖制品外部对火反应试验方法	GB/T 30735—2014
结构装配用建筑密封胶试验方法	GB/T 37126—2018
建筑玻璃幕墙粘接结构可靠性试验方法	GB/T 34554—2017
沥青基耐根穿刺防水卷材阻根剂含量 试验方法	T/CWA 301—2019
建筑防水材料工程要求试验方法	T/CWA 302—2023
建筑防水材料耐久性评价方法	T/CBMF 240—2023 T/CWA 303—2023
防水材料管理标准	**标准号**
防水沥青与防水卷材术语	GB/T 18378—2008
沥青基防水卷材单位产品能源消耗限额	GB 30184—2013
绿色产品评价 防水与密封材料	GB/T 35609—2017
建筑防水材料有害物质试验方法	GB/T 41078—2021
环境标志产品技术要求 防水卷材	HJ 455—2009
环境标志产品技术要求 刚性防水材料	HJ 456—2009
环境标志产品技术要求 防水涂料	HJ 457—2009
建筑防水涂料有害物质限量	JC 1066—2008
防水卷材生产企业质量管理规程	JC/T 1072—2016
改性沥青防水卷材成套生产设备通用技术要求	JC/T 2046—2022
乙烯-乙酸乙烯酯共聚物改性防水板中乙酸乙烯酯含量的测定方法	JC/T 2556—2020
建筑防水涂料涂膜吸水性试验方法	JC/T 2663—2022

续表

防水材料管理标准	标准号
建筑防水材料行业绿色工厂评价要求	JC/T 2700—2022
外墙涂料水蒸气透过率的测定及分级	JG/T 309—2011
建设工程劳动定额 建筑工程-防水工程	LD/T 72.9—2008
绿色建材评价 防水卷材	T/CECS 10038—2019
绿色建材评价 防水涂料	T/CECS 10040—2019
绿色建材评价 刚性防水材料	T/CECS 10247—2022
中国建筑防水修缮造价定额标准	T/CCSW 1001—2020
绿色设计产品评价技术规范 防水卷材	T/CBMF 218—2023 T/CWA 701—2023
职业技能考评标准 防水工	T/ZJX 007—2018

6.3.2 防水工程规范

工程规范	标准号
地下防水工程技术规范	GB 50108—2008
屋面工程质量验收规范	GB 50207—2012
地下防水工程验收规范	GB 50208—2011
屋面工程技术规范	GB 50345—2012
硬泡聚氨酯保温防水工程技术规范	GB 50404—2017
盾构法隧道施工与验收规范	GB 50446—2017
水泥基灌浆材料应用技术规范	GB/T 50448—2015
渠道防渗衬砌工程技术标准	GB/T 50600—2020
坡屋面工程技术规范	GB 50693—2011
压型金属板工程应用技术规范	GB 50896—2013
既有建筑维护与改造通用规范	GB 55022—2021
建筑与市政工程防水通用规范	GB 55030—2022
民用建筑通用规范	GB 55031—2022
建筑与市政工程施工质量控制通用规范	GB 55032—2022
生活垃圾卫生填埋场防渗系统工程技术规程	CJJ 113—2007
城市桥梁桥面防水工程技术规程	CJJ 139—2010
建筑屋面雨水排水系统技术规程	CJJ 142—2014
混凝土面板堆石坝接缝止水技术规范	DL/T 5115—2016
水工建筑物水泥灌浆施工技术规范	DL/T 5148—2021
土坝灌浆技术规范	DL/T 5238—2010
水电水利工程化学灌浆技术规范	DL/T 5406—2019

续表

工程规范	标准号
地下工程混凝土结构自防水技术规范	JC/T 60014—2022
房屋渗漏修缮技术规程	JGJ/T 53—2011
种植屋面工程技术规程	JGJ 155—2013
喷涂聚脲防水工程技术规程	JGJ/T 200—2010
建筑工程水泥—水玻璃双液注浆技术规程	JGJ/T 211—2010
地下工程渗漏治理技术规程	JGJ/T 212—2010
倒置式屋面工程技术规程	JGJ 230—2010
建筑外墙防水工程技术规程	JGJ/T 235—2011
混凝土基层喷浆处理技术规程	JGJ/T 238—2011
采光顶与金属屋面技术规程	JGJ 255—2012
住宅室内防水工程技术规范	JGJ 298—2013
建筑防水工程现场检测技术规范	JGJ/T 299—2013
单层卷材屋面工程技术规程	JGJ/T 316—2013
建筑工程裂缝治理技术规程	JGJ/T 317—2014
建筑金属围护系统工程技术标准	JGJ/T 473—2019
水运工程塑料排水板应用技术规程	JTS/T 206—1—2023
民用机场水泥混凝土面层施工技术规范	MH 5006—2015
聚乙烯（PE）土工膜防渗工程技术规范	SL/T 231—1998
金属屋面防水修缮工程技术规程	T/CECS 1005—2022
皮芯结构热压交联高分子胎基湿铺防水卷材应用技术规程	T/CECS 1019—2022
非渗油蠕变橡胶防水涂料应用技术规程	T/CECS 534—2018
屋面现浇泡沫混凝土节能防水一体化系统应用技术规程	T/CECS 557—2018
混凝土结构工程防水加固灌浆技术规程	T/CECS 560—2018
城市综合管廊防水工程技术规程	T/CECS 562—2018
水性橡胶高分子复合防水材料应用技术规程	T/CECS 603—2019
预制混凝土外墙防水工程技术规程	T/CECS 777—2020
装配整体式叠合混凝土结构地下工程防水技术规程	T/CECS 832—2021
聚合物水泥防水装饰涂料应用技术规程	T/CECS 953—2021
再生纺胎改性沥青自粘防水卷材应用技术规程	T/CECS 972—2021
酮乙烯酯（KEE）防水卷材屋面工程技术标准	T/CWA 501—2021

防水行业辉煌四十年

● 第7部分 · 重要文献

7.1 重要政策

关于公布工业产品生产许可证实施通则和 60类工业产品实施细则的公告

2016年第102号

为落实国务院行政审批改革要求，进一步推进工业产品生产许可证制度改革，规范工业产品生产许可证工作，根据《中华人民共和国工业产品生产许可证管理条例》（国务院令第440号）、《工业产品生产许可证管理条例实施办法》（质检总局令第156号）规定，以及《质检总局关于深化工业产品生产许可证制度改革的意见》（国质检监〔2015〕364号）精神，质检总局（现国家市场监督管理总局）新制定了《工业产品生产许可证实施通则》、并对60类工业产品生产许可证实施细则（不含食品相关产品）进行了修订，现将《工业产品生产许可证实施通则》和修订后的60类工业产品生产许可证实施细则予以公布，自2016年10月30日起实施。自实施之日起，原公布实施细则及修订单失效。请各省级质量技术监督部门（市场监督管理部门）认真贯彻实施，依法加强对发证产品和生产企业的监督管理。

附件：工业产品生产许可证实施通则及60类工业产品生产许可证实施细则

质检总局（现国家市场监督管理总局）
2016年9月30日

建筑防水卷材产品生产许可证实施细则

第一章 总则

第一条 为了做好建筑防水卷材产品生产许可证审查工作，依据《中华人民共和国工业产品生产许可证管理条例》《中华人民共和国工业产品生产许可证管理条例实施办法》《工业产品生产许可证实施通则》（以下简称通则）等规定，制定本工业产品生产许可证实施细则（以下简称细则）。

第二条 本细则适用于建筑防水卷材产品生产许可的实地核查、产品检验等工作，应与通则一并使用。

第三条 建筑防水卷材产品由各省、自治区、直辖市质量技术监督局（市场监督管理部门）发证。

第二章 发证产品及标准

第四条 本细则发证产品建筑防水卷材为用于建设工程的可卷曲成卷状的柔性防水材料，包括沥青、橡胶和塑料产品等共7个单元。

第五条 本细则的发证产品应执行的产品标准和相关标准。

第三章 企业申请生产许可证的基本条件和资料

第六条 企业申请建筑防水卷材产品生产许可证，除提交通则要求的材料外，还应由企业提交符合产业政策的自我承诺书，承诺书中应当明示企业无1999年9月1日后建设的沥青纸胎油毡生产线，不存在国家明令淘汰的落后工艺、产品和生产装置。

（一）根据中华人民共和国工业和信息化部2010年第122号公告附件《部分工业行业淘汰落后生产工艺装备和产品指导目录（2010年本）》，淘汰以下生产工艺和生产线：

聚乙烯丙纶类复合防水卷材二次加热复合成型生产工艺（不具备挤出机的生产设备为二次加热复合成型生产工艺）；

年产500万平方米以下改性沥青类防水卷材生产线；

年产500万平方米以下沥青复合胎柔性防水卷材生产线。

（二）根据《产业结构调整指导目录（2011年本）》（中华人民共和国国家发展和改革委员会令第9号）的要求，属于淘汰类的落后工艺装备和产品的有：

500万平方米/年以下的改性沥青类防水卷材生产线；500万平方米/年以下沥青复

合胎柔性防水卷材生产线；100万卷/年以下沥青纸胎油毡生产线；

采用二次加热复合成型工艺生产的聚乙烯丙纶类复合防水卷材、聚乙烯丙纶复合防水卷材（聚乙烯芯材厚度在0.5mm以下）；棉涤玻纤（高碱）网格复合胎基材料、聚氯乙烯防水卷材（S型）。

第七条 凡生产建筑防水卷材产品的企业应具备本条款规定的基本生产条件，内容包括：生产设施和检验设施、生产设备和工艺装备、检验设备、重要原材料、产品关键工序、关键控制点。

第八条 申请发证、证书延续、许可范围变更（许可范围变更的情形指在生产许可证有效期内，关键生产设备发生变化、生产地址迁移、增加生产线、增加产品单元等情形）需要进行实地核查和产品检验，企业应在实地核查前做好准备，根据本细则第七条要求和实际情况填写下列企业资料，实地核查时提交审查组现场核查。

（一）企业生产防水卷材产品主要工艺流程图

（二）企业生产防水卷材产品生产设施和检验设施表和生产场所示意图，并应明确区分申请的生产线：

企业获证后进行增加生产线、生产场所、企业迁址，应在变化一个月内向企业所在地工业生产许可证管理部门提交许可范围变更申请并填写本表，安排实地核查和产品检验。

（三）企业生产防水卷材产品生产设备表

企业获证后凡本细则中带"＊"设备发生变化的，一个月内向企业所在地工业生产许可证管理部门提交许可范围变更申请并填写本表。

（四）企业生产防水卷材产品检验设备表

（五）企业生产防水卷材产品重要原材料明细表

（六）关键岗位专业技术人员表

（七）产品技术文件和工艺文件清单，应填写所有防水卷材执行标准，包括企业标准，并确定产品单元。

第四章　企业实地核查

第九条 现场实地核查时，企业申请取证的产品应正常生产，相关人员应在岗到位，申请材料齐备。

第十条 审查组现场对企业申请书及证照等申请材料进行核实。

第十一条 审查组现场按照本细则第八条要求企业准备的所有相关材料进行核实。

第十二条 审查组现场按照《建筑防水卷材产品生产许可证企业实地核查办法》进行实地核查，并做好记录，形成《企业实地核查不符合项和建议改进项汇总表》，完成

《生产许可证企业实地核查报告》。

第十三条 审查组现场形成的核查材料和记录一式三份,企业、地方许可证主管部门、审查组织单位各一份。

第十四条 实地核查判定原则

(一)审查组应对实地核查办法的每一个条款进行核查,并根据其满足生产合格产品的能力的程度分别做出符合,不符合和建议改进的判定。

(二)对判为不符合项的须填写详细的不符合事实,对判为建议改进项的须填写实地核查发现的可改进的问题。

(三)核查结论的确定原则

实地核查按产品单元根据企业生产线逐条审查,同一产品单元涉及的所有生产线未发现不符合,核查结论为合格,否则为不合格。核查结论不合格则该产品单元不合格。

第五章 产品检验

第十五条 抽样规则

实地核查合格的企业,审查组按检验数量样品一览表的规定,在企业自检合格的产品中实施抽样,并填写抽样单。原则上应抽取单元内的任意样品都可以进行许可证检验,代表该单元样品玻纤胎沥青瓦样品最少抽样基数不低于 100 包,其他防水卷材产品抽样基数不得少于 $1000m^2$,且不得少于 10 卷。企业应在 7 日内将样品和抽样单一并送达有资质的生产许可证检验机构(以下简称发证检验机构,企业可在质检总局(现国家市场监督管理总局)或省级质量技术监督部门网上查询自主选择)。

第十六条 审查组实地核查合格后,抽样封样,由企业自主选择发证检验机构,发证检验机构开展产品检验。

第十七条 企业延续符合免实地核查要求,不进行实地核查只进行产品检验,企业应在申请受理之日起 7 日内,按本细则第十五条中要求自行抽封样品、填写抽样单,自主选择发证检验机构送样,同时将抽样单和检验委托合同寄送当地发证主管部门。企业对所抽送样品的及时性、真实性、准确性负责。

第十五条中表 4 要求自行抽封样品、填写抽样单,自主选择发证检验机构送样,同时将抽样单和检验委托合同寄送当地发证主管部门。企业对所抽送样品的及时性、真实性、准确性负责。

第十八条 防水卷材产品生产许可证发证检验项目、依据标准。

第十九条 建筑防水卷材产品许可证检验综合判定原则:检验项目全项次合格判定产品检验合格。否则,判定产品检验不合格。

第二十条 检验报告

（一）发证检验机构应当在收到企业样品之日起 20 日内完成检验工作，出具检验报告一式三份（企业、发证检验机构、审查组织单位各一份）。

（二）证书延续企业提供同单元产品 6 个月内（自检验报告签发日期起）有省级及以上的产品质量监督抽查合格检验报告的，可免于该单元许可证产品检验。

第六章　证书许可范围

第二十一条　企业申请的发证产品通过材料核实、现场实地核查和许可证产品检验合格、符合通则和本细则规定要求的，由审查组织单位拟确定产品生产许可范围，报送省级工业产品生产许可证主管部门批准。

第二十二条　产品生产许可范围的判定原则及示例：产品单元实地核查合格，且抽样的样品全部合格，则许可范围为该产品单元所有产品；如有实地核查或检验不合格的产品，该单元不予许可。

工业产品生产许可证证书产品许可范围示例：
建筑防水卷材有胎改性沥青类证书产品明细内容。

第七章　附则

第二十三条　建筑防水卷材产品审查部（或省审查组织单位）联系方式
全国工业产品生产许可证办公室建筑防水卷材产品审查部设在中国建筑材料联合会
地址：北京市海淀区三里河路 11 号
邮政编码：100831
电话：010—57811166、57811130、57811066
传真：010—57811066
电子信箱：tangx@cqbm.com.cn
联系人：武庆涛、郭利、唐兴

第二十四条　本实施细则由质检总局（现国家市场监督管理总局）负责解释。

第二十五条　本实施细则自 2016 年 10 月 30 日起实施，原《建筑防水卷材产品生产许可证实施细则》作废。

（表和附件略）

质检总局办公厅关于印发《2017 年建筑防水产品质量提升专项行动方案》的通知

质检办监〔2017〕844 号

各省、自治区、直辖市及新疆生产建设兵团质量技术监督局（市场监督管理部门），标准委，执法督查司：

为贯彻落实全国质检工作会议关于一个一个行业抓产品质量提升的部署要求，质检总局（现国家市场监督管理总局）决定继续开展建筑防水产品质量提升工作，并制定了《2017年建筑防水产品质量提升专项行动方案》，现印发你们，请认真贯彻执行。

质检总局办公厅

2017年6月22日

（此件公开发布）

2017年建筑防水产品质量提升专项行动方案

建筑防水材料是建筑工程中重要的功能性材料，关乎建筑安全和寿命，关乎百姓安居乐业。2013年以来，全国质检系统根据《关于加强建筑防水行业质量建设促进建筑防水卷材产品质量提升的指导意见》（国质检监联〔2013〕644号），会同行业部门和相关组织，动员社会各方面力量，建筑防水产品质量提升取得显著成效，质量抽查合格率稳定在90%以上，产品和产业结构不断优化，行业质量发展基础明显增强，形成了质量提升与产业升级相互促进的良好格局。但是，制约建筑防水行业质量提升的关键因素仍然存在，无证生产、以次充好、制假售假等一些突出的质量问题还没有得到根本解决，建筑防水质量保障水平与人民群众期望还有较大差距。为此，质检总局（现国家市场监督管理总局）决定开展2017年建筑防水产品质量提升专项行动，工作方案如下：

一、总体要求

在总结五年来质量提升工作经验的基础上，进一步坚持问题导向，抓住重点环节和关键要素，加大监督执法力度，始终保持对质量违规行为严打严管态势。进一步落实企业主体责任，发挥市场调节的重要功能，重视优秀企业的示范引领作用，营造行业追求质量发展的良好生态。进一步调动社会各方面力量，将提升建筑防水产品质量与提高住房建设工程质量安全统筹起来，推动形成全产业链的质量提升工作机制。

二、行动内容

（一）以标准升级引领质量提升。按照突出安全、健康、环保和通用性要求的原则，开展涉及建筑防水卷材、建筑防水涂料防水性能和产品安全环保的技术标准制修订工作。着眼于满足工程使用要求，制修订一批满足防水工程质量提升、保障建（构）筑物设计使用和耐久的防水材料产品标准，以标准支撑防水材料产品品质达到高可靠、高耐久的质量水平。

（二）更有针对性地加大产品质量监督抽查力度。继续将建筑防水产品作为年度监督抽查工作的重点。一是突出重点区域，山东、河北、辽宁、江苏、浙江、河南、湖北、广东等建筑防水生产企业较多的省份，要集中开展专项监督抽查工作。二是突出重点品种，要将使用广泛、并实施生产许可管理的防水卷材作为抽查重点，将弹性体改性沥青、预铺/湿铺、自粘聚合物改性沥青和聚氯乙烯等防水卷材作为重点品种。防水涂料产品要重点抽查聚氨酯和聚合物水泥2个品种。要对市场用量正在急剧增加的建筑密封胶产品加大抽查频次，重点抽查建筑用硅酮结构密封胶、中空玻璃用弹性密封胶、硅酮建筑密封胶等3个品种。三是突出重点指标，在继续抽查拉伸、粘结、热老化、低温等性能指标的基础上，重点关注挥发性有机物含量、游离TDI、苯系物等涉及人体健康、安全的指标。（具体抽查方案见附件1）有条件的地区要将监督抽查与执法检查结合起来，联合相关部门，对当地重大工程项目等在用的防水产品开展监督抽查。监督抽查结果及时汇总上报总局，并反馈用户和相关部门，向社会公布。

（三）对建筑防水产品生产许可获证企业开展专项监督检查。总局组织地方质监部门、全国工业产品生产许可证审查中心、中国建筑防水协会等行业组织以及相关技术机构等单位组成检查组，对生产许可证获证企业开展专项监督检查，实地检查获证企业生产经营情况，抽样检验获证产品。对检查发现的问题依法责令整改，整改不到位的，建议发证部门依法处理。（具体实施方案见附件2）

（四）大力开展"质检利剑"行动。总局继续将建筑防水卷材列入2017年"质检利剑"行动重点产品，组织各地加大对无证生产，制假售假等违法违规行为的打击力度。突出重点地区，全面摸排线索，畅通群众举报渠道，严查彻办案件，保持严打严查的高压态势，有效净化建筑防水生产经营秩序。

（五）鼓励开展企业标准"领跑者"评价活动。质检总局（现国家市场监督管理总局）和国家标准委支持中国建筑防水协会等行业组织，制定实施高于国家标准和行业标准、能够与国际领先水平相接轨的团体标准。鼓励建筑防水行业组织积极参与企业标准"领跑者"制度建设，制定企业标准"领跑者"评价工作方案，依托企业产品标准信息公共服务平台，选择一批自我声明标准高于国标和行标的生产企业，对其标准的核心指标进行评价比对，发布企业标准排行榜和"领跑者"名单。通过领跑者的引领激励和社会的公开监督，推动企业主动创新，实施高水平标准，以质量监督督促标准升级，以标准升级促质量提升。（《标准"领跑者"企业申报表》见附件3）

（六）深入开展质量提升示范创建工作。继续抓好山东寿光建筑防水质量提升示范项目培育创建工作，总结示范经验，扩大示范效应。动员产业聚集区当地政府发挥主导作用，建立质量提升示范创建工作长效机制，将质量提升作为产业转型升级的总抓手。符合条件的企业向中国建筑防水协会提出创建建筑防水质量提升示范企业的申请，由协会向质检总局（现国家市场监督管理总局）推荐申报，大力培育创建一批能够发挥引领作用的示范企业，形成一系列能够促进行业质量升级的管理制度、管理工具和技术革新。(《建筑防水行业质量提升示范企业申报表》见附件4)

（七）继续开展建筑防水行业质量提升万里行活动。质检总局（现国家市场监督管理总局）支持中国质量万里行促进会和中国建筑防水协会联合开展建筑防水行业质量提升万里行活动，邀请行业及上下游单位、专业媒体参加，宣传质量提升工作成果，弘扬质量工匠精神，采取多种形式，扩大宣传效果，更好地发挥社会和媒体监督作用。

三、工作要求

（一）久久为功抓成效。建筑防水行业质量提升是一项系统工程，影响因素多，涉及环节多。各地要巩固近年来形成的良好工作局面，及时总结经验，持之以恒抓实抓好质量提升，切实加大质量监督与执法检查力度，防止违法违规现象反弹。

（二）责任落实抓实效。各部门要紧密结合实际，找出质量提升工作的薄弱环节，根据工作安排，保证措施落实到位，责任落实到人。

（三）因地制宜抓长效。各级质监部门要结合本地实际，积极加强与住房和城乡建设部门、行业协会的配合协作，建立起涵盖设计、招投标、生产、销售、防水构造、现场管理、施工、维护等全链条的监管服务工作机制。推动形成政府主导、部门联动、企业主体、社会共治的工作格局。

（附件略）

建筑防水行业贯彻落实中共中央、国务院《关于开展质量提升行动的指导意见》的实施方案

党的十九大提出了习近平新时代中国特色社会主义思想，明确指出了我国经济已由高速增长阶段转向高质量发展阶段，正处在转变发展方式、优化经济结构、转换增长动力的攻关期。必须坚持质量第一、效益优先，以供给侧结构性改革为主线，推动经济发展质量变革、效率变革、动力变革，提高全要素生产率。

中共中央、国务院发布了《关于开展质量提升行动的指导意见》（下简称《指导意见》），提出了要以提高发展质量和效益为中心，开展质量提升行动，加强全面质量监管，全面提升质量水平，加快培育国际竞争新优势。为落实《指导意见》精神，全面规划未来几年建筑防水行业质量提升工作，特制订本实施方案。

一、指导思想

全面贯彻落实党的十九大精神和《指导意见》要求，在习近平新时代中国特色社会主义思想的指引下，以国家产业政策为导向，以提高质量和效益为中心，坚持质量第一、效

益优先的原则,开展建筑防水行业全产业链质量提升工作,推动行业产业结构调整和经济增长方式转变,以产品质量提升作为供给侧结构性改革的抓手,实现行业持续健康发展。

二、基本原则

坚持以质量第一为价值导向。牢固树立质量第一的强烈意识,坚持优质发展、以质取胜,形成各级党委和政府重视质量、企业追求质量、社会崇尚质量、人人关心质量的良好氛围。坚持推进全产业链质量提升的原则。持续提高行业产品、工程、服务的质量水平和品牌影响力,推动建筑防水产业价值链从低端向中高端延伸。

坚持以企业为质量提升主体。加强全面质量管理,推广应用先进质量管理方法,提高全员全过程全方位质量控制水平。弘扬企业家精神和工匠精神,提高从业人员质量意识、质量素养和职业技能水平,加强品牌建设,推动企业质量管理水平和核心竞争力提高。

坚持以改革创新为根本途径。推进技术创新、商业模式创新和管理创新。

坚持质量多元共治的原则。形成党委和政府主导、企业主体、行业自律、社会监督的质量共治新机制。

三、主要目标

产品、工程和服务质量明显提升,新材料、新技术、新工艺、新装备得到广泛应用,推动建立防水工程质量保证保险机制,使建筑渗漏率居高不下的突出问题得到有效治理。

产品和工程标准水平大幅提高,防水系统的高可靠性和产品的高耐久性显著提升,编制一批达到国际先进水平的国家标准、行业标准和团体标准。区域质量水平提升,创建质量提升示范区,发挥地方政府力量,提升区域性的市场环境和质量水平。

培育一批优秀企业和知名品牌,营造公平竞争环境,市场集中度显著提升。从业人员质量素养全面提升,完善多层次人才培养体系,推动学历教育、职业教育的发展,完善行业注册培训师制度。开展防水工人职业化基础建设,推动职业技能培训和竞赛。

四、主要措施

全产业链质量提升不仅是微观上产品、施工和服务等方面的质量提升,更是宏观上对行业发展质量的提升。因此,在具体工作中既要看过去想未来,与国际先进水平看齐,又要联上下看左右,总体布局协调推进全产业链质量提升工作。要巩固产品质量提升成果,加大应用技术研发和技能培训,并提升中高端产品市场份额;要推动建立防水工程质量保证保险机制,同时大幅提升工程标准水平,创造一个以质量竞争为核心的市场竞争环境;要促进研发、生产、应用、服务等产业链协调发展,为企业创新提供更加广阔的空间。

(一)加快标准规范升级

加快制定《建筑防水卷材安全和通用技术规范》《建筑防水涂料安全和通用技术规

范》两项重要的强制性国家标准，明确有害物质限量、安全防护和防水基本功能指标以及检测方法；全面提升产品标准要求，推动防水材料品质达到高可靠性、高耐久性的国际先进水平；制定职业标准和评价规范，并组织开展行业职业技能评价工作；编制验证防水产品和系统性能的实验方法标准；制定实施高于国家标准和行业标准、能够与国际领先水平接轨的团体标准。提高工程标准水平，修订并整合屋面工程及地下建筑防水工程相关标准规范，补充维护保养、检测评定、翻新维修方面的技术要求。推动建立防水工程系统承包商机制。鼓励企业加强应用技术研究，加强产品和施工之间的技术衔接，组织编制建筑防水行业通用施工工法，实现施工工艺、装备、机具、配件、原辅料和安全措施等环节的标准化。

（二）提升管理信息化水平

加快行业两化融合，运用"互联网＋"和大数据等信息管理手段，提升企业研发、生产、仓储、物流、服务、施工、维护等产业链各个环节的质量管理效率和水平，提高企业的核心竞争力。推行全员质量管理，建立质量提升小组，开展质量管理、质量技术、质量工作方法的研究和实践，形成全员参与质量建设的机制。鼓励企业开展产品全生命周期质量可追溯能力建设。推行标准化实验室、清洁生产和精益生产。

（三）发挥示范带动作用

培育质量提升示范企业，开展质量提升示范项目，逐步形成一系列质量管理制度、管理工具和技术革新，促进行业质量升级。

（四）开展质量科技攻关

探索设立行业科技发展基金，开展行业技术基础理论研究，加强技术储备。集行业之力，依托"特种功能防水材料国家重点实验室"、省市级技术研发中心、科研院所及高等院校等创新平台，逐步建立防水工程基本理论体系，加强防水材料结构与性能关系和施工应用技术研究，发展高效、节能、环保和运行可靠的生产装备，强化系统配套辅助材料、专业施工机具研制及推广，鼓励研制针对不同防水体系的维修、翻新技术及产品。

（五）健全人才培养体系

建立行业多层次人才培养体系。提高企业决策者、经营者、管理者、生产者和施工者的质量意识和质量素养。推动学历教育、职业教育的发展，提高质量管理水平和职业技能，完善行业注册培训师制度。

加强行业技能培训基地、培训教材、培训师资、专家队伍等方面的建设，建立行业职业技能培训机构。

建立防水工培养机制，建立防水工人职业技能培训、晋级和继续教育体系。设立行业职业技能培训学校。在制造商施工人员技能培训的基础上，发挥平舆、项城等防水施工人员聚集区党委和政府的力量，建立培训机构，开展技能培训，进而开展全行业的技能培训工作。

在企业设立"首席技师"制度，建立现代"传帮带"的学徒机制。配合住房城乡建设部开展防水工实名制管理。开展行业职业技能竞赛，逐步建立企业、省市、行业、国家和世界五级竞赛机制，营造行业尊重职业技能的氛围，鼓励青年人从事防水施工职业。开展行业职业技能大赛和国家技能大赛"全国建筑防水行业（防水工）职业技能竞赛"，参与和筹备世界青年屋面工冠军赛。

（六）开展知名品牌建设

品牌是质量的象征和信誉的凝结，开展品牌建设是促进质量提升的重要措施，开展企业品牌建设，加强品牌培育，提升品牌形象，强化品牌保护，形成一批消费者满意、用户信任、社会认可的优质产品、优质品牌和优秀企业，实现以质取胜、优胜劣汰。

（七）完善质量保证体系

推动建立防水工程质量保证保险市场机制。鼓励企业对产品和工程的质量保证期限做出承诺。鼓励保险公司参与，将保证与保险相结合，防范和化解工程质量潜在缺陷风险，保障工程建设各方主体合法权益。

（八）加强舆论宣传力度

深入开展建筑防水行业质量提升万里行活动。弘扬企业家精神和工匠精神，采取走访、调研、经验交流等多种形式，扩大宣传效果，更好地发挥社会和媒体的监督作用。

五、保障措施

质量提升工作需要各级党委和政府有关部门的指导和支持，营造公平竞争的市场环境，推动质量提升工作顺利开展。

（九）开展产品质量监督抽查

将建筑防水产品作为年度监督抽查工作的重点。突出重点区域、重点品种、重点指标。将监督抽查与执法检查结合起来，联合相关部门，对当地重大工程项目等在用的防水产品开展监督抽查。

（十）加大产品质量监管力度

继续开展产品生产许可获证企业专项监督检查，实地检查获证企业生产经营情况，抽样检验获证产品。继续将防水卷材列入"质检利剑"行动重点产品，对无证生产、制假售假等违法违规行为加大打击力度，有效净化建筑防水生产经营秩序。

（十一）培育质量提升示范区

开展质量提升示范创建工作。创建质量提升示范区，推动产业聚集区当地政府发挥主导作用，建立质量提升示范创建工作长效机制，将质量提升作为产业转型升级的重要抓手。

（十二）开展标准领跑者活动

开展"标准领跑者"活动，推进生产企业实施高标准，以质量监督促标准升级，以标准升级促质量提升。

（十三）加强工程质量监管力度

加强工程质量监督机构对防水工程的监管，落实监管责任，强化监管手段。增加现场抽查频次，建立监督检查信息公开平台，加大对违法违规行为的曝光力度。推动调整防水工程定额造价标准，将防水工程质量保证期限作为计算工程定额的重要指标。

中国建筑防水协会印发
《关于推进建筑防水行业供给侧改革的若干意见》

针对建筑防水行业当前面临的经济下行压力，近日，中国建筑防水协会印发《关于推进建筑防水行业供给侧改革的若干意见》，以期通过绿色发展、淘汰落后、稳定价格、拓展市场等措施，集合全行业力量有效解决当前防水行业面临的主要矛盾和问题，共同应对行业经济效益增速下滑的局面。

希望防水行业各省市社团组织、骨干企业和会员单位，结合自身的工作认真组织实施，齐心协力，推动防水行业实现高质量、高效益、可持续发展。

以下为《意见》全文：

一、正确认识推进建筑防水行业供给侧改革创新的现实意义

"十二五"期间，我国防水行业经历了高速发展，2013年后行业投资每年递增不低于30%，每年固定资产投入超过200亿元，企业新增生产线条数和建立生产基地家数逐年创新高。但随着中国经济步入新常态，经济下行压力加大，建筑业、房地产业低迷，基础设施建设开工率不足。作为上游产业，建材行业普遍遇冷，防水行业也已由高速增长转向中高速增长。

2015年，防水行业整体利润较2014年增长8.8%，但增长的主要原因是防水材料大宗原材料的价格大幅下降。预计2016年行业形势比较艰巨，体现在：市场继续萎缩，增幅继续下降；大宗原材料价格趋于底部，降幅有限；行业利润增速可能大幅下降；产能继续增加，竞争加剧。

防水行业市场存在着两大主要问题：一是产能严重过剩且主要是落后产能，行业产能利用率只有约40%；二是市场集中度低，前50名的企业只占整体市场份额的23%左右（水泥行业前10名企业占53%市场份额）。

而目前行业主要矛盾有两个：一是品牌产品与假冒伪劣、非标产品间的矛盾，其中，获证企业生产非标产品的现象比较普遍；二是社会日益增长的品质需求与行业有效

供给不足间的矛盾。

防水行业长期充斥着非标、低标和假冒伪劣产品，造成有效供给不足，落后产能却持续增加，实质是没有把握与处理好需求与供给之间的矛盾，违背了需求决定生产的经济规律。习近平总书记针对我国经济发展在新常态下的共性矛盾指出，在适度扩大总需求的同时，要着力加强供给侧结构性改革，着力提高供给体系质量和效率，增强经济持续增长动力，推动我国社会生产力水平实现整体跃升。习近平总书记深刻揭示了我国经济发展中供需结构失衡的要害，并指出了供给侧改革的方向。最近召开的中央经济工作会议指出，推进供给侧结构性改革，是适应和引领经济发展新常态的重大创新，是适应国际金融危机发生后综合国力竞争新形势的主动选择，是适应我国经济发展新常态的必然要求。防水行业无论是过剩、不足共存还是当前面临的经济增长下行、效益增速下滑，其核心与要害是供给侧出了问题。

因此，要解决行业面临的主要矛盾和问题，最关键的是必须加快推进防水行业供给侧结构性改革与调整，从供给体系特别是市场需求端入手，增加满足生产市场新需求的产品和服务，淘汰落后产能，按市场需求组织生产，是真正转变发展方式，扩大有效供给，增加新的经济增长点，改变产业结构，应对经济增长下行和扭转效益增速下滑的最现实有效的手段。通过推进防水行业供给侧性结构改革，真正立足市场需求，按需求导向发展，调整发展重点和政策，把发展转向增加有效供给，从而改变发展路径，增加拓展渠道，全面提高行业发展水平和经济效益。

建筑防水关乎建筑安全和寿命，关乎百姓民生和安康。然而建筑渗漏率长期居高不下，建筑渗漏已成建筑通病之首。这充分说明，防水行业有效供给不足，不能满足社会日益增长的品质需求，行业急需进行供给侧结构性调整。在防水行业推进供给侧改革势必是一场攻坚战，因此，2016年及今后相当长一段时间内，行业的主要任务是：绿色生产，淘汰落后，稳定价格，拓展市场。

二、推进防水行业供给侧改革、增加新的有效需求的若干措施

按照中央精神，坚持用法治和市场化手段，淘汰落后产能，遏制新增产能，是推进供给侧结构性改革的重要举措，对推动行业结构优化、转型升级具有重要意义。法治手段主要是以更加严格的安全、环保、质量、能耗等标准，依法依规推动落后产能限期退出，引导企业通过兼并重组、转型转产、搬迁改造等主动退出产能；对于以民营经济为主的防水行业来说，还必须充分发挥市场的力量，在公平的外部环境下优胜劣汰。防水行业供给侧结构矛盾是导致行业效益增速下滑的关键因素，集中在三个方面：一是落后产能过剩，新增产能中低水平重复建设和模仿技术较多，而能够满足品质需求的创新高质产品却严重短缺；二是淘汰落后产能和低效产能的政策力度和工作力度没有跟上结构调整与转型升级的需要；三是低价竞争，导致产品价值与价格严重脱离，使行业经济效

益白白流失。

根据中央经济工作会议提出的"去产能、去库存、去杠杆、降成本、补短板"结构性改革五大任务,防水行业要改变供给与需求之间的矛盾,必须加大淘汰落后产能的力度;加强行业自律,稳定并合理回升产品价格;开发新需求,扩大有效供给,真正实现改变发展方式应对效益增速下滑。其措施如下。

(一)淘汰落后产能,遏制新增产能

1. 坚决打击假冒伪劣和非标生产,继续实施证后监管。无论是打击假冒伪劣、证后监管还是行政抽查,都是建立在生产许可的制度之下。现阶段,生产许可制度是促进行业健康发展的必要条件。因此中国建筑防水协会将千方百计促使政府部门坚持生产许可制度下的行政监管。

2. 制定淘汰落后目录,制定联盟或团体标准,从而提高行业准入门槛。

在淘汰落后产能目录方面,国家相关部门将会出台一些措施。《建筑防水卷材产品生产许可证实施细则》对防水行业质量提升工作意义重大,质检总局(现国家市场监督管理总局)将对其进行修订,预计今年内征求意见并定稿,今年底或明年初新版细则将出台。修订《建筑防水卷材产品生产许可证实施细则》,意在提升产品质量,提高防水行业准入门槛。协会建议细则修订从以下几个方面来考虑:第一,控制生产规模,未来希望对新建、改扩建和既有生产线能统一对待;第二,从环保、节能、工艺、装备、社会责任等方面提高标准。今年,中国建筑防水协会还建议修订《建筑防水卷材行业准入条件》。希望这些宏观政策为建筑防水行业实施供给侧改革、制定防水行业"十三五"规划提供一些政策依据。

淘汰落后产品也可以淘汰由此产生的大量落后产能。最近,全国建筑防水材料分标委会投票表决淘汰了《沥青复合胎柔性防水卷材行业标准》(标准号:JC/T 690—2008),正在按程序进行申报,估计由此可以淘汰约2亿平方米落后产能。在标准制定方面,中国建筑防水协会刚刚编制完成并组织审定了行业标准《防水卷材生产企业质量管理规程》,它将规范企业经营、质量管理,从而提高产品质量。而通过制定联盟或团体标准,做好建筑防水行业企业标准自我声明公开制度,可以扶优扶强,使优质企业得到市场认同,获得新的市场份额。

3. 推动防水行业大气污染物排放标准的制定,通过节能、环保等手段淘汰落后产能。

研究产品能效标定方法标准,通过培育第三方检测机构,完善污染排放标准体系,用于淘汰落后产能。同时要了解整个行业的VOC排放量,通过排放收费,限制落后产能。制定若干指标,便于检测。行业中目前生产改性沥青产品时掺入废胶粉、废机油的情况屡禁不止,采用废胶粉、废机油生产有两方面危害:一是造成严重的大气污染,同时降低了产品质量，影响产品的耐久性，为产品质量的长期性带来隐患；二是加了废胶粉的防水卷材严重影响施工性能，也为建筑工程质量带来隐患。这种落后的生产工艺带来双重隐患，理应被淘汰。中国建筑防水协会目前正进行大量调研，跟中石化等有关单位全面合作开展相关检测工作，以便在适当的时候向生态环境部提出申请编制《建筑防水行业大气污染物排放标准》，此标准可以作为行业淘汰落后设定的环保门槛。

4. 遏制新增产能。行业新增产能中仍存在落后产能，主要体现在以低水平重复建设和以模仿为主的产能居多。防水行业应响应建材联合会的倡议，中国建筑防水协会呼吁全行业从保护行业整体与长远利益出发，共同行动，坚决遏制新增产能，骨干企业必须带头遏制低水平重复建设和低技术模仿形成的产能。

5. 扶优扶强，推动行业并购重组。要吸收社会资本进入防水行业进行优化整合，鼓励企业进入资本市场，通过资本市场和产业结合，呼吁优质产能社会化，让优势企业做大做强，淘汰生产假冒伪劣、非标产品的不诚信企业，从而提高行业集中度。此外，通过骨干企业设立专项基金，本着谁受益谁付费，制定节能减排技术、能耗能效测试标准、环保标准等，倒逼落后产能企业退出，同时，鼓励企业在互联网思维下创新商业模式。

（二）加强行业自律，回归行业价值

价值是行业的核心，是企业发展的根基。习近平总书记在五中全会上讲得很明确："投资有效益、产品有市场、企业有利润、职工有收入、政府有税收"，若没有价值，一切都会失去意义。按照市场需求组织生产，按经济规律加强行业自律。行业长期存在低价恶性竞争，与行业缺乏自律有关。一些企业不顾经济规律无根据无限制地降价，造成价格与价值严重脱节，忘记了资源、能源、投资资本的来源，却自认是自己的权力。一些企业不顾行业利益、不顾成本，为了所谓的获得市场，价格一跌再跌，形成无序竞争恶性循环，使行业应该获得的效益白白流失，也使行业价值大大贬值。协会已经修订并发布了《建筑防水行业职业道德准则（2015版）》《建筑防水行业自律公约（2015版）》《建筑防水行业内争议处理规则（2015版）》，以健全和完善行业自律体系和诚信体系。行业内应遵循上述自律公约，形成违规违约者不仅承担相关直接责任、并将承担取消其企业在行业中技术鉴定和评比评奖资格等后果的条款，营造违规违约者受到行业舆论与道德谴责的氛围。此外，要提高防水工程定额标准。全面掌握国内外防水工程现有的定额情况，尽快落实提高定额的措施，把定额细化，并废除最低价中标的招投标制度，斩断假冒伪劣的黑色产业链。

（三）开发新需求，扩大有效供给

供给侧改革要和增加新的有效需求相结合，拓宽需求侧。应以需求定产能，增加供给侧产品品种，优化产品结构。

1. 延伸上下游产业链，促进行业由制造业向制造服务业转型，提升全产业链价值。

与之相适应,行业诉求由做最好的材料向做不漏的工程转变,企业由单一材料生产商向防水系统综合服务商转型。同时推动业态和商业模式的创新,其中特别值得一提的是,应探索采用互助商业保险制度,使防水工程质量保证由保修期向保证期转化,力争推动建立建筑防水工程质量保证保险制度,此制度将是推动防水行业供给侧结构性改革、解决建筑防水行业主要矛盾和根除建筑渗漏通病的终极之道。

2. 关注既有建筑屋面市场的翻新。据统计,我国既有建筑(城镇和农村的民用建筑,如居住建筑、公共建筑等,不包括工业建筑)面积近 700 亿平方米,如含工业建筑(厂房、仓库、物流)则面积近 1000 亿平方米,对应的屋面面积约 150 亿平方米,按 6—8 年的翻新期计算,每年约有 20 亿平方米的既有建筑屋面面积需要翻新。但既有建筑屋面翻新市场目前尚未引起足够重视,政府并未建立完善的招投标、监理、审批和工程验收制度,也无对应的施工标准和设计规范等要求,希望政府、协会和企业等各方能共同培育、开发和规范这个市场,为防水行业增加这个巨大的市场。

3. 注重绿色生产,创造满足绿色建筑市场的新产品,从而达成供给和需求的平衡。关注绿色建筑发展,如智慧城市、海绵城市、地下综合管廊工程、生态园林城市、绿色建筑新型城镇化、老旧建筑节能改造等。创新可以从产品技术创新、绿色发展节能减排、智能制造、两化融合等方面考量。

综上所述,建筑防水行业应多措并举,增加有效供给,通过打击假冒伪劣和非标生产,继续实施证后监管;制定淘汰落后目录,制定联盟标准,从而提高行业准入门槛;制定防水行业大气污染物排放标准;遏制新增落后产能;扶优扶强,推动行业重组;落实行业自律;延伸上下游产业链;关注既有建筑市场的翻新;注重绿色生产,关注绿色建筑发展等一系列"组合拳",坚定地推进供给侧改革。

建筑防水行业供给侧改革的终极目标是通过转型升级,提质增效,优化供给侧结构改革;通过行业重组,整合优化,从而提高行业集中度。因而全行业都要高度重视供给侧结构改革,着力转变发展方式,加快培育形成防水行业依据市场新需求为导向的新供给,激发新动力,促进新发展,有效应对经济增长下行和经济效益增速下滑,推动防水行业实现高质量、高效益、可持续发展。

国务院关于调整工业产品生产许可证管理目录加强事中事后监管的决定

国发〔2019〕19 号

各省、自治区、直辖市人民政府,国务院各部委、各直属机构:

经研究论证,国务院决定,压减工业产品生产许可证管理目录,取消内燃机、汽车制动液等13类工业产品生产许可证管理，将卫星电视广播地面接收设备与无线广播电视发射设备2类产品压减合并为1类，对其中涉及安全、健康、环保的，转为强制性产品认证管理，认证费用由财政负担。调整后继续实施工业产品生产许可证管理的产品共计10类，其中，由质检总局（现国家市场监督管理总局）实施的5类，由省级市场监督管理部门实施的5类。

各地区、各有关部门要督促企业严格履行主体责任，强化信用监督和约束手段，对通过告知承诺和后置现场审查方式取得生产许可证的企业，发现以欺骗手段取得的，依法严肃处理。要研究建立质量追溯体系和奖励举报制度，对恶意违法行为依法严惩重罚。相关企业要切实承担质量安全管理责任，建立健全产品质量验收、检验检测和售后服务等制度，确保产品符合相关标准要求。

各地区、各有关部门要抓紧做好工业产品生产许可证管理目录调整工作，减证不减责任，全面加强事中事后监管，按照"谁审批谁监管、谁主管谁监管"的原则，认真履行监管责任，及时有效防范和化解风险。对继续实施生产许可证管理的产品，要完善对企业现场审查和检查的技术规范，以"双随机、一公开"监管为手段，进一步加强和规范对获证企业的日常检查，对问题线索企业实施飞行检查。对取消生产许可证管理的产品，要充分利用信息化手段，建立健全检验检测机构、科研院所、行业协会等广泛参与的质量安全监测预警机制。要完善问题导向的监督抽查机制，加大对取消生产许可证管理产品的监督抽查力度，扩大重点产品、重点领域监督抽查覆盖面和增加频次，依法及时公开抽查信息，加大对不合格产品的查处力度，对存在行业性、苗头性质量安全风险的产品开展专项整治。要加快制修订产业发展和监管工作急需的标准，严格落实认证机构对认证结果的主体责任和对产品质量持续符合认证要求的连带责任，鼓励相关行业、用户采信认证结果，充分发挥行业监管、社会监督作用，推动构建以标准引领、企业履责、政府监管为基础的管理体系，确保工业产品质量安全。

附件：
1. 工业产品生产许可证取消、合并管理的产品目录（共计15类）
2. 调整后继续实施工业产品生产许可证管理的产品目录（共计10类）

国务院
2019年9月8日

（此件公开发布）

附件 1

工业产品生产许可证取消、合并管理的产品目录（共计 15 类）

序号	产品名称	目前实施机关	调整情况
1	轴承钢材	质检总局（现国家市场监督管理总局）	取消
2	防伪技术产品	省级市场监督管理部门	取消
3	摩擦材料及密封制品*	省级市场监督管理部门	取消
4	公路桥梁支座	省级市场监督管理部门	取消
5	内燃机	省级市场监督管理部门	取消
6	砂轮	省级市场监督管理部门	取消
7	钢丝绳	省级市场监督管理部门	取消
8	预应力混凝土用钢材	省级市场监督管理部门	取消
9	预应力混凝土枕	省级市场监督管理部门	取消
10	特种劳动防护用品	省级市场监督管理部门	取消
11	耐火材料	省级市场监督管理部门	取消
12	建筑防水卷材	省级市场监督管理部门	取消
13	汽车制动液	省级市场监督管理部门	取消
14	卫星电视广播地面接收设备	质检总局（现国家市场监督管理总局）	取消室外单元等单元，与无线广播电视发射设备合并为广播电视传输设备
15	无线广播电视发射设备	质检总局（现国家市场监督管理总局）	取消发射天线等单元，与卫星电视广播地面接收设备合并为广播电视传输设备

＊"摩擦材料及密封制品"中的刹车片产品需在完成相关程序后转为强制性产品认证管理，在此之前仍对其实施生产许可证管理。

附件 2

调整后继续实施工业产品生产许可证管理的产品目录（共计 10 类）

序号	产品名称	实施机关
1	建筑用钢筋	质检总局（现国家市场监督管理总局）
2	水泥	质检总局（现国家市场监督管理总局）
3	广播电视传输设备	质检总局（现国家市场监督管理总局）
4	人民币鉴别仪	质检总局（现国家市场监督管理总局）
5	预应力混凝土铁路桥简支梁	质检总局（现国家市场监督管理总局）
6	电线电缆	省级市场监督管理部门
7	危险化学品	省级市场监督管理部门
8	危险化学品包装物及容器	省级市场监督管理部门
9	化肥	省级市场监督管理部门
10	直接接触食品的材料等相关产品	省级市场监督管理部门

人力资源社会保障部办公厅关于做好水平评价类技能人员职业资格退出目录有关工作的通知

人社厅发〔2020〕80号

各省、自治区、直辖市及新疆生产建设兵团人力资源社会保障厅（局），国务院有关部门、有关行业组织人事劳动保障工作机构，中央军委政治工作部兵员和文职人员局：

2019年12月，国务院常务会议决定分步取消水平评价类技能人员职业资格，推行社会化职业技能等级认定。为贯彻落实国务院常务会议精神，统筹推进疫情防控和经济社会发展，促进就业创业，现就做好水平评价类技能人员职业资格退出国家职业资格目录有关工作通知如下：

一、要深刻理解和领会取消水平评价类技能人员职业资格、推行社会化职业技能等级认定的重要意义。将技能人员水平评价由政府认定改为实行社会化等级认定，接受市场和社会认可与检验，这是推动政府职能转变、形成以市场为导向的技能人才培养使用机制的一场革命，有利于破除对技能人才成长和弘扬工匠精神的制约，促进产业升级和高质量发展。各级人力资源社会保障部门和有关部门、行业组织要从加强技能人才培养、使用、评价、激励工作大局出发，稳妥有序推进技能人才评价制度改革，将水平评价类技能人员职业资格分批有序退出目录，不再由政府或其授权的单位认定发证，转为社会化等级认定，由用人单位和相关社会组织按照职业标准或评价规范开展职业技能等级认定、颁发职业技能等级证书，支持服务技能人才队伍建设。

二、今年年底前，拟分批将水平评价类技能人员职业资格退出目录。人力资源社会保障部门和有关部门组织实施的14项职业资格（涉及29个职业）拟于9月30日前第一批退出。其他部门（单位）组织实施的66项职业资格（涉及156个职业）拟于12月31日前第二批退出。与公共安全、人身健康、生命财产安全等密切相关的职业（工种）拟依法调整为准入类职业资格。上述有关工作请于今年年底前完成（具体安排详见附件）。

三、妥善处理水平评价类技能人员职业资格退出目录的有关后续工作。对已发布鉴定考试公告或已受理鉴定考试报名的，可以根据考生意愿，继续做好鉴定考试工作，或者退回有关费用。对已组织完成鉴定考试的，要做好职业资格证书发放等工作。对按技能人才职业资格证书培养计划招生的职业院校（含技工院校），或企业招收的企业新型学徒，要支持其执行培养培训计划，保证政策不断线，帮助学生（学员）毕结业时能够取得相应职业资格证书或职业技能等级证书。

四、加强职业资格证书管理。要规范实施职业技能鉴定，保证鉴定质量，严格职业资格证书发放，严禁违规、突击发放证书。退出目录前已发放的职业资格证书继续有效，可作为持证者职业能力水平的证明。

五、做好职业技能等级认定工作。要认真总结职业技能等级认定试点工作，大力推行职业技能等级认定。要推动各类企业等用人单位全面开展技能人才自主评价，遴选发布社会培训评价组织并指导其按规定开展职业技能等级认定，颁发职业技能等级证书，支持劳动者实现技能提升。

六、对与公共安全、人身健康、生命财产安全等密切相关的水平评价类技能人员职业资格，有关单位要抓紧配合做好相关法律法规制定修订工作，依法将其调整为准入类职业资格。人力资源社会保障部门职业技能鉴定中心要加快职能转变，加强职业技能等级认定工作的质量监管，做好公共服务。有关单位职业技能鉴定中心可结合实际探索向社会培训评价组织转型。

附件：水平评价类技能人员职业资格退出目录安排

人力资源社会保障部办公厅

2020 年 7 月 20 日

附件：

水平评价类技能人员职业资格退出目录安排

（水平评价类 76 项）

序号	职业资格名称		实施部门（单位）	批次
1	机械设备修理人员	设备点检员	中国钢铁工业协会	2
		电工	应急管理部、人力资源和社会保障部	
		锅炉设备检修工、变电设备检修工	中国电力企业联合会	
		工程机械维修工	中国机械工业联合会	
2	通用工程机械操作人员	起重装卸机械操作工	交通运输部、人力资源和社会保障部	2
3	建筑安装施工人员	电梯安装维修工、制冷空调系统安装维修工	人力资源和社会保障部	1
4	土木工程建筑施工人员	筑路工、桥隧工	交通运输部、住房城乡建设部	2
		防水工	住房城乡建设部、人力资源和社会保障部	
		电力电缆安装运维工	中国电力企业联合会	

续表

序号	职业资格名称		实施部门（单位）	批次
5	房屋建筑施工人员	砌筑工、混凝土工、钢筋工、架子工	住房城乡建设部、人力资源和社会保障部	2
6	水生产、输排和水处理人员	水生产处理工	中国石油和化学工业联合会、中国电力企业联合会、住房城乡建设部	2
		工业废水处理工	中国石油和化学工业联合会	
7	气体生产、处理和输送人员	工业气体生产工	中国石油和化学工业联合会	2
		工业废气治理工	中国石油和化学工业联合会、中国电力企业联合会	
		压缩机操作工	中国石油和化学工业联合会、中国煤炭工业协会	
8	电力、热力生产和供应人员	锅炉运行值班员、发电集控值班员、变配电运行值班员、继电保护员、燃气轮机值班员	中国电力企业联合会	2
		锅炉操作工	人力资源和社会保障部	1
9	仪器仪表装配人员	钟表及计时仪器制造工	中国轻工业联合会	2
10	电子设备装配调试人员	广电和通信设备电子装接工、广电和通信设备调试工	工业和信息化部	2
11	计算机制造人员	计算机及外部设备装配调试员	工业和信息化部	2
12	电子器件制造人员	液晶显示器件制造工、半导体芯片制造工、半导体分立器件和集成电路装调工	工业和信息化部	2
13	电子元件制造人员	电子产品制版工、印制电路制作工	工业和信息化部	2
14	电线电缆、光纤光缆及电工器材制造人员	电线电缆制造工	中国机械工业联合会	2
15	输配电及控制设备制造人员	变压器互感器制造工、高低压电器及成套设备装配工	中国机械工业联合会	2
16	汽车整车制造人员	汽车装调工	中国机械工业联合会	2
17	医疗器械制品和康复辅具生产人员	矫形器装配工、假肢装配工	民政部	2
18	金属加工机械制造人员	机床装调维修工	人力资源和社会保障部	1
19	工装工具制造加工人员	模具工	人力资源和社会保障部	1
20	机械热加工人员	铸造工、锻造工、金属热处理工	人力资源和社会保障部	1

续表

序号	职业资格名称		实施部门（单位）	批次
21	机械冷加工人员	车工、铣工、钳工、磨工、冲压工	人力资源和社会保障部	1
		电切削工	中国机械工业联合会、人力资源和社会保障部	2
22	硬质合金生产人员	硬质合金成型工、硬质合金烧结工、硬质合金精加工工	中国有色金属工业协会	2
23	金属轧制人员	轧制原料工、金属轧制工、金属材热处理工、金属材精整工	中国钢铁工业协会、中国有色金属工业协会	2
		金属挤压工、铸轧工	中国有色金属工业协会	
24	轻有色金属冶炼人员	氧化铝制取工、铝电解工	中国有色金属工业协会	2
25	重有色金属冶炼人员	重冶火法冶炼工、电解精炼工、重冶湿法冶炼工	中国有色金属工业协会	2
26	炼钢人员	炼钢原料工、炼钢工	中国钢铁工业协会	2
27	炼铁人员	高炉原料工、高炉炼铁工、高炉运转工	中国钢铁工业协会	2
28	矿物采选人员	井下支护工、矿山救护工	中国有色金属工业协会、中国煤炭工业协会、中国钢铁工业协会	2
29	陶瓷制品制造人员	陶瓷原料准备工、陶瓷烧成工、陶瓷装饰工	中国轻工业联合会、中国建筑材料联合会	2
30	玻璃纤维及玻璃纤维增强塑料制品制造人员	玻璃纤维及制品工、玻璃钢制品工	中国建筑材料联合会	2
31	水泥、石灰、石膏及其制品制造人员	水泥生产工、石膏制品生产工、水泥混凝土制品工	中国建筑材料联合会	2
32	药物制剂人员	药物制剂工	国家中医药管理局	2
33	中药饮片加工人员	中药炮制工	国家中医药管理局	2
34	涂料、油墨、颜料及类似产品制造人员	涂料生产工、染料生产工	中国石油和化学工业联合会	2
35	农药生产人员	农药生产工	中国石油和化学工业联合会	2
36	化学肥料生产人员	合成氨生产工、尿素生产工	中国石油和化学工业联合会	2
37	基础化学原料制造人员	硫酸生产工、硝酸生产工、纯碱生产工、烧碱生产工、无机化学反应生产工、有机合成工	中国石油和化学工业联合会	2

续表

序号	职业资格名称		实施部门（单位）	批次
38	化工产品生产通用工艺人员	化工总控工、防腐蚀工	中国石油和化学工业联合会	2
		制冷工	人力资源和社会保障部	1
39	炼焦人员	炼焦煤制备工、炼焦工	中国煤炭工业协会、中国钢铁工业协会	2
40	工艺美术品制作人员	景泰蓝制作工	中国轻工业联合会	2
41	木制品制造人员	手工木工	住房城乡建设部、人力资源和社会保障部	2
42	纺织品和服装剪裁缝纫人员	服装制版师	中国纺织工业联合会	2
43	印染人员	印染前处理工、印花工、印染后整理工、印染染化料配制工、纺织染色工	中国纺织工业联合会	2
44	织造人员	整经工、织布工	中国纺织工业联合会	2
45	纺纱人员	纺纱工、缫丝工	中国纺织工业联合会	2
46	纤维预处理人员	纺织纤维梳理工、并条工	中国纺织工业联合会	2
47	酒、饮料及精制茶制造人员	酿酒师、品酒师、酒精酿造工、白酒酿造工、啤酒酿造工、黄酒酿造工、果露酒酿造工	中国轻工业联合会	2
		评茶员	中华全国供销合作总社、人力资源和社会保障部	
48	乳制品加工人员	乳品评鉴师	中国轻工业联合会	2
49	粮油加工人员	制米工、制粉工、制油工	国家粮食和物资储备局	2
50	动植物疫病防治人员	农作物植保员、动物疫病防治员、动物检疫检验员、水生物病害防治员	农业农村部	2
		林业有害生物防治员	国家林业和草原局	
51	农业生产服务人员	农机修理工、沼气工、农业技术员	农业农村部	2
52	康复矫正服务人员	助听器验配师、口腔修复体制作工	国家卫生健康委员会	2
		眼镜验光员、眼镜定配工	人力资源和社会保障部	1
53	健康咨询服务人员	健康管理师、生殖健康咨询师	国家卫生健康委员会	2
54	计算机和办公设备维修人员	信息通信网络终端维修员	工业和信息化部	2

续表

序号	职业资格名称		实施部门（单位）	批次
55	汽车摩托车修理技术服务人员	汽车维修工	交通运输部、人力资源和社会保障部	1
56	保健服务人员	保健调理师	国家中医药管理局	2
57	美容美发服务人员	美容师、美发师	人力资源和社会保障部	1
58	生活照料服务人员	孤残儿童护理员	民政部	2
		育婴员、保育员	人力资源和社会保障部	1
59	有害生物防制人员	有害生物防制员	国家卫生健康委员会、人力资源和社会保障部	2
60	环境治理服务人员	工业固体废物处理处置工	中国石油和化学工业联合会	2
61	水文服务人员	水文勘测工	水利部	2
62	水利设施管养人员	河道修防工、水工闸门运行工、水工监测工	水利部	2
63	地质勘查人员	地勘钻探工、地质调查员、地勘掘进工、地质实验员、物探工	自然资源部	2
64	检验、检测和计量服务人员	农产品食品检验员	农业农村部、国家粮食和物资储备局	2
		纤维检验员	中华全国供销合作总社	
		贵金属首饰与宝玉石检测员	中国轻工业联合会、自然资源部	
		机动车检测工	中国机械工业联合会、交通运输部	
65	测绘服务人员	大地测量员、摄影测量员、地图绘制员、不动产测绘员	自然资源部	2
		工程测量员	自然资源部、交通运输部	
66	安全保护服务人员	保安员	公安部、人力资源和社会保障部	拟依照法定程序调整为准入类职业资格
		安检员	中国民用航空局、人力资源和社会保障部	拟依照法定程序调整为准入类职业资格
		智能楼宇管理员	住房城乡建设部、人力资源和社会保障部	2
		安全评价师	人力资源和社会保障部	1

续表

序号	职业资格名称		实施部门（单位）	批次
67	人力资源服务人员	劳动关系协调员、企业人力资源管理师	人力资源和社会保障部	1
68	物业管理服务人员	中央空调系统运行操作员	住房城乡建设部、人力资源和社会保障部	2
69	信息通信网络运行管理人员	信息通信网络运行管理员	工业和信息化部	2
70	广播电视传输服务人员	广播电视天线工、有线广播电视机线员	国家广播电视总局	2
71	信息通信网络维护人员	信息通信网络机务员、信息通信网络线务员	工业和信息化部	2
72	餐饮服务人员	中式烹调师、中式面点师、西式烹调师、西式面点师、茶艺师	人力资源和社会保障部	1
73	仓储人员	（粮油）仓储管理员	国家粮食和物资储备局	2
74	航空运输服务人员	民航乘务员、机场运行指挥员	中国民用航空局	拟依照法定程序调整为准入类职业资格
75	道路运输服务人员	机动车驾驶教练员	交通运输部	2
76	消防和应急救援人员	消防员、应急救援员	应急管理部	拟依照法定程序调整为准入类职业资格
		森林消防员	应急管理部、国家林业和草原局	

住房和城乡建设部关于印发建设工程企业资质管理制度改革方案的通知

建市〔2020〕94 号

各省、自治区住房和城乡建设厅，直辖市住房和城乡建设（管）委，北京市规划和自然资源委，新疆生产建设兵团住房和城乡建设局，国务院有关部门：

《建设工程企业资质管理制度改革方案》已经 2020 年 11 月 11 日国务院常务会议审议通过，现印发给你们，请认真贯彻落实，进一步放宽建筑市场准入限制，优化审批服务，激发市场主体活力。同时，坚持放管结合，加大事中事后监管力度，切实保障建设工程质量安全。

中华人民共和国住房和城乡建设部

2020 年 11 月 30 日

（此件公开发布）

建设工程企业资质管理制度改革方案

为贯彻落实 2019 年全国深化"放管服"改革优化营商环境电视电话会议精神和李克强总理重要讲话精神，按照《国务院办公厅关于印发全国深化"放管服"改革优化营商环境电视电话会议重点任务分工方案的通知》（国办发〔2019〕39 号）要求，深化建筑业"放管服"改革，做好建设工程企业资质（包括工程勘察、设计、施工、监理企业资质，以下统称企业资质）认定事项压减工作，现制定以下改革方案。

一、指导思想

以习近平新时代中国特色社会主义思想为指导，贯彻落实党的十九大和十九届二中、三中、四中、五中全会精神，充分发挥市场在资源配置中的决定性作用，更好发挥政府作用，坚持以推进建筑业供给侧结构性改革为主线，按照国务院深化"放管服"改革部署要求，持续优化营商环境，大力精简企业资质类别，归并等级设置，简化资质标准，优化审批方式，进一步放宽建筑市场准入限制，降低制度性交易成本，破除制约企业发展的不合理束缚，持续激发市场主体活力，促进就业创业，加快推动建筑业转型升级，实现高质量发展。

二、主要内容

（一）精简资质类别，归并等级设置。为在疫情防控常态化条件下做好"六稳"工作、落实"六保"任务，进一步优化建筑市场营商环境，确保新旧资质平稳过渡，保障工程质量安全，按照稳中求进的原则，积极稳妥推进建设工程企业资质管理制度改革。对部分专业划分过细、业务范围相近、市场需求较小的企业资质类别予以合并，对层级过多的资质等级进行归并。改革后，工程勘察资质分为综合资质和专业资质，工程设计资质分为综合资质、行业资质、专业和事务所资质，施工资质分为综合资质、施工总承包资质、专业承包资质和专业作业资质，工程监理资质分为综合资质和专业资质。资质等级原则上压减为甲、乙两级（部分资质只设甲级或不分等级），资质等级压减后，中小企业承揽业务范围将进一步放宽，有利于促进中小企业发展。具体压减情况如下。

1. 工程勘察资质。保留综合资质；将 4 类专业资质及劳务资质整合为岩土工程、工程测量、勘探测试等 3 类专业资质。综合资质不分等级，专业资质等级压减为甲、乙两级。

2. 工程设计资质。保留综合资质；将 21 类行业资质整合为 14 类行业资质；将 151 类专业资质、8 类专项资质、3 类事务所资质整合为 70 类专业和事务所资质。综合资质、事务所资质不分等级；行业资质、专业资质等级原则上压减为甲、乙两级（部分资质只设甲级）。

3. 施工资质。将10类施工总承包企业特级资质调整为施工综合资质，可承担各行业、各等级施工总承包业务；保留12类施工总承包资质，将民航工程的专业承包资质整合为施工总承包资质；将36类专业承包资质整合为18类；将施工劳务企业资质改为专业作业资质，由审批制改为备案制。综合资质和专业作业资质不分等级；施工总承包资质、专业承包资质等级原则上压减为甲、乙两级（部分专业承包资质不分等级），其中，施工总承包甲级资质在本行业内承揽业务规模不受限制。

4. 工程监理资质。保留综合资质；取消专业资质中的水利水电工程、公路工程、港口与航道工程、农林工程资质，保留其余10类专业资质；取消事务所资质。综合资质不分等级，专业资质等级压减为甲、乙两级。

（二）放宽准入限制，激发企业活力。住房和城乡建设部会同国务院有关主管部门制定统一的企业资质标准，大幅精简审批条件，放宽对企业资金、主要人员、工程业绩和技术装备等的考核要求。适当放宽部分资质承揽业务规模上限，多个资质合并的，新资质承揽业务范围相应扩大至整合前各资质许可范围内的业务，尽量减少政府对建筑市场微观活动的直接干预，充分发挥市场在资源配置中的决定性作用。

（三）下放审批权限，方便企业办事。进一步加大放权力度，选择工作基础较好的地方和部分资质类别，开展企业资质审批权下放试点，将除综合资质外的其他等级资质，下放至省级及以下有关主管部门审批（其中，涉及公路、水运、水利、通信、铁路、民航等资质的审批权限由国务院住房和城乡建设主管部门会同国务院有关部门根据实际情况决定），方便企业就近办理。试点地方要明确专门机构、专业人员负责企业资质审批工作，并制定企业资质审批相关管理规定，确保资质审批权下放后地方能够接得住、管得好。企业资质全国通用，严禁各行业、各地区设置限制性措施，严厉查处变相设置市场准入壁垒、违规限制企业跨地区、跨行业承揽业务等行为，维护统一规范的建筑市场。

（四）优化审批服务，推行告知承诺制。深化"互联网＋政务服务"，加快推动企业资质审批事项线上办理，实行全程网上申报和审批，逐步推行电子资质证书，实现企业资质审批"一网通办"，并在全国建筑市场监管公共服务平台公开发布企业资质信息。简化各类证明事项，凡是通过政府部门间信息共享可以获取的证明材料，一律不再要求企业提供。加快推行企业资质审批告知承诺制，进一步扩大告知承诺制使用范围，明确审批标准，逐步提升企业资质审批的规范化和便利化水平。

（五）加强事中事后监管，保障工程质量安全。坚持放管结合，加大资质审批后的动态监管力度，创新监管方式和手段，全面推行"双随机、一公开"监管方式和"互联网＋监管"模式，强化工程建设各方主体责任落实，加大对转包、违法分包、资质挂靠等违法违规行为查处力度，强化事后责任追究，对负有工程质量安全事故责任的企业、人员依法严厉追究法律责任。

三、保障措施

（一）完善工程招投标制度，引导建设单位合理选择企业。持续深化工程招投标制度改革，完善工程招标资格审查制度，优化调整工程项目招标条件设置，引导建设单位更多从企业实力、技术力量、管理经验等方面进行综合考察，自主选择符合工程建设要求的企业。积极培育全过程工程咨询服务机构，为业主选择合格企业提供专业化服务。大力推行工程总承包，引导企业依法自主分包。

（二）完善职业资格管理制度，落实注册人员责任。加快修订完善注册人员职业资格管理制度，进一步明确注册人员在工程建设活动中的权利、义务和责任，推动建立个人执业责任保险制度，持续规范执业行为，落实工程质量终身责任制，为提升工程品质、保障安全生产提供有力支撑。

（三）加强监督指导，确保改革措施落地。制定建设工程企业资质标准指标说明，进一步细化审批标准和要求，加强对地方审批人员的培训，提升资质审批服务能力和水平。不定期对地方资质审批工作进行抽查，对违规审批行为严肃处理，公开曝光，情节严重的，取消企业资质审批权下放试点资格。

（四）健全信用体系，发挥市场机制作用。进一步完善建筑市场信用体系，强化信用信息在工程建设各环节的应用，完善"黑名单"制度，加大对失信行为的惩戒力度。加快推行工程担保和保险制度，进一步发挥市场机制作用，规范工程建设各方主体行为，有效控制工程风险。

（五）做好资质标准修订和换证工作，确保平稳过渡。开展建设工程企业资质管理规定、标准等修订工作，合理调整企业资质考核指标。设置1年过渡期，到期后实行简单换证，即按照新旧资质对应关系直接换发新资质证书，不再重新核定资质。

（六）加强政策宣传解读，合理引导公众预期。加大改革政策宣传解读力度，及时释疑解惑，让市场主体全面了解压减资质类别和等级的各项改革措施，提高政策透明度。加强舆论引导，主动回应市场主体反映的热点问题，营造良好舆论环境。

附件：1. 建设工程企业资质改革措施表
　　　2. 改革后建设工程企业资质分类分级表

抄送：国务院办公厅政府职能转变办公室，有关行业协会，国资委管理的中央企业。

附件（略）

中国建筑防水协会关于工程防水材料质量风险提示函

中建防水协发〔2022〕21号

各工程建设单位、总承包单位和房地产开发商：

2022年初，防水材料主要原材料（石油类化工产品）价格同比大幅上涨30%～

60%不等（具体见附件）。防水产品的市场成交价并未与原材料价格同步上涨，防水企业盈利水平大幅下降。据中国建筑材料联合会统计，2021年防水企业出厂价格指数已连续8个月环比回落，企业经营毛利率普遍下降10～15个百分点不等；国家统计局数据显示防水建材制造业利润总额已连续8个月负增长。

近期，随着房地产行业疲软，市场需求景气度下降，市场较多工程建设项目特别是房地产集采工程项目的招投标中，出现大量低价投标、中标行为，部分项目业主和总包单位无视防水产品原材料大幅涨价的市场现状和质量风险，有的竟采取多轮招投标的做法，迫使防水企业不断投出更低价，部分防水企业的产品售价已接近甚至低于理论成本价。

企业是以营利为目的的经济组织，并不是慈善机构。不合理低价中标必然促使企业以产品质量让渡为代价，甚至部分企业采用偷工减料、以次充好，降低防水材料的功能和耐久性能，给建筑工程的安全运行和结构寿命带来严重的质量隐患，同时也会对防水行业生态带来重大影响。必须警惕低于国标、行标的非标产品死灰复燃的质量风险，坚决遏制建筑渗漏通病。

为此，我会慎重提示社会各界，高度关注防水工程低价中标引起的工程质量风险，高度关注渗漏对建筑安全运行和使用寿命的影响，高度关注百姓对生活品质提升的向往，并提出如下建议。

1. 正视防水材料原材料价格显著上涨给防水材料制造商带来成本大幅上升的空前压力，适时调整公平合理的防水工程概预算，并应在标书中设定与防水产品主要原材料挂钩的调价机制；

2. 积极关注全文强制国家标准《建筑与市政工程防水通用规范》即将出台；该规范将全面提高防水工程设计工作年限，提高防水等级和防水材料耐久性能，该规范将强制执行；

3. 加强过程管控，加大对防水工程和材料质量的抽检频次，有必要时引入第三方质量监督；对于屡次低于成本价恶意投标和销售不合格产品的企业，列入黑名单，以儆效尤；

4. 我会将组织防水行业主要企业，贯彻落实《反不正当竞争法》《产品质量法》等法规，巩固防水材料行业质量提升十年的成果，坚守不做非标产品的行业底线，加强行业自律和职业操守，推动行业构建一个公平竞争的市场环境，并探索建立防水工程质量保证保险制度。

附件：2021.01—2022.02防水行业主要原材料涨幅
（公开发布、可转发）

抄报：住房和城乡建设部工程质量安全监管司
　　　质检总局（现国家市场监督管理总局）产品质量安全监督管理司

附件：

2021.01—2022.02 防水行业主要原材料涨幅

产品	主要原材料	2021.01价格（元/吨）	2022.02价格（元/吨）	一年涨幅（%）
沥青防水卷材	沥青	2800	3800	36%
	SBS	10000	13000	30%
	聚酯胎	4900	7000	43%
水性防水涂料	VAE乳液	8800	13800	57%
	弹性丙烯酸乳液	11500	16000	39%
	丁苯乳液	6200	8400	35%
聚氨酯防水涂料	异氰酸酯	12500	19200	54%

注：沥青占沥青防水卷材原材料成本50%～70%；乳液占水性防水涂料原材料成本50%～90%；异氰酸酯占聚氨酯防水涂料原材料成本30%～50%。

住房和城乡建设部关于发布国家标准《建筑与市政工程防水通用规范》的公告

2022年第147号文

现批准《建筑与市政工程防水通用规范》为国家标准，编号为GB 55030—2022，自2023年4月1日起实施。本规范为强制性工程建设规范，全部条文必须严格执行。现行工程建设标准中有关规定与本规范不一致的，以本规范的规定为准。同时废止下列工程建设标准相关强制性条文：

一、《地下工程防水技术规范》GB 50108—2008第3.1.4、3.2.1、3.2.2、4.1.22、4.1.26（1、2）、5.1.3条（款）。

二、《屋面工程质量验收规范》GB 50207—2012第3.0.6、3.0.12、5.1.7、7.2.7条。

三、《地下防水工程质量验收规范》GB 50208—2011第4.1.16、4.4.8、5.2.3、5.3.4、7.2.12条。

四、《屋面工程技术规范》GB 50345—2012第3.0.5、4.5.1、4.5.5、4.5.6、4.5.7、4.8.1、4.9.1、5.1.6条。

五、《坡屋面工程技术规范》GB 50693—2011第3.2.10、3.2.17、3.3.12、10.2.1条。

六、《金属与石材幕墙工程技术规范》JGJ 133—2001第3.2.2、3.5.2、3.5.3、4.2.3、4.2.4、5.2.3、5.5.2、5.6.6、5.7.2、5.7.11、6.1.3、6.3.2、6.5.1、7.2.4、7.3.4、7.3.10条。

七、《种植屋面工程技术规程》JGJ 155—2013 第 3.2.3、5.1.7 条。

八、《倒置式屋面工程技术规程》JGJ 230—2010 第 3.0.1、4.3.1、5.2.5、7.2.1 条。

九、《采光顶与金属屋面技术规程》JGJ 255—2012 第 3.1.6、4.6.4 条。

十、《住宅室内防水工程技术规范》JGJ 298—2013 第 4.1.2、5.2.1、5.2.4、7.3.6 条。

本规范在住房和城乡建设部门户网站（www.mohurd.gov.cn）公开，并由住房和城乡建设部标准定额研究所组织中国建筑出版传媒有限公司出版发行。

住房和城乡建设部

2022 年 9 月 27 日

7.2 重要提案

全国人大代表张雄《修订建筑防水工程质量规范与防水材料标准的建议》

2020 年 8 月，住房和城乡建设部工程质量安全监管司针对全国人大代表王刚提出的《关于加快建筑防水领域规范发展的建议》和全国人大代表张雄《修订建筑防水工程质量规范与防水材料标准的建议》向协会征询意见，协会收文后组织行业专家调研，并提交了《对全国人大代表"关于加快建筑防水领域规范发展的建议"和"修订建筑防水工程质量规范与防水材料标准的建议"建议案的意见和建议》，提出"建议尽快出台全文强制规范《建筑和市政工程防水通用规范》""建议切实提高建筑防水工程定额"等。

全国人大代表聂永平《关于推动住宅小区屋顶绿化的建议》

2020 年 8 月，全国人大代表、镇江丹徒区世业镇先锋村党总支书记聂永平作为领衔人提交的"关于推动住宅小区屋顶绿化的建议"提议。这是第一次人大代表提议触及种植屋面行业，其意义深远，必将引起行业热烈反响。协会收到住房和城乡建设部转发的全国人大代表、镇江丹徒区世业镇先锋村党总支书记聂永平作为领衔人提交的"关于推动住宅小区屋顶绿化的建议"提议。协会种植屋面技术分会组织韩丽莉、左进、朱志远、柯思征、韩啸等行业专家针对以上提议进行系列报道；建议开展屋顶绿化以公共建筑为主体率先垂范，建议政府立法保护空中绿地、列入国家生态文明城市建设考核；建议建立科学的高密度城区屋顶绿化专项规划编制技术方法等。

全国人大代表洪杰《关于种植屋面助力碳中和的建议》

在 2021 年全国两会上，全国人大代表、福建省工商联副主席、三棵树涂料股份有限公司董事长兼总裁洪杰领衔十位人大代表联名附议关于种植屋面助力碳中和的建议。作为城市绿色基础设施建设的重要组成部分，种植屋面在国内许多城市的实施推广中，始终是以建筑环境生态修复和城市大气环境治理为主要目的。"关于种植屋面助力碳中和建议"意义深远重大，引发行业广泛关注。2021 年 3 月 9 日—17 日，种植屋面技术分会组织韩丽莉、尚华胜、朱志远、李伯钧、蔡昭昀、董楠楠、俞海勇、左进等专家进行讨论并连续报道。

7.3 行业发展规划

7.3.1 建筑防水行业"十三五"发展规划纲要

2016 年 12 月 7 日中国建筑防水协会第七届二次理事会通过
2018 年 12 月 18 日中国建筑防水协会七届五次理事会修订

建筑防水是关系到国计民生的重要产业，建筑防水关乎建筑安全和寿命，关乎百姓民生和安康。

"十三五"是我国全面建设小康社会的关键时期，也是我国建筑防水行业调整结构，转变经济增长方式和持续健康发展的重要时期。根据《中华人民共和国国民经济和社会发展第十三个五年规划纲要》《住房城乡建设事业"十三五"规划纲要》和《建筑材料工业"十三五"发展指导意见》等政策，结合建筑防水行业的实际情况，制定了《建筑防水行业"十三五"发展规划纲要》。

一、"十二五"取得的主要成绩及存在的主要问题

（一）主要成绩

"十二五"期间，我国国民经济快速发展，在国家产业政策的指导和建筑业发展的带动下，建筑防水行业较好地完成了"十二五"发展规划确定的目标。

1. 建筑防水材料产量稳定增长

2015 年，主要建筑防水材料的总产量达 17.75 亿平方米。2011—2015 年，年均增长率为 11.47%，其中自粘聚合物改性沥青防水卷材产量的年均增长率高达 22.21%。

"十二五"期间建筑防水材料产量目标及完成情况

产品名称	2010年（万 m²）	2015年目标（万 m²）	2015年实际完成 产量（万 m²）	2015年实际完成 年均增长率（%）
建筑防水材料合计	103130	160000	177468	11.47
1. 新型建筑防水材料	89710	144433	167286	13.27
①SBS/APP改性沥青防水卷材	27100	43631	47684	11.96
②合成高分子防水卷材	15600	25116	24696	9.62
③防水涂料	23840	38382	47504	14.78
④玻纤胎沥青瓦	3750	6038	1525	−16.47
⑤自粘聚合物改性沥青防水卷材	12820	20640	34951	22.21
⑥其他新型建筑防水材料	6600	10626	10926	10.61
2. 沥青油毡类防水卷材	13420	15567	10182	−5.37
①石油沥青纸胎油毡	1800	2088	1556	−2.87
②沥青复合胎柔性防水卷材	11620	13479	8626	−5.79

资料来源：中国建筑防水协会年度统计。

2. 产业结构调整效果初见端倪

"十二五"期间，行业主营业务收入持续增长，年均增长率13.87%，企业盈利能力明显增加。行业中涌现出年销售收入超过50亿元的企业，年销售收入超过10亿元的企业达到8家；行业前50位企业的市场占有率超过35%，行业集中度显著提高。

3. 科技创新取得丰硕成果

1家企业获批筹建"特种功能防水材料国家重点实验室"，成为行业的首家国家重点实验室。

4家企业获批被认定为"国家火炬重点高新技术企业"，多家企业获批被认定为"高新技术企业"。

一批骨干企业建立了研发中心，其中国家级企业技术中心1家，省级企业技术中心5家，院士专家工作站1家，博士后科研工作站2家，研究生工作站若干家。"十二五"期间共有1家单位承担、6家企业参与国家"十二五"科技支撑重点项目，1家企业承担国家"863"计划项目，2家企业承担了5项国家火炬计划项目，其他还有若干国家重点新产品新技术项目。

"十二五"期间防水行业企业加大了科研和专利申请力度，其中1家企业的1项发明专利荣获了"中国优秀专利奖"，成为国内首次获得该奖项的防水卷材技术。

5年来，编制、修订了72项标准规范，其中工程建设标准16项，产品标准45项，试验方法等其他标准11项。

4. 品牌建设取得明显成效

通过在全行业开展"建筑防水行业企业信用等级评价"和"建筑防水行业知名品牌产品"评选活动，31家企业的45个品牌产品入选"建筑防水行业知名品牌产品"，114家企业获得A级以上信用等级，其中AAA级企业75家。

5. 主要防水材料质量显著提升

自2012年起，质检总局（现国家市场监督管理总局）连续4年开展建筑防水卷材产品质量提升活动，建筑防水卷材产品质量国家监督抽查合格率从83%上升到95%，防水卷材产品质量水平逐年提升。

推动质检总局（现国家市场监督管理总局）发布《建筑防水卷材产品生产许可证实施细则（2013版）》，推动工信部发布《建筑防水卷材行业准入条件》。

2015年质检总局（现国家市场监督管理总局）在22个省级行政区域开展"建筑防水卷材产品生产许可获证企业专项监督检查"；创新了证后监管与质量监督相结合的监管方式，以及政府监督与行业协会参与相结合的监管模式；并连续3年开展建筑防水卷材"质检利剑行动"。

中国建筑防水协会在质检总局（现国家市场监督管理总局）的指导和支持下，围绕产品质量提升，先后组织开展了"质量提升年""培训年""成果年""质量提升省市行""质量提升万里行"等活动，推动落实骨干企业的质量主体责任，以标准为抓手，实现产业升级；协会还组织开展了行业产品质量动态监督检查，并对"促进防水行业健康发展产业联盟"企业和寿光质量提升示范区内的企业进行了质量抽查。

2013年，中国建筑防水协会引导成立了由13家大型骨干企业组成的"促进防水行业健康发展产业联盟"；联合11个省市地方协会组成11个区域质量诚信联盟；在质检总局（现国家市场监督管理总局）执法督察司的主导下，31家重点企业成立了"打假保优协作网"；共有约200家企业通过以上各联盟明确承诺落实质量提升的主体责任。

6. 多层次的人才培养平台初步建立

"十二五"期间，行业在从业人员学历教育、专业技术培训等方面取得了成果。

湖北工业大学培养了建筑防水专业本专科毕业生合计近300人，完成了两期防水材料与工程专业硕士研究生班的招生工作。

2013年，中国建筑防水协会组织行业专家编写了《全国一级注册建筑师继续教育培训教材之九——建筑防水》。协会专家参与了近100场《建筑防水》必修课培训工作，超过10000名注册建筑师参加了专场培训。

中国建筑防水协会先后组织并邀请了德国、美国、加拿大的专家来华培训行业技能培训师，先后培训了行业注册培训师近200名，建立了行业及企业职业技能培训中心共11家。

国家建材特有工种职业技能鉴定（040）站鉴定了各级别防水工、检测工近 6000 余名。

2013—2015 年，举办了 3 届"全国建筑防水行业职业技能大赛"，开展了各级别比赛近 30 场，34 人晋升为行业技师，7 人获得"中国屋面防水大师"称号。

7. 商业模式创新初见端倪

企业积极探索商业模式创新，企业由产品生产开始向下游应用领域延伸，提高了企业盈利水平，加速了企业转型升级，已有企业尝试防水工程质量商业保险。

国家基础设施和公共建筑建设方对防水重要性的重视程度明显提高，大型房地产开发商已与行业龙头企业建立战略合作关系，通过集中采购扩大了优质产品的市场份额。

（二）主要问题

1. 产业政策落实不到位

政府和社会对环保要求越来越严，而防水材料生产企业普遍存在环保技术水平不高、设施陈旧，部分企业生产工艺和产品配方落后，使用不合格原材料，使行业环保问题更加突出。

部分企业没有切实落实《建筑防水卷材产品生产许可证实施细则》的相关规定，不少企业仍未达到《建筑防水卷材行业准入条件》的要求。

2. 产业结构不合理

截至 2015 年底，取得防水卷材生产许可证的企业共计 975 家。防水材料生产企业规模小、数量多的特点仍然突出，市场集中度低。落后产能过剩，导致恶性竞争。

产品同质化较为普遍，长期存在生产和使用不合格产品、无许可证产品的不正常现象，市场行为规范程度仍然较低，影响了防水行业健康发展。

3. 创新能力不足

国内的生产技术、生产装备、产品种类等生产能力与国际先进生产技术水平差距逐步缩小，但行业技术基础理论研究缺乏，企业创新的能力和动力不足，企业过度重视主要材料而轻视配套材料，重视产品技术而轻视应用技术，重视市场开发而轻视技术储备。

4. 应用领域市场规范程度有待提升

目前，行业主要以材料生产企业为主，与下游建设行业相关各方的协同机制有待完善，防水设计专业能力不足，防水系统配套与应用技术不成熟，防水工程质量保证体系不健全。

施工企业依然弱小，施工主体责任不明确，工程资质挂靠以及非法转包、分包现象普遍，防水产业工人培训不足、专业技能水平不高。

防水工程市场不够规范，工程质量监督不到位，不合理低价中标造成防水工程质量问题突出，建筑渗漏率仍居高不下，给建筑安全带来隐患。

二、"十三五"发展指导思想、发展战略和发展目标

（一）指导思想

以习近平新时代中国特色社会主义思想为统领，以国家产业政策为导向，以转型、创新、融合、绿色为行业发展理念，以提高产品、工程、服务质量和效益为中心，以供给侧结构性改革和整合重组为主线，不断满足国家发展建设需求，推动行业产业结构调整和经济增长方式转变，实现行业高质量高效益可持续健康发展。

（二）发展战略

1. 转型升级战略

以行业供给侧结构性改革宏观政策为指导，落实产品质量安全政策，推动行业全产业链质量提升，转变行业增长方式，不断提高市场集中度；优化行业资源配置，推动资本与产业相结合，促进行业重组整合，鼓励产能合作共赢；引导行业产品结构调整，全面淘汰落后产能和非标产品，开拓新的市场领域，促进产业升级和结构优化。

2. 创新驱动战略

推进技术创新、商业模式创新和管理创新。加强基础理论研究，以科技创新带动全面创新，以企业为创新主体，推进"政产学研资"协同创新；转变企业经营理念，以商业模式创新全面提升市场竞争能力；借力信息技术，以管理创新推动企业提质增效。

3. 产业融合战略

构建原材料供应、产品制造、设计、施工应用和服务的全产业链平台，促进行业融合，推动全产业链资源流动，增加产品和服务附加值，全面提升防水行业价值。

4. 绿色发展战略

以科技创新为支撑，以绿色建筑和绿色产品评价为导向，推广清洁生产，落实节能环保产业政策，优化产品结构；打通绿色产品、绿色工厂、绿色施工、绿色供应链等全要素发展路径，满足绿色建筑需求。

5. 人才发展战略

树立技术、营销和管理人才并重的理念，把培养、引进人才作为企业（行业）发展的基础。完善学历教育、职业教育、职业技能培训和继续教育等多层次人才培养体系，夯实行业发展的人力资源基础。

探索防水工人职业化制度。

6. 行业自律战略

完善行业自律机制，主动接受社会监督，自觉规范企业商业行为。加强信用体系建设，打假扶优，构建公平竞争的市场生态。

建立和完善行业自律组织，发挥示范引领作用。

鼓励企业积极参与行业建设，提高企业的质量安全主体意识，践行企业社会责任。

(三) 发展目标

依据国家"十三五"发展规划，综合考虑我国"十三五"期间经济形势以及防水行业未来发展条件，今后五年防水行业的主要发展目标是：

1. 持续保持行业健康发展

"十三五"期间，主要防水材料产量的年均增长率保持在6%以上，到2020年，主要防水材料总产量达到23亿平方米，满足国家建设工程市场需求和人民对品质生活日益提高的需要，不断开发轨道交通、高速铁路、城市综合管廊、水利工程、装配式建筑、绿色建筑和既有屋面翻新等领域的增量市场，促进行业持续增长。

2. 继续深化行业结构调整

"十三五"末期，培育20家大型防水企业集团，培育100家大型制造企业；行业中涌现出若干家年销售收入超过100亿元的企业，年销售收入超过20亿元的企业达到20家以上；行业前50位的企业市场占有率达到50%。形成2～3个建筑防水材料产业基地，发挥产业集群优势，明显提升行业集中度。

3. 显著增强科技创新能力

鼓励企业加大研发投入，提高自主创新能力，推动企业、科研机构新建3～5家国家级或省级技术中心，鼓励重点企业加大研发投入。

不断提升行业知识产权意识，专利申请数量年平均增长率10%以上，其中发明专利占比10%以上。

4. 加强标准规范引领作用

构建促进行业健康发展的标准体系，以国家标准化改革为契机，以标准、规范、图集、工法的编制和应用为抓手，引导和促进行业产品及工程的质量提升；不断推动国内标准规范的国际化。

加强防水行业团体标准建设，提升团体标准社会认可度。

5. 大力提高产品、服务和工程质量

通过节能环保和绿色发展的产业政策和技术引导，研制和推广耐久、可靠的防水系统，大力推进满足工程需求的新材料、新技术、新工艺、新装备的应用，不断提高产品质量和使用寿命；提升防水施工技能水平，保障防水系统质量安全；推动建立防水工程质量保证保险制度，不断降低工程渗漏率。

6. 进一步发挥品牌效应

继续开展品牌建设，加大对优质产品的宣传和推荐力度。力争形成50个以上在国内有影响力的行业知名品牌。

积极参与国际市场竞争，响应"一带一路"倡议，扩大防水产品和成套装备的出口，提升民族品牌在国际市场的认知度。"十三五"末期，行业中涌现有国际竞争力的品牌。

7. 完善多层次人才培养体系

推动学历教育、职业教育的发展，完善行业注册培训师制度，持续参与注册建筑师的继续教育工作，加强行业专家队伍建设。

逐步开展防水工人职业化基础建设，重点开展基础性的职业技能培训，推动建立 1~2 所防水行业职业技能培训学校和 30 个企业职业技能培训基地，注册培训师人数增加 25% 以上。

扩大防水工人职业技能大赛的领域和规模，并纳入"中国技能大赛"序列，全面提升从业者的职业技能水平；承办 2020 年世界青年屋面工冠军赛，汲取国际先进施工技术。

8. 推动防水工程市场机制创新

推动企业由单一的材料供应商向防水系统服务商转型。

初步建立以防水工程承包商为主体的防水工程市场体系。培育 10000 家具有施工资质的防水工程承包商或屋面工程承包商。鼓励组建防水施工专业劳务派遣公司。

系统研究与推广先进屋面工程技术，探索实施屋面工程专业承包制度。

9. 促进中小企业发展

引导中小企业提质增效，走专、精、特、新的差异化发展道路，向专业配套商转型，提升企业市场竞争综合能力。

（四）主要措施

1. 优化产业结构和产品结构

严格执行《建筑防水卷材产品生产许可证实施细则》，落实节能环保相关产业政策。

引入社会资本，推动行业整合优化。鼓励大型企业通过兼并重组、海外扩张，继续做大做强，发挥引领示范作用；引导中小型企业通过提升产品质量、规范经营行为等实现可持续发展，促进企业做专做精，鼓励企业提供差异化的产品和服务。

制定和实施绿色生产、绿色产品、绿色应用等方面的标准、评价办法和认证规则。

以绿色建筑为目标，研发并推广种植屋面、热反射屋面、通风屋面等具有绿色功能的材料和系统；推动绿色施工，改进施工工艺、机具装备，满足绿色建筑的需要。

以绿色产品为抓手，从原料、配方、装备、工艺等方面着手，大力发展功能可靠、经久耐用、绿色环保的防水密封材料。鼓励开发耐久可靠的防水系统和屋面系统。淘汰高污染、高能耗的改性沥青防水卷材生产工艺及生产装备。限制废胶粉、废机油等有害物质在改性沥青防水卷材中使用。淘汰纸胎沥青油毡、胶粉改性沥青防水卷材、沥青复合胎柔性防水卷材等落后产品及其生产装备。规范聚乙烯丙纶复合防水卷材的生产和应用。定期发布行业技术白皮书和推限禁产品目录。

依据《中国制造 2025》,推动防水行业两化融合和智能制造。

2. 全面推进产业链融合

落实产业融合战略,加速生产型企业向生产服务型企业转变,融合咨询、设计、材料、施工、翻新、维修等产业链各个环节。

重视配套材料研制及生产,推动产品应用系统化。更加重视针对主要防水材料的专用辅助材料、配件及施工装备的研制及生产,依据标准规范推动防水材料应用系统化。

鼓励企业与大型原料供应商战略合作,稳定生产原料的品质和渠道,改善生产工艺,提升产品质量;鼓励企业与建筑设计机构合作,提高防水工程设计水平;鼓励行业企业与大型房地产商和建筑工程总承包商战略合作,促进防水工程质量明显提高。

鼓励企业产能共享。

3. 开展科技研发和管理手段创新

提高自主创新能力,探索设立行业科技发展基金,开展行业技术基础理论研究,加强技术储备。集行业之力,依托"特种功能防水材料国家重点实验室"、省市级技术研发中心、科研院所及高等院校等创新平台,逐步建立防水工程基本理论体系,加强防水材料结构与性能关系和施工应用技术研究,发展高效、节能、运行可靠的生产装备,强化配套辅助材料、专业施工机具研制及推广,鼓励研制针对不同防水体系的维修、翻新技术及产品。

加强信息技术在防水行业中的应用。促进行业信息化、工业化融合,应用互联网技术,积极探索实施智能化生产、智能化物流、机械化施工和电子商务,提升行业劳动生产率;推动建筑信息模型技术(BIM)在防水工程中的应用。

4. 加强产品和工程质量建设

恪守建筑防水卷材生产许可制度。践行"政府主导、企业主体、行业自律、社会监督"的质量共治新机制,进一步开展质量提升活动,推动政府加强对获证企业的监管,协助政府开展防水行业产品质量监督和"质检利剑"行动等工作,落实企业质量主体责任。继续开展企业标准化实验室评定工作和行业防水卷材物理性能检验比对试验工作。

加大市场监管力度,加强产品质量管理,提高防水系统使用寿命,全方位保障建筑防水产品质量安全。

加大对防水工程质量监管力度。推动建立防水工程质量保证保险制度,显著提升防水工程质量。

5. 全面落实国家标准化改革措施

完善防水行业产品和工程标准体系,积极开展团体标准管理和编制工作,提高标准、规范、图集、工法等技术文件的制修订水平,加强标准规范在转型升级、科技创新、绿色发展、产品质量和工程质量提升等方面的引领作用。鼓励企业实行企业标准自我声明公开。

建立防水行业"以工程建设标准为主体、产品标准为支撑、试验方法标准、管理标准、安全防护标准、环保标准等为补充"的防水领域团体标准体系,制定一批满足市场和创新需要的团体标准,为国家标准和行业标准体系提供有益补充。

6. 培育并提升企业竞争力

引导企业加强品牌建设,形成一批消费者满意、用户信任、社会认可的优质产品、优质品牌和优秀企业,实现以质取胜、优胜劣汰。

通过开展建筑防水行业企业信用评价工作,加强行业诚信建设,在行业内宣传和扶持一批能够发挥引领作用的优秀企业,形成行业自我管理、自我发展的机制。

引导行业优秀企业发挥示范引领作用,积极履行质量承诺,主动接受政府部门、社会和媒体监督,勇于承担对消费者、合作方和企业员工的社会责任。

主动抵制恶意市场竞争,营造公平正义、共建共享的防水市场新格局。

7. 多举措建设多层次的专业人才队伍

加强行业技能培训基地、培训教材、培训师资、专家队伍等方面的建设,建立行业职业技能培训机构。

探索制定职业标准和评价规范,并组织开展行业技能评价工作。

继续开展生产工、检验工、防水工、打胶工的职业技能培训和鉴定,提升职业技能大赛规格及水平,构建国际、全国、行业、地区多种赛事体系。

完善注册培训师制度,增加培训师培训内容,开展注册培训师的继续教育工作,扩大培训师队伍。继续邀请国外专家来华开展培训师培训,学习先进培训制度和应用技术。

持续参与注册建筑师继续教育工作。

扩大行业专家队伍,加强专家梯队建设,优化专家专业结构,发挥专家在研发、生产、设计、施工及维修等环节的咨询和指导作用。

8. 加强行业社会力量的引领和监督作用

规范和发展行业社会组织和第三方服务机构。加强各类社会组织的引领、服务、协调、沟通职能,发挥好社会组织在政府与企业间的桥梁纽带作用,积极向政府部门反映企业诉求并提出有效建议,高效高质实施政府购买服务中的各项工作,提升行业自律水平,推动行业健康发展。推动信息公开平台的建设,强化行业社会组织和第三方服务机构的监督和评价作用。

发挥骨干企业的引领和示范作用,充分利用主流媒体发挥好舆论监督作用。

9. 促进国际交流与合作

面向世界防水科技前沿，大力开展国际技术交流与合作，积极参加相关国际组织的活动，开展国际技术交流和合作，组织和参加国际技术论坛和展会。

加速行业国际化步伐；响应"一带一路"倡议，积极开拓国际市场。提高企业的国际竞争力，打造国际知名品牌，鼓励国际贸易，拓展贸易渠道；推动企业"走出去"，扩大海外市场的占有率。

依托 2020 年世界青年屋面工冠军赛及国际屋面联合会年会，搭建国际防水技术交流平台，促进行业职业技能水平与国际接轨。

7.3.2 建筑防水行业"十四五"发展规划和二〇三五年远景目标

（送审稿）

建筑防水是关系到国计民生的重要产业，建筑防水关乎建筑安全和寿命，关乎百姓民生和安康。

"十四五"时期是中国全面建成小康社会、实现第一个百年奋斗目标之后，乘势而上开启全面建设社会主义现代化国家新征程、向第二个百年奋斗目标进军的第一个五年，对我们未来五年的国民经济和社会生活起着重要的指导作用。根据《中华人民共和国国民经济和社会发展第十四个五年规划和 2035 年远景目标纲要》《中共中央 国务院关于完整准确全面贯彻新发展理念做好碳达峰碳中和工作的意见》《中共中央办公厅 国务院办公厅关于推动城乡建设绿色发展的意见》和《国务院关于印发 2030 年前碳达峰行动方案的通知》等政策，结合建筑防水行业的实际情况，制定了《建筑防水行业"十四五"规划和二〇三五年远景目标》。

第一章 "十三五"发展现状

（一）主要成绩

"十三五"期间，我国国民经济快速发展，在国家产业政策的指导、建筑业和房地产业发展的带动下，建筑防水行业较好地完成了"十三五"发展规划确定的目标。

1. 建筑防水材料产量稳定增长

2020 年，主要建筑防水材料的总产量达 37.75 亿平方米。2016—2020 年，建筑防水材料产量年均增长率为 11.47%。

2020 年，建筑防水材料中防水卷材产量占 69.57%，其中改性沥青防水卷材占总产量比重为 37.09%；防水涂料占 25.94%，其中聚合物水泥防水涂料占总产量比重为 12.61%。

2. 行业经济效益稳步提升

五年来，行业取得了持续稳定的健康发展，企业规模、产品产量、主营收入、利润总额和投资规模等都实现了稳增长，其中规模以上企业数量增加了45.77%；规模以上企业营业收入年均增长10.39%，利润总额年均增长13.83%。

3. 深化供给侧结构性改革成果显著

防水行业坚持了正确的发展战略和目标，持续推动行业供给侧结构性改革，通过行业技术装备水平快速提升和创新驱动，促进企业转型升级，推动企业由材料供应商向系统服务商转型，构建全产业链发展；

平稳过渡后生产许可证时代，推动行业绿色发展，行业准入门槛已由"生产许可""行业准入"等行政手段向节能环保、绿色制造、科技创新、质量提升和标准引领等市场调节转化。

4. 行业集中度持续提升

大力推动行业重组，吸引央企及上市公司纷纷进入防水行业，大幅提升行业集中度，重塑行业结构和格局，大企业和联盟成员已成为行业引领和行业发展的主流力量。

5. 多层次的人才培养平台不断完善

在人才培养和职业技能培训中，将职业技能大赛与职业技能培训结合起来，为行业高技能人才搭建培养和选拔平台，把职业技能培训和企业转型升级结合起来，使之成为企业商业模式的重要支撑。

6. 行业生态持续优化

通过推动产品质量提升、打击非标和大力发挥联盟作用，重构防水产品市场，杜绝全国招投标市场以非标产品为标的的招投标行为，进一步压缩非标市场空间；

推动行业自律和市场规范，发挥联盟优势，修复行业生态，提升行业价值，构建公平竞争市场环境，均已初见成效；

行业社会组织和第三方服务机构已成为行业健康发展有效推动力。

（二）主要问题

（1）"大而不强"是行业最突出表征，市场集中度不高、科技水平与国际存在差距、缺少国际知名品牌，我国尚未成为防水强国；

（2）科技创新能力不足，缺乏基础研究，行业产品同质化严重；

（3）节能环保、绿色发展是行业面临的重大挑战；

（4）行业自律规范程度不高，市场生态还有较大修复空间，亟待构建行业公平竞争市场环境；

（5）人才培养乏力，职业教育任重道远；

（6）防水工程质量有待进一步提高，建筑渗漏仍然被列为建设工程质量通病之首。

（三）行业格局

（1）行业发展格局：防水行业已经成为门类比较齐全、产品基本配套、市场基本健全的工业体系，其产品、规模、效益和产业升级将持续稳步健康发展；

（2）市场结构格局：多年的产品质量提升和供给侧结构性改革，国标产品已经成为市场主流产品，非标产品市场空间将进一步压缩；

（3）行业结构格局：通过行业重组，央企和上市公司纷纷加入行业，以及产业与资本市场融合，行业市场集中度将进一步提升；头部企业和联盟技术装备水平不断提升，财务状况逐年改善，将成为修复行业生态和推动行业健康发展的引领者；

（4）转型升级格局：材料供应商向系统服务商转型，已成为企业转型升级的方向；全产业链发展，将成为行业发展的必然；中小企业面临发展抉择挑战。

（5）行业监管格局：行业监管在逐渐由行政色彩转为市场行为，包括生产许可证、准入条件等行政法规的取消等，标志行业监管向节能环保、绿色发展和质量建设等市场调节方向转化。

第二章 "十四五"指导思想、发展战略和发展目标

一、指导思想

以习近平新时代中国特色社会主义思想为指导，全面贯彻党的十九大及历次全会精神，践行新发展理念，构建新发展格局，以国家发展和人民群众需求为目标，以深化供给侧结构性改革和延伸产业链为主线，以全文强制性规范标准体系建设和落实为技术导向，以提高建筑防水工程设计工作年限为抓手，持续优化产品结构和产业结构，不断提升产业链供应链的安全性、可控性、稳定性和竞争力，着力推进防水行业的绿色化、智能化、服务化、国际化，实现行业高质量发展。

二、发展战略

1. 稳增长战略

防水行业要立足新发展阶段、贯彻新发展理念、构建新发展格局，树立"宜业尚品、造福人类"的新理念新目标，坚持深化供给侧结构性改革，以创新驱动和高质量供给创造新需求，找准全行业"稳增长"方向，提升供给体系的韧性和对国内需求的适配性，确保行业持续稳定健康发展。

2. 产业链发展战略

优化资源配置，鼓励上下游产业合作，推动企业产能合作和重组，促进资本与产业相结合，不断提高行业集中度；倡导中小企业走专精特新道路，成为配套服务商和系统服务商；鼓励材料供应商向系统服务商转型，提升全产业链价值；以强制性国家标准为导向，以防水工程设计工作年限为依据，继续推动建立防水工程质量保证保险机制，遏

制建筑渗漏顽疾。

3. 创新发展战略

继续推进行业技术创新、商业模式创新和管理创新。以科技创新为导向，加大企业科研投入，加强基础研究；以客户需求为导向，以企业为创新主体，发挥科研院校作用，提高行业科研能力；全面提升行业技术装备水平，推动行业数字化转型，进行智能化改造；积极探索商业模式创新；探索行业质量建设体系创新，落实质量责任主体。

4. 绿色发展战略

贯彻绿色发展理念，提升行业绿色发展水平，推动建立由绿色园区、绿色工厂、绿色产品和绿色建筑构成的绿色发展体系；优化产业结构和产品结构，推动构建"绿色发展、质量提升、标准引领和数字转型"等市场调节为主的行业准入新门槛；推动行业节能减排，调整优化行业用能结构，大力推进可再生能源利用，合理控制生产环节能源消费总量和碳排放总量，积极落实国家碳达峰、碳中和目标。

5. 标准引领战略

以强制性标准要求为指引，修订相关国、行标及国标图集，完善防水标准体系，提升防水材料耐久性、可靠性和环保性；形成协调配套简化高效的政府标准为主导，满足市场和创新需求、填补空白的团体标准为补充的标准化格局；基本形成市场规范有标可循、创新驱动有标引领、转型升级有标支撑的新局面；基本满足科技创新、质量建设、转型升级、节能环保的需求，助力全产业链高质量发展。

6. 人才发展战略

把引进、培养、留住人才作为企业（行业）发展的基础，不断完善学历教育、职业教育、职业技能培训和继续教育等多层次人才培养体系，提高从业者素质；建立职业标准，完善职业体系和评价制度，加大生产、设计、施工和管理等方面的人才培养力度，建设全产业链优秀人才队伍；增强防水行业吸引力，鼓励年轻人从业；弘扬工匠精神，打造职业化的工程服务商队伍；发挥好专家委员会的行业智库作用。

7. 国际化战略

以2035年将我国基本建设成为世界防水强国为远景目标，积极践行"双循环"新发展格局，加强国际交流与合作，借鉴发达国家的防水体系和机制；大力推动国内防水企业走国际化道路，培育国内头部企业成为国际领先企业，提高行业的国际影响力。

三、发展目标

依据国家"十四五"发展规划和2035年远景目标，综合考虑我国"十四五"期间经济形势以及防水行业未来发展条件，2035远景目标和"十四五"时期防水行业发展的主要目标是：

（一）2035 远景目标

展望 2035 年，我国将基本建设成为世界防水强国。基本实现装备智能化、制造过程绿色化，人均劳动生产率达到中等发达国家水平，标准规范基本达到国际先进水平，基本建立防水工程质量保证保险机制，防水工程质量达到中等发达国家水平，打造一批具有国际竞争力的防水企业。

（二）"十四五"发展目标

1. 持续保持行业平稳健康发展

主要防水材料产量的年均增长率保持在 6％左右；到 2025 年，主要防水材料总产量达到 50 亿平方米以上，规模以上企业营业收入超过 1800 亿元，规模以上企业利润总额超过 120 亿元。

不断开发"两新一重"和老旧改等领域的防水市场，满足国家建设工程市场需求和人民对品质生活日益提高的需要，促进行业持续增长。

充分发挥行业发展潜力，以产业政策、标准规范、科技创新等手段激发行业发展新动能，打通供给侧和需求侧高质量发展的新路径，采取切实有效的对策措施，确保产业链、供应链安全稳定，构建全产业链发展新格局。

2. 持续优化产业结构

行业前 10 家防水企业的市场占有率达到 40％，防水行业内有 15 家以上的上市公司，1 家企业年销售收入进入国际前 3 名，培育若干年销售收入超过 100 亿的企业。推动培育国家级专精特新"小巨人"企业 10 家、省级专精特新"小巨人"企业 100 家，培育国家级单项冠军企业（产品）1～3 家。

鼓励企业间产能共享，提高产能利用率。

鼓励中小企业结合自身优势，向专精特新和产业配套商发展，成长为行业创新的重要组成部分。

3. 坚持绿色发展道路

推进碳达峰碳中和，到 2025 年建成一批绿色工程、推动一批绿色产品认证。到 2025 年，推动防水生产企业建成绿色工厂不少于 50 个、环保绩效 A 级工厂不少于 20 个；推动绿色建材产品获得认证数量不少于 500 个。

积极谋划在生产领域和应用领域重点推进低碳工作落实。

推动行业实现碳核酸和防水产品碳排放限额。

生产领域，推动绿色产品、绿色建材的生产，提高产品耐久性和环保性，淘汰落后技术和产能，优化产品结构和用能结构，提倡绿色生产和绿色施工，助力碳减排。

应用领域，大力推广种植屋面、光伏屋面、热反射屋墙面和被动房等绿色建筑围护系统，助力碳达峰、碳中和。

4. 提升行业科技创新能力

新增 1~3 家国家级研发中心，新建 5 家省级研发中心，行业标准化实验室新增 50% 以上，新增专利 1000 项，大型企业的研发投入占比达到 2%，科技创新人才占比超过 5%，获国家级、省部级科学技术奖 5 个以上，获省部级以上工法 5 个以上，新增博士后工作站 5 个。

重视行业基础研究，形成以龙头企业、专业科研院所为主，中小企业全面参与，行业协会和行业专家积极引导的多层次创新格局。

不断完善防水材料产品体系；完善建筑防水产品的施工工艺、工法，开发智能型施工机具，形成可靠的防水应用体系。

改性沥青防水卷材生产技术装备达到国际先进水平；高分子防水卷材生产技术装备具有国际竞争力；防水涂料生产技术装备满足行业产品特点。

5. 加强标准规范引领

完善质量安全、绿色环保、耐久可靠、与社会发展相适应的建筑防水标准体系，完成相关标准制修订工作。

完成强制性标准制订，基本完成配套的推荐性国家标准、行业标准制修订工作，提高防水材料的质量安全、绿色环保和耐久可靠性。

聚焦新技术、新工业、新业态和新模式，加大社会团体承接有关标准供给，5 个团体标准列入工信部团体标准应用示范项目。

推动以企业技术创新为基础的企业标准制订工作，提升企业标准质量水平，5 个企业标准列入企业标准"领跑者"活动项目。

加快标准升级换代，淘汰低端产品和落后产能，对标国际标准和国外先进标准，建立具有国际先进水平的防水标准体系。

6. 强化行业质量建设

深化行业全产业链质量提升工作，加快提升防水行业供给侧产品质量水平，引入信息化和数字化手段，建立生产、流通和应用全领域的产品质量可追溯体系，进一步落实企业质量主体责任。

积极落实对生产企业的差异化分类监管措施，发挥大型企业示范作用，加强中小企业质量安全建设，充分发挥用户对质量追溯的选择作用，配合落实政府智慧监管和精准监管，进一步提升全行业整体质量水平。

加快落后产品、落后产能和落后市场机制出清，大幅提高国标产品覆盖率，以高性能高耐久高可靠性产品引领市场发展方向。

以产业聚集区为质量建设重点，发挥集群优势，建设质量标杆示范区。

建立防水卷材工业物品编码（Ecode 码）行业平台和产品质量安全公共平台。

7. 完善行业人才培养体系

建设形成稳定的、专业结构合理的行业科技创新人才队伍，人才队伍建设的规模及质量在现有基础上有显著提升。

推动学历教育、职业教育的发展，建立防水行业各工种中等职业教育体系和部分工种高等职业教育体系，不断提高行业从业人员职业素养。

与建设类职业学院合作，新增1~2个防水行业职业技术专业。

建立建筑防水行业职业技能培养体系，逐步在行业内形成岗位有标准、技能有培训、资格有评定的职业技能人才培养链条。推动建立行业职业学院联盟，新增20个企业职业技能培训基地，注册培训师人数增加30%以上，新增具有职业资格认定资质的机构数量超过10个，年新增具有职业资格的防水工20000名以上。

建立由国际大赛、国内大赛、行业竞赛组成的职业技能赛事体系，促进行业职业技能水平提升。

8. 加强行业品牌建设

引导行业优质企业持续保持品牌生命力和活跃度，形成有效的品牌管理机制；鼓励企业制定合理的品牌投资规划，建立企业品牌文化体系，赢得广泛的认可和尊重；持续地提炼品牌价值，打造5家以上防水领域的国内知名消费品品牌。

鼓励防水企业积极开拓更广阔的国际市场，树立良好的民族企业形象，打造2家以上具有国际竞争力的防水品牌。

通过行业品牌评价提高企业品牌意识，促进防水行业品牌价值提升。

9. 促进行业数字化转型

推动防水企业产品相关信息数字化，满足工业互联网和用户对产品的数字信息需求。

采用数字化管理系统的企业占规模以上企业50%以上。

培育一批集智能生产、智能仓储、智能运维和智能管理于一体的智能工厂，力争新建工厂智能化普及率达到80%以上。

在消费品领域，采用电子商务销售模式的防水企业比例达到50%以上。

10. 推动行业全产业链发展

鼓励企业开展与上游原材料及设备供应商建立互利共赢的战略合作，推动主要原材料集采，保持和增加供应链的稳定性和安全性。

推动防水企业从防水材料供应商向防水系统服务商转化，将代理商逐步培养成为具有设计、施工和维保能力及相应资质的防水工程专业承包商，承包商数量较"十三五"末期增长30%以上。

积极拓展应用领域，满足高质量发展释放出的防水市场需求，以优质防水工程彰显行业价值。

探索防水工程全过程咨询、认证、评价和维保的服务化路径。

鼓励企业公开承诺并探索实施防水工程保证保险制度,遏制建筑渗漏顽疾。

11. 以行业自律促行业健康发展

强化行业自律,发挥行业自律组织示范引领作用,规范行业秩序,修复行业生态,不断提升行业发展效益,构建公平竞争市场环境。

鼓励企业积极参与行业建设,提高企业的质量安全主体意识,加强信用体系建设,鼓励企业践行社会责任。

弘扬"包容、团结、敬畏、共赢"的行业文化,共同维护行业利益、提升行业价值。

12. 加强国际交流与合作

加快推进我国防水行业国际化进程,为2035年将我国基本建设成为世界防水强国的远景目标奠定国际化基础。

强化技术交流及开放创新,鼓励防水企业同国际领先机构的交流与合作,2025年底要有1~2家标杆企业达到国际先进水平;鼓励国内防水企业开拓国际市场,并有1~2家企业在境外有产能布局。

加速推进我国防水行业标准规范与国际水平接轨,借鉴国际成功经验,完善我国防水工程质量保证保险机制,助力行业高质量发展。

进一步提升行业人才培养体系国际化水平,创建中国青年屋面工(防水工)冠军赛,与世界青年屋面工冠军赛接轨。

四、主要措施

1. 以需求为导向,促进行业稳定发展

关注新领域,开发新需求,持续从新型城镇化、新型基础设施、重大基础设施、乡村振兴、都市圈一体化发展、城市更新、消费升级等领域培育防水市场增长点。

引导企业理性投资、合理生产布局,淘汰落后产能,防止低水平重复建设,着力调整结构,提高产业集中度和规模效益。

推动企业高端化、智能化、绿色化,培育产业集群,改造提升既有产能,降本增效、提高行业全员劳动生产率,增强企业核心竞争力。

在政府部门相关深化改革政策的指引下,推动防水工程造价与设计工作年限提高、防水工程质量提升相适应,加快推广优质防水产品和防水系统。

延伸产业链,发展防水服务业,提升服务品质。

2. 优化资源配置,提升行业集中度

鼓励企业进入资本市场,让社会资本流向优质企业,鼓励国企、民企通过混合所有制改革重组，鼓励优质企业跨界投资进入防水行业，提高行业集中度。

鼓励产能合作和整合重组，实现优势互补。

鼓励企业延伸产业链，不断做大做强。

鼓励中小企业提升专业化优势，走"专精特新"的发展道路，鼓励企业积极申报专精特新"小巨人"、单项冠军等项目，以产品特色为结合点，以经营特色为共同点，以营销合作为起点，引导企业间通过分工合作、优势互补、协同整合实现持续发展。

3. 坚持绿色发展，助推产业升级

坚持绿色发展观，推动政府出台能源环保财税政策，制定、完善和实施绿色生产、绿色产品、绿色应用、绿色工厂、碳排放限额等方面的标准，鼓励行业领先企业通过认证、自我声明承诺、联盟公约等方式推进绿色发展。

推进污染治理技术、节水降耗技术，提升节能环保装备效率，加强行业自律和监督，引导企业环境守法，推动行业可再生能源应用，鼓励防水企业在新建工业厂房屋顶加装光伏组件，助力碳达峰、碳中和。

淘汰落后生产技术、装备、工艺，减少环保装备的运行负荷，实现真正绿色生产、绿色产品、绿色应用、绿色环境，全面承担社会责任。

大力推动绿色防水产品、部品、系统技术在绿色建筑中的应用。

4. 加大科技创新力度，提升行业技术水平

推动行业技术创新能力提升，提高知识产权意识，逐步建立以企业为主体、市场为导向、产学研用紧密结合的技术创新体系。充分利用特种功能防水材料国家重点实验室，加强基础研究；利用各级研发中心、创新平台，将科研成果转化为推动行业发展的生产力。

加强基础课题研究，鼓励企业加大科技创新的研发投入，利用行业资源争取政府科研基金支持，研发国防军工、海洋工程、智慧城市、极端环境和重大工程建设所需的特种防水产品体系，开展科技成果评估加快科技成果转化推广，适时发布行业技术白皮书。

鼓励新型防水材料的开发应用，加快单层卷材屋面、种植屋面、金属屋面、光伏屋面和地下空间、公路铁路、水利、核电站等领域防水系统的开发，研发和推广适用于家装、修缮、城市更新等领域的环保型防水材料。

加强应用技术研究，引导企业开展防水设计研究，推进施工工艺改进和提升，注重自动化、智能化施工机具研发，提高施工效率和质量。

加大装备制造企业与材料生产企业合作，研发具有国际水平的二代防水材料生产工艺技术及装备，尤其是高分子防水卷材生产装备；引导企业建立智能化管理体系，推动生产领域数字化转型。

5. 依托全文强制规范,健全行业标准体系

以强制性标准体系建设和落实为技术抓手,推动全文强制标准出台,修订防水相关标准规范。不断健全"以工程建设标准为主体、产品标准为支撑、试验方法标准、管理标准、安全防护标准、环保标准等为补充"的行业标准体系。

制定完善管理类、节能环保、绿色、质量、安全、评价、职业技能等标准,提升能效、能耗、水效等领域标准水平。

持续推进防水材料耐久性等研发力度,建立防水材料、系统耐久性、环保、绿色评价体系,开展相应的认证工作,服务工程担保与保险,助力工程质量责任制落实,推动行业高质量发展。

助力城镇老旧小区改造及城市更新,制订建筑修缮翻新相关标准。

推动国际交流合作,消化吸收国际先进技术理念和经验。

6. 深化质量建设,落实企业质量主体责任

加强企业产品质量主体责任能力建设,落实企业内部质量安全一票否决制。

推动标准化实验室评定和性能比对试验,加强质量相关人员的职业技能培训和继续教育,提升企业产品质量控制能力。

依托互联网、大数据,推动试行防水卷材工业物品编码(Ecode 码),进一步完善产品质量追溯体系建设。

通过产品质量安全公共平台实行质量黑名单制度。

配合相关部门落实工业企业产品质量分类监管,鼓励企业加强质量诚信文化建设,发挥骨干企业的质量诚信示范作用,降低质量安全风险。

推动开展重点区域、重点企业、重点工程的防水产品质量追溯体系检查、抽查活动。

鼓励和指导行业、用户企业在行业自律、招投标采购中采信质量追溯、信用分类,充分发挥企业在质量追溯中的主体作用。

深化全产业链质量提升,推动建立建筑防水工程质量保证保险机制,鼓励骨干企业成为公开承诺质量保证年限的先行者。

7. 完善人才培养体系,优化专业人才结构

加强科技人才队伍建设,加大科研人才引进、培养经费投入,注重培养行业技术学科带头人。

鼓励头部企业在高等院校设立人才培养基金和学科建设基金,推动更多的高等院校开设防水工程相关课程、聘请更多具有理论和实践经验的防水专家作为兼职教授和客座教授,建立防水工程学科体系,修订防水材料和工程专业的现行教材,加快培育行业急需的本科以上学历专业技术人才;加强防水行业人才继续教育;发挥中国建筑防水协会专家委员会和总工委员会的行业智库作用。

募集行业资金，与职业技术院校合作，开办防水专业职业教育；编制职业教育大纲和教材，丰富师资力量，设立实训基地，培养行业急需的技术技能人才。

编制涵盖行业各工种的职业标准、职业资格认定标准等体系；编制和完善各工种职业技能培训教材；继续壮大注册培训师队伍；建立以行业培训中心、培训基地、职业院校培养基地和外部资源培训场地相互配合的培养基地。

拓展竞赛类别，通过国际大赛、国内大赛、行业竞赛形成人才培养和竞赛相互促进的体系。每年继续举办行业大赛，每两年举办全国大赛、中国青年屋面工比赛，积极参加世界青年屋面工冠军赛。

8. 通过行业品牌建设，增强行业影响力

树立品牌经营的长期理念，从企业战略规划上加强品牌规划和品牌资产管理；培养品牌管理专业人才队伍，提高企业自身品牌管理水平；提升企业品牌溢价，提高企业市场开拓能力。

推动行业品牌评价标准体系建设，开展行业品牌评价活动，进行防水行业品牌价值评估与研究，掌握行业企业品牌动态价值，指导企业进行卓有成效的品牌价值管理，从而建立强势品牌、知名消费建材品牌、具有国际竞争力的防水品牌。

推动行业和政府采取积极的政策鼓励企业自主品牌的创建。

建立行业品牌管理交流平台，夯实"528防水日"品牌活动。

健全行业舆论宣传平台，持续开展和参加国际活动，打通国际宣传途径，讲好中国防水品牌故事。

9. 采用数字化手段，提高行业智能化程度

完善两化融合管理标准体系，推动构建防水工业互联网标准体系，开展先进制造业和现代服务业融合领域标准研究、供给和标准化试点工作。

鼓励生产企业管理数字化，引导防水企业采用ERP（资源管理系统）、MES（制造执行系统）、SRM（供应商关系管理系统）、CRM（客户关系管理系统）等数字化管理系统。

推进防水装备技术和智能化制造技术的融合发展，研发以数字化为特征的二代防水技术装备，形成自动上料计量、过程质量控制、制造执行管理、封装仓储物流、自动环保监测等集成系统解决方案。研究与探索工业互联网和5G技术在智能仓储、智能检测、施工装备智能化等场景中的应用。

发挥防水行业数字化转型标杆企业的示范引领作用，通过持续完善、迭代和提升，在行业内复制推广。

采用数字化手段推进建筑防水行业产品质量追溯体系建设，建立防水产品防伪溯源平台，制定建筑防水产品生产环节和流通环节的防伪溯源管理标准及机制。

在防水消费品领域推广电商运营模式。

10. 延伸产业链,促进行业均衡发展

鼓励防水材料制造商与原材料、设备供应商、高校及科研机构开展战略合作,解决研发、制造中的"短板"和"卡脖子"问题,加强企业技术研发能力和硬件条件建设,提高供应链的稳定性和安全性。

借鉴日本的"协同组合"和欧美地区普遍实行的"屋面工程专业承包商"制度,创新商业模式,促使防水材料制造商加强应用技术研究,与防水施工培训深度融合,助力防水材料制造商向防水系统服务商转变,销售代理商向具有施工资质、具备独立设计施工能力的防水工程承包商转变。

鼓励防水企业在保持既有市场的同时,以优质的服务和工程质量积极拓展"两新一重"等领域的市场需求。

探索通过引入工程质量保险,鼓励企业在提高产品耐久性、可靠性的基础上,公开承诺并实施防水工程质量保证保险机制,逐步提升行业价值。

11. 加强行业自律,优化行业生态

打击假冒伪劣,抵制恶性竞争,将行业自律融入行业理性竞争之中,完善体现行业文化理念为主导的、有国家政策内涵的行业自律型行规行约。

发挥骨干企业的引领和示范作用,按照公平公正、诚实守信和依法竞争的原则,积极规范企业生产和经营行为,履行社会责任。

推动信息公开平台的建设,充分发挥主流媒体的舆论监督作用,规范和发展行业社会组织和第三方服务机构。

鼓励企业签署诚信公约,制定并发布《防水企业社会责任准则》。

12. 促进国际交流与合作,助力国内国际双循环

加速行业国际化步伐,积极参加国际展会、国际互访,开展国际贸易,拓展贸易渠道,开拓国际市场;开展国际资本合作,进行国际产能布局;打造国际知名品牌,提高企业的国际竞争力。

加大国际技术交流,开展与防水强国的高等院校、科研机构、标准化组织、社会组织及企业技术合作,了解国际防水市场趋势和动向,探索符合中国国情的防水工程质量保证保险机制,提高自主研发水平。

同国际社会组织、培训机构、职业学校及相关企业合作,引入国外师资资源,采用合作模式,提升国内防水技能培训水平。

增强与各国行业组织互动,积极参加国际职业技能赛事,依托世界青年屋面工冠军赛及国际屋面联合会年会,促进国内行业技术水平和职业技能水平与国际接轨。

防水行业辉煌四十年

● 第 8 部分·行业发展大事记（2014—2023）

2014 年

1月6日，中国建筑防水协会理事长朱冬青一行走访北京市园林科研所，双方就进一步开展耐根穿刺检测，推动种植屋面发展进行了深入的探讨。检测中心丛日晨主任介绍了检测工作取得的成绩，截至目前，共141个检测样本，样本数已远超欧洲FLL实验室，目前正进行燕偃麦草、羽扇豆的检测对比试验，并开展"种植屋面不同植物对防水卷材的穿刺能力"的课题研究。种植屋面技术分会韩丽莉秘书长介绍了分会的工作情况，根据从各地反馈的信息显示，种植屋面发展势头良好，二线城市进入一个建设高峰期，社会对材料选择和景观设计都提出了更高的要求，基于此，她提出建立种植屋面技术服务中心的设想，得到园林所和协会领导的鼓励和支持。

1月15日，中国建筑防水协会旗下的种植屋面技术分会、单层屋面技术分会、金属屋面技术分会、密封材料技术分会和聚脲防水技术分会等五大分会的秘书长、会长及《中国建筑防水》杂志社社长来京述职。

1月28日，中国建筑材料联合会召开新春团拜暨表彰大会，中国建筑防水协会荣获2013年度先进单位称号，理事长朱冬青获先进个人称号。

2月，应德国屋面工程协会和欧洲相关机构邀请，中国建筑防水协会组织三个代表团共64人访问欧洲。其中建筑防水分团28人，金属屋面分团27人，瓦屋面分团9人。三个分团分别访问了瑞士西卡渗耐公司、陶氏化学公司欧洲研发中心、德国杜拉普鲁夫公司、德国Lingl公司和德国Creaton公司，三个分团共同访问了德国屋面职业工人培训学校和科隆屋面国际博览会。

2月，朱冬青荣获《中国建材》2013年度十大新闻人物之一。

2月25日—3月5日，应美国屋面工程协会和相关机构的邀请，中国建筑防水协会组成以朱冬青理事长为团长的访美代表团共23人，访问了美国。代表团参观了美国国际屋面博览会，拜会了美国屋面工程协会主席团，出席了国际关系会议，与各国屋面协会代表交流了共同关心的问题，与美国屋面工程协会达成了培训合作相关意向。代表团还应邀考察了霍尼韦尔公司、FM认证公司实验室和Cooley公司，参观了相关研发中心、实验室和生产车间，进行了技术交流和研讨，达成若干合作意向。

3月，小康杂志评选出2013年度中国财智领袖人物百人榜，中国建筑防水协会理事长朱冬青先生荣获中国财智领袖人物称号。

4月8日，2014年第一次中国建筑防水协会理事会主席团（扩大）会议，暨2014年第一次促进建筑防水行业健康发展产业联盟领导人工作会议在深圳召开。13家联盟企业领导人、中国建筑防水协会理事长朱冬青、秘书长苗燕、副秘书长苏明等出席会议。与会代表讨论了当前提升建筑防水材料和工程质量工作面临的机遇与挑战，对前一阶段质量提升工作取得的成绩予以充分肯定。联盟企业重申了自己在质量提升工作中要起表率作用，并积极支持协会开展一系列的质量提升工作，特别是配合"质量提升省市行"活动，提升区域市场的产品和工程质量。会议通过了"2014年建筑防水行业质量提升的工作方案""关于中国建筑防水协会副理事长集体巡视的方案"等议案。

4月8日，深圳合作组织发起人会议在深圳绿景锦江酒店召开。来自深圳地区防水企业代表、联盟企业代表、深圳防水协会、中国建筑防水协会等28人出席会议。与会企业代表支持成立深圳合作组织，会议确立了深合组织协同人员名单，制定了深合组织的议事规则和相关协调流程。

4月18日，东方雨虹TPO单层屋面系统高峰论坛在岳阳举行。百余位国内外从事TPO单层屋面系统的设计、生产、施工、管理等相关领域的专家齐聚一堂。中国建筑防水协会理事长朱冬青，巴塞尔公司技术专家鲁卡先生，FM认证工程师张继孝先生，东方雨虹TPO事业部总经理王宏、总工程师李建军分别就TPO单层屋面系统展开深入阐述。

4月23日，2014年中国建筑防水协会种植屋面技术分会年会暨第五届种植屋面技术研讨会在京召开，来自全国近百位从事种植屋面技术推广与开发、设计与施工的专业人士参加了会议。中国建筑防水协会理事长朱冬青、秘书长苗燕，北京屋顶绿化协会会长谭天鹰，北京园林科研院院长李延明，苏州防水研究院院长羡永彪，中国建筑防水协会总工王天等行业领导和专家出席了会议。

4月24日，2014年中国建筑防水协会单层屋面技术分会年会暨第八届单层屋面技术研讨会在京召开，来自全国百余位单层屋面系统提供商的代表和设计与施工专业人士参加了会议。

4月25日，中国建筑防水协会组织国家标准《地下工程防水技术规范》修订组成员及相关领域专家观摩了国际先进的SBS改性沥青卷材施工演示并研讨相关工法。东方雨虹培训基地派出了接受国际专家培训过的培训师进行现场演示，演示内容包括SBS改性沥青卷材热熔施工，阴角阳角处理及女儿墙的新搭接做法。

5月6日，中国建筑防水协会瓦屋面技术分会筹建会议在京举行，分会发起单位及协会领导17人出席会议。会议确立了分会成立的宗旨和目的，讨论了瓦屋面行业现状和存在的问题，并就此提出了分会的业务范围和重点工作。

5月，为落实质量提升相关产业政策，推动建筑防水行业"质量提升省市行"活动，开展"防水行业经济普查"工作，中国建筑防水协会2014年度第一次主席团扩大会议决定开展中国建筑防水协会正副理事长集体巡视调研活动。根据巡视安排，协会派出五路巡视组，分别为北京、山东、四川、辽津冀、江浙沪五组，从五月中旬开始对建筑防水的主要产区和重要市场进行巡视和调研。巡视组开展了防水行业产业政策宣贯、各地防水市场调研和巡视防水企业的工作，并推动了地方协会开展"质量提升省市行"活动。

5月11日，中国建筑防水协会理事会主席团朱冬青等一行4人赴成都卓宝考察。主席团就联合推进四川地区建筑防水质量提升工作展开调研，成都卓宝是第一站。主席团由理事长朱冬青带领，副理事长羡永彪、邹先华，秘书长苗燕同行。

5月12日，四川省建设科技协会建筑防水分会召开"质量提升省市行——四川行"座谈会。四川省主要防水企业13家主要负责人参加了座谈会。

5月16日，2014喷涂防水技术研讨会及聚脲防水技术研讨会在京召开，来自全国百余位企业代表和设计与施工专业人士参加了会议。协会理事长朱冬青在致辞中充分肯定了分会成立以来为推动我国喷涂防水技术事业的发展所作出的努力，也对分会今后的工作方向提出了建议。

5月14—19日，中国建筑防水协会代表团同苏州防水研究院、安徽朗凯奇等会员企业一起赴印度金奈参加了印度屋面防水展览会。参展企业115家，展商以印度本土企业为主。同时，十余家中国屋面企业也参加了该展会，其中包括屋面设备生产厂家，防水产品原材料厂家及防水材料生产企业。中国建筑防水协会在此次展会设有展位，为2014年7月17—19日在上海世博展览馆举办的第十二届中国国际屋面和建筑防水技术展览会进行国际宣传。

5月24日，由中国建筑防水协会金属屋面技术分会和中国钢结构协会房屋建筑钢结构分会联合主办，上海雅百特公司承办的以"创新发展·合作共赢"为主题的中国建筑防水协会金属屋面技术分会"2014年度金属围护系统行业专家工作会议"在南通召开。会议的召开，对金属围护系统行业面临的诸多问题，行业内有了一个基本的认识，通过深入的讨论为今后如何解决这些问题提出了一些意见和建议。

6月10日—12日，住房和城乡建设部执业资格注册中心在河北石家庄举办《建筑防水》师资培训班，来自全国各地的70余名教师参加了本次培训。

6月11日—13日，河北省住房和城乡建设厅在河北石家庄举办了河北省一级注册建筑师培训班，来自河北各地约400名注册建筑师参加了本次培训。本次培训内容包括一般平屋面、一般坡屋面、倒置式屋面、金属屋面、种植屋面、室内工程、外墙工程和地下防水等内容。

6月14日，第十一届（2014）全国建筑防水社团组织联谊会在合肥召开，来自全国21家防水社团组织和媒体记者近50人参加会议。会议围绕"质量提升省市行"活动进行了充分的讨论，上海、河北、四川、深圳分别谈了各地开展"质量提升省市行"以来取得的成果和下一步深化质量提升工作的计划，分享了活动开展过程中的经验。

6月21日上午，由中国建筑防水协会、《中国建筑防水》杂志社主办的"走进社区、诊治渗漏"公益大讲堂活动在苏州市葑门街道里河新村玉兰苑广场举行。本次活动开设了专家大讲堂，为现场居民传授防水知识。著名防水专家、防水工程质量司法鉴定专家叶林标教授为百姓朋友介绍了我国住宅建筑渗漏的现状、渗漏产生的原因和渗漏带来的危害。活动还安排了咨询提问与专家答疑环节。本次活动内容丰富而实用共吸引了近200位居民前来参与。

7月1日，中国建筑防水协会建筑密封材料分会年会暨第五届密封材料技术研讨会在广西南宁召开。来自全国200余家密封胶生产企业、原材料供应、科研院所、检验和认证机构等代表参加了会议。密封分会年会及研讨会的召开，促进了行业与行业、企业与企业间的交流，真正起到了连接上下游企业、不同的行业、同行之间的纽带和桥梁、平台作用。

7月4日，中国建筑防水协会与北京零点市场调查与分析公司联合发布《2013年全国建筑渗漏状况调查项目报告》。本次抽样调查涉及全国28个城市、850个社区，共计勘察2849栋楼房，访问3674名住户。抽样调查了建筑屋面样本2849个，建筑屋面样本中有2716个出现不同程度渗漏，渗漏率达到95.33%；抽样调查了地下建筑样本1777个，地下建筑样本中有1022个出现不同程度渗漏，渗漏率达到57.51%；抽样调查了住户样本3674个，住户样本中有1377个出现不同程度渗漏，渗漏率达到37.48%。（上述数据来自：零点调查）经过严格的取证调查得出：全国建筑渗漏情况相当严重。中国建筑防水协会还对严重的渗漏问题进行了重点分析并提出应对之策。

7月8日，受住房和城乡建设部执业资格注册中心委托，中国建筑防水协会组织有关专家编写的全国注册建筑师继续教育必修教材之九——《建筑防水》——正式出版了。本教材是针对全国注册建筑师编写，内容包括概论、一般平屋面、倒置式屋面、种植屋面、一般坡屋面、金属板屋面、外墙、室内工程及地下工程的防水设计内容。本教材历时一年多的时间，经多位专家共同努力编写完成。教材注重解决实际问题，积极推介新技术、新构造、新工艺，以供建筑师学习之用。住房城乡建设部已将《建筑防水》列为全国注册建筑师2014年必修课程计划。

7月10日，卓宝科技在北京人民大会堂召开零缺陷防水系统上市新闻发布会。零缺陷防水系统涵盖了防水工程设计、材料生产、施工质量管理、工程维护、风险保障等各个环节，卓宝科技公司董事长邹先华郑重承诺，由零缺陷防水系统承担的任何防水工程"一旦渗漏，双倍赔偿"。

7月15日—18日，协会在上海举办注册建筑师《建筑防水》必修课培训班。近700位注册建筑师参加培训。

7月16日，由《中国建筑防水》杂志社、中国建筑防水协会、中国绝热节能材料协会、中国建筑金属结构协会铝门窗幕墙委员会和中国可再生能源学会太阳能建筑专业委员会联合主办的"第十二届中国国际屋面和建筑防水技术展主题论坛暨第三届中国国际屋面工程技术论坛"在上海举办。论坛以绿色节能屋面为主题，研讨内容涵盖了保温屋面、种植屋面、单层屋面、金属屋面、光伏屋面等各种类型屋面的产业政策、发展策略与关键技术。全国各地屋面与防水行业的领导、专家、企业技术人员共200余人出席了本次论坛。

7月16日，2014年度中国建筑防水协会第一次理事长工作会在上海召开。会议通报全国建筑渗漏状况调查情况，分析了全国建筑渗漏率居高不下的原因，产能严重过剩导致"黑色产业链"肆虐，造成建筑渗漏率居高不下，建议政府进行综合治理，维护公平竞争的市场秩序，同时指出，运用市场手段建立建筑防水质量保证保险制度是有效治理渗漏的方法。

7月16日，中国建筑防水协会理事长朱冬青应邀参加上海电台89.9城市关注里面举办的渗漏专题节目，讨论渗漏对百姓的影响和应对措施，并介绍了7月19日，在上海世博展览馆第十二届中国国际屋面和建筑防水技术展览会上，举办"走进社区诊治渗漏"大型公益活动。

7月17日，第十二届中国国际屋面和建筑防水技术展览会在上海世博展览馆拉开帷幕。本届展览会展览面积较去年增长60%，吸引来自14个国家和地区的250多个参展商，聚集了国际、国内建筑防水产品和技术。同时，众多的国内外参观者和采购商，包括美国、日本、德国、意大利、俄罗斯等国家的行业社团组织的参观团，构成了国际贸易和信息沟通的平台。展会活动丰富，设地下空间防水技术主题论坛、屋面工程技术主题论坛、首届瓦屋面工程技术研讨会、金属围护系统技术交流会、15场注册建筑师研讨会、6场国际大师带来的施工演示、7场新产品新技术新工法演示和"走进社区诊治渗漏"大型公益活动，18 日展会还设立"注册建筑师日"系列活动。

7 月 17 日，北京东方雨虹防水技术股份有限公司在第十二届国际屋面和建筑防水技术展览会上发布了《2013 年企业社会责任报告》。这是该公司自 2008 年以来第六次发布社会责任报告。

7 月 17 日，在第十二中国国际防水展上，金雨伞再次举办了第二批 100 辆防水服务车发车仪式，再次向社会投放 100 辆防水 123 专业服务车。5 月 20 日，金雨伞和南京依维柯公司联合举办了防水 123 专业服务车首批 100 辆车发车仪式。

7 月 17 日晚，二百余位国际防水界企业领袖聚集在上海绿地万豪酒店，参加第十二届国际屋面和建筑防水展举办的国际招待酒会。美国屋面工程协会执行主席瑞奇纽金特先生、德国屋面工程协会秘书长盖德·范德维尔特先生、日本建筑防水材料联合会会长猪野濑正明先生高度评价中国防水事业发展，并积极开展合作。

7 月 18 日，中国建筑防水协会在上海世博展览馆成功举办了"地下空间防水技术主题论坛"，论坛邀请国内从事地下建筑防水的著名专家全面论述地下防水工程的理论与实践。约 240 名业界人士参加。中国建筑科学研究院建材所张勇副研究员、北京建工研究院叶林标高工、上海隧道工程轨道交通设计院朱祖熹、防水专家叶军、辛海洋分别作了演讲。

7 月 18 日，中国建筑防水协会在上海世博展览馆召开"瓦屋面技术分会"成立大会暨"瓦屋面技术论坛"。各位专家分别介绍了欧洲瓦屋面系统技术、瓦屋面材料标准及规范、瓦屋面系统安全与节能设计、屋面陶土瓦施工技术探讨、瓦屋面用防水垫层、屋面落水系统技术介绍、瓦屋面节能技术方案、通风防水瓦屋面系统、瓦屋面系统施工技术案例分析等内容。

7 月 18 日，协会在上海召开"2014 年度中国金属围护系统技术交流会"，本次讲座主题为"创新发展合作共赢"。多位专家对金属屋面行业发展进行了探讨，对直立锁缝钢屋面的历史进行了回顾，对太阳能电站与建筑屋面一体化应用进行了介绍，绿色建材与现代金属屋面的结合进行分析，探讨了金属屋面抗风揭检测方法，并介绍了复杂金属屋面系统的工程应用。研讨会全方位展示金属围护产业在中国的发展。

7 月 19 日，上海世博展览馆序厅举行了"走进社区诊治渗漏"大型公益活动，向到场市民提供四大免费服务：免费发放防水知识手册和施工教学光盘；免费现场咨询，并提供维修解决方案；免费发放快速堵漏材料；免费为五类特殊人群住房治理渗漏。

7 月 24 日，河北省建筑防水行业质量诚信联盟第一次联盟成员工作会议在石家庄召开，解读了两项最新国家政策—中国住建部发布的《关于推进建筑业发展和改革的若干意见》和质检总局（现国家市场监督管理总局）等 9 部门部署建材市场专项整治活动三项任务。

7月，中国建筑防水协会受邀正式加入了国际屋面联合会（International Federation of the Roofing Trade，简称为IFD），成为其合作伙伴一员。国际屋面联合会主席团为中国建筑防水协会联名签署了会员证书。

8月1日，根据质检总局（现国家市场监督管理总局）、国家标准委去年发布的公告，新版的《聚氨酯防水涂料》GB/T19250—2013定于2014年8月1日起正式实施。

8月4日，由中国建筑防水协会主办，广东省建筑防水材料协会承办的建筑防水"质量提升广东行"广州座谈会在广州广东大厦召开。此次会议进一步明确和指导了广东省防水行业质量提升工作的方向，促使广东防水行业更科学有序地扎实推进质量提升工作。

8月8日，网易家居400防水行业监督投诉热线开通发布会在北京举行。在中国质量协会、中国消费者协会、中国建筑防水协会的指导和支持下，网易家居正式向全社会网民发布防水行业首个监督投诉热线，希望通过媒体的监督，普及消费者在房屋渗漏方面的认知，为消费者维权提供有效帮助。网易家居防水行业监督投诉热线号码是4008—163—163转13833。

8月12日，上海浦东新区建设工程防水质量管理工作会议在上海召开。此次会议由上海市浦东新区建设工程安全质量监督站、上海市化学建材行业协会主办，凯伦建材协办。会上与会人员着重讨论了对防水材料使用的监督管理，传达了防水行业相应管理规定和相关法律法规。会议还着重强调了防水材料质量问题须从源头抓起，防水材料生产销售单位须对其销售的防水材料质量负起责任，不得以假乱真、以次充好，不得以不合格产品冒充合格产品。防水行业企业须自律、负责，共同监督，营造行业良好健康的经营环境。

8月12日，辽宁省建筑防水材料工业协会关于加强建筑防水行业质量建设促进防水卷材产品质量提升座谈会在盘锦召开，辽宁省质量诚信企业联盟17家成员单位的代表出席会议，会议由协会常务副会长李莉主持。

8月28日—31日，中国建筑防水协会联合中国建材检验认证集团苏州有限公司在北京东方雨虹应用技术中心举办了"改性沥青防水卷材施工技能培训"。本次参加培训的学员来自全国15家防水企业，共27人。此次培训的内容包括改性沥青防水卷材的基础知识，各类改性沥青防水卷材特点及适用范围，相关产品标准、工程技术规范，改性沥青防水卷材施工机具，改性沥青防水卷材施工方式及处理方法，现场实操演示等，通过考核的学员获得了中华人民共和国人力资源和社会保障部统一核发的初级或中级"防水工国家职业资格证书"。

8月28日，在杭州之江饭店再次召开了"建筑防水质量提升浙江行"座谈会，有意参加质量提升联盟的17家防水卷材生产企业参加了座谈会。

9月9—10日，中国建筑防水协会理事长朱冬青一行来到山东寿光，指导有着"中国建筑防水之乡"之称的我国防水产业重要集聚区的质量提升工作。

9月21日，吉林省建筑防水协会成立大会在长春市蓝星宾馆隆重召开。会上，吉林省民政厅协会管理局局长于明宣读了《吉林省民政厅关于成立吉林省建筑防水协会的批复》文件，并对协会的工作寄予厚望，希望防水协会为吉林省的防水行业健康发展和促进省域经济社会建设。

10月8—25日，中国建筑防水协会开办了防水卷材施工技术培训师培训班，邀请了美国屋面工程协会的培训师来华授课。

10月9日，是中国建筑防水协会成立30周年的纪念日。在这个特殊的日子里，应《中国建筑防水》杂志社"我与防水30年"主题征文活动之约，中国建筑防水协会组织在京老领导、老专家座谈，饮水思源，追忆为我国防水事业发展作出杰出贡献的行业奠基人赵松局长和防水科技事业开拓者徐昭东教授。

10月11日，"全国建筑防水行业打假保优协作网"成立大会在北京举行。质检总局（现国家市场监督管理总局）执法督查司马雪冰副司长、中国建筑防水协会朱冬青理事长、苗燕秘书长，以及31家防水行业骨干企业负责人和媒体记者出席成立仪式。

10月14—17日，由卡莱集团主持的可持续屋面及防水联盟（SRWA）第六次秋季会议在美国宾夕法尼亚州Hershey举行。来自全球的建筑师、屋面专家、设计专家、承包商及业主在会议期间围绕绿色建筑及建筑围护系统的可持续发展进行了深入交流及产品施工展示。其中，中国防水协会会长朱冬青先生获得了SRWA屋面及防水产业杰出贡献奖。

10月24日，全国建筑防水行业职业技能培训中心在中国建材检验认证集团苏州公司（CTC苏州公司）和顺路基地正式启用。

11月1日，北京金盾建材有限公司、北京东方雨虹防水技术股份有限公司、北京普石防水材料有限公司、北京金雨伞防水材料科技有限公司、北京龙阳伟业科技股份有限公司、广东科顺化工实业有限公司、北京圣洁防水材料有限公司、北京远大洪雨防水材料有限公司、北京世纪洪雨科技有限公司、北京中建友建筑材料有限公司、唐山德生防水股份有限公司、潍坊市宏源防水材料有限公司等12家企业在京自愿结成北京市建筑防水行业诚信联盟。联盟的成立，将以提升产品质量和防水工程质量，促进防水行业健康发展为宗旨，促进北京建筑防水行业产品和工程质量水平的提高。

11月6日，住建部发布关于印发《建筑业企业资质标准》的通知，其中第18项为"防水防腐保温工程专业承包资质"，明确规定防水防腐保温工程专业承包资质分为一级、二级，并对企业资产、企业主要人员、企业工程业绩以及承包工程范围作了详细规定。新标准将原"建筑防水工程专业承包企业资质""防腐保温工程专业承包企业资质"

合并为"防水防腐保温工程专业承包资质"。

11月16日，中国建筑防水协会苗燕秘书长率中国建筑防水协会代表团一行10人，赴罗马尼亚参加国际屋面联合会（IFD）第62届年会和国际青年屋面工人职业技能大赛。

12月3日，质检总局（现国家市场监督管理总局）官网披露，质检总局（现国家市场监督管理总局）执法督查司根据全国建材市场秩序专项整治部际协调小组确定的工作重点，统一组织指挥河北、辽宁、山东等11省质监局开展了"质检利剑"防水卷材执法打假集中行动，重点打击制售假冒伪劣、无证生产防水卷材等违法行为。

12月7日上午，由质检总局（现国家市场监督管理总局）产品质量监督司、中国建筑防水协会主办的全国建筑防水卷材产品质量提升大会在北京召开。

12月7日上午，中国建筑防水协会六届七次理事会在京召开，会议审议通过了"2014年会费收支情况的报告"和"关于调整副理事长人选的议案""关于审议增补常务理事的议案""关于确认2014年入会会员的议案""关于加强行业自律的若干议案""关于设立青年企业家分会的议案"等。

12月7日，"辉煌 荣耀 感恩 传承——建筑防水行业辉煌30周年"庆典在京隆重举行。行业领导、专家以及防水行业同仁共500多人欢聚一堂，共同回顾行业30年的成长过程，见证行业30年取得的成就。

12月8日，第十四届中国防水技术与市场研讨会在北京召开，来自全国建筑防水材料生产、应用、科研、设计、行业管理部门的代表共500余人出席了会议。

12月16日，江苏凯伦建材股份有限公司成功登陆新三板，在全国中小企业股份转让系统挂牌上市。股票名称"凯伦建材"证券代码831517。

2015年

1月6日，东方雨虹与北京经济技术开发区管理委员会签订了《入区协议》，协议书约定公司投资6亿元在北京亦庄经济技术开发区投资设立公司并建设研发总部基地。

1月8日，由中国建筑防水协会组织、邯郸市瓦德新型建材有限公司协办的"2015中国建筑防水协会瓦屋面技术分会第一次工作会"在邯郸召开。

1月18日，江西省建筑防水协会第一次会员代表大会暨成立大会在南昌召开。大会听取并审议《江西省建筑防水协会筹备工作报告》，通过了《江西省建筑防水协会章程》，选举产生了第一届领导机构成员。

1月23日，中国建筑防水协会各分支机构向协会进行述职。种植屋面技术分会、单层屋面技术分会、金属屋面技术分会、密封材料技术分会和聚脲防水技术分会和《中国建筑防水》杂志社的负责人回顾了2014年各分子机构取得的成绩，分析了各自领域发展情况，提出了2015年的工作目标。

1月29日，"2015年第一次理事会主席团扩大会议暨行业产业联盟领导人会议"在广东佛山顺德区召开，中国建筑防水协会理事长朱冬青、秘书长苗燕、副秘书长苏明、苏州防水研究院院长羡永彪及13位联盟企业领导人出席会议。

2月8日，一年一度的中国建筑防水协会暨东方雨虹新春专家团拜会在北京东方雨虹举行。中国建筑防水协会在京与主要专家欢聚一堂，共进家宴，喜迎新春。

2月13日，中国建材联合会授予中国建筑防水协会先进集体称号和争取国家政策（资金）表彰单位称号，授予秘书长苗燕先进个人称号。

2月15日，《中国建材杂志》评出第四届全国建材行业十大女杰，中国建筑防水协会秘书长苗燕光荣上榜。

2月24—26日，"第128届美国国际屋面工程协会年会暨国际屋面博览会"在美国伊利诺伊州新奥尔良欧内斯特会展中心举办。中国建筑防水协会率由数十家会员单位组成的中国建筑防水行业代表团参加了本届博览会。

2月24日至3月8日，由中国建筑防水协会金属屋面技术分会组织的金属围护系统赴美进行了为期12天的参观考察。考察团由部分专家及厂商代表共23人组成。

3月24日，中国建筑防水协会青年企业家分会在北京成立。青年企业家分会是中国建筑防水协会下设的非独立法人分支机构，是协会机制创新的又一举措，它将为青年企业家群体的成长提供一个更好的学习、交流平台。

4月1日起实施的19项国家级标准中，两项与防水行业相关：《既有采暖居住建筑节能改造能效测评方法》为建筑工业行业产品标准，编号为JG/T448—2014；《弹性建筑涂料》为建筑工业行业产品标准，编号为JG/T172—2014，原《弹性建筑涂料》JG/T172—2005同时废止。

4月8日，中国建筑防水协会理事会2015年第二次主席团扩大会议，暨行业产业联盟领导人会议在江苏省苏州市召开。会议由理事会主席、北京东方雨虹技术股份有限公司董事长李卫国主持。中国建筑防水协会理事长朱冬青、秘书长苗燕、副秘书长苏明，苏州防水研究院院长羡永彪及诸位联盟企业领导人出席会议。

4月21日，2015年中国建筑防水协会单层屋面技术分会暨第九届单层屋面技术研讨会隆重召开。来自全国近百家单层屋面系统提供商的代表和设计与施工专业人员参加了本届会议。中国建筑防水协会理事长朱冬青、秘书长苗燕等行业领导和专家出席会议。

4月22日，中国建筑防水协会种植屋面技术分会在北京召开了2015年会暨第六届技术与市场研讨会。来自全国百余位从事种植屋面技术推广与开发、设计与施工的专业人士参加了会议。

4月29日，禹王集团湖北生产基地2号多功能全自动自粘防水卷材生产线顺利完成调试并投入生产。

5月10日，北京东方雨虹防水技术股份有限公司联合中国建筑标准设计研究院、中国建筑防水协会及多位行业专家，在共同编制出版《家装防水系统构造》专项图集的基础上，进一步整合现行六项国家和行业标准规范，编辑出版《建筑室内防水构造》国标参考图集（15CJ64-1），将国家标准落实于标准施工节点图之中，为家装及室内防水提供了实施参考依据。

5月18日，中国建筑防水协会建筑密封材料分会年会暨第六届密封材料技术研讨会在广东佛山三水隆重召开。全国200多位来自密封胶生产企业、原材料供应商、科研院所、检验和认证机构等单位的代表参加了会议。

5月23日，2015年度中国金属围护系统行业专家工作会议在北京举行。此次会议由中国建筑防水协会金属屋面技术分会和中国钢结构协会房屋建筑钢结构分会主办。

5月27日，2015中国（天津滨海）建筑防水科技论坛在天津滨海高新区渤龙山庄召开。论坛由中国建筑防水协会、中国建材研究总院苏州防水研究院和天津滨海高新区管委会建交局共同主办。

5月28日，河南省建筑防水协会第一次会员代表大会在郑州召开，中国建筑防水协会朱冬青理事长、河南省民政厅民间组织管理局王明远副局长、河南省住建厅建管处吴伟处长、河南省建筑材料工业协会王爱贞会长等领导到会祝贺，并对协会工作提出了指导意见。

6月1日，由中国建筑防水协会主办，北京东方雨虹防水技术股份有限公司协办的2015中国建筑防水行业施工技能高级培训班（德国专家）在东方雨虹北京顺义培训基地正式开班。

6月6日，由中国建筑防水协会、中国建筑业协会建筑防水分会、中国建筑学会建筑施工与建筑材料分会防水技术专业委员会主办，深圳市土木建筑学会防水专业委员会承办，深圳市新黑豹建材有限公司协办的第十二届全国建筑防水社团组织联谊会在湖北省宜昌市隆重召开。

6月14—22日，应日本建筑防水材料联合会和日本田岛株式会社、道康宁·东丽等机构的邀请，中国建筑防水协会副理事长羡永彪、副秘书长苏明以及朱德明、尚华胜一行4人，赴日本参观考察。

6月16日，全国性社会组织评估委员会全体会议终评，根据《社会组织评估管理办法》和民政部《关于开展2014年度社会组织评估工作的通知》要求，中国建筑防水协会在 2014 年度全国性行业协会商会评估中获得 4A 等级第二名。

6 月 19 日，质检总局（现国家市场监督管理总局）制定关于建筑防水卷材等 10 类重点产品质量提升行动方案。

6 月 23 日上午，网易家居防水频道上线启动仪式暨防水热线升级仪式在网易大厦演播室举行。网易家居防水频道是网易家居携手东方雨虹共同开辟的，旨在更好地为消费者普及防水知识，解决相关问题。中国建筑防水协会理事长朱冬青到会并致辞。

6 月 27 日，"第四届建筑防水（南方）专家论坛"在深圳召开。本次论坛由中国建筑防水协会、中国建筑防水专家委员会主办，由深圳市土木建筑学会防水专业委员会、深圳建筑防水专家委员会承办。中国建筑防水协会、深圳市人民政府、深圳市住房和建设局、深圳土木建筑学会的领导到会祝贺。会议同时收录 33 篇学术论文，由《湖北工业大学学报》编辑出版。

6 月 30 日，由中国建筑防水协会、中国建材检验认证集团苏州有限公司和国家建材行业特有工种职业技能鉴定（040）站主办的"2015 年防水涂料机械喷涂施工技能比赛"在上海举行。该比赛是"全国建筑防水行业职业技能大赛"的分赛之一，也是全国范围内首次喷涂防水比赛。

7 月 1 日，2015 年喷涂防水技术研讨会暨聚脲防水技术分会年会在上海金山顺利召开，近百位代表参加了会议。

7 月 2 日—9 日，应俄罗斯屋面工程协会和泰和尼科公司的邀请，中国建筑防水协会代表团一行 17 人对俄罗斯进行了为期一周的访问。

7 月 26—29 日，中国建筑防水协会在顺义东方太阳城举行了为期 4 天的社会组织管理理念与实践内部研讨会。此次研讨会为全封闭式，协会全体成员共 24 人参加了此次内训。

8 月 16 日，中国建筑防水协会 2015 年度第一次理事长工作会议在北京召开，会议审议通过了关于启动《"建筑防水行业'十三五'发展规划"编制工作的决议》《中国建筑防水协会第七届理事会换届办法（征求意见稿）》、审议了《中国建筑防水协会章程（征求意见稿）》。

8 月 19 日，2015 年全国建材行业标准创新转型升级工作会议在京召开，中国建筑防水协会理事长朱冬青、秘书长苗燕出席会议。中国建筑防水协会荣获"2015 年度建材行业标准化创新奖先进单位"，防水协会主编的《改性沥青防水卷材成套生产设备通用技术条件》JC/T2046—2011 获得"全国建材行业标准创新项目"三等奖，朱志远、尚华胜荣膺"建材行业标准化创新奖先进个人"。

8 月至 12 月，全国工业产品生产许可证办公室决定委托中国建筑防水协会组织开展 2015 年生产许可证发证检验机构及获证企业建筑防水卷材物理性能检验比对工作。

8月25日，唐山德生防水股份有限公司在北京举行了"新三板"挂牌敲钟仪式。河北省省政府相关领导、唐山市市委市政府及各区相关领导、中国建筑防水协会理事长朱冬青、德生防水董事长李德生、总经理孙玉英携公司高管以及股东代表、客户代表、主办券商等共同出席了挂牌仪式。

9月7日，"中国建筑防水行业培训师高级培训班第二期（德国专家）"开班。此次培训由中国建筑防水协会主办，北京东方雨虹防水技术股份有限公司协办。

9月8日，中国建筑防水协会瓦屋面技术分会第二次研讨会在北京顺义召开。20家来自瓦屋面产业的主要供应商、承包商齐聚一堂，对瓦屋面行业面临的问题和挑战各抒己见。

2015年9月中旬至12月初，在质检总局（现国家市场监督管理总局）指导下，中国建筑防水协会组织了建筑防水行业"质量提升万里行"活动。中国质量报、中国建设报、中国建材报、中华建筑报、中国建筑防水杂志、中国建材杂志、新浪地产、搜房网及中国防水网等媒体积极参与其中。

10月10日，中国建筑防水协会六届八次理事会在北京隆重召开，来自全国建筑防水行业的生产、应用、科研、设计等单位以及行业社团的代表近150余人出席了会议，其中理事单位136人。

10月11日，2015建筑防水行业环保节能创新技术论坛在北京举行。本次论坛由中国建筑防水协会及中国建筑材料科学研究院苏州防水研究院主办、中国石化炼油销售有限公司协办。

10月19日，由中国建筑防水协会主办，北京市园林科学研究院、中国建筑防水协会种植屋面分会承办，清华大学建筑设计研究院有限公司生态规划与绿色建筑设计研究所、北京屋顶绿化协会协办的中法种植屋面及绿色建筑技术交流研讨会在北京市园林科学研究院召开。

10月23日，质检总局（现国家市场监督管理总局）全国产品质量提升工作会议在成都召开。质检总局（现国家市场监督管理总局）副局长张沁荣、产品质量监督司司长梅建华以及来自全国各省市质监局局长、质量监督处处长等共150余人参加了会议。中国建筑防水协会理事长朱冬青应邀参会并交流经验。

10月下旬，中国建筑防水协会三个代表团访问欧洲，并参加巴黎国际建材展。以苗燕秘书长、羡永彪副理事长为团长的协会防水代表团33人应欧洲多个公司和协会邀请，于10月21日启程赴欧洲，代表团访问了改性沥青卷材、聚合物砂浆、阻根剂、防水装备和培训学校等6家机构，并参加了11月2日在巴黎召开的Batimat国际建材展，其中防水技术小组4人访问了高分子卷材、焊接设备、聚酯胎基、瓦屋面等公司，并且参加了国际屋面联合会和国际防水技术大会。

当地时间10月28—31日，2015第63届国际屋面联合会（IFD）年会在德国波恩召开，中国建筑防水协会作为IFD会员应邀参会。本次大会评选出2015年度IFD获奖项目（IFD—AWARD2015）。经中国建筑防水协会选送，北京东方雨虹防水技术股份有限公司的深圳机场T3航站楼屋面工程荣获IFD金属屋面提名奖。这是中国首次也是迄今唯一一次捧得国际屋面联合会奖项。

11月3日，北京东方雨虹防水技术股份有限公司决定以自有资金5000万元人民币，即江苏卧牛山注册资本为对价，收购公司全资子公司徐州卧牛山新型防水材料有限公司所持有的江苏卧牛山100%的股权。

11月27日，中国建筑防水协会专家委员会换届大会在北京召开。60余位专家委员出席了此次换届大会。朱冬青理事长介绍了新一届专家委员会的构成情况，新一届委员会的58位专家中，新增各个领域专家60%，邀请侯保荣、肖绪文两位中国工程院院士加盟。

12月14日，中国建筑防水协会第七次会员大会暨七届一次理事会召开。此次大会为中国建筑防水协会理事会换届大会，东方雨虹董事长李卫国当选为新一届理事会会长；朱冬青当选为秘书长；王志毅等22人当选为副会长，朱德明当选为监事会主席，杨际梅、高妍当选为监事，尚华胜、陈岳当选为副秘书长。

12月14日下午，2015年全国建筑防水产品质量提升工作会议京召开。中国建筑防水协会秘书长朱冬青围绕"深化质量提升 推动结构调整 加快转型升级 促进行业发展"做了《2015年度建筑防水行业质量提升工作报告》。

12月15日—17日，由中国建筑材料集团公司、中国建筑防水协会和美国屋面工程协会主办的第十三届中国国际屋面和建筑防水技术展览会在北京国家会议中心举行。

12月17日，民政部发布了《民政部关于表彰全国先进社会组织的决定》，中国建筑防水协会荣获"全国先进社会组织"称号，这是全国社团组织的最高奖项。

2016年

1月7日，针对建筑防水行业当前面临的经济下行压力，中国建筑防水协会印发《关于推进建筑防水行业供给侧改革的若干意见》，以期通过绿色发展、淘汰落后、稳定价格、拓展市场等措施，集合全行业力量有效解决当前防水行业面临的主要矛盾和问题，共同应对行业经济效益增速下滑的局面。

2月1日，中国建材联合会系统2015年工作总结和先进集体先进个人表彰大会召开，中国建材联合会对中国建筑防水协会等13个先进集体、中国建筑防水协会尚华胜等40名先进个人给予了表彰。

2月2日，在德国斯图加特举办的ROOF+TIMBER展览会期间，国际屋面联合会（IFD）主席Michal Olszewski先生为中国建筑防水协会秘书长朱冬青先生颁发了国际屋面联合会主席团联名签署的正式会员证书。自此，中国建筑防水协会成为国际屋面联合会正式会员。

2月7日，《中国建材》杂志公布了2015年度建材行业十大新闻人物评选结果，唐山德生防水股份有限公司董事长李德生等10人当选建材行业十大新闻人物。

2月15日，河南省平舆县政府召开建筑防水产业大会，振兴防水产业，表彰20万名防水劳务大军中的佼佼者；同时，由中国建筑防水协会主办的平舆县2016年建筑防水高层论坛也在河南省平舆县文化艺术中心顺利召开。

2月16—28日，应美国屋面工程协会及相关公司邀请，中国建筑防水协会代表团共24人访问美国。代表团由协会副会长苗燕、羡永彪、瞿培华、陈伟忠和秘书长朱冬青等近20家企事业单位负责人组成。

3月2日，建筑防水业内知名专家张勇博士正式加入协会团队，受聘为协会总工程师。协会为张勇举行了欢迎会。张勇博士此次受聘为协会总工，必将推动协会在技术层面更好地发挥引领职能。

3月8日，京津冀建筑防水行业协同发展座谈会在北京召开。北京市建设工程设计物资协会副会长邹仲元，天津市建材业协会防水技术委员会秘书长张秀香，河北省建筑防水工程协会理事长杨际梅，防水材料分会会长孙哲、秘书长金惠荣、教授级高工杨永起、河北省建筑防水工程协会副理事长刘广民及部分企业代表出席了会议。

3月10日，由中国建筑防水协会和建材行业特有工种职业技能040鉴定站共同颁发的"信之梦"喷涂速凝职业技术培训基地揭牌仪式，在北方创信山东无棣生产基地举行。

3月11日，中国建筑防水协会召开全体员工会议，李卫国会长出席并作重要指示。

3月15日，《预铺防水卷材》（修订）、《湿铺防水卷材》（制定）两项国家标准第二次工作会议在苏州召开。

3月17日，中国企业改革与发展研究会许金华常务副会长一行到访中国建筑防水协会，与协会秘书长朱冬青、副会长苏明及各部门经理等，就加强社会组织自身建设、有效开展行业活动、提升工作水平等进行了深入交流。

3月21日，中国建筑防水协会第一届青年企业家分会年会暨防水行业企业管理研讨会在海南省三亚市召开。此次年会以"跨界·走心·突破"为主题。

3月21日晚，东方雨虹董事长李卫国受陶氏化学董事长兼CEO利伟诚邀请，与英国前首相托尼·布莱尔、陶氏化学亚太地区总裁黄祝龄等共同出席于北京香港马会会所举办的餐叙活动。

3月25日，由中国建筑防水协会金属屋面技术分会、中国钢结构协会围护系统分会和中国钢结构协会屋面建筑钢结构分会主办，中国建筑第二工程局有限公司和中建二局安装工程有限公司承办的第三届全国金属围护系统行业大会在深圳召开。

4月18日，广东鼎新高新科技股份有限公司获得挂牌函（证券简称：鼎新高科，股票代码837182），成功登陆新三板。

4月27日，中央政治局委员、上海市委书记韩正在金山第二工业区调研区域环境综合整治进展时，来到东方雨虹上海生产基地考察。

4月28日，新三板挂牌企业"德生防水"发布了2015年年度报告，报告显示：报告期内，公司实现营业收入46617.53万元，同比增长0.29%，净利润4869.66万元，同比增长56.92%。

4月28日，德生防水公告称，公司拟设立全资子公司唐山顶层设计建筑开发有限公司，注册资本2000万元。德生防水称，本次对外投资涉及进入房地产领域，对公司部分客户的顶层建筑进行优化，合作开发、销售。

5月9日，全国工业产品生产许可证审查中心组织召开了《建筑防水卷材产品生产许可证实施细则》修订工作会议。

5月30日，由中国建筑防水协会组织的《建筑防水行业"十三五"发展规划》第二次工作会在北京召开。中国建筑防水协会秘书长朱冬青、深圳市土木建筑学会防水专业委员会主任瞿培华、中国建筑材料科学研究总院苏州防水研究院副院长瞿建民、中国建材检验认证集团苏州有限公司副总经理朱志远、中国建筑防水协会总工张勇、副秘书长尚华胜、陈岳，以及相关企业代表等12人参加了会议。

6月1日，由中国建筑防水协会主办的防水工（高分子防水卷材）国家职业资格鉴定培训在唐山德生防水股份有限公司培训基地开班，来自全国14家防水企业的26名学员参加了此次培训。

6月7日，广东省建筑防水材料协会第二届会员大会暨换届选举大会在广州召开。大会审议通过了《广东省建筑防水材料协会章程修改草案说明》等7项议案，选举产生了协会第二届理事会、监事会成员，理事会和监事会领导机构。

6月13日，由中国建筑防水协会主办，中国建筑防水协会建筑密封材料分会承办，青州宇信钙业股份有限公司、临朐有机硅专业委员会协办的"2016年建筑密封材料分会年会暨第七届密封材料技术研讨会"在山东青州召开。

6月14日，国标《地下工程防水技术规范》GB 50108—2008第三场专家座谈会在上海市隧道工程轨道交通设计研究院举行，20余位专家出席。

6月17日，第十三届全国建筑防水社团组织联谊会在辽宁丹东召开。此次会议由中国建筑防水协会、中国建筑业协会建筑防水分会、中国建筑学会建筑施工与建筑材料分会防水技术专业委员会主办，盘锦禹王防水建材集团有限公司、辽宁大禹防水科技发展有限公司协办。

6月25日，中国建筑防水协会完成30天公示期，正式加入全国团体标准信息平台。为适应我国标准化体系改革，推动建筑防水行业标准化自主创新、自我完善，满足建筑防水行业发展对标准的需求，协会将组织行业团体标准制定工作，引导企业积极参与和采用，推动建筑防水行业持续健康发展。

7月1日，2016年建筑防水卷材产品生产许可获证企业专项监督检查启动会在河北唐山举行。宣读了有关专项监督检查工作的两个重要文件：一是《质检总局办公厅关于开展2016年建筑防水卷材产品生产许可获证企业专项监督检查行动的通知》；二是《质检总局办公厅关于2015年建筑防水卷材产品专项监督检查有关情况的通报》。

7月13日，为推动行业创新发展，交流国际屋面及建筑防水行业前沿技术及先进理念，由国际屋面联盟主办、中国建筑防水协会承办的"2016（上海）国际防水高端论坛"在上海世博洲际酒店召开。

7月13日，在2016（上海）国际防水高端论坛开幕式上，论坛主办方国际屋面联盟举行了隆重的成立仪式。国际屋面联盟由美国屋面工程协会（NRCA）、德国屋面工程协会（ZVDH）和中国建筑防水协会（CWA）三家协会共同发起成立。

7月14—16日，由中国建筑材料集团公司、中国建筑防水协会和美国屋面工程协会主办的第十四届中国国际屋面和建筑防水技术展览会在上海世博展览馆召开。本届展会以"智造防水 守护家园"为主题，并首次拥有了独家官方吉祥物普露夫。

7月15日，2016年单层屋面技术分会年会暨第十届单层屋面技术研讨会在上海世博展览馆召开，来自全国近百家单层屋面系统提供商的代表和设计与施工人员参加了研讨会。

8月4日，科顺防水发布关于上市辅导备案的提示性公告。公告显示，科顺于2016年8月4日收到中国证券监督管理委员会广东证监局辅导备案登记确认书，自当日起科顺进入辅导期，辅导机构：国元证券（000728）股份有限公司。

8月11日，深圳市防水行业协会召开双月防水质量工作通气会。瞿培华会长、秦绍元秘书长，东方雨虹、卓宝、科顺、宏源、凯伦等26家防水企业负责人参会。

8月30日，2016年第二次"防水工（喷涂施工技术）"职业技能培训在美国固瑞克公司上海代表处开班。

9月4—5日，中国建筑防水协会进行了全封闭式创新思维内部培训，协会全体人员参加。

9月6日，中国建筑防水协会在苏州的行业培训基地组织了平屋面项目的国内选拔赛，3家企业的7名选手参加了比赛，最终4名选手进入备选名单，国际屋面联合会（IFD）组织的"世界青年屋面工大赛"将于10月在波兰华沙举行，中国建筑防水协会将派选手代表中国参加平屋面、金属屋面和瓦屋面全部三个项目的比赛。

9月25日，新疆建筑防水协会成立大会召开，来自新疆地区的30余家建筑防水材料生产、经销、施工等企业的代表参加了成立大会。

9月27日，在质检总局（现国家市场监督管理总局）的指导下，由中国建筑防水协会组织的建筑防水行业"质量提升万里行"活动启动仪式在北京举行。中国建筑防水协会秘书长朱冬青以及中国质量报、中国建设报、中国建材报、中华建筑报、新浪地产、搜房网等媒体出席了此次启动仪式。

9月27—28日，中国建筑防水协会组织在京老专家召开座谈会，分析行业发展问题、探讨行业发展方向。

10月14日，质检总局（现国家市场监督管理总局）产品质量监督司发布《关于开展建筑防水卷材产品生产许可发证检验机构和获证企业建筑防水卷材物理性能检验比对工作的通知》。

10月14日，证监会按法定程序核准了包括中国建材检验认证集团股份有限公司（CTC）在内的14家企业的首发申请。中国建材检验认证集团股份有限公司股票代码为603060，中文简称：国检集团。10月28日开始申购。

10月16日—11月9日，中国建筑防水协会组织的三个赴欧考察代表团依次圆满完成考察走访任务，顺利归国，三个代表团共计53人。

10月15日，质检总局（现国家市场监督管理总局）新制定了《工业产品生产许可证实施通则》，并对60类工业产品生产许可证实施细则（不含食品相关产品）进行了修订，2016年10月30日起实施。自实施之日起，原公布实施细则及修订单失效。

10月24日—29日，中国建筑防水协会组织平屋面、瓦屋面及金属屋面三支参赛队伍及观摩团赴波兰华沙，参加了IFD主办的第26届世界青年屋面工冠军赛。中国代表队沉着应变、多学多做，顺利完成比赛。

10月24日—29日，中国建筑防水协会秘书长朱冬青、欧洲办事处主任罗本进博士及中国建筑防水协会单层屋面分会会长吴经德三人代表中国出席了第64届IFD大会。

10月26日，第26届世界青年屋面工冠军赛在波兰华沙正式开赛，比赛为期三天。中国建筑防水协会组织的中国代表队由三支队伍组成：瓦屋面项目参赛队员为潘洋、牛鹏、薛鑫；金属屋面参赛队员为赵永杰、程凯、严刘毛；平屋面项目参赛队员为纪智慧、曹明旭、代存营、孙渭清。

11月2日，深圳市民政局及其社会组织管理局已正式批复，并颁发《社会团体法

人登记证书》,"深圳市防水行业协会"作为省级一级行业协会正式成立,瞿培华教授任会长和法定代表人。

11月5日,中国建筑防水协会正副会长、监事会主席、正副秘书长齐聚北京,召开第七届理事会第一次会长工作会。会议上达成了"建筑防水行业未来发展共识"(简称"北京共识")。

11月16日,中国建筑材料联合会标准部函〔2016〕79号通知:工业和信息化部于2016年10月22日发布了中华人民共和国工业和信息化部公告(2016年第56号),批准了《防水卷材生产企业质量管理规程》JC/T 1072-2016。

11月23日,中国建筑防水协会顾问专家委员会孙庆祥、孙城珩、钟鸿英三位专家的80寿宴在国二招举行。

12月7日,2016年全国建筑防水产品质量提升工作会议在重庆举行。质检总局(现国家市场监督管理总局)产品质量监督司巡视员郑卫华,住建部科技发展促进中心副处长毕既华,各省、自治区、直辖市质量监督局及质量监督处领导,中国建筑防水协会会长李卫国、秘书长朱冬青等协会领导,正副会长、常务理事、理事、会员单位代表,行业专家等共666人出席了会议。

12月7日,中国建筑防水协会七届二次理事会在重庆召开。第七届理事会理事、常务理事、领导机构负责人和监事会成员,以及来自全国各地的会员代表、建筑防水企业、地方社团、科研机构及媒体等600多人参加了此次大会。

12月7日下午,北京东方雨虹防水技术股份有限公司董事长李卫国、深圳市卓宝科技股份有限公司董事长邹先华、山东北方创信防水技术有限公司董事长王荣博、唐山德生防水股份有限公司董事长李德生、深圳蓝盾控股有限公司总裁童未峰五位行业企业家登台发表主题演讲。

12月8日,第十六届中国防水技术与市场研讨会在重庆召开。来自全国建筑防水行业的300余位代表参加了此次会议。

12月13日,中国建筑防水协会瓦屋面技术分会年会暨技术研讨会在苏州职业技能培训中心召开。

12月20日,中国建筑防水行业注册培训师继续教育培训在北京进行。

2017年

1月5日,汇源集团与深圳防水协会交流暨汇源深圳分公司开业典礼在深圳召开。深圳市防水行业协会会长瞿培华、山东汇源建材集团有限公司董事长程效明等人出席典礼。

1月5日晚间，伟星新材发布公告，公司将与5位核心经销商共同出资设立上海伟星新材料科技有限公司，主要从事防水材料科技领域业务。上海新材料拟定注册资本5000万元，其中公司出资3750万元，占注册资本的75%。

1月15日，中国建筑防水协会暨东方雨虹新春专家团拜会在京举行。此次是专家团拜会第14次在东方雨虹举办，主题为"感恩有你 一路相伴"。

2月4日，由平舆县人民政府、中国建筑防水协会、中国建筑业协会防水分会主办的"2017年平舆建筑防水产业大会"在县文化艺术中心隆重举行。

2月13日，中国建筑防水协会理事会2017年第一次主席团扩大会议，暨全国建筑防水行业健康发展产业联盟领导人工作会议在北京召开。会议围绕住建部关于提高建筑防水标准、实施建筑防水工程质量保证期制度的相关措施等进行了深入讨论。

2月23日消息，全国中小企业股转系统公告显示，河南金拇指防水科技股份有限公司（证券简称：金拇指 证券代码：870947）的挂牌申请获得批准，并于当日挂牌。

2月24日，中国建材联合会系统2016年工作总结和先进集体先进个人表彰大会在京召开。会上，中国建材联合会对中国建筑防水协会等14个先进集体、中国建筑防水协会缑利锋等38名先进个人给予了表彰。

2月27日，全国中小企业股份转让系统有限责任公司发函同意三利节能环保工程股份有限公司股票在全国中小企业股份转让系统（俗称"新三板"）挂牌，转让方式为协议转让。

3月7日，作为全球屋面及建筑防水领域的领袖企业之一，索普瑞玛集团在中国的首家工厂正式投产，同时，索普瑞玛（中国）建材有限公司盛大开业。

3月13日，中国建筑防水协会分支机构述职会议召开。单层屋面技术分会会长吴经德、秘书长葛兆，青年企业家分会秘书长孙侃，金属屋面技术分会秘书长蔡昭昀，防水涂料技术分会秘书长庄敬，瓦屋面技术分会代表潘洋，密封材料技术分会秘书长朱德明，种植屋面技术分会秘书长韩丽莉，《中国建筑防水》杂志社社长徐建月代表各分支机构向协会进行述职。

3月21日，应中国建筑防水协会秘书长朱冬青邀请，华裔英国著名建筑结构和防水工程、标准化专家陈惟理博士回国省亲期间，来到中国建筑防水协会举行专题座谈会。

3月23日，质检总局（现国家市场监督管理总局）、国家标准委发布通知，1077项强制性国家标准转化为推荐性国家标准，标准代号由GB改为GB/T，不再强制执行，标准顺序号和年代号不变。其中，《石油沥青纸胎油毡》GB 326—2007、《高分子防水材料 第1部分：片材》GB 18173.1—2012、《高分子防水材料 第2部分：止水带》GB

18173.2—2014、《高分子防水材料 第 4 部分：盾构法隧道管片用橡胶密封垫》GB 18173.4—2010 4 项标准与防水相关。

3 月 24 日，第四届全国金属围护系统行业大会在合肥举行，3 月 23 日当晚召开了中国建筑防水协会金属屋面技术分会、中国钢结构协会围护系统分会理事会议。

3 月 28—31 日，防水工（改性沥青防水卷材）职业技能鉴定培训会于唐山德生防水股份有限公司培训基地落幕。本次培训会由中国建筑防水协会主办，来自全国各地 15 家防水企业的共计 28 名学员参加了此次培训。

4 月 3 日，美国标准工业集团（Standard Industries，GAF 母公司）与德国屋面瓦制造商曼宁家集团共同宣布，完成了收购曼宁家集团。

4 月 10 日，中国建筑防水协会 2017 年度第一次常务理事（扩大）会在北京召开。质检总局（现国家市场监督管理总局）产品质量监督司巡视员郑卫华，住建部标准定额司副巡视员卫明，中国建筑防水协会会长李卫国、秘书长朱冬青、副会长羡永彪等领导，以及协会正副会长、常务理事、各分会负责人及地方防水社团组织负责人等共百余人出席。

4 月 12 日，人力资源社会保障部发布《关于组织开展 2017 年中国技能大赛的通知》（人社部函〔2017〕46 号），决定组织开展 2017 年中国技能大赛。在国家级二类竞赛中，"防水工"成功入选"2017 中国技能大赛——全国建材行业职业技能竞赛"，被纳入国家级二类竞赛工种。

5 月 22 日，"2017（深圳）国际防水高端论坛暨第五届中国建筑防水（南方）专家论坛"于深圳开讲。论坛由国际屋面联盟主办，中国建筑防水协会、深圳市防水行业协会承办。

5 月 23 日，由中国建筑防水协会、美国屋面工程协会、德国屋面工程协会主办的第十五届中国国际屋面和建筑防水技术展览会在深圳会展中心盛大开幕，展会主题为"求质者行远"。这是走过 15 届历程的展会第一次在深圳举办。

5 月 23 日，建筑防水行业质量提升万里行暨"中国建筑防水行业工匠精神展示"启动仪式举行。

5 月 24 日，中国建筑防水协会青年企业家分会年会召开，中国建筑防水协会秘书长朱冬青、中国建材科学研究总院苏州防水研究院院长羡永彪、深圳市防水行业协会会长瞿培华等领导、业界知名人士及各地青年企业家分会会员 200 余人出席了年会。

5 月 24 日晚间，披露的创业板发审委 2017 年第 45 次会议审核结果公告显示，江苏凯伦建材股份有限公司首发申请获通过，其 IPO 保荐机构为中泰证券。

6 月 7 日，东方雨虹（SZ 002271）盘中价最高为 34.20 元，截至当日收盘，报 34.07 元，公司总市值首次突破 300 亿元。

6月8日，美国屋面工程协会（NRCA）前首席执行官比尔·古德受邀到访中国建筑防水协会，并就NRCA及美国屋面市场的相关情况与协会全体工作人员进行了深入交流。

6月13日，有"防腐涂料老司机"之称的飞鹿股份（300665.SZ）登陆创业板，公司首次公开发行A股股票1900万股，发行价格10.13元/股。

6月20日，2017年度全国建筑金属围护系统行业专家学术年会在河南新乡顺利召开，本次大会以"聚精英对话天丰，论创新共赢未来"为主题，近40名行业专家参加此次会议。

6月21日，由中国建筑防水协会建筑密封材料分会主办，广西桂林金山化工有限责任公司承办的"2017中国建筑防水协会密封材料分会年会暨第八届技术研讨会"在广西桂林召开，400余人参会。

6月23日，以"建筑防水行业全产业链质量提升"为主题的第十四届全国建筑防水社团组织联谊会在四川成都召开。

7月6日，中国建筑防水协会"2017年种植屋面技术分会年会暨第八届种植屋面技术与市场研讨会"在北京湖北大厦召开。

7月7日，2017年中国建筑防水协会"单层屋面技术分会年会暨第十一届单层屋面技术研讨会"在京召开。

7月7日，第三期金属屋面防水技工技能培训考核暨北京新机场屋面系统技术培训大会在森特士兴集团股份有限公司新材料生产基地举行，近30名嘉宾与40名学员参加了典礼仪式。

7月18日，证监会发布的主板发审委2017年第109次会议审核结果公告显示，广州集泰化工股份有限公司（首发）获通过。

7月19日，德国慕尼黑博览集团到访中国建筑防水协会，双方进行了深入交流。

7月27日，朱冬青秘书长，苗燕副会长，平舆县县委书记张怀德，县委副书记、县政府县长赵峰，县人大常委会主任禹卫东等领导齐聚一堂，就平舆县建筑防水行业发展情况进行了深入探讨。

7月28日，朱冬青秘书长，苗燕副会长一行抵达项城，在项城市委常委、常务副市长张森，项城市政协副主席、项城防水协会会长王养岭等领导的陪同下，分别考察了项城防水企业一条街、在建防水大厦、河南彩虹建材科技有限公司等项目及企业。

7月下旬至8月上旬，协会委派会员与展览部员工曹雪慧、张娜、郝进、张恒瑞分两组对北京、天津、河北、山东、江苏、上海等地区进行了走访调研。

8月16日，质检总局（现国家市场监督管理总局）通报2017年第2批防水涂料产品质量国家监督抽查结果，共抽查了河北、上海、江苏、浙江、安徽、福建、山东、河南、湖北、湖南、广东、广西等12个省、自治区、直辖市40家企业生产的40批次防水涂料产品，抽查结果显示，40批次防水涂料2批次不合格。

8月24—27日，中国建筑防水协会在北京门头沟龙泉宾馆举行了为期3天半的社会组织管理理念与实践及法律知识内训。此次内训邀请到著名管理咨询专家和具有丰富社会组织法务经验的法律专家作为主讲人。

8月28日，中国建筑材料联合会决定授予中国建筑防水协会等8家单位"推进产业政策工作先进行业协会"荣誉称号。

8月31日，中国建筑防水协会防水涂料技术分会在北京宣告成立。该分会由聚脲防水技术分会发展而来。会上选举产生了第一届分会领导机构，熊卫锋当选会长，马守旺等17人当选副会长，庄敬当选秘书长，张勇当选副秘书长。

9月3—5日，中国建筑防水协会防水涂料技术分会的第一次分会活动——第一届防水工（聚脲技术）国家职业资格鉴定培训在青岛召开。

9月9日，新疆建筑防水行业质量提升座谈会在乌鲁木齐市召开，座谈会由中国建筑防水协会主办。

9月12日，法国派丽集团全球总裁Eric Berge一行到访中国建筑防水协会。双方就中国宏观经济发展看法、中国防水行业发展形势、原材料国家政策和变化趋势、行业企业发展状况及派丽在中国如何拓展业务等话题进行了深入交流。

9月13日，由巴斯夫股份公司、克劳斯玛菲贝尔斯托夫公司、利安德巴塞尔工业公司联合举办的"TPO防水卷材高端联合论坛"在北京举行。

9月15日，中国建筑防水协会秘书长、专家委员会主任朱冬青教授、总工张勇研究员及河南省建筑防水协会执行会长李伟董事长一行三人，专程赶到郑州拜会中国工程院院士、郑州大学水利与环境学院院长王复明教授，并隆重聘请王院士担任中国建筑防水协会专家委员。

9月21日，株洲飞鹿高新材料技术股份有限公司发布《关于签署股权收购意向协议的公告》。公告称，公司于2017年9月21日与湖南耐渗塑胶工程材料有限公司在株洲签订了《意向协议书》，公司拟以现金的方式收购湖南耐渗100%的股权。

9月22日，中国建筑防水协会"2017年瓦屋面技术分会年会暨瓦屋面技术与市场研讨会"在京召开。中国建筑防水协会秘书长朱冬青、总工张勇，全国工商联新能源分会副会长徐飙，北京中房研协技术服务有限公司首席研究员李战军，瓦屋面技术分会秘书长方虎等近80人参加了会议。

10月12日，标准主管单位中国建筑防水协会在京组织召开了2017团体标准编制工作启动会议。

10月13日，为进一步建设学习型社会组织，中国建筑防水协会进行了第三期全封闭式创新思维内部培训，协会全体工作人员参加。

10月26日，凯伦建材股份有限公司正式在深圳证券交易所创业板敲钟上市。根据深交所公告，公司人民币普通股股份总数为7200万股，其中首次公开发行的1800万股股票自上市之日起开始上市交易。

11月28日，2017建筑防水行业职业技能（打胶施工技术）注册培训师培训班于苏州开班，来自各地防水企业的22名学员参加了此次培训。

12月7日，2017年全国建筑防水产品质量提升工作会议在海口举行。会议由质检总局（现国家市场监督管理总局）、中国建筑防水协会主办。

12月7日，中国建筑防水协会第七届第二次会员（代表）大会、七届四次理事会、2017年度第二次常务理事会在海口鲁能希尔顿酒店召开。

12月7日，江苏凯伦建材股份有限公司董事长钱林弟、青岛爱尔家佳新材料股份有限公司总经理王宝柱、山东思达建筑系统工程有限公司总经理吴经德、山东汇源建材集团有限公司总裁程文涛四位行业优秀企业家发表了主题演讲。

12月8日，2017建筑防水行业年会涌动技术热潮。作为年会同期活动，第十七届中国防水技术与市场研讨会在海口鲁能希尔顿酒店召开，本次会议邀请到12位演讲嘉宾。

12月8日，东方雨虹建筑修缮技术有限公司正式宣告成立。同日，在苏州市召开了第一届渠道合作招商大会。

12月9日，中国建筑防水协会全体工作人员前往广西金雨伞防水装饰有限公司参观、交流和学习。

12月24日，《坡屋面工程技术标准》编制组成立暨修订第一次工作会议召开。住房和城乡建设部标准定额司处长周晓杰、住房和城乡建设部标准定额研究所处长雷丽英、住房和城乡建设部建筑设计标准化技术委员会秘书长郭景、中国建筑防水协会秘书长朱冬青出席了会议。

12月25日，三棵树发布公告称，公司于2017年12月23日与莆田市秀屿区人民政府签署了《投资协议书》，计划总投资人民币约11亿～16亿元在莆田市秀屿区石门澳产业园新建"三棵树高新材料综合产业园项目"。

2018 年

1月2日，质检总局（现国家市场监督管理总局）发布《关于2017年上半年产品质量国家监督抽查不合格企业后处理工作情况的汇总》，涉及2批次防水涂料。

1月7日，促进建筑防水行业健康发展产业联盟企业及中国建筑防水协会工作人员共70余人赴唐山凯伦新材料科技有限公司、唐山东方雨虹防水技术有限公司、天津卓宝科技有限公司参观学习、考察交流。

1月8日，科顺防水科技股份有限公司首次公开发行股票并在创业板上市申请已于2018年1月5日获中国证监会证监许可〔2017〕2336号文核准。

1月11日，中国建筑材料联合会系统单位财务管理中存在的问题与整改要求通报会召开，协会相关负责人出席了本次通报会。协会综合部财务主管魏巍就规范财务管理的重要性进行了经验交流。

1月13日，中国建筑防水协会暨东方雨虹新春专家团拜会举行。北京东方雨虹防水技术股份有限公司总裁向锦明对专家们致以崇高敬意和新春祝福。

1月16日，由国家标准委、发展改革委、工信部、农业农村部、商务部、人民银行、国资委、质检总局（现国家市场监督管理总局）、国家林业和草原局、文化和旅游部十部委联合组织的百城千业万企对标达标提升专项行动正式启动。计划推出1000个以上企业标准"领跑者"。

1月18日，中国建筑防水协会分支机构述职会议召开。密封材料技术分会秘书长朱德明，单层屋面技术分会会长吴经德、秘书长葛兆，瓦屋面技术分会秘书长方虎，金属屋面技术分会常务副会长尹敏达，种植屋面技术分会秘书长韩丽莉，青年企业家分会执行会长邵增峰，防水涂料技术分会秘书长庄敬等代表各分支机构向协会进行述职。

1月18日，广西金雨伞防水装饰有限公司与Low & Bonar英国禄博纳集团博纳高性能材料（常州）有限公司，在江苏常州工厂"牵手联姻"，签署战略框架合作协议。

1月22日，质检总局（现国家市场监督管理总局）公布2017年国家监督抽查产品质量状况。其中，防水涂料抽查合格率均高于90％，建筑防水卷材抽查合格率为80％～90％。

1月23日，中国建筑防水协会2017年总结评比表彰大会召开。朱冬青秘书长、苗燕副会长等协会领导及协会全体工作人员参加了会议。

1月24日，中国工程建设标准化协会建筑与市政工程产品应用分会在北京组织召开了《规程》（送审稿）审查会。审查委员会一致通过对该《规程》技术内容的审查，并要求编制组根据审查会议意见和建议，对该《规程》（送审稿）进一步修改和完善，尽快上报。

2月2日，中国建筑防水协会2018年媒体新春座谈会在京召开。中国质量报、中国建材报、中国房地产报、中华建筑报、新浪地产等在京主流行业媒体的朋友们受邀参加了本次会议。

2月2日，中国建筑防水协会防水涂料技术分会秘书处组织，来自辽宁大禹、四川蜀羊、陶氏化学、盘锦禹王、派丽集团、远大洪雨等会员单位的20名代表开展了对美国顺缔新材料（上海）及上海东大化学两家单位的参观交流。

2月11日，在中国建材联合会系统2017年工作总结和先进集体先进个人表彰大会上，中国建筑防水协会被评为先进集体、中国建筑防水协会张勇荣获2017年先进个人。

2月21日，2018项城市建筑防水产业转型发展暨项城防水协会一届六次会员代表大会在河南省项城市召开。

2月23日，"2018年平舆建筑防水产业大会"举行，会议由赵峰县长主持。因公出国的中国建筑防水协会秘书长朱冬青特地发来祝贺视频。

2月27日，凯伦股份（300715）发布了2017年度业绩快报。2017年公司实现营业总收入为39,422.80万元，较去年同期增长46.57%。

3月4日，深圳市卓宝科技股份有限公司举行了"零缺陷防水服务系统"升级新闻发布会，正式宣布其核心产品——"零缺陷防水服务系统"由之前的5年保险保障期免费升级至15年质量保证期（即保修期）。

3月12日，国家市场监督管理总局公布《2018年产品质量国家监督抽查计划》。本年度产品质量国抽计划共涉及八大类219种产品，其中，建筑防水卷材、建筑用密封胶在列，继续被纳入国家监督抽查计划。

3月17日，2018年中国建筑防水协会青年企业家分会年会暨中国防水标准化论坛举行。会议总结了青年企业家分会2017年的工作情况，部署了2018年分会的主要工作和活动。

3月19—20日，中国建筑防水协会组织开展了2018年首次培训学习——项目管理培训，培训邀请到项目管理专家——北京大学经济学院特聘教授、传统文化与现代管理研究基金研究员于洪波担任主讲老师。

3月21日，奥地利碧谢霍夫曼有限公司总裁蓝卡尔先生、研究与测试部Herbitect产品经理工学博士罗伯特·阿特曼先生及北京园林科学研究院高工王茂良等一行到访中国建筑防水协会。

3月27日，中国建筑防水协会秘书长朱冬青、总工张勇一行走访了位于河北省廊坊市的威卢克斯（中国）有限公司。

3月28日，"第28届IFD世界青年屋面工冠军赛"组织筹备会在京召开。作为2020大赛组委会组长，朱冬青秘书长介绍了大赛申办及筹备的基本情况。

3月29—30日，第五届全国金属围护系统行业大会在京召开。在两天的会期中，分别举行了中国建筑防水协会金属屋面技术分会换届大会和学术年会。会上诞生了新一届分会领导班子。

4月1日，质检总局（现国家市场监督管理总局）发布《关于印发〈全国重点工业产品质量监督目录（2018年版）》的通知》（国市监质监函〔2018〕3号）。防水卷材、防水涂料继续被列入《全国重点工业产品质量监督目录》。

4月3日，中国建筑防水协会防水涂料技术分会2018年年会于河北唐山举行。会上进行了2017年分会工作总结及2018年工作部署；分会专家委员会宣告成立，朱志远等46人当选为专家委员。

4月8日，中国建筑防水协会2018年度第一次会长工作会召开。朱冬青秘书长先指出，联盟成立五年来取得了丰硕成果。

4月9日，中国建筑防水协会团体标准技术委员会在苏州正式成立。

4月10日，新组建的质检总局（现国家市场监督管理总局）在原国家工商行政管理总局办公楼正式挂牌。

4月12日，中国工程院院士、郑州大学水利与环境学院王复明教授，中国建筑防水协会秘书长朱冬青一行访问北京东方雨虹防水技术股份有限公司，特种功能防水材料国家重点实验室聘任王复明院士为学术委员会副主任，李卫国先生为其颁发聘用证书。

4月17—19日，第二届防水工（聚脲）国家职业资格鉴定培训暨"中国聚脲技术职业技能培训"会议召开。

4月21日，由中国建筑防水协会副会长瞿培华及羡永彪带领的深圳防水代表团，同英国建筑及屋面领域的资深专家陈惟理博士（William Chan）、英国屋面工程协会秘书长詹姆斯塔尔曼先生（James Talman）及技术经理加里沃波尔先生（Gary Walpole）、公关经理劳拉布鲁尔女士（Laura Brewer），就英国和欧盟在屋面工程的发展和防水标准的制订及其应用等方面进行座谈交流。

4月23日，团体标准《建筑密封胶用色浆》《建筑密封胶用包装材料》第一工作会议举行。

4月25日，国家认监委官网发布国家市场监管总局2018年第2号《关于发布绿色产品评价标准清单及认证目录（第一批）的公告》，其中，防水与密封材料等12类产品位列其中。

5月4日，澳门混凝土检测维修及防水工程协会成立两周年会庆暨两岸四地（海峡两岸暨香港、澳门）防水技术高峰论坛举行。会上，朱冬青秘书长代表内地协会、徐伟杰会长代表台湾协会、陈宝超会长代表香港协会、王宗胜会长代表澳门协会，就加强在楼宇检测维修及防水工程等方面的合作，签订了合作备忘录MOU。

5月27日，上海世博展览馆，一年一度的国际防水高端论坛再度开启上海时间。国际屋面和防水行业重量级嘉宾悉数到场，15位嘉宾带来了他们各自研究方向的成果及市场实践中的经验，约450位专业观众参会，会场座无虚席。

5月27日，中国建筑防水协会在上海召开了2018年第二次会长工作会及联盟领导人会议，协会正副会长、秘书长、监事会主席、副秘书长及联盟领导人等 25 人出席。会议达成新时期防水行业发展共识。

5月28日，由中国建筑防水协会、美国屋面工程协会、德国屋面工程协会主办的第 16 届中国国际屋面和建筑防水技术展览会在上海世博展览馆隆重开幕。

6月12日，中国建筑防水协会与索普瑞玛（中国）建材有限公司联合举办的防水工（改性沥青防水卷材、高分子防水卷材）职业技能培训正式开班，共 28 名学员参加了培训。

6月15日，中国防水产业整合基金发布仪式在河北省唐山市举行。中国防水产业整合基金由海通创新资本管理有限公司与唐山德生防水股份有限公司合作成立，得到中国建筑防水协会全面支持。

6月28日，中国建筑防水协会建筑密封材料分会 2018 年年会暨第九届国际密封材料技术研讨会召开。

6月29日，2018 年单层屋面技术分会年会暨第十二届单层屋面技术研讨会召开。年会选举产生了分会新一届领导机构成员——吴经德任第三届分会会长，白力伟等 16 人任副会长，羡永彪任常务副会长，葛兆任秘书长，陈岳任副秘书长。

7月1—2日，2018 中国建筑防水协会专家委员会年会在青岛召开。为交流近两年来行业内正在和即将发生的一些重大战略问题，协会专家委员会特邀相关院士、领导就有关议题，与专家委员们进行交流，听取他们的意见和建议。

7月3日，由中国建筑防水协会主办的 2018 建筑防水行业职业技能（涂料施工技术）注册培训师培训班在苏州培训基地开班，来自全国防水企业的 34 名学员参加了培训。

7月11—13日，由中国建筑防水协会主办的防水工（自粘防水卷材）技能培训于苏州开班，来自全国各地的 20 余名学员参加了本期培训。

7月26日，2018 年种植屋面技术分会年会暨第九届种植屋面技术与市场研讨会在河北唐山召开。

8月20—22日，中国建筑防水协会工作创新培训会在北京宝之谷国际会议中心举行。会议为全封闭式，协会全体工作成员共 23 人参加了培训。

8月28日，中共中国建筑防水协会支部委员会成立。

8月31日，由中国建筑防水协会主办、江西省建筑业协会建筑防水分会协办的 2018 年建筑防水行业社会组织会长/秘书长联席工作会议在江西九江顺利召开。来自全国 40 多家省、市行业协会、学会、专业委员会的 50 余位会长/秘书长参会。

9月13日，值香港混凝土维修及防水协会 2018 年会及成立第三十二周年纪念晚宴之际，在中国香港，两岸四地（中国内地、中国香港、中国澳门、中国台湾）四家协会共同签署了《IFD 第 28 届世界青年屋面工冠军赛（2020 年）两岸四地合作备忘录》。

9 月 13 日，《丁基橡胶腻子钢板止水带》（送审稿）审查会举行。主编单位中国建筑防水协会总工张勇、副秘书长尚华胜、有关单位专家、编制组全体成员以及企业代表共计 25 人参加了此次会议。

9 月 17 日，第二届建筑防水行业节能环保绿色创新大会举行。13 位嘉宾围绕防水行业关注的相关环保政策等话题进行了讲述。

10 月 17 日，正值重阳，中国建筑防水协会青年企业家分会分别在华北、华中、华南、华东、东北、西北、西南七大地区八座城市组织开展"关爱久久 暖秋重阳"公益慈善活动。

10 月 23 日，中国建筑防水协会副会长苗燕及成都赛特防水材料有限责任公司总经理史文俊一行走进桂湖集团参观、交流、指导。

10 月 25 日，"中国社会组织评估十周年高峰论坛"在北京国二招宾馆召开。论坛上，由中国建筑防水协会撰写的《评估"体检"对社会组织建设的促进与提升》一文入选《中国社会组织评估十周年纪念文集》。

10 月 26 日，中国建筑防水协会副会长苗燕一行莅临赛特防水材料有限责任公司参观考察。

10 月 27 日，中国建筑防水协会苗燕副会长一行到访雨中情防水技术集团总部进行考察指导工作，雨中情集团董事长耿进玉等企业领导全程陪同。

10 月 29 日，中国建筑防水协会与北京广联达平方科技有限公司签署了战略合作协议，双方正式结为战略合作伙伴。

11 月 2 日，平舆县委书记张怀德，副书记、县长赵峰，县人大常委会主任禹卫东等一行到访中国建筑防水协会，禹卫东主任介绍了平舆县建筑防水产业大会的基本情况及筹备工作。

11 月 6 日，中国建筑防水协会与索普瑞玛联合举办的改性沥青防水卷材施工技能注册培训师培训班开班。中国建筑防水协会与索普瑞玛（中国）建材有限公司自 2013 年开始就邀请加拿大专家来华进行施工技术培训，至今已是第五次合作。

11 月 21 日，石首市市长石必成、政府办主任刘维坤、规划局局长李强、开发区副主任徐治国、质监局局长肖军一行到访中国建筑防水协会。

11 月 23 日，中国建筑防水协会副会长苗燕、平舆县委书记张怀德、平舆县人大常委会主任禹卫东等领导莅临禹王集团总部考察指导。

11 月 26 日，标准编制组成立暨第一次工作会议在京举行，来自主管单位、主编单位及参编单位的领导及专家共计 17 人参加了会议。

11 月 27 日，根据《社会团体登记管理条例》规定，民政部对全国性社会团体实施了 2017 年度年检。目前，已经对第 5 批、共 113 家全国性社会团体做出年检拟定结论。其中，中国建筑防水协会在本次检查中的年检结论为合格，顺利通过本次年检。

12 月 6 日，东方雨虹获外资买入 201.71 万股，占流通盘 0.20％，上榜陆股通日增仓前十。

12 月 12 日，三棵树发布《关于公司签署投资框架协议的公告》称，公司董事会审议通过了公司或所属子公司拟以现金方式收购广州大禹防漏技术开发有限公司 70％的股权，交易价格暂定为 20650 万元。

12 月 18 日，中国建筑防水协会七届三次会员代表大会、七届五次理事会、2018 年度第二次常务理事会召开。第七届理事会理事、常务理事、正副会长等领导机构成员和监事会成员及来自全国各地的会员代表、建筑防水企业、地方社团、科研机构及媒体等近 800 人参加了大会。

12 月 18 日，北京东方雨虹防水技术股份有限公司副董事长许利民、深圳市卓宝科技股份有限公司董事长邹先华、科顺防水科技股份有限公司董事长陈伟忠、科顺股份集团总裁方勇、成都赛特防水材料有限责任公司总经理史文俊五位行业优秀企业家发表了主题演说。

12 月 18 日，2018 建筑防水行业年会闪耀技术光芒。作为年会同期活动，"2018 建筑防水绿色发展西部论坛暨第十八届中国防水技术与市场研讨会"召开。

12 月 19 日，由中国建筑防水协会主办的 2018 年中国防水展——成都巡展在成都世纪城新国际会展中心 3 号馆盛大开幕。

12 月 20 日，2018 瓦屋面技术分会年会暨第五届瓦屋面技术与市场研讨会召开。会议增补北京金鑫雅居工程技术有限公司董事长刘建国为瓦屋面技术分会副会长。

12 月 26 日，住房和城乡建设部办公厅发布《城市轨道交通工程土建施工质量标准化管理技术指南》。其中，指南多项内容涉及防水。

12 月 29 日，中华人民共和国主席令第二十四号正式签发，《全国人民代表大会常务委员会关于修改〈中华人民共和国劳动法〉等七部法律的决定》已由中华人民共和国第十三届全国人民代表大会常务委员会第七次会议通过，自公布之日起施行。对《中华人民共和国环境影响评价法》作出修改，正式取消环评资质。

12 月 29 日，2018 派丽中国销售 30 亿庆典盛大举行。中国建筑防水协会秘书长朱冬青，派丽集团全球副总裁兼派丽中国董事长徐英等行业协会领导、派丽集团高层管理、旗下品牌德高及铃鹿相关负责人、主要经销商代表、战略合作伙伴代表、各界媒体同仁等齐聚庆典现场。

2019 年

1月3日，项城市招商推介暨项城上海商会·项城防水协会上海办事处于上海奉贤正式成立，在上海奋斗的项城防水人有了"家"。

1月7日，中国建筑防水协会召开2018年工作总结会。朱冬青秘书长、苗燕副会长等协会领导及协会全体工作人员参加了会议。

1月8日，2018国家科学技术奖励大会在人民大会堂隆重举行。中国建筑防水协会金属屋面技术分会秘书长、中冶建筑研究总院有限公司总建筑师蔡昭昀作为项目主要完成人的《大型屋盖及围护体系抗风防灾理论、关键技术和工程应用》获国家科学技术进步奖二等奖，她同时也作为获奖者参加了颁奖大会。

1月8日（瑞士当地时间9：30），西卡发出绑定邀约从CVC Fund V手中收购法国派丽集团，双方已经签订了独家收购权利协议。

1月12日，中国建筑防水协会在北京组织召开了《喷涂速凝橡胶沥青防水涂料》及《沥青基耐根穿刺防水卷材中阻根剂定性定量检测方法》团体标准审查会。

1月19日，人社部发布《人力资源社会保障部关于授予职业技能竞赛优秀选手全国技术能手荣誉的决定》（人社部发〔2019〕10号），对在第44届世界技能大赛和在2015—2017年中国技能大赛中取得优异成绩的选手授予"全国技术能手"荣誉称号。其中，钟友良、李松、王巍因在"2017年中国技能大赛——全国建筑防水行业（防水工）职业技能竞赛"取得优异成绩获得"全国技术能手"荣誉称号。

1月26日，一年一度的迎新春专家团拜会在北京湖北大厦如期举行。团拜会以"感谢有你"为主题，由中国建筑防水协会和北京东方雨虹防水技术股份有限公司联合主办。

1月28日，住房和城乡建设部《关于印发2019年工程建设规范和标准编制及相关工作计划的通知》（建标函〔2019〕8号）正式亮相。《通知》中，中国建筑防水协会参与制订的全文强制国家工程建设规范《建筑和市政工程防水通用规范》，以及参与修订的工程建设国家标准《屋面工程技术规范》GB 50345—2012. 工程建设建工行业标准《种植屋面工程技术规程》JGJ 155—2013在列。

1月31日，在中国建筑材料联合会2018年度工作总结暨先进集体先进个人表彰大会上，中国建筑防水协会被评为先进集体、中国建筑防水协会副秘书长尚华胜荣获2018年先进个人。

2月10日，正月初六，项城市建筑防水产业发展暨2019年防水协会会员代表大会在河南省项城市召开,500余人参加了会议。

2月12日,农历正月初八,一年一度的"平舆建筑防水产业大会"在河南省平舆县文化艺术中心隆重开幕。

2月26日,国际屋面联合会(IFD)秘书长Detlef Stauch远道而来,与中国建筑防水协会相关领导负责人共同就2020年大会及大赛筹备等事宜进行商讨。中国建筑防水协会秘书长朱冬青、副会长苗燕、总工张勇、副秘书长尚华胜、陈岳、万山青以及部分2020年大会和大赛组委会相关成员参加了会议。

2月28日,全国产品质量安全监管工作会议在京召开。市场监管总局副局长田世宏出席会议并讲话,中国建筑防水协会也应邀参加了本次会议。

3月7—8日,广东青龙新材料有限公司承办的首届"青龙杯"全国建筑补漏优秀工程案例评比暨建筑防水工技能实操大赛、第二届"青龙"建筑修缮补漏高峰论坛暨防水促销狂欢节在广东省中山市举行。

3月20日,由中国建筑防水协会负责制订的团体标准《单层防水卷材屋面工程技术规程》编制组成立暨第一次工作会在京召开。

3月20日,团体标准《建筑防水卷材企业生产条件》编制组成立暨第一次标准修订工作会议在京召开。

3月26日,2019防水涂料技术分会年会暨第三届防水涂料技术与市场研讨会召开。会议由中国建筑防水协会主办,中国建筑防水协会防水涂料技术分会承办,宏源防水科技集团有限公司协办。

4月1日,TC195/SC1二届五次会议暨中国建筑防水协会团体标准技术委员会年度会议在苏州召开。

4月1日(美国东部时间),陶氏公司完成了对陶氏杜邦的拆分。新公司将以品牌名称"陶氏公司"(Dow)命名,在秉承悠久传统的同时,也反映了整个公司已演化为材料科学解决方案提供商。

4月8日,在西安空港大酒店协会召开了2019年第一次联盟(WG16)领导人暨会长工作会议,会议由朱冬青秘书长主持,李卫国会长发表了重要讲话。

4月10日,中国建筑防水协会专家委员会在京专家春季茗茶联谊活动在江苏凯伦建材股份有限公司北京营销中心举办。此次活动由中国建筑防水协会专家委员会和江苏凯伦建材股份有限公司联合主办。

4月13日,中国建筑防水协会秘书长朱冬青、副会长羡永彪、副会长(深圳市防水行业协会会长)瞿培华、中国建筑材料科学研究总院苏州防水研究院院长巢文革、中国建筑防水协会副秘书长尚华胜一行参观考察了蜀羊防水江西生产基地。

4月16日,2019年种植屋面技术分会年会暨第十届种植屋面技术与市场研讨会在厦门帝元维多利亚大酒店召开。为推动种植屋面技术发展，拓展海绵城市、绿色建筑、立体绿化等市场发展之道，170余防水人士云集，论道种植屋面行业大势新技。

4月18日，《建筑防水卷材行业准入条件》编制组成立暨第一次修订工作会议在北京召开。中国建筑防水协会秘书长朱冬青，中国建材检验认证集团苏州有限公司副总经理朱志远，中国建筑材料科学研究总院苏州防水研究院副院长瞿建民等行业领导，以及主编单位邀请的部分骨干企业代表参加了本次会议。

4月22—25日，由中国建筑防水协会主办的第三期防水工（聚脲）培训暨"中国聚脲技术职业技能培训"会议在青岛开班。

5月6日，北京市住房和城乡建设委员会、北京市规划和自然资源委员会、北京市城市管理委员会联合发布《北京市禁止使用建筑材料目录（2018年版）》，8种防水材料被禁止使用。

5月15日，中国建筑防水协会秘书长朱冬青、副会长苗燕一行赴三棵树集团上海中心参观考察。

5月22日，中国建筑防水协会秘书长朱冬青、副会长苗燕一行莅临东方雨虹花桥总部基地进行考察指导工作。

5月26日，项城上海商会、项城防水协会上海办事处、中国共产党项城防水协会上海办事处支部委员会新址落成，并举行了揭牌仪式。

5月27日，上海世博洲际酒店，一年一度的国际防水高端论坛正式开启上海时间。8大焦点级版块，15位全球防水嘉宾，近400位专业观众——2019（上海）国际防水高端论坛四度开讲。

5月28日，由中国建筑防水协会主办的2019年中国国际屋面和建筑防水技术展览会在上海世博展览馆隆重开幕。

5月28日，工信部研究制定了《2019年度实施企业标准"领跑者"重点领域》，现予以公告。公告显示：重点领域有100个，防水涂料、防水卷材在列，分别排在第32位和第38位。

6月18日—6月20日受寿光市防水行业协会、寿光市政府、寿光市台头镇政府的邀请，中国建筑防水协会青年企业家分会成员在会长邵增峰、秘书长孙侃、执行会长张卫的带领下一行60余人聚集寿光进行了为期三天的交流考察活动。

6月26日，中国建筑防水协会建筑密封材料分会2019年年会暨第十届国际密封材料技术研讨会召开。尹青亚新任会长，朱德明连任秘书长。

6月28日，科顺防水科技股份有限公司获中国银行间市场交易商协会颁发超短融资券和中期票据《接受注册通知书》（中市协注〔2019〕SCP224号、中市协注〔2019〕MTN368号）。

6月29日，2019第六届中国建筑防水（南方）专家论坛、中国建筑防水协会专家委员会2019年会在湖北工业大学图书馆会议中心举行，会议同期还举行了坝道工程医院湖北工业大学分院成立、湖北省建筑防水工程技术研究中心专家委员会成立、"防水材料与工程"本科毕业十周年人才培养研讨会等学术活动。

7月1日，三棵树智能制造进程中的里程碑——三棵树四川生态工业园区防水卷材生产线正式投产。

7月2日，中国建筑防水协会党支部组织全员参观了中国人民革命军事博物馆的"中国共产党领导的革命战争陈列"。

7月16日，苏州职业技能培训中心，为期4天的"改性沥青、高分子防水卷材"双项施工技能注册培训师培训班在此开班。

7月23日，2019年单层屋面技术分会年会暨第十三届单层屋面技术研讨会在北京湖北大厦召开。会上总结了2018年分会所做各项工作部署了2019年分会工作计划；递补李建军为分会副会长。

7月24日，2019中国建筑防水协会瓦屋面技术分会年会暨第六届瓦屋面技术研讨会在北京神舟大厦召开。会上总结了过去一年分会的各项工作以及汇报了未来一年分会的工作计划。增设刘建国为分会常务副会长、增补伏新合为分会副会长。会上还成立了中国建筑防水协会瓦屋面技术分会专家委员会。

7月24日，教育部学位管理与研究生教育司公布了《普通高等学校自设二级学科名单》和《普通高等学校自设交叉学科名单》（截至2019年5月31日）。在长长的学科列表里，湖北工业大学仅一项学科入榜——防水材料与工程。

7月26日，北京国家会议中心二期项目施工现场，中国建筑防水协会秘书长朱冬青及协会专家朱志远、张勇、檀春丽、韩丽莉、陈晓民、胡骏、尚华胜、霍瑞琴等一行人实地考察观摩了正在施工建设的"科顺一次防水工程"。

8月6日，亚士创能科技（上海）股份有限公司发布一则公告称，计划以12亿元预算总投资，在河北石家庄循环化工园区投资建设亚士创能科技（华北）建筑节能保温与装饰材料综合性生产基地和区域总部，意味着，亚士创能作为又一家涂料行业的上市企业大手笔跨界防水领域。

8月8日，五湖四海的行业同仁齐聚内蒙古，共同见证内蒙古防水协会成立、包头防水协会成立、平舆县建筑防水协会内蒙古办事处设立、包头豫商联合会党支部成立联合庆典大会。

8月14日，中国建筑防水协会秘书长朱冬青及专家一行赴中油佳汇防水科技（深圳）股份有限公司考察调研，中油佳汇董事长孙艳春、副总裁曾新龙、黄秋霞、涂万鹏等公司领导接待了考察团一行人，双方进行了交流座谈。

8月16日，正值中华人民共和国成立70周年及澳门回归20周年之际，当天15时，澳门万豪轩酒店，澳门混凝土检测维修及防水工程协会举办了三周年会庆酒会，来自中国内地、中国香港、中国澳门、中国台湾的四家防水协会领导出席，150余人参与了酒会。

8月24日，由中国建筑防水协会主办、吉林省建筑防水协会协办的2019年建筑防水行业社会组织会长/秘书长联席工作会议在延吉召开。

8月26日，北新集团建材股份有限公司发布公告称，决定以34650万元的价格受让骆晓彬、高伟合计持有的四川蜀羊防水材料有限公司70%的股权。联合重组后，北新建材持股70%，蜀羊防水原股东持股30%。至此，北新建材联合重组中国西南地区最大的防水企业——四川蜀羊防水材料有限公司，并宣布正式进军防水行业。

8月28日，北新建材40周年暨2019创新发展大会在北新科学院召开。会上进行了新型建材国家重点实验室（筹）、防水新材料国家重点实验室（筹）揭牌仪式，进行了北新建材50亿平方米石膏板全球产业布局暨防水业务正式启动仪式。

9月9日，由中国建筑防水协会金属屋面分会和单层屋面分会共同主办，山东思达建筑系统工程有限公司承办的"思达－西幔KEE苹果数据中心项目现场会暨KEE产品中国市场开发研讨会"在乌兰察布召开。

9月12日，住房和城乡建设部发布再次征求《城乡给水工程项目规范》等住房和城乡建设领域全文强制性工程建设规范意见的函，40项工程规范公开征求意见。其中，《建筑与市政工程防水通用规范》（征求意见稿）在列。

9月16日，由中国建筑防水协会等主编的《城市综合管廊防水工程技术规程》T/CECS 562—2018及国标图集《城市综合管廊防水工程构造》19J302均已正式实施，为使读者和用户更好理解《规程》及《图集》的内容，更好地发挥其在城市综合管廊建设工程中的作用，经中国建筑防水协会组织，《规程》及《图集》宣贯会在京举行。

9月17—18日，"建筑防水行业科学技术奖－工程技术奖（金禹奖）""建筑防水行业科学技术奖－技术进步奖"答辩会在京举办，来自行业的30余家企业参与了本次答辩。

9月18日，中国建筑防水协会正副会长、正副秘书长及专家齐聚北京，中国建筑防水协会2019年度第二次会长工作会在新世纪日航饭店二层江苏厅召开。会议由李卫国会长主持。

9月20日，禄博纳（Low&Bonar）发布公告称，德国科德宝公司（Freudenberg）已提出收购禄博纳（Low&Bonar）集团要约，对禄博纳（Low&Bonar）的收购均由股东决定，禄博纳（Low&Bonar）集团董事和代表50%以上股份的股东赞成了本次收购意向。

10月16日,由科技部委托中科合创(北京)科技成果评价中心,在成都赛特防水材料有限责任公司,组织了"涂层保护型预铺反粘高分子防水卷材"科技成果项目评估会议。

10月28日,中国建筑防水协会防水涂料技术分会秘书处组织开展了为期半天的万华化学集团股份有限公司烟台化工园参观交流活动。

10月31日,由《中国建筑防水》杂志社、《中国建材报》社共同主办的第三届防水社团与企业媒体联谊会在杭州落幕。

10月31日,北新建材发布公告称,正式联合重组禹王防水集团和河南金拇指防水。北新建材拟以76860万元的价格,受让禹王防水建材集团有限公司等8家系列公司70%股权;以27300万元的价格受让河南金拇指防水科技股份有限公司70%股权。

11月9日,平舆县建筑防水协会驻郑州办事处成立大会在郑州召开,蓝翎环科董事长李伟任办事处主任。

11月29日,经万华化学集团股份有限公司组织,中国建筑防水协会防水涂料技术分会协调,聚氨酯乳液在水性防水涂料的应用技术可行性研讨会在京举行,会议为期半天。

12月6日,由北京会聚社会组织能力建设发展中心、中国会展经济研究会社团会展专业委员会主办,北京会聚信息技术开发有限公司承办的"2019第四届中国社团合作发展论坛"在北京会议中心开幕,中国建筑防水协会首批入驻第一个中国社团会议展览发布平台"会聚中国"。

12月11日,中国建筑防水协会在广州召开了2019年第三次会长工作会和联盟领导人会议,协会正副会长、监事会主席、秘书长、副秘书长和联盟领导人等30人出席,特邀北新建材董事长王兵参加会议与联盟领导人对话。会议达成新时代防水行业广州共识。

12月12日,中国建筑防水协会七届四次会员代表大会、七届六次理事会、2019年第二次常务理事会在广州召开。第七届理事会理事、常务理事、正副会长等领导机构成员和监事会成员,以及来自全国各地的会员代表、建筑防水企业、地方社团、科研机构及媒体等九百多人参加了此次大会。

12月12日,北京东方雨虹防水技术股份有限公司董事长李卫国、北新集团建材股份有限公司董事长王兵、广东青龙新材料有限公司董事长宋敦清三位行业优秀企业家发表了主题演说。

12月12日,2019建筑防水行业年会闪耀光芒。作为年会同期活动,"2019第十九届中国防水技术与市场研讨会"在广州白云国际会议中心召开。20位演讲嘉宾多维度问道产业技术前沿。

12月12日，以"不忘初心，砥砺前行"为主题的中国建筑防水协会成立35周年纪念活动在广州白云国际中心举行。

12月12—13日，由中国建筑防水协会主办的2019建筑防水原辅材料及装备机具展（中国防水展－广州巡展）在广州白云国际会议中心一层展厅举行。广州巡展是"中国防水展"的子展，也是继2018年首届成都巡展成功举办之后的第二届巡展。

2020年

1月6日，中国建筑防水协会召开2019年工作总结会。朱冬青秘书长、苗燕副会长等协会领导及协会全体工作人员参加了会议。

1月16日，一年一度的中国建筑防水协会新春专家团拜会在北京湖北大厦举行。团拜会由中国建筑防水协会和北京东方雨虹防水技术股份有限公司联袂主办，近50人欢聚一堂。

1月10日，2019年度国家科学技术奖励大会在人民大会堂开幕。习近平、李克强、王沪宁、韩正等党和国家领导人出席大会并为获奖代表颁奖。北京东方雨虹防水技术股份有限公司为第一完成单位，并与北京化工大学、岳阳东方雨虹防水技术有限公司、北京东方雨虹防水工程公司等为主要完成单位共同完成的《地下空间防水防护用高性能多材多层高分子卷材成套技术及工程应用》项目获得2019年度"国家科学技术进步奖"二等奖。

1月17日，"中国建筑防水之乡"万荣县县委书记杜中伟，县委副书记、县长李永辉等一行领导到访中国建筑防水协会，与中国建筑防水协会秘书长朱冬青等协会相关领导负责人亲切会谈。

1月20日，在中国建筑材料联合会2019年度工作总结暨先进集体、先进个人表彰大会上，为表彰先进、弘扬正能量，激发和调动联合会广大干部职工的积极性和创造性，更好地引领行业发展和推动联合会系统改革，中国建筑材料联合会对16个先进集体、高妍等44名先进个人予以表彰。

为保障人员安全、降低传播风险，中国建筑防水协会积极响应政府号召，自2月10日起全面开启线上办公模式，及时响应会员反馈，切实保障服务需求。

2月15日，质检总局（现国家市场监督管理总局）官网发布《市场监管总局 国家药监局 国家知识产权局 支持复工复产十条》。对凡涉及生产许可证、强制性认证的复产转产企业产品，快捷办理，压缩审批时限。

2月18日主持召开国务院常务会议，决定阶段性减免企业社保费和实施企业缓缴住房公积金政策，多措并举稳企业稳就业。

2月21日晚间，江苏凯伦建材股份有限公司发布关于投资设立全资子公司、变更部分募集资金投资项目实施主体和实施地点暨向全资子公司增资的两则公告。

2月24日，原定于武汉欧亚国际会展中心举办的第二届"青龙杯"全国建筑补漏优秀工程案例评比暨节点防漏实操大赛受新冠疫情的影响，更改为网络直播的形式如期举行。

住建部公告：由中国建筑防水协会和中冶建筑研究总院有限公司联合主编的行业标准《建筑金属围护系统工程技术标准》JGJ/T 473—2019已于3月1日获准实施。

3月3日晚间科顺股份公告，公司拟向实控人陈伟忠等11名特定对象非公开发行不超过3000万股，发行价格为9.77元/股，募集资金总额不超过2.93亿元，扣除发行费用后将全部用于补充流动资金。

3月5日，住房和城乡建设部办公厅发布《关于加强新冠疫情防控期间房屋市政工程开复工质量安全工作的通知》，要求各地精准做好疫情防控和质量安全监管工作，有序推动工程开复工，保障工程质量安全。

3月18日22：00北京卫视《为你喝彩》致敬了科技战"疫"中的逆行者，讲述了疫情之下的东方雨虹和高能环境志坚勇为，同心战疫的故事。

3月20日晚间，北新集团建材股份有限公司发布2019年财报的公告。公告显示，2019年北新建材营业收入约为132.30亿元，上年同期约为125.65亿元，同比增长6.03%。

4月20日，科顺防水科技股份有限公司披露了2019年年度报告。报告期内，公司实现营业收入465195.70万元，同比增长50.22%。

4月22日晚间，江苏凯伦建材股份有限公司发布2019年财报。据2019年财报显示，凯伦股份营业收入约为11.65亿元，同比增长88.11%；归属于上市公司股东的净利润约为1.35亿元，同比增长108.05%。

4月23日晚间，北京东方雨虹防水技术股份有限公司发布2019年财报。据2019年财报显示，东方雨虹实现营业收入18154344171.40元，较上年同期增长29.25%。

4月24日，中国建筑防水协会主持召开了由中国建筑材料科学研究总院苏州防水研究院研制开发的"不锈钢带刮涂成型工艺生产无胎自粘改性沥青防水卷材成套技术装备"项目科技成果评估会。

4月26日，住房和城乡建设部科技与产业化发展中心组织开展了"宜居型绿色农房建设先进适用技术与产品"征集评审工作。根据专家评审结果以及对近年来优秀科技成果筛选，编写完成了《宜居型绿色农房建设先进适用技术与产品目录（第一批）》，并予以公示。公示目录显示，橡胶沥青涂料与卷材复合防水系统、带自粘层三元乙丙橡胶防水卷材、水性单组分聚氨酯防水涂料 3 种防水技术与产品入选公示目录。

4 月 27 日,"中国建设工程防水之乡"河南省平舆县获批建设一所大学,大学名为"平舆智慧职业技术学院"(全日制高等专科职业技术院校),该校预计总投资约 20 亿元,计划 2022 年完工。

5 月 6 日,人社部发布《关于组织开展 2020 年全国行业职业技能竞赛的通知》。《通知》指出,将组织开展一类职业技能大赛 10 项、二类职业技能竞赛 73 项。其中,中国建筑防水协会将承办"全国行业职业技能竞赛(原中国技能大赛)"中的 2020 年建材行业职业技能竞赛——建筑防水行业防水工职业技能大赛。

5 月 20 日,中国建筑防水协会、雨虹防水携手网易家居通过线上直播重磅发布《中国建筑室内防水发展白皮书 2.0 版》,中国建筑防水协会秘书长朱冬青等行业嘉宾、企业领导、媒体朋友以及守候在屏幕前方的广大观众共同见证了时隔 4 年《中国建筑室内防水发展白皮书 2.0 版》再次发布的历史性时刻。

5 月 28 日,由中国建筑防水协会主办的 2020 首届防水行业大会暨第四届防水涂料技术与市场研讨会以网络直播形式正式开启。受 2020 年初以来新冠疫情肆虐的影响,中国建筑防水协会积极贯彻党中央、国务院对统筹推进常态化疫情防控和加快恢复生产生活正常秩序的部署,协会根据 2019 年第三次会长工作会决议,决定以线上模式召开 528 大会。

6 月 1 日,住建部发布关于行业标准《种植屋面工程技术规程(局部修订条文征求意见稿)》公开征求意见的通知。由中国建筑防水协会会同有关单位对《种植屋面工程技术规程》JG155—2013 进行局部修订。

6 月 1 日,因经营管理需要,原阿克苏诺贝尔中国区总裁、中国及北亚区装饰漆业务集团董事总经理林良琦正式就任为东方雨虹旗下子公司德爱威(中国)有限公司董事长,行使董事长权利并履行相应义务。

美国屋面工程协会(NRCA)宣布,自 6 月 1 日起,罗德·帕特里克(Rod Petrick)正式出任 NRCA 新一任主席。

6 月 12 日,国家建筑材料行业职业技能鉴定指导中心公布了全国第二批建材行业职业能力评价机构名单,中国建筑防水协会在评审中脱颖而出,与黄石建材研究设计所等 7 家单位获批为建材行业职业能力评价机构。

6 月 15 日,中国建筑防水协会秘书长朱冬青、科顺防水董事长陈伟忠一行到访巴德富集团,巴德富总裁梁千盛率副总裁周伟、副总裁陈向辉、研发总监杨文涛、营销与服务体系防水业务部总监张民欢、华南大区销售总监廖佛剑、公共关系总监唐红卫接待了朱冬青秘书长及陈伟忠董事长一行。

6 月 20 日,中山大学河南研究院在驻马店成立,中山大学党委书记陈春声,中国科学院院士、中山大学党委副书记、校长罗俊和驻马店市委书记陈星,驻马店市委副书记、市长朱是西等出席仪式。

6月30日,国际屋面联合会(IFD)在最新一期新闻简报中宣布:自2020年7月1日起,帕斯卡·斯瓦提(Pascal Civati)将正式出任IFD新一届秘书长。

6月30日,中国建筑材料联合召开建材各产业新一代技术装备创新研发攻关汇报交流会,中国建筑防水协会参加了本次汇报。中国建筑防水协会、围绕本产业新一代攻关方案,重点汇报组织与领导落实情况。

7月2日,住房和城乡建设部官网发布《建设工程企业资质标准框架(征求意见稿)》,拟大幅压减企业资质类别和等级。其中,防水防腐保温工程专业承包资质与建筑装饰装修工程专业承包等合并为建筑装修装饰类专业承包资质,不分等级。原资质证书有效期于2020年7月1日至2021年12月30日届满的,统一延长至2021年12月31日。

7月2日午间,防水行业上市企业之一的东方雨虹市值首次突破700亿元。截至今日沪深两市午间,东方雨虹股价为44.83元,大涨5.31%,总市值达703.73亿元。

7月10日中午12时46分,亚士创能防水生产一线传来捷报,第一卷亚士创能防水卷材顺利下线。

7月10日,国家人力资源和社会保障部发布公告,年底前将有76项职业资格退出国家职业资格目录,涉及185个职业。其中,防水工职业资格为第二批次,拟于12月31日前第二批退出国家职业资格目录。

7月17日,金牛法院召开成都市嘉洲新型防水材料有限公司破产清算案第一次债权人会议。

7月21日,国务院办公厅公布《关于进一步优化营商环境更好服务市场主体的实施意见》。围绕工程建设等领域,集中清理有关部门和地方在市场准入方面对企业资质、资金、股比、人员、场所等设置的不合理条件。

8月3日,中国建筑防水协会秘书长朱冬青,中国建筑材料科学研究总院苏州防水研究院院长巢文革莅临亚士创能上海总部考察工作。

8月5—6日,全国轻质与装饰装修建筑材料标准化技术委员会建筑防水材料分技术委员会(TC195/SC1)年度会议暨中国建筑防水协会团体标委会年会召开。增补李雷为团标委委员,成立中国建筑防水协会团体标准化技术审查委员会,防水协会总工张勇任技术审查委员会主任委员,瞿培华、朱志远任副主任委员。

8月6日,北京2022年冬奥会和冬残奥会官方涂料独家供应商发布会在北京冬奥组委园区举行。三棵树涂料股份有限公司正式成为北京2022年冬奥会和冬残奥会官方涂料独家供应商。

8月11日早间沪深两市开盘不久，防水行业上市企业之一的东方雨虹（002271）市值首次突破900亿元。

8月14日，全国建材行业先进集体、先进工作者和劳动模范表彰大会召开，防水行业中，禹王防水建材集团有限公司总工程师柳志国、四川蜀羊防水材料有限公司技术总工程师李冬凤、滨州市良友防水材料有限责任公司车间主任李红军也获得"全国建材行业劳动模范"称号。四川蜀羊防水材料有限公司技术总工程师李冬凤到场领奖。

8月14日股市盘中，凯伦股份市值首次突破100亿元，13：48到达当天最高值，股价为58.74元，大涨6.99%。

8月18日，中国建筑防水协会秘书长朱冬青，中国建筑防水协会驻会副会长苗燕，中国建筑防水协会副会长、深圳市防水行业协会会长瞿培华等协会专家领导一行赴湖北科瑞斯材料科技有限公司考察调研。

8月18日，以"极质·所见非凡"为主题的湖北卓宝科技-石首生产基地启动仪式在"中国建筑防水之乡"石首盛大举行。

8月20日，佛山市源水通防水材料有限公司2020年防水专家交流座谈会召开。中国建筑防水协会秘书长朱冬青，中国建筑防水协会副会长、深圳市防水行业协会会长瞿培华等受邀参加，并参观了源水通生产基地。

8月22日下午，中国建筑防水协会秘书长朱冬青及《建筑防水构造图集》WSA、WSB外部专家征求意见会专家团一行20余人考察东方雨虹芜湖生产基地。

8月25日，江苏苏博特有限新材料有限公司原总工、东南大学教授、国家土木工程材料重点实验室首席专家冉千平，苏博特股份总经理助理、防水事业部总经理张小冬，苏博特股份防水事业部总工孙德文一行到访中国建筑防水协会。

9月1日，2020年建筑防水行业社会组织会长/秘书长联席（视频）工作会议在京召开。民政部社会组织管理局社会组织专家咨询委员会委员、中国建筑防水协会法律顾问、北京市致诚律师事务所律师何国科，中国建筑防水协会秘书长朱冬青、驻会副会长苗燕、副秘书长陈岳以及来自全国40多个防水社会组织的近60位代表参加了线上视频工作会。

9月2日，住房和城乡建设部在京举办2020年全国住房和城乡建设系统"质量月"启动暨建设质量强国、提升建筑品质现场会。

9月7日，住建部发布关于开展政府购买监理巡查服务试点的通知，试点范围涉及江苏、浙江、广东三省。

9月9日，国家发改委官网发布《关于组织开展行业协会商会经营服务性收费清理规范工作的通知》。

9月11日，工信部公示拟入选第五批绿色制造名单。其中，亚士、立邦等724家企业拟入选第五批绿色工厂名单。

9月18日，应辽宁大禹防水科技发展集团郑宪明董事长的邀请，中国建筑防水协会秘书长朱冬青、驻会副会长苗燕、总工张勇等专家专程来到盘锦，与大禹集团总部高管，以及视频连线的五大区域四大生产基地管理团队约200人，举办了"中国建筑防水协会协会专家走进大禹"活动。

9月23日，国家职业技能标准《防水工》（修订）初审稿审查会在郑州举行。

9月28日，中国建筑防水协会秘书长朱冬青、副会长瞿培华与总工程师张勇到访江苏苏博特新材料股份有限公司。苏博特董事长缪昌文院士会见了朱冬青秘书长一行，在缪院士聘任仪式上，瞿培华副会长宣读了《关于增补中国建筑防水协会专家委员会院士专家的决定》，朱冬青秘书长为缪院士现场颁发了院士专家聘任证书。

9月28日，由湖北省市场监督管理局和湖北省建筑防水协会共同主办的"湖北省建筑防水行业质量提升工作大会暨新产品新技术经验交流会"在江城武汉召开。

10月9日，咸阳东方雨虹顺利通过陕西省重点行业企业大气污染防治绩效评级现场验收，成为建筑防水行业首家通过大气污染防治绩效评定的A级企业。

10月10日，中国建筑防水协会秘书长朱冬青、副会长苗燕一行到访项城防水协会北京办事处考察调研，受到项城防水协会北京办事处主任、项城北京商会会长王兆峰，项城防水协会北京办事处秘书长夏红伟等项城防水施工企业代表的热情接待，并与朱冬青秘书长进行了深入交流。

10月12日，行业标准《建筑防水行业绿色工厂评价要求》编写组成立暨第一次工作视频会议召开。

10月14日，中国建筑防水协会秘书长朱冬青、驻会副会长苗燕、副秘书长陈岳，阿尔法新材料江苏有限公司总裁卫向阳、总裁助理王伟等一行赴中建政研集团考察交流。

10月15日，由中国建筑防水协会、北京市建设工程物资协会防水分会主办的2020中国防水展企业合作座谈会在京召开。

10月17日上午，河南省平舆县建筑防水协会驻江西办事处成立大会在江西九江隆重举行。

10月19日，项城市建筑防水业表彰暨技术交流会和项城市建筑防水产业发展座谈会在项城市党政综合楼三楼会议室成功召开。中国建筑防水协会秘书长朱冬青，中国建筑防水协会副会长、深圳市防水行业协会会长瞿培华，河南省建筑防水协会会长陈宝贵应邀莅临参加会议。

10月22日，项城防水人助力乡村振兴献礼影片——电影《梦回金鸡岭》新闻发布会在项城市召开，《梦回金鸡岭》影片故事主要宣传项城防水人艰苦创业故事，弘扬项城防水人致富不忘桑梓的大爱精神。

11月4日,中国建筑防水协会秘书长朱冬青及协会专家领导一行赴凯伦股份参观调研并重点考察了高分子产业园项目的建设进度。

11月10日,国务院印发全国深化"放管服"改革优化营商环境电视电话会议重点任务分工方案,方案提出要大幅精简各类重复审批,深化项目审批制度与"证照分离"改革。

11月18日,中国建筑防水协会建筑密封材料分会2020年年会暨第十一届国际密封材料技术研讨会在苏州召开。

11月23日,巴斯夫(中国)有限公司全球副总裁Henry Paeckert一行到访中国建筑防水协会。双方就中国防水行业发展形势、原材料国家政策和变化趋势、行业企业发展状况及巴斯夫在中国如何拓展业务等话题进行了深入交流。

11月23日,北新建材截至下午收盘,报41.5元/股,涨2.34%,总市值达到701.15亿元,业绩逆势增长、市值再创历史新高。

11月30日,住建部发布《关于印发建设工程企业资质管理制度改革方案的通知》。将10类施工总承包企业特级资质调整为施工综合资质,可承担各行业、各等级施工总承包业务,其中,防水防腐保温工程专业承包资质保留,设甲、乙两级。

12月3日,根据公司战略发展需要,经国家市场监督管理总局核准,雨中情防水技术集团有限责任公司完成工商登记并正式更名为雨中情防水技术集团股份有限公司。

12月7日,中国建筑防水协会第八次会员代表大会、八届一次理事会在杭州胜利召开。此次大会为中国建筑防水协会理事会换届大会,会议总结了第七届理事会开展的工作和取得的成绩,选举产生了新一届理事会理事、常务理事、领导机构负责人和监事会成员,部署了第八届理事会和防水行业的工作任务。

12月7日,三棵树涂料股份有限公司创始人、董事长兼总裁洪杰,亚士漆(上海)有限公司、亚士创能科技(上海)股份有限公司创始人、董事长兼总裁李金钟,四川省威盾新材料有限公司董事长郑贤方三位优秀企业家围绕企业内生发展文化理念,如何面对新时代的机遇和挑战,未来走势分析和重点战略布局等内容,结合各自企业的实践经验。

12月7日下午至8日,2020建筑防水行业年会闪耀光芒。作为年会同期活动,2020第二十届中国防水技术与市场研讨会暨"两新一重"防水技术论坛在杭州宝盛水博园大酒店召开。13位演讲嘉宾多维度问道产业技术前沿。

12月8日,2020年中国建筑防水协会青年企业家分会年会暨二届二次会员大会在浙江杭州召开。羡永彪副会长宣读了《关于中国建筑防水协会青年企业家分会推选轮值会长的批复》,山东鑫达鲁鑫防水材料有限公司总经理季静静被推选为青年企业家分会

2021年度轮值会长。

12月9日，中国建筑防水协会青年企业家分会会长邵增峰、执行会长季静静、秘书长孙侃及来自全国各地的青年防水企业家一行近80人到防水行业智能制造标杆企业东方雨虹芜湖生产基地参观交流。

12月10日，杭州建德，中国建筑防水协会秘书长朱冬青率中国建筑防水协会秘书处考察调研东方雨虹建德工厂和德爱威建德工厂。

12月12日，《建设工程防水质量常见问题防治指南》发布会及主题宣讲会在扬州召开。

12月31日，江西省市场监督管理局对全省建筑防水卷材产品质量进行了监督抽查。本次抽查了10批次产品，经检验，全部合格。

12月31日，东方雨虹与郑州市上街区人民政府签订《项目投资协议书》，协议约定公司拟投资10亿元在河南省郑州市上街区投资建设东方雨虹绿色建筑新材料生产基地。

2021年

1月3—8日，中国建筑防水协会秘书长朱冬青、协会驻会副会长羡永彪、协会总工程师张勇和专家委员会副主任朱志远一行四人赴沪实地走访防水行业上下游企业，开展调研。

1月5日，中国建筑防水协会副会长陈岳、副秘书长尚华胜一行带队走访了常务理事单位北京城荣防水材料有限公司、北京中核北研科技发展股份有限公司。

1月5日，深圳市社会组织总会发布《关于发布2020年度深圳市市级社会组织评估等级结果的公告》，深圳市防水行业协会首次创A，荣获"4A"级社会组织荣誉称号。

1月6日，防水行业上市企业之一的东方雨虹市值首次突破1000亿元，股价为42.59元，大涨2.36%，总市值达1000.51亿元。

1月7日，科顺股份渭南生产基地落成仪式在渭南市蒲城县高新技术产业开发区举行。

1月11日，北新建材市值首次突破800亿元，北新建材盘中股价最高已达48.84元/股，市值最高达825亿元，离千亿北新越来越近。

1月12日，中国建筑防水协会召开2020年工作总结会。朱冬青秘书长等协会领导及协会工作人员参加了会议。会上，各部门经理分别对部门2020年的工作情况进行了总结。

1月12日，禹能防水集团与咸宁国家高新区举行禹能防水华中产业基地（咸宁厂）签约仪式，并同期举行禹能防水华中产业基地（咸宁厂）专题项目推进会。

1月13日，东方雨虹发布公告称，公司与山西转型综合改革示范区管理委员会签订《项目投资协议》，协议约定公司拟投资15亿元在山西转型综合改革示范区内投资建设东方雨虹山西（太原）建筑新材料智能制造生产基地项目。

1月15日，中国建筑防水协会2020年总结评比表彰大会召开。朱冬青秘书长、苗燕常务副会长等协会领导及协会全体工作人员参加了会议。

1月18—20日，中国建筑防水协会秘书长朱冬青、常务副会长苗燕、驻会副会长陈岳、总工程师张勇、副秘书长尚华胜、副秘书长万山青等走访了中联慕尼、北新建材和东方雨虹，开展调研工作。

1月28日，财政部国库司会同住房和城乡建设部标准定额司召开政府采购支持绿色建材促进建筑品质提升试点工作推进视频会议，介绍试点工作进展，交流经验做法，部署安排下步工作。

1月28日，中国建筑防水协会秘书长朱冬青携常务副会长苗燕、驻会副会长陈岳、副秘书长万山青、总工程师张勇一行五人，拜访中石油燃料油有限责任公司，共同探讨上下游协同推动防水行业健康发展等事宜。

2月4日，中国建筑材料联合会在京召开了联合会系统2020年度工作总结和先进表彰大会。中国建筑防水协会展览部曹雪慧荣获2020年先进个人荣誉。

2月8日，北新建材发布公告，北新建材联合重组上海台安实业集团有限公司，北新建材持股70％，上海台安原股东持股30％。

2月22日，国务院发布《关于加快建立健全绿色低碳循环发展经济体系的指导意见》。指出将培育专精特新、支持绿色产业企业发展、指导制定行业相关绿色标准。

3月1日，广州市花都区举行2021年重点项目集中签约及动工活动，通过视频连线，全面展示了东方雨虹大湾区绿色建筑建材产业园等37个项目动工情况。

3月2日，中国建筑材料联合会标准质量部主任周丽玮、副主任王欣宇、助理郑云生等一行七人莅临中国建筑防水协会考察、调研和交流。

3月2日，工业和信息化部办公厅下发了《工业和信息化部办公厅关于印发2021年第一批行业标准制修订和外文版项目计划的通知（工信厅科函〔2021〕25号）》，由中国建筑防水协会、北京国建联信认证中心有限公司、中国建材检验认证集团股份有限公司等负责起草的《取水定额 建筑防水材料》（计划号：2021—0047T—JC）获准制定。

3月3日，中国石油和化学工业联合会孙伟善副会长率领产业发展部总工瞿辉等一行到访协会秘书处，双方就石化行业与防水行业的运行态势及供需情况等方面进行了积极的对话与磋商。

3月4日晚间,隆基股份(601012.SH)发布公告称,公司拟以协议转让方式现金收购森特士兴集团股份有限公司约1.31亿股股份。

3月8日,河北石家庄循环化工园区发布关于亚士创能科技(石家庄)有限公司华北综合制造基地项目环境影响报告书公示。

3月9日,国家市场监督管理总局(国家标准化管理委员会)发布国家标准公告(2021年第3号),公告批准颁布了等362项推荐性国家标准,包括《金属屋面抗风掀性能检测方法 第1部分 静态压力法》GB/T 39794.1—2021、《金属屋面抗风掀性能检测方法 第2部分 动态压力法》GB/T 39794.2—2021两个国家标准。

3月9日,深圳市建筑工程质量安全监督总站、深圳市市政工程质量安全监督总站和深圳市防水行业协会联合组织召开《混凝土内掺型自修复防水材料施工管理规程》团体标准第一次编制工作会。

3月10日,中国聚氨酯工业协会副秘书长李建波等领导和专家一行七人到访中国建筑防水协会秘书处,共同探讨了如何加强聚氨酯原材料企业与防水行业企业之间的交流等共同关心的问题。

3月13日,三棵树在北京高新技术创新基地丰台科技园举行北京中心成立仪式,并宣布冬奥冠军武大靖成为品牌代言人。

3月13—14日,"青龙杯"第三届全国建筑补漏优秀工程案例评比暨节点防漏实操大赛暨第四届青龙防水促销狂欢节(2021武汉)在湖北武汉市武汉客厅中国文化博览中心举行。

3月15日,卓宝科技与太平财险在卓宝科技深圳总部举行了"卓宝科技核心系统保险签约仪式",卓宝科技旗下外喜防水保温一体化系统等几大核心系统也正式引入保险保障服务。

3月17日,科顺股份公布,公司拟以发行股份及支付现金购买资产方式购买丰泽股份股东所持丰泽股份100%股权。

3月25日,市场监管总局发布了2021年第11号文《关于发布2021年产品质量国家监督抽查计划的公告》,其中"建筑防水卷材"列属抽查计划第三大类第一小类。

3月26日,三棵树正式宣布收购廊坊富达新型建材有限公司和江苏麦格美节能科技有限公司各70%的股权,成为控股股东。

3月30日,北新建材与柳志国先生签署了股权转让协议,以5.8亿元人民币受让北新禹王防水科技集团有限公司等8家公司剩余30%的股权。

3月31日,项城市2021年建筑防水产业高质量发展暨防水协会第九次会员代表大会在项城市人民政府举办。

4月6日，中国建筑防水协会新址启用仪式隆重举行。中国建筑防水协会秘书长朱冬青、常务副会长苗燕、副会长瞿培华、管理、孙哲、陈岳等领导，专家代表蔡昭昀、韩丽莉以及在京社团组织、企业代表和媒体参加了本次活动。

4月10日，亚士创能华北综合智能制造基地项目奠基仪式在河北石家庄举行。据悉，亚士华北制造基地总投资约8亿元，总占地面积约293.7亩。

4月12日晚间，飞鹿股份（300665）披露2020年年报，报告期内，公司实现营收605,549,941.21元，同比增长21.37%。

4月15日晚间，东方雨虹（002271）披露2020年年报和2021年一季报，公司2020年营业收入217.3亿元，同比增长19.7%。

4月17日，由深圳市防水行业协会主持召开"创建'无渗漏住宅城市'深圳先行先试座谈会"在深圳举行。

4月19日，东方雨虹股价大涨5.52%，盘中最高价56.05元/股，报收56.02元/股，市值突破1400亿元，总市值达1414.46亿元。

4月19日，2021年全国先进女职工集体和个人表彰大会在人民大会堂隆重举行。岳阳东方雨虹防水技术有限公司第一检测室获得"全国五一巾帼标兵岗"荣誉称号。

4月21日晚间，科顺股份发布2020年年度业绩报告，报告显示，科顺股份2020年实现营业收入62.38亿元，同比增长34.09%。

4月22日，科顺股份（300737）盘中股票大涨12.96%，报33.13元/股，总市值达到210.50亿元，科顺股份市值首次突破200亿元。

4月23日，《改性沥青防水卷材成套生产设备通用技术条件（送审稿）》审查会在苏州冠云大酒店召开。

4月24日下午，2020年度北京市建设工程物资协会防水分会年会于北京黄河京都大酒店举行。

4月25日，中国建筑防水协会驻会常务副会长苗燕、副秘书长尚华胜，湖北建筑防水协会执行会长桂春芳赴湖北绿宇环保有限公司进行行业发展趋势调研和指导工作。

4月26日，中国建筑防水协会秘书长朱冬青、副会长巢文革、副会长耿进玉一行，应隆基股份邀请考察西安光伏建筑一体化屋面技术。

4月26日，美国特种化学和材料公司格雷斯（W. R. Grace&Co.）和标准工业控股公司（Standard Industries Holdings Inc）共同宣布，标准工业控股公司将以总价值约70亿美元的现金收购格雷斯。

4月28日晚间，三棵树发布2020年年度业绩报告，报告显示，三棵树2020年实现营业总收入82亿元，同比增长37.31%。

4月28日晚间，亚士创能发布2020年年度报告。亚士创能2020年实现总营收

35.07亿元，同比增长44.61%。

5月4—9日，中国建筑防水协会秘书长朱冬青、驻会常务副会长苗燕、副会长瞿培华一行密集走访西牛皮钦州基地、四川威盾、三棵树邛崃基地、北新防水眉山基地、东方雨虹德阳基地和成都赛特等防水制造商企业进行考察调研。

5月10日，工信部网站公示了第一批第一年"建议支持的国家级专精特新'小巨人'企业名单"和"国家（或省级）中小企业公共服务示范平台名单"。其中，辽宁大禹、北方创信、欣涛新材料、富思特等企业入选。

5月17日，宏源防水江苏生产基地两条改性沥青卷材生产线顺利投产。

5月17日，上海市建设工程安全质量监督总站发布《关于规范本市建筑工地用工年龄的工作提示》，再次重申：建筑施工企业禁止以任何形式招录或使用60周岁以上人员进入施工现场从事施工工作。

5月19日，国务院总理李克强主持召开国务院常务会议。会议指出，遏制价格不合理上涨，保障大宗商品供给。

5月21日，东方雨虹发布午间公告称，与乌鲁木齐高新技术产业开发区（新市区）签订《项目合作协议》，拟投资10亿元在乌鲁木齐市高新区投资建设东方雨虹绿色建材生产基地项目。

5月28日，由中国建筑防水协会主办、宏源防水科技集团有限公司协办的2021第二届防水行业大会（528大会）在京召开，700多位嘉宾代表齐聚首都参与了这一盛会。

6月7日，北京东方雨虹防水技术股份有限公司与湖南郴州经济开发区管理委员会签订《项目投资协议书》，协议约定公司拟投资10亿元在湖南郴州经济开发区投资建设东方雨虹绿色建材生产基地项目。

6月10日，北京市政府就城市更新行动发布《北京市人民政府关于实施城市更新行动的指导意见》，明确首都城市更新六大类型。

6月11日，由天津市建材业协会建筑防水分会主办，天津市禹神建筑防水材料有限公司协办的2021（天津）防水行业年会在天津召开。

6月11日晚间，凯伦股份发布关于子公司取得营业执照的公告。公告称，苏州凯伦新材、凯伦盛世新材、凯伦智慧供应链管理三家公司正式成立。

6月23日，圣戈班（中国）投资有限公司和科顺防水科技股份有限公司双方代表在上海签约，拟共同出资成立合资公司圣戈班科顺高新材料有限公司。

7月5日，北新建材发布公告北新防水有限公司、科顺防水科技股份有限公司及江苏凯伦建材股份有限公司正式签订防水行业供应链战略合作协议，北新防水有限公司、科顺防水科技股份有限公司及江苏凯伦建材股份有限公司将共同出资组建北新科顺凯伦供应链有限公司。

7月6日，国家发展改革委再度重拳出击，发布《关于加强基础设施建设项目管理确保工程安全质量的通知》。《通知》明确表示未按规定履行审批（核准、备案）程序、不符合规定的建设条件的项目，不得开工建设。

7月9日，徐州工业职业技术学院、中国建筑防水协会、东方雨虹召开深度沟通洽谈会，为了探讨更加行之有效的建筑防水职业技能人才培养模式。

7月12日，凯伦高分子产业园试产暨开业庆典盛大举行。凯伦高分子产业园由江苏凯伦建材股份有限公司旗下的全资子公司苏州凯伦高分子新材料科技有限公司全额投资建设，产业园占地188亩，计划总投资15亿元。

7月12日下午，中国建筑防水协会常务驻会副会长苗燕、驻会副会长羡永彪、驻会副会长陈岳、总工程师张勇、副秘书长尚华胜一行赴苏州市月星建筑防水材料有限公司考察调研。

7月13日，上海北新月皇新材料集团有限公司揭牌暨战略合作签约仪式在上海圆满举行。

7月17日，第七届中国建筑防水（南方）专家论坛在深圳召开，会议由深圳市住房和建设局指导，中国建筑防水协会、深圳市防水行业协会主办。

7月19日，科技部网站发布十三部门《关于支持女性科技人才在科技创新中发挥更大作用的若干措施》的通知。通知共提出7大措施、16点内容。

7月20日晚间，北新建材发布投资公告称，为进一步推进落实"一体两翼、全球布局"发展战略，北新集团建材股份有限公司拟投资设立一家全资子公司。

7月21日，团体标准《酮乙烯酯（KEE）防水卷材屋面工程技术规程》审查会在北京举行。

7月21日，由中国建筑防水协会、北京市园林科学研究院共同承担的住建部软课题《种植屋面在碳中和中的效能研究》开题报告会在北京举行。

7月23日，中国建筑防水协会常务驻会副会长苗燕应华鸿（福建）建筑科技有限公司总经理陈虬生邀请，率中国建筑防水协会专家团考察了华鸿（福建）建筑科技有限公司。

7月24日，中国建筑防水协会秘书长朱冬青、协会常务驻会副会长苗燕、驻会副会长羡永彪等一行，参观考察了铜浪防水公司。

7月27日，生态环境部发布《关于开展重点行业建设项目碳排放环境影响评价试点的通知》，将在河北、吉林等地开展建材等重点行业建设项目碳排放环境影响评价试点工作。

7月30日09时30分，保立佳（股票代码：301037）在深圳证券交易所敲钟上市，正式登陆创业板。

8月2日，国办发布《关于完善科技成果评价机制的指导意见》。围绕科技成果

"评什么""谁来评""怎么评""怎么用"完善评价机制，作出明确工作安排部署。

8月2日，北新建材与北京市昌平区政府签署投资合作框架协议。

8月4日，北京市住建委再出重拳，发布《关于加强城镇国有土地上依法建造住宅维修工作的指导意见（试行）》，重点对屋面防水、雨落管和楼内排水主管道维修工作作出明确要求。

8月6日，亚士创能公告称，公司拟发行总额不超8亿元，募集资金扣除发行费用后，将全部用于亚士创能长寿综合制造基地项目、防水材料制造基地项目。

8月9日，科顺防水科技股份有限公司建筑防水新材料行业创新技术研发及应用平台揭牌仪式在科顺总部举行。

8月10日，住房和城乡建设部就《关于在实施城市更新行动中防止大拆大建问题的通知（征求意见稿）》公开征求意见。

8月23日，河南省发改委发布《关于向金融机构和社会资本公开推介2021年第一批灾后恢复重建基础设施项目清单的公告》。

8月24日，市场监管总局等20个部门发布关于开展全国"质量月"活动的通知。

8月24日消息披露，西卡公司（SIKA）收购了中国知名防水系统制造商深圳市蓝盾控股有限公司。蓝盾将提供全面的防水产品和技术服务，完美补充西卡现有的产品组合。

8月27日，由中国建筑防水协会组织，科顺防水科技股份有限公司完成的科顺"KS－900无溶剂环保型单组分聚氨酯防水涂料"科技成果评估会以视频会议召开。

9月16日，科技创新·赢战未来——凡石科技暨湖北卓宝创新产品投产典礼在湖北卓宝生产基地盛大开幕。

9月16日，生态环境部发布《关于征求〈重点区域2021—2022年秋冬季大气污染综合治理攻坚方案（征求意见稿）〉意见的函》。

9月17日，北新集团建材股份有限公司转让河南金拇指防水科技有限公司70％股权，北新防水有限公司接盘。

9月23日，2021中国建筑防水协会专家委员会年会暨换届大会在青岛召开。105位专家组成新一届协会专家委员会。

9月23日，北新建材发布重要公告：北新建材全资子公司北新防水有限公司联合重组天津滨海澳泰防水材料有限公司、成都赛特防水材料有限责任公司并分别持有两家公司70％股权。

9月25日，中国建筑防水协会驻会常务副会长苗燕、中国建筑防水协会总工程师张勇、上海市建筑学会理事长曹嘉明、副秘书长吕亚范、会员部部长聂敏一行赴凯伦高分子建材产业园参观调研。

9月29日，东方雨虹公告称，公司与安徽省合肥市肥西县人民政府签订《项目投资协议书》，协议约定公司拟投资12亿元在安徽省合肥市肥西县投资建设东方雨虹合肥绿色建材生产基地项目。

9月29日，北新防水有限公司在北京未来科学城举行揭牌仪式，中国建筑防水协会秘书长朱冬青受邀出席。

9月30日，中国建筑防水协会职业教育工作委员会成立大会在中国建筑防水协会秘书处会议室以线上线下相结合的形式举行。

10月11日，2021年首届防水行业"双碳"发展战略研讨会暨第三届防水行业节能环保创新大会在西安召开。

10月11日，中国建筑防水协会秘书长朱冬青、驻会副会长羡永彪等行业领导专家一行赴西安富尔顿财富中心陕普防水考察指导工作。

10月19日，日东（中国）新材料有限公司井上清一朗总经理率领福岛英治副总经理等一行到访中国建筑防水协会秘书处，双方就防水行业运行态势及日东公司在华业务等方面进行了积极的对话与磋商。

10月20日，协会开展了"2021年中国专利奖推荐——防水行业专利奖"评审工作。本次共评选出3项专利，分别是科顺防水科技股份有限公司、辽宁大禹防水科技发展有限公司、江苏雨中情防水材料有限责任公司。

10月21日，中国建筑防水协会党支部组织党员与职工群众一起开展了"传承红色精神、牢记初心使命"主题观影活动，观看了以真实事件为背景改编的爱国主义教育题材电影《长津湖》。

10月21日，国家发改委等五部门联合《发布关于严格能效约束推动重点领域节能降碳的若干意见》。

10月23日，中国建筑防水协会秘书长朱冬青，中国建筑防水协会副会长、深圳市防水协会会长瞿培华一行赴深圳市朗迈新材料科技有限公司进行考察调研工作。

10月26日，住房和城乡建设部官网转发了住房和城乡建设部、应急管理部联合发布的《关于加强超高层建筑规划建设管理的通知》。

11月11日，西卡发布重要新闻称，西卡收购迈伯仕集团以加快增长策略，加强全球建筑行业中可持续发展领先地位。

11月16日，索普瑞玛中国区原总经理白力伟先生正式离职，目前中国区总经理已由秦润汉先生于11月17日正式接任。

11月20日，北京东方雨虹防水技术股份有限公司新增投资企业广西东方雨虹建材科技有限公司，东方雨虹持有其100%股权。

12月1日，三棵树涂料股份有限公司与森特士兴集团股份有限公司在北京签署战略合作协议。

12月1日晚间,东方雨虹发布《北京东方雨虹防水技术股份有限公司关于回购公司股份的进展公告》。7401.6万元回购约188万股,用于后期实施员工持股计划或者股权激励。

12月2日,2021中国质量协会年会在京开幕。北新建材党委书记、董事长王兵代表公司领奖。

12月7日,中国建筑防水协会八届二次会员代表大会、八届三次理事会、八届三次常务理事会在重庆融创施柏阁酒店召开。第八届理事会理事、常务理事、正副会长等领导机构成员和监事会成员,以及来自全国各地的会员代表、建筑防水企业、地方社团、科研机构及媒体等七百多人参加了此次大会。

12月6日,基仕伯应用技术公司(纽约证券交易所:GCP)宣称,该公司已经与圣戈班公司(Saint-Gobain)签署最终协议,由圣戈班公司收购该公司。

12月7日,北京东方雨虹防水技术股份有限公司董事长李卫国、北新防水有限公司董事长管理、科顺股份防水董事长陈伟忠、阿尔法防水总裁卫向阳四位行业优秀企业家发表了主题演说。

12月7日下午至8日,作为年会同期活动,2021第二十一届中国防水技术与市场研讨会在重庆融创施柏阁酒店召开,共计14个专题报告将展现恢宏的技术光芒。

12月9日,丰泽股份旗下全资子公司广西丰泽智能装备有限公司成立,注册资金200万元,经营范围涉及建筑防水卷材的制造和销售等相关业务。

12月9日,江苏凯伦建材股份有限公司与三峡集团江苏能源投资有限公司经友好协商,签署战略合作框架协议。

12月9日,2021中国光伏建筑一体化(BIPV)暨公共机构碳达峰碳中和论坛在江苏凯伦建材股份有限公司召开。

12月10日,安永企业家奖2021获奖者名单揭晓,科顺股份集团创始人兼董事长陈伟忠荣获"制造业企业家奖"。

12月10日,多维维能BIPV新品发布会暨战略签约仪式在北京召开。中国建筑防水协会秘书长朱冬青受邀出席了本次活动。

12月10日晚间,东方雨虹发布公告称,公司与辽宁大连金普新区管理委员会签订《项目投资协议》,协议约定公司拟投资15亿元在大连市投资建设绿色建材生产基地项目。

12月30日下午,CWA标准《光伏屋面工程技术规程》编制组成立暨第一次工作会议顺利召开。

2022 年

1月1日7时，东方雨虹新材料装备研发总部基地揭牌仪式在京举行。数百名东方雨虹员工代表齐聚于此，共同见证这一重要时刻。

1月6日，中国建筑防水协会召开2021年工作总结会。朱冬青秘书长等协会领导及协会工作人员参加了会议。

1月6日，立邦SBS弹性体沥青改性防水卷材正式生产下线。立邦中国已真正意义上入局了防水材料行业。

1月10日，黑龙江省建筑材料行业协会防水分会第三届会员大会在哈尔滨召开，选举产生了新一届分会会长单位、执行会长单位，常务副会长单位，副会长单位和秘书长等分会领导机构。

1月10日，北京市住建委通报了专项检查情况。本次检查发现地下室防水和回填土工程、室内装饰装修等四个方面问题严重。

1月15日，东方雨虹发布公告称，1月14日公司与福建省福州市闽清县人民政府签订《项目投资协议书》，协议约定公司拟投资12亿元在福建省福州市闽清县投资建设东方雨虹福州绿色建材生产基地项目及福建省区域总部项目。

1月18日，中国建筑防水协会2021年总结评比表彰大会召开。

1月19日，中国建筑防水协会秘书长朱冬青、常务驻会副会长苗燕、驻会副会长陈岳及协会全体工作人员到访东方雨虹新材料装备研发总部基地。

1月21日，北京工程勘察设计协会副秘书长王凤琴、顾问陈德成、培训中心校长彭惠和副校长徐静静到访中国建筑防水协会，双方就会议培训和中国国际屋面和建筑防水技术展览会等方面如何深入合作进行了积极的对话与探讨分享。

1月21日，《高性能聚合物改性沥青防水卷材》（送审稿）审查会以线下和线上视频会议结合的形式召开。

1月26日，民政部发布《2021年度全国性社会组织评估等级公告》，中国建筑防水协会凭借扎实的基础条件、规范的内部治理、优异的工作绩效和良好的社会评价，通过全国5A级（最高评估等级）社会团体评审。据悉，本次共有9家全国性社会组织获得5A等级。中国建筑防水协会是全国性建材行业专业协会中首家荣获5A级全国性社会组织。

2月2日，北京冬奥会火炬接力启动，三棵树董事长洪杰作为此次北京冬奥会的火炬手，见证冬奥会兑现碳中和办赛承诺。

2月8日，中冶建筑研究总院有限公司首席专家、中国建筑防水协会金属屋面分会秘书长蔡昭昀教授，受邀做客央视综艺频道《向幸福出发》主题策划的"为爱而歌"节目。

2月16日，中国钢结构协会常务副会长刘毅、秘书长李庆伟等一行9人到访中国建筑防水协会交流座谈。

3月14日，为加快绿色建材生产、认证和推广应用，促进绿色消费，助力美丽乡村建设，工业和信息化部、住房和城乡建设部、农业农村部、商务部、质检总局（现国家市场监督管理总局）、国家乡村振兴局将联合开展绿色建材下乡活动。

3月15日，由中国建筑防水协会、北京市园林科学研究院共同承担的住建部软课题《种植屋面在碳中和中的效能研究》工作会议在中国建筑防水协会秘书处以线上方式召开。

3月15日，住建部发布关于《住宅项目规范》公开征求意见的通知，指出屋面防水设计不应低于20年，室内防水不应低于25年。

3月16日，质检总局（现国家市场监督管理总局）发布《全国重点工业产品质量安全监管目录（2022年版）》。《目录》共涉及246类产品，其中：防水涂料、防水卷材仍然双双在列。

3月18日，东方雨虹发布公告，公司与南宁市兴宁区人民政府于当日签订《项目投资协议书》，协议约定公司拟投资6亿元在广西南宁市兴宁区投资建设东方雨虹南宁绿色新材料生产基地项目。

3月21日，北新建材召开董事会审议2021年度业绩报告和董事会换届事宜，北新建材董事长王兵主持会议。由于工作变动和任期届满，王兵不再作为新一届董事会提名人选，卸任北新集团建材股份有限公司董事长。

3月31日，森特股份发布公告称，为进一步增强公司在建筑光伏一体化市场运营和交付能力，公司拟以6848.896万元收购关联方隆基绿建持有的隆基绿能光伏工程有限公司100%股权。

4月10日，《中共中央 国务院关于加快建设全国统一大市场的意见》正式出台，提出我国将从基础制度建设、市场设施建设等方面打造全国统一的大市场。

4月11日晚间，东方雨虹披露2021年度报告。报告期内，公司实现营业收入319.34亿元，比上年同期增长46.96%。

4月16日，"深圳市防水行业协会防水设计分会"成立大会在奥意建筑工程设计有限公司会议室召开。

4月18日，亚士创能西南综合智能制造基地涂料生产车间成功试机。

4月19日，非金属材料创新中心（NEXCEL）监事兼技术咨询委员会主席姚燕、主任李娟等一行五人到访协会秘书处交流座谈。

4月20日晚间，凯伦股份发布2021年度业绩报告。凯伦股份称，2021年度公司实现总营收25.86亿元，同比增长28.80%。

4月29日，北新建材发布公告：北新防水联合重组远大洪雨（唐山）防水材料有限公司和远大洪雨（宿州）建材科技有限公司，北新防水持股70%，远大洪雨创始人孙智宁所属企业持股26%，经营管理技术骨干平台持股4%。

5月1日，2022年全国五一劳动奖和全国工人先锋号名单公示，东方雨虹、隆基绿能、国检集团上榜。

5月10日，中国建筑防水协会邀请民政部社会组织管理局社会组织专家咨询委员会委员、中国建筑防水协会法律顾问何国科律师为协会全体人员开展了线上专题培训讲座。

5月10日晚，东方雨虹发布公告，拟投资15亿元在辽宁省大连市投资建设东方雨虹大连绿色建材生产基地项目。

5月10日，国家发展改革委、商务部就《鼓励外商投资产业目录（2022年版）（征求意见稿）》公开征求意见，从征求意见稿中可以看出，中国建筑防水协会所提建议均被采纳。

5月23日晚，东方雨虹发布公告，拟投资10亿元在河南省南阳市南召县投资建设东方雨虹南阳绿色建材生产基地项目。

5月24日，项城市2022年建筑防水产业高质量发展暨防水协会会员代表座谈会在市委三楼会议室召开。

5月28日，2022年"528防水日""走进社区、诊治渗漏"公益活动（北京站）启动。

5月29日，上海发布重振经济五十条政策措施，将全力推动在建项目复工复产和新项目开工建设。

6月1日起，美国屋面工程协会（NRCA）通过其官网宣布，凯尔·托马斯（Kyle Thomas）将接替罗德·帕特里克（Rod Petrick）正式出任NRCA新一任理事会主席。

6月6日，"2022年绿色建材下乡活动信息发布及线上平台启动会"在北京举行，会上公布了《绿色建材下乡活动产品清单及企业名录》，67家防水企业的282个防水产品被列入《目录》。

6月7日，北京东方雨虹防水技术股份有限公司新增投资企业虹嘉工业涂料有限公司，东方雨虹持有其100%股权。

6月9日，宁夏建筑防水协会第三届换届选举会员大会在银川召开。吴忠孝当选新一届会长，薛玉梅当选秘书长，王玉刚、吕志军、胡学浩当选副会长，田春芳当选监事长。

6月15日，国务院总理李克强主持召开国务院常务会议。强调地下综合管廊是城市"里子"工程，投资潜力大、带动能力强，是一举多得的代表性项目。要结合已部署的城市老旧管网改造，推进地下综合管廊建设。

6月21日，后疫情装企破局高峰论坛暨西卡进军家装官宣发布会在青岛召开。高峰论坛重磅官宣，西卡全面进军家装领域。

6月21日，飞鹿诺诚新能源公司成立，注册资本2000万元人民币，法定代表人为刘得胜。

6月28日，由辽宁大禹防水科技发展有限公司申报的"TSR双胎基预铺增强型防水卷材"、江苏凯伦建材股份有限公司申报的"热塑性聚烯烃（TPO）耐根穿刺自粘防水卷材（MBP-ZZ）"两项科技成果评估会成功召开，本次评估由中国建筑防水协会组织。

6月28日，亚士创能滁州防水材料生产基地2.2米幅宽沥青卷材多功能产线和1米宽幅沥青卷材产线成功试机。

7月5日，德国时间早九点，全球三大国际屋面展会之一的DACH＋HOLZ德国国际屋面展在德国科隆展览中心拉开帷幕，展出时间为7月5—8日。

7月13日，住房和城乡建设部、国家发展改革委联合印发《关于城乡建设领域碳达峰实施方案的通知》，提出2025年新建厂房屋顶光伏覆盖率力争达到50％。

7月18日，由《中国建筑防水》杂志社、中建材苏州防水研究院联合主办，苏州悦居防水科技有限公司承办的房屋建筑修缮技术论坛暨第六届家装防水技术与市场研讨会在苏州召开。

7月20日，北新防水旗下的蜀羊防水发布企业名称变更通知，"蜀羊防水"企业名称正式更名为"北新防水"。

7月27日，2022年防水行业大会在南京召开，近700人出席了本次会议。

7月27日，中国建筑防水协会八届四次理事会审议通过了《建筑防水行业"十四五"发展规划和二〇三五年远景目标（送审稿）》。中国建筑防水协会向全行业发布理事会审议通过的《建筑防水行业"十四五"发展规划和二〇三五年远景目标》。

7月27日，在南京召开的中国建筑防水协会八届四次理事会上，中国建筑防水协会为2022年上半年参加建筑防水行业企业信用评价的企业颁发证书。

7月27日，在南京召开的中国建筑防水协会八届四次理事会上，协会对上海和北京地区去年参加"走进社区、诊治渗漏"公益活动的企业进行表扬。

7月27日，在南京召开的2022第三届防水行业大会（528大会）上，京东居家与中国建筑防水协会战略合作签约暨京东防水团体标准《住宅装饰装修防水工程技术规程》制定工作启动。

7月27日，中国建筑防水协会与北京广联达平方科技有限公司合作，在南京举办的第三届防水行业大会上共同发布"中国建筑防水协会数字展厅"。

7月30日，"深圳市防水行业协会刚性防水分会"成立大会在设计大厦1423华旗会议室召开。

8月1日，工业和信息化部、国家发展改革委、生态环境部联合印发《关于印发工业领域碳达峰实施方案的通知》。

8月23日，在中国建筑防水协会行业培训基地（雨虹工厂）举办了第一期建筑防水行业样板技术师培训，此期培训是协会经过了两年的调研后开展。

8月23日，四川省建筑防水协会二届一次会员大会暨换届大会、四川省建筑防水协会二届一次理事会在成都圆满召开。

8月23日，由科顺防水科技股份有限公司申报的"APF-D110预铺式丁基自粘热塑性聚烯烃（TPO）高分子防水卷材"、天津滨海澳泰防水材料有限公司申报的"多功能层复合TPO防水卷材"两项科技成果评估会成功召开，本次评估由中国建筑防水协会组织。

8月25日，住建部批准《民用建筑通用规范》为国家标准，编号为GB 55031—2022，自2023年3月1日起实施。

8月26日至29日，中国建筑防水协会青年企业家分会联合万荣县慈善总会开展了"阳光助学"光彩活动。青年企业家分会多名会员单位参加本次活动。

8月28日，第八届全国金属围护系统行业大会在江苏常熟召开，120多家企业、300多名代表参加，其中26家参展企业展示了高新技术成果。

9月1日，安徽省住建厅官网发布了全省地方新标准《住宅工程质量常见问题防治技术规程》标准文本，据悉，该标准目前已经正式实施，将促进安徽住宅工程质量总体水平提升。

9月7日，中国建筑防水协会青年企业家分会主办的青协商学院（拟定）第一期首讲线上培训圆满举办。

9月8日，中国建筑防水协会以线上线下相结合的形式召开《种植屋面用耐根穿刺防水涂料》编制组成立暨第一次工作会议。

9月15日，苏州中材非金属矿工业设计研究院防水材料研究院加入中建材苏州防水研究院。

9月16日，中国建筑防水协会以线上线下相结合的形式召开《建筑防水行业职业技能评价标准 防水工》编制组成立暨第一次工作会议。

9月16日，北京东方雨虹防水技术股份有限公司召开2022年第一次临时股东大会，李卫国任董事长、许利民任副董事长，张志萍任总裁，王静任监事会主席。

9月23—30日，青年企业家分会连续第六年组织开展了以"关爱久久 暖秋重阳"为主题的重阳节慈善活动。青年防水人在收到活动通知后，积极响应，快速集结成立专项小组，各企业自发捐赠善款资金。

9月27日，全球领先的建材产品供应商，基仕伯应用技术公司宣布，圣戈班已完成对基仕伯应用技术公司的收购。

9月28日，Kingspan集团对Ondura的收购（已于2022年2月18日宣布），获得监管部门批准。Ondura已正式加入Kingspan集团，成为Kingspan屋面和防水事业部。

10月8日，由项城防水协会、贾岭镇人民政府联合主办的纪念黄培栋先生诞辰88周年暨铜像揭幕仪式在项城举行。

10月20日，工信部发布公告，批准发布1036项行业标准，涉及防水行业多项标准，中国建筑防水协会参与的《热熔橡胶沥青防水涂料》JC/T 2678—2022、《坡屋面用防水材料 高分子泛水材料》JC/T 2679—2022、《建筑防水涂料涂膜吸水性试验方法》JC/T 2663—2022、《改性沥青防水卷材成套生产设备 通用技术条件》JC/T 2046—2022、《建筑防水材料行业绿色工厂评价要求》JC/T 2700—2022获批，五项标准要求均在2023年4月1日起实施。

10月24日，住建部发文批准《建筑与市政工程防水通用规范》，编号为GB 55030—2022发布，自2023年4月1日起实施。

10月31日，科顺股份发布公告，公司与保利资本签署了框架合作协议，还与保利发展签署了《保利发展控股集团防水工程总部集中采购合作协议》。

11月5日，项城防水协会北京办事处党总支召开"开启新时代·奋进新征程"认真学习贯彻党的二十大精神会议。中国建筑防水协会秘书长朱冬青参加此次会议。

11月7日，三棵树发布公告，公司第六届董事会第一次会议于2022年11月7日以现场结合通讯方式召开。洪杰任董事长兼总经理、林德殿任副总经理、朱奇峰任财务总监。

11月7日午间，北京东方雨虹防水技术股份有限公司发布公告，拟以自有资金出资2880万元（人民币，下同）收购湖北兴发凌志新材料有限公司1980万元出资额（60%股权）。

11月8日，"全文强制国家标准《建筑与市政工程防水通用规范》GB 55030—2022对行业影响讨论会"以线上线下形式举行。会议探讨了《规范》对防水行业的影响，以及如何积极应对等问题。

11月9日，住房和城乡建设部发布关于公布智能建造试点城市的通知，通知决定将北京市等24个城市列为智能建造试点城市，试点自公布之日开始，为期3年。

11月9—12日，第70届IFD大会及第28届世界青年屋面工冠军赛在瑞士东北部小城圣加仑举办。这是自因新冠疫情暴发取消2020年在中国北京举办冠军赛后，IFD首次重启世界青年屋面工冠军赛。

11月23日，中国人民银行网站发布通知，提出要保持房地产融资平稳有序、积极做好"保交楼"金融服务、积极配合做好受困房地产企业风险处置、依法保障住房金融消费者合法权益、阶段性调整部分金融管理政策、加大住房租赁金融支持力度等内容。

12月7日，中国建材检验认证集团苏州有限公司以视频会议形式组织召开了中国建筑防水协会标准《建筑防水材料工程要求试验方法》启动会。

12月11日，创业板上市企业扬州晨化新材料股份有限公司发布公告称，与烟台华特聚氨酯有限公司、东营海瑞宝新材料有限公司三方签订《合资合作协议书》，共同设立东营晨化新材料科技有限公司主要开展防水防腐材料和特种功能材料的研发、生产、销售等相关业务。

12月13日，由广西青龙化学建材有限公司申报的"一种免养护复合结构丙烯酸盐喷膜防水材料的研发与应用"、常熟市三恒建材有限责任公司申报的"热塑型三元乙丙橡胶防水卷材"两项科技成果评估会成功召开，本次评估由中国建筑防水协会组织，受疫情影响，评估会以线上视频会议形式开展。

12月27日，2022建筑防水行业年会和第二十二届中国防水技术与市场研讨会以网络直播方式顺利召开。协会理事会理事、常务理事、正副会长等领导机构成员和监事会成员，以及来自全国各地的会员代表、建筑防水企业、地方社团、科研机构及媒体等通过线上方式参加了此次大会。

12月27日，作为年会同期活动，2022第二十二届中国防水技术与市场研讨会以网络直播形式正式开启。

2023年

1月6日，广东省工业和信息化厅公示了2022年专精特新中小企业名单，多家建筑防水企业上榜，详细名单如下：佛山市科顺建筑材料有限公司、科顺防水科技股份有限公司、大禹九鼎新材料科技有限公司、广东禹能建材科技股份有限公司、丽天防水科技有限公司、广东筑龙新材料技术有限公司。

1月9日，中国建筑防水协会召开2022年度工作总结会议。朱冬青秘书长等协会领导及协会工作人员参加了会议。会上，陈岳驻会副会长就协会2022年财务状况做了详细分析。

1月10日，央行、银保监会联合召开主要银行信贷工作座谈会，研究部署落实金融支持稳增长有关工作。会议要求保持对实体经济的信贷支持力度，加大金融对国内需求和供给体系的支持。

1月11日，工信部发布《工业和信息化部关于公布2022年团体标准应用示范项目的通告》（工信部科函〔2022〕272号），其中，由中国建筑材料联合会、中国建筑防水协会共同归口的团体标准《硅烷改性聚醚防水涂料》（T/CBMF 105—2021、T/CWA 203—2021）被列入工信部2022年团体标准应用示范项目的名录。

1月12日，由宏源防水科技集团有限公司申报的"水性非固化橡胶沥青防水涂料"科技成果评估会成功召开，受疫情及春节临近影响，评估会以线上视频会议形式开展，本次评估由中国建筑防水协会组织。

1月15日，中国建筑材料联合会系统2022年度总结表彰大会召开。中国建筑防水协会再次荣获中国建筑材料联合会系统先进集体，协会总工程师张勇荣获先进个人荣誉。

1月16日，中国建筑防水协会采用腾讯视频会议形式，组织开展了由北京东方雨虹防水技术股份有限公司承担的四项行业基础研究课题结题验收会。

1月29日，平舆县建筑防水产业创新发展座谈会在坝道工程医院综合试验基地多功能会议厅召开。市政协副主席、县委书记赵峰，县委副书记、县长刘飞出席会议并讲话。

2月6日，中共中央、国务院印发《质量强国建设纲要》，要求各地区各部门结合实际认真贯彻落实。纲要指出：树立质量发展绿色导向。开展重点行业和重点产品资源效率对标提升行动，加快低碳零碳负碳关键核心技术攻关，推动高耗能行业低碳转型。

2月7日，中国建筑防水协会秘书长朱冬青、总工程师张勇、驻会副会长陈岳、副秘书长胡希宝、行业部主管程晓辉一行到访中国建筑节能协会交流座谈。

2月10日，《单层防水卷材屋面工程技术规程》JGJ/T 316—2013（以下简称《规程》）局部修订编制组第二次工作会议以线下线上相结合的形式召开。会议要求《规程》要抓紧修订，争取在3月底前完成征求意见稿，给予行业和社会端初步的修订意见稿。

2月10日上午10时许，北方创信董事长王荣博与中国建筑防水协会副会长、深圳市防水行业协会会长瞿培华等领导在台上共同敲响北方创信挂牌新三板的钟声，北方创信（证券代码：874001）鸣钟挂牌。

2月12日，中国建筑防水协会秘书长朱冬青，中国建筑防水协会驻会副会长羡永彪，中国建筑防水协会总工张勇，中国建材检验认证集团苏州有限公司总工朱志远一行到访江苏凯伦建材股份有限公司，针对行业新规范《建筑与市政工程防水通用规范》GB 55030—2022展开交流。

2月22日，中国建筑防水协会秘书长朱冬青到访西牛皮防水科技有限公司（钦州）科技园考察调研。

2023年2月23日，中国建筑防水协会组织召开了《坡屋面工程技术规范》GB 50693—2011修订第五次工作会议。

2月24日，团体标准《住宅装饰装修防水工程技术规程》（以下简称《规程》）编制组成立暨第一次工作会在京东集团总部召开。《规程》由中国建筑防水协会与京东共同牵头组织编写。

2月24日，中国建筑防水协会组织召开了CWA标准《光伏屋面工程技术标准》（以下简称《标准》）编制组第三次工作会议。本次会议以线下结合腾讯视频会议的形式召开，来自中国建筑防水协会、中冶建筑研究总院有限公司等主编、副主编、参编单位的近50位领导、专家和代表参加了会议。

2月26日，中国建筑防水协会秘书长朱冬青一行到访深圳市卓宝科技股份有限公司，走访调研并交流《建筑与市政工程防水通用规范》GB 55030—2022有关内容。

2月27日，中国建筑防水协会秘书长朱冬青一行到访科顺股份，走访调研并就《建筑与市政工程防水通用规范》有关内容进行交流。

2月27日，在北京举办的建筑防水行业项目经理培训和建筑修缮培训毕业仪式圆满结业。

2月27日，《深圳市建设工程防水技术标准》SJG 19—2019（以下简称"SJG19标准"）修订专题论证会暨对标协商会在北新建材南方公司会议室召开。

2月27日，西卡蓝盾湖北工厂沥青卷材新产线启动仪式举行，西卡蓝盾湖北工厂两条新产线正式启动投产。其中一条为改性沥青有胎防水卷材生产线，另一条可生产改性沥青无胎防水卷材。

3月1日，山东省市场监督管理局公布了《关于发布〈山东省水泥等95种（类）产品质量监督抽查实施细则（2023年版）〉的通告》。

3月4日，中国建筑防水协会金属屋面技术分会会长、中国钢结构协会围护系统分会理事长工作会议在东方诚（天津）公司生产基地顺利召开。

3月10日，中国建筑防水协会总工程师张勇研究员、副秘书长胡希宝一行到访宏源防水考察调研，针对即将实施的《建筑与市政工程防水通用规范》沟通交流。

3月10日，衡水中裕铁信防水技术有限公司的母公司——中裕铁信交通科技股份有限公司拟冲刺创业板IPO上市。中裕铁信更新了首次公开发行股票并在创业板上市招股说明书（申报稿），保荐人为中银国际证券。

3月16日，国家发改委发布关于向社会公开征求《绿色产业指导目录（2023年版）》（征求意见稿）意见的公告，其中包含多项节能减碳技术。

3月20日，工业和信息化部、住房和城乡建设部、农业农村部、商务部、质检总局（现国家市场监督管理总局）、国家乡村振兴局发布《六部门关于开展2023年绿色建材下乡活动的通知》，决定在2022年试点工作基础上，进一步深入推进，联合开展2023年绿色建材下乡活动。

3月22日，北新建材发布2022年报，2022年公司防水建材营收约31.44亿元，防水卷材营收约21.6亿元，防水涂料营收约4.45亿元。

3月22日，北新集团建材股份有限公司全资子公司北新涂料有限公司与中国建材集团有限公司签署了《关于天津灯塔涂料工业发展有限公司的股权转让协议》，北新涂料拟以约1.3亿元的价格收购天津灯塔涂料工业发展有限公司51%股权。

3月28日，"搭建平台、针对性强、青藏高原地区防水技术交流零的突破"。在西藏自治区住房和城乡建设厅指导下，"首届青藏高原地区防水技术论坛暨《建筑与市政工程防水通用规范》GB 55030—2022实施专题座谈会"在西藏自治区拉萨市成功举办。

3月30日，2023年中国建筑防水协会分会负责人述职会在京召开，7大分会负责人就分会2022年工作及2023年工作计划作汇报。

3月30日，奥地利碧榭霍夫曼有限公司（Büsscher & Hoffmann）总裁蓝卡尔先生、研究与测试部Herbitect产品经理工学博士罗伯特·阿特曼先生、中国区总经理任春红女士，以及思扬国际贸易南通有限公司马战生先生、严志强先生、吴思扬先生一行到访中国建筑防水协会秘书处交流座谈。

当地时间4月4—5日，中国建筑防水协会常务驻会副会长苗燕受邀赴多伦多参加了加拿大屋面工程协会主办2023加拿大屋面技术展览会（ROOFTech 2023）。

4月8日，中国建筑防水协会2023年第一次会长工作会暨联盟领导人会议召开。朱冬青秘书长通报行业基本情况，总结了联盟十年来的成就与经验，分析了行业发展面临的诸多机遇与挑战，重申了行业文化：诚信、包容、敬畏、共赢。

4月12日，中国建筑防水协会秘书长朱冬青，副会长钱林弟及总工程师张勇研究员一行，专程拜会中国工程院院士、东南大学首席教授刘加平，并隆重聘请刘加平院士担任中国建筑防水协会专家委员会院士专家。刘加平院士欣然接受了协会的聘任。

4月12日，"城市种植屋面碳中和效能研究"项目验收评审会在北京召开，会议由阿尔法承办。验收专家、编制组成员以及企业代表共计32人出席参加了会议。

4月12日晚间，东方雨虹披露2022年年报，2022年公司实现营业收入312.14亿元，同比下降2.26%；归母净利润21.2亿元，同比下降49.57%。

4月14日，伟星咖乐防水（重庆基地）项目在伟星新材重庆工业园隆重启动。伟星咖乐防水（重庆基地）项目于2022年签约入驻珞璜临港产业城，总投资约3亿元。

4月23日，全国建筑防水行业（防水工）职业技能大赛十周年总结会暨2023年全国建筑防水行业（防水工）职业技能大赛工作启动会在南京白金汉爵大酒店召开。

4月24日，南京白金汉爵大酒店，2023建筑防水原辅材料及装备机具展示（中国防水展—南京巡展）隆重开幕。本届巡展汇集了71家原辅料和装备机具等供应商企业。

4月25日，2023第四届防水行业大会（528大会）在南京召开，中国建筑防水协会副会长、监事长、副秘书长、各分会负责人及专家委员会、总工委员会的部分专家，协会会员单位以及来自全国各地防水社团的负责人，科研、检测、设计咨询、高等院校、证券公司等众多单位的嘉宾及代表1100余人齐聚南京参与了这一盛会。

4月26日，中华全国总工会发布《关于表彰2023年全国五一劳动奖和全国工人先锋号的决定》，东方雨虹张广辉、大禹王晨、嘉宝莉彭刚阳被授予"全国五一劳动奖章"荣誉称号。

4月28日晚间，三棵树发布2022年年度报告。财报显示，三棵树2022年度实现营业收入113.38亿元，同比微降。

4月29日，西卡以52亿欧元成功完成迈伯仕收购，西卡2023销售额有望超924亿元人民币。

5月12日，深圳首场大型全文强制防水规范落地宣贯培训会召开，房地产百强、总承包、深圳十大设计院、质检机构、防水头部企业300余人参会。

5月15日，国家标准《弹性体改性沥青防水卷材》GB 18242—2018修订编制组成立暨第一次工作会议以线下线上相结合的形式召开，共计52人参加了本次标准启动会。

5月16日，四川桂湖防水科技集团有限公司30周年庆典在桂湖集团生产总部（什邡）盛大举行。700余人齐聚一堂，共同见证桂湖防水30周年璀璨华章。

5月18日，成渝双城经济圈绿色建筑发展论坛暨金兴防水集团三十周年庆典盛大举行，共1000多人，共同庆祝见证了金兴防水集团发展史上这一重要历史时刻。

5月22日，工信部中小企业局公示了评价结果，并发布了《建议继续支持的国家级专精特新"小巨人"企业名单（第二批第二年）》。宏源防水科技集团有限公司、河南蓝翎环科防水材料有限公司、湖北绿宇环保有限公司在列。

5月24日，第十六届（2023）国际太阳能光伏与智慧能源（上海）大会暨博览会，隆基绿能与东方雨虹正式签署战略合作协议，全面布局"光伏＋防水"市场。

5月25日，第九届全国金属围护系统行业大会在安徽马鞍山隆重召开。本次大会有来自全国金属围护系统行业的100多家企业、200多名代表参加，其中17家参展企业展示了高新技术成果。

5月26日，中国建筑防水协会秘书长朱冬青、驻会副会长羡永彪、副会长吴经德抵达2023SNEC上海光伏展，并赴协会会员企业隆基、雨虹、科顺、凯伦、固德威、西卡、钢之杰等展会调研光伏屋面技术。

5月27日,首都开展第六批"北京市有突出贡献高技能人才"的评选表彰工作。中国屋面防水大师、全国技术能手、东方雨虹高级技术培训师王巍获评"北京市有突出贡献的高技能人才"。

6月6日,在北京市海淀区三里河路11号这个被人们称为"建材大院"的地方,建材人迎来了首个属于自己的节日——六零绿色建材日。

6月7—8日,中国建筑防水协会在北京顺义举办了建筑防水行业标准化施工职业技能培训,其中还针对今年大赛新变更模型的施工技术进行了指导。

6月15日,醴陵防水上海峰会暨新赛道营销战略交流会在上海召开,中国建筑防水协会秘书长朱冬青、驻会副会长羡永彪、副会长(凯伦股份董事长)钱林弟出席会议,醴陵防水协会正副会长及在上海的醴陵防水企业家约140人参加会议。

6月18日,由深润防水科技(山东)有限公司申报的"反应性丁基自粘三元乙丙橡胶(EPDM)防水卷材""预铺反粘覆砂三元乙丙橡胶(EPDM)防水卷材"科技成果评估会成功召开,本次评估由中国建筑防水协会组织,在山东省德州市平原县召开。

6月2日,《建筑与市政工程防水通用规范》GB 55030—2022宣贯大会在深圳召开。会上,由深圳市城市建设类行业联合党委领衔,住建系统十大社会组织联合签署了《关于贯彻落实全文强制防水规范,率先打造无渗漏示范工程,创建无渗漏示范城市的倡议》,率先打造深圳"两无示范"。

6月5日,市场监管总局发布《市场监管行业标准管理办法》及《市场监管行业标准制定管理实施细则》,两份文件自发布之日起实施。

6月20日,中国建筑防水协会建筑密封材料分会2023年年会暨第十二届国际密封材料技术研讨会在苏州召开。尹青亚连任会长,王澜新任秘书长。

6月21日,北京市通州区住建委发布消息,通州区内新建、改建、扩建住宅工程项目(含部分已开工建设项目),可享受"工程质量保证保险+住宅工程质量潜在缺陷保险"护航。

6月26日,东方雨虹虹石新材料一期项目开车一次成功。从开始建设到取得成果,历时14个月,东方雨虹谱写了整个VAE乳液行业的新篇章。

6月27日,工业和信息化部办公厅发布关于下达2023年度国家工业节能监察任务的通知。多家防水企业被确定为2023年国家重点行业能效专项监察企业。

6月28日,"新工具、新工艺、新动力——中国头部装企总裁峰会"在世界建筑奇迹上海佘山深坑酒店盛大开幕。中国建筑防水协会秘书长朱冬青受邀出席本次峰会并致辞。

6月28日,《学习时报》发表了住建部党组书记、部长倪虹的重要文章《谱写住房和城乡建设事业高质量发展新篇章》。倪虹指出,要鼓励引导金融机构参与城市建设和更新，推动打造宜居、智慧、韧性城市。

7月10日，西卡德高广州总部大厦正式启用迎客，以"攀行业新高度，创百亿新平台"为主题的乔迁庆典盛大举行。中国建筑防水协会秘书长朱冬青受邀出席并作相关讲话。

7月11—12日，中国建筑防水协会金属屋面技术分会与中国钢结构协会围护系统分会联合组织开展2023年度金属围护系统新技术观摩交流系列活动。观摩交流活动第一期走访了江苏凯伦建材股份有限公司和优尔屋面科技（苏州）有限公司。

7月10日，中国人民银行、国家金融监督管理总局发布关于延长金融支持房地产市场平稳健康发展有关政策期限的通知。支持房地产市场政策期限延长至2024年12月31日。

7月13日，由辽宁省住房和城乡建设厅主办、中国建筑防水协会指导、辽宁省建筑防水协会承办的国家全文强制标准《建筑与市政工程防水通用规范》GB 55030—2022宣贯培训会在沈阳召开。

7月14日，住房城乡建设部、国家发展改革委、工业和信息化部、财政部、市场监管总局、体育总局、国家能源局联合印发《关于扎实推进2023年城镇老旧小区改造工作的通知》，部署各地扎实推进城镇老旧小区改造计划实施，靠前谋划2024年改造计划。

7月21日，李强主持召开国务院常务会议，审议通过《关于在超大特大城市积极稳步推进城中村改造的指导意见》。

7月23日，朱冬青秘书长、羡永彪副会长、张勇总工、胡骏教授出席浙江省建筑防水技术研讨会并做《通用规范》宣贯交流。

7月27日，北新防水在《参考消息》中缝刊登广告，发布2023中国国际屋面和建筑防水技术展览会广告信息，进行2023年中国国际防水展的预热宣传。

7月30日晚间，三棵树披露半年报，公司2023年半年度实现营业收入57.36亿元，同比增长21.86%。

7月31日14：00，中国建筑防水协会、上海市住建委、上海市建科检验有限公司联合举办了《建筑与市政工程防水通用规范》交流活动，约9000人线上线下参加。

8月2日，上海绿瘦酒店，一年一度的国际防水高端论坛正式开启上海时间。6大焦点级板块，15位全球演讲嘉宾，近300位专业观众到会，2023（上海）国际防水高端论坛沪上开讲。

8月3日，由中国建筑防水协会主办的以"新标准 新机遇 新未来——全文强制规范体系下工程防水系统解决方案"为主题的2023中国国际屋面和建筑防水技术展览会在上海国家会展中心隆重开幕。

8月3日，为期两天的首届中国青年屋面工冠军赛在上海国家会展中心三层6.2号馆正式开赛。

8月5日上午10：00，上海国家会展中心5.2馆1号会议室，"走进社区 诊治渗漏"公益大讲堂开讲。

8月8日，德国屋面工程协会资深专家盖德·范德韦尔特先生到访中国建筑防水协会，双方就刚刚闭幕的2023中国防水展、行业培训等话题进行深入交流。

8月8日下午，在凯伦股份召开了苏州市2023年建筑防水卷材行业产品质量分析会。

8月9日晚间，东方雨虹发布公告称，上半年归属于上市公司股东的净利润13.34亿元，同比增长38.07%；营业收入168.52亿元，同比增长10.1%。

8月15日，台安城市建设集团有限公司、科顺防水科技股份有限公司举行正式签约仪式。科顺防水占股51%携手台安城建扩充产能，台安科顺新材料科技有限公司正式揭牌。

8月18日晚间，北新建材发布半年度业绩报告称，2023年上半年营业收入约114.02亿元，同比增加8.84%。2022年1至12月份，北新建材的营业收入构成为：轻质建材占比84.22%，防水建材占比15.78%。

8月19日，北新建材（000786）公告，全资子公司北新防水有限公司在辽宁锦州投资建设年产2.8万吨聚酯纺粘胎基布生产线项目，项目估算总投资约2.8亿元。

8月28日，烟台市建设工程质量和安全监督站发布《关于进一步贯彻落实〈建筑与市政工程防水通用规范〉的实施意见》。

8月28日，凯伦股份（300715）发布2023年半年度报告。报告期内，公司实现营业收入约13.07亿元，同比增加41.89%。

8月28日，中国建材检验认证集团苏州有限公司成功召开二届一次董事会、监事会，彭超当选董事长。

8月30日，由安徽德淳新材料科技有限公司申报的"氟碳膜丁基高分子防水卷材"和"丁基橡胶高分子防水涂料"科技成果评估会成功召开，本次评估由中国建筑防水协会组织。

9月14—15日，2023中国建筑防水协会专家委员会年会在广东佛山召开，6位专家增补为中国建筑防水协会第三届专家委员会委员。

9月13日，全国轻质与装饰装修建筑材料标准化技术委员会建筑防水材料技术委员会年度会议暨中国建筑防水协会团体标准化技术委员会年会在山东青岛成功召开。

9月21日，雨中情防水技术集团股份有限公司新增投资企业江苏雨中情国际贸易有限公司。雨中情国际贸易成立于注册资本5000万元。

9月26日上午，中国建筑防水协会会员单位江苏科强新材料股份有限公司（股票简称：科强股份，股票代码：873665）在北京证券交易所成功敲钟上市。

9月27日，深圳市盐田区住房建设局联合深圳市防水行业协会选定盐田生命健康产业园项目开展"防水通规"试点应用观摩活动。

9月27日，科顺防水科技股份有限公司联合邱晓蓉、陈洪波新设江苏镇江科茂新材料科技有限公司。

10月8日，东方雨虹旗下间接全资子公司杭州德爱威云建材科技有限公司计划投资建设年产4000吨工业涂料项目，该项目目前已进行了备案。

10月8日，北京东方雨虹防水技术股份有限公司新增投资企业东方雨虹家居科技有限公司。

10月11—14日，第71届国际屋面联合会（IFD）大会及2023国际屋面联合会（IFD）工程大奖颁奖仪式在意大利博尔扎诺举行。中国建筑防水协会秘书长朱冬青受邀前往参加本届大会及2023年度国际屋面工程大奖发布活动。

10月12日，《防水卷材生产企业质量管理规程（送审稿）》《节水型企业 防水材料行业（送审稿）》《取水定额 建筑防水材料（送审稿）》三项行业标准审查会在北京召开，审查委员会一致同意通过三项标准送审稿的审查。

10月13日，三棵树发布公告称，公司拟在河南省濮阳市工业园区投资新建涂料生产及配套建设项目，预计项目总投资金额13.86亿元。

10月16日，住建部官网发布《住房城乡建设部建筑市场监管司关于建设工程企业资质延续有关事项的通知》，明确资质2023年12月31日到期后不再自动延期。

10月23日，中国建筑防水协会秘书长朱冬青、驻会副会长羡永彪、副会长（深圳市防水行业协会会长）瞿培华一行在西安调研项城防水协会陕西办事处并组织了座谈。

10月24日，中国建筑防水协会秘书长朱冬青、驻会副会长羡永彪、副会长（深圳市防水行业协会会长）瞿培华及深圳市防水行业协会总工刘国华一行赴西安昱昌环境科技有限公司调研旋转式RTO沥青尾气处理环保技术。

10月24日，中国建筑防水协会秘书长朱冬青、总工张勇一行到访雨中情防水技术集团调研，并就《建筑与市政工程防水通用规范》GB 55030—2022相关问题展开交流。

11月2日，中国建筑防水协会秘书长朱冬青，浙江省建筑防水协会会长项晓睿、秘书长洪晓苗等一行赴华高科（宁波）集团有限公司余姚生产基地调研。

11月3日，2023年建筑防水行业社会组织会长/秘书长联席工作会议于浙江舟山召开。会议由中国建筑防水协会主办，南京建筑防水保温行业协会承办，全国40个防水社团组织的近50位代表参会。

11月3—4日，2023年"宏源杯"全国建筑防水行业（物理性能检验员）职业技能大赛决赛在中国建材检验认证集团苏州有限公司顺利开赛。

11月4—5日，2023年"凯伦杯"全国建筑防水行业（防水工）职业技能大赛决赛在江苏凯伦建材股份有限公司高分子产业园顺利开赛。

11月6日，深圳国资委重磅发声：充分认可和信任万科，必要时通过一切可能手段支持。

11月8日，北新新材料（锦州）有限公司年产5.3万吨聚酯纺粘胎基布项目一期2.8万吨工程开工奠基仪式在锦州经济技术开发区圆满举行，标志着该工程正式拉开建设帷幕，由北新、凯伦、科顺等合资组建。

11月18日，项城重庆商会、项城防水协会重庆办事处（分会）成立大会在重庆市召开，项城重庆商会、项城防水协会重庆办事处（分会）成立。

11月21日，西卡中国三十周年暨亚太区研发中心大楼开幕庆典盛大举行。中国建筑防水协会秘书长朱冬青、副会长（深圳市防水行业协会会长）瞿培华、副会长（中国建材检验认证集团苏州有限公司高级专务）朱德明受邀光临庆典现场。

12月6日，中国建筑防水协会2023年第二次会长工作会在杭州开元名都大酒店召开。协会正副会长、秘书长、监事长等领导参与了本次会议，会议由中国建筑防水协会秘书长朱冬青主持。会议达成了"杭州共识"。

12月6日，北新建材召开第七届董事会第九次临时会议决议，中国建材股份副总裁薛忠民兼任北新建材董事长，北新建材总经理管理兼任党委书记、法定代表人。

12月7日，中国建筑防水协会八届七次理事会、八届七次常务理事会在杭州开元名都大酒店召开。第八届理事会理事、常务理事、正副会长等领导机构成员和监事会成员，以及来自全国各地的会员代表、建筑防水企业、地方社团、科研机构及媒体等900多名代表参加了此次大会。

12月7日，第七届防水行业未来领袖高端论坛力邀四大防水上市公司董事长北京东方雨虹防水技术股份有限公司董事长李卫国，北新集团建材股份有限公司党委书记兼总经理、北新防水有限公司董事长、科顺防水科技股份有限公司董事长陈伟忠，江苏凯伦建材股份有限公司董事长钱林弟，青年防水企业佼佼者阿尔法新材料江苏有限公司总裁卫向阳登台演讲。

12月7日，中国建筑防水协会青年企业家分会在杭州成功召开了以"穿越时光的思考——企业在变革中的调整与应对策略"为主题的研讨会。

12月7日下午至8日，作为年会同期活动，2023第二十三届中国防水技术与市场研讨会在杭州开元名都大酒店召开。

12月10日下午，2023年度中国建筑防水协会金属屋面技术分会会长暨中国钢结构协会围护系统分会理事长工作会议在江苏南通召开。

12月15日，2023年浙江省建筑防水年会、浙江省建筑防水行业协会成立20周年庆典、学术交流报告会成功举办。

12月17日，中国建筑防水协会秘书长朱冬青、副会长（深圳市防水行业协会会长）瞿培华等一行赴桂湖防水科技集团考察调研。

12月21日，《全国注册建筑师继续教育必修教材（之九）——建筑防水》修编第二次工作会以线下形式召开，共计12人参加了本次会议。

12月21日，全国住房和城乡建设工作会议在北京召开，会议回顾总结2023年工作，系统部署2024年重点任务。

12月22日，科顺股份新增1家对外投资企业，名称江苏科顺新材料科技有限公司。天眼查显示，科顺新材注册资本1000万元，公司法定代表人章小建。

12月26日，中国建筑防水协会秘书长朱冬青一行赴北新建材调研交流。双方就全面合作、共同推动防水行业绿色低碳和高质量发展进行了探讨与交流。

12月28日，中国建筑防水协会秘书长朱冬青一行赴东方雨虹总部研发基地参观交流。双方就进一步深化务实合作，共同推动防水行业高质量发展进行深入交流。

12月28日，团体标准《住宅装饰装修防水工程技术规程》审查会在北京亦庄京东大厦举行，19人参加了本次会议。

12月29日，北新建材联合重组涂料行业领先企业之一的嘉宝莉化工集团股份有限公司（下称嘉宝莉）签约仪式在北京国海广场中国建材集团举行，北新建材联合重组嘉宝莉完成。

2024年

国家标准化管理委员会1月3日发布通知，中国建筑防水协会等负责起草的《碳排放核算与报告要求 第X部分：建筑防水材料生产企业》（计划号：20232550—T-609）被列入2023年碳达峰碳中和国家标准专项计划及相关标准外文版计划。

1月4日，由中国建筑防水协会指导，香港混凝土维修及防水协会发起并主编，联合深圳市防水行业协会、澳门混凝土检测维修及防水工程协会、台湾营建防水技术协进会及港澳台相关企业和深圳市防水行业协会部分会员单位等单位共同编撰的《港澳暨海峡两岸防水工程实例》新书发布会在中国香港召开。

1月7—12日，中国建筑防水协会秘书长兼专家委员会主任委员朱冬青带领副会长羡永彪、总工程师张勇及专家委员会副主任朱志远，一行四人赴苏沪实地走访防水行业上下游企业，开展调研。

1月8—14日，中国建筑防水协会驻会副会长陈岳、总工程师张勇、副秘书长胡希宝、副秘书长高妍分别带领秘书处工作人员走访了北京及周边部分会员企业，聆听会员心声，凝聚会员企业谋划新发展。

1月21日获悉，东方雨虹计划总投资1859万元实施惠州东方雨虹建筑材料有限责任公司改扩建项目。

1月21日获悉，安徽科顺新材料科技有限公司计划投资建设年产11万吨防水涂料、2500万平方米防水卷材、10万吨特种砂浆、6万吨特种沥青改性剂一期项目。

1月24日，雨虹美墅科技有限公司（YUHONG VILLA TECHNOLOGY PTE. LTD.）在新加坡注册成立。

1月29日，市场监管总局关于印发《全国重点工业产品质量安全监管目录（2024年版）》的通知，公布了《全国重点工业产品质量安全监管目录（2024年版）》。其中：防水涂料、防水卷材再次上榜。

1月30日晚间，凯伦股份发布业绩预告，预计2023年全年归属净利润盈利2000万元至3000万元，同比上年增112.58%至118.87%。

2月2日，中国建筑材料联合会系统2023年度总结表彰大会暨新春茶话会召开。中国建筑防水协会再次荣获中国建筑材料联合会系统先进集体，协会副秘书长胡希宝荣获先进个人荣誉。

2月初，朱冬青秘书长、常务驻会副会长苗燕、副会长瞿培华、副会长吴经德、福建省建筑防水行业协会会长李文芳等领导组团赴美参加美国第132届国际屋面博览会，同美国屋面工程协会及国际屋面联合会等开展交流，走访相关美国屋面及防水企业。

2月17日，2024年平舆县招商引资推介表彰暨建筑防水产业大会在该县文化艺术中心举行。

2月20日，住房城乡建设部召开城市房地产融资协调机制工作视频调度会议。会议强调，各地要高度重视城市房地产融资协调机制有关工作，精准提出房地产项目"白名单"。

2月22日，深圳市住建局召开2024年高质量发展十大重点任务部署会，全年建设筹集保障房10万套（间）、供应分配6.5万套（间）。按照好房子、好小区的标准，高质量建设各类住房，让人民群众住得更舒心。

3月2日至15日，中国建筑防水协会组织代表团赴欧洲开展了为期14天的建筑防水市场与技术考察活动。

3月5—8日。中国建筑防水协会秘书长朱冬青率团参加德国斯图加特展会，这是协会继2020年后时隔四年再次组团参加该盛会。

3月11日，固德威越南公司开业典礼在海防市隆重举行，这也标志着固德威首座海外生产基地正式顺利投入运营。

3月18日,国务院印发《推动大规模设备更新和消费品以旧换新行动方案》。

3月19日,北新建材披露2023年年报。防水卷材营收约27.85亿元,占营业收入比重12.42%,同比增长28.99%;防水工程营收约4.47亿元占营业收入比重2.00%,比上年同期下降1.18%。

3月20—21日,由中国建筑材料联合会主办、中国建筑防水协会承办、北京建筑材料检验研究院股份有限公司协办的2024年建筑材料行业第一期标准化人才培训班(建筑防水专班)在京开班。

3月21—22日,图集主编单位中国建筑标准设计研究院有限公司在北京组织召开了《送审图》审查会。

……

防水行业辉煌四十年

第 9 部分 · 附 录

9.1 中建材苏州防水研究院有限公司简史

9.1.1 概况

中建材苏州防水研究院有限公司（原中国建筑材料科学研究总院苏州防水研究院）于 1984 年由经原国家建筑材料工业局批准，现隶属于中国建材集团有限公司，位于江苏省苏州市姑苏区广济路 284 号。苏州防水院是中国建筑防水行业唯一的综合性科研机构，先后拥有国家建材防水产品质检中心、承担了全国轻质与装饰装修建筑材料标准化技术委员会建筑防水材料分技术委员会（TC195/SC1）的秘书处、国家职业技能（040）鉴定站、中国硅酸盐学会防水材料专业委员会等权威机构，并通过高新技术企业和江苏省中小企业认定，是《中国建筑防水》杂志社主办单位之一，是中国建筑防水协会副会长单位。

历经 40 年的变迁和发展，目前，研究院研发场地面积 3000 平方米，建设有江苏省博士后创新实践基地、江苏省新型防水装备工程技术研究中心，苏州市防水装备工程技术研究中心，苏州市防水材料工程技术服务平台、苏州大学-苏州防水院新型功能高分子材料国家地方联合工程实验室研究基地、苏州大学硕士研究生实践基地等研发平台，拥有科研和检测仪器设备 200 余台套。现有员工 47 人，其中全职人员 45 人，研发人员 38 人，硕、博士占比达 32％以上；组建了一支由行业权威专家教授领衔，极具开拓精神和创新能力的科研骨干，结构齐全、梯队合理的高水平科研团队。苏州防水研究院先后承担了国家"七五""十一五""十二五"重点科技攻关项目和省市科技计划项目等许多重大课题的研究，2012 年以后累计申请知识产权 67 件，获授权 51 件，发明专利授权15件、实用新型专利授权36件；作为主编单位起草国家或行业标准近80个，发表论文100余篇。研究院聚焦建筑防水研究方向，突破防水材料和装备原始创新技术和关键核心技术，成为防水行业集科研、装备、标准、检验、培训和信息于一体的权威技术中心，努力建成建筑防水行业国内领跑、世界一流的综合性科研机构。

9.1.2 苏州防水研究院历任领导沿革情况

1984.12.21 陈健同志任中国建筑防水材料公司苏州研究设计所负责人；冯鹤清同志为顾问；

1985.6.20 陈健同志任中国建筑防水材料公司苏州研究设计所所长；

1985.6.30 沈佩英同志（女）任中国建筑防水材料公司苏州研究设计所副所长兼书记；

1986.6.28 王海林同志任中国建筑防水材料公司苏州研究设计所副所长；

1990.3.24 郑松岳同志、季诚同志任中国建筑防水材料公司苏州研究设计所副所长；

1990.3.24 陈健同志调中国建筑防水公司任职，同时兼任所长，其间由沈佩英主持工作，行使所长职权；

1990.12.6 沈佩英同志任中国建筑防水材料公司苏州研究设计所所长职务；

1992.7.9 刘柏贤同志任中国建筑防水材料公司苏州研究设计所所长；

1994.4.1 赵国庆同志任中国建筑防水材料公司苏州研究设计所所长；

1997.9.5 施雄俊同志任中国化学建筑材料公司苏州防水材料研究设计所所长、书记；

1997.10.16 徐建月同志任中国化学建筑材料公司苏州防水材料研究设计所副所长；

2002.8.8 羡永彪同志任中国化学建筑材料公司苏州防水材料研究设计所所长、书记；

2002.11.18 朱德明同志任中国化学建筑材料公司苏州防水材料研究设计所副所长；

2009.1.22 朱冬青同志任中国化学建筑材料公司苏州防材料研究设计所法定代表人；

2010.2.8 朱冬青同志任中国建筑材料科学研究总院苏州防水研究院法定代表人；羡永彪同志任院长、书记；朱德明同志任副院长；杨胜同志任总工程师；

2010.12.1 邱隽同志任中国建筑材料科学研究总院苏州防水研究院副书记；

2011.3.25 朱冬青同志任研究院设立的江苏天誉建材检验有限公司执行董事、法定代表人；邱隽同志任监事；羡永彪同志任总经理，朱德明同志任副总经理；

2013.11.1 瞿建民同志任中国建筑材料科学研究总院苏州防水研究院副院长；

2018年巢文革同志任研究院院长、书记；
2020.10.27 巢文革同志任中国建筑材料科学研究总院苏州防水研究院法定代表人；
2021.12.31 丁尚华任中国建筑材料科学研究总院苏州防水研究院法定代表人；
2024.1.15 杨正波任中国建筑材料科学研究总院苏州防水研究院法定代表人。

9.1.3 苏州防水研究院近十年发展大事记

2012年，承担了由沈阳建筑大学主持申报"十二五"国家科技支撑计划重点项目"村镇功能型建筑材料研发与集成示范"中的课题"村镇建筑用节能屋面与门窗系统研发与应用"。

2012年，完成印度IWL公司1000万平方米/年改性沥青卷材成型生产线项目的安装及调试；完成阿联酋ELRICH公司改性沥青装置项目。

2013年，继促成国内首个防水本科班成功办班之后，苏州防水研究院与湖北工业大学拟再次合作开办硕士生班。

2013年，苏州防水研究院通过了江苏省高新技术企业复审。

2013年12月17日，苏州防水研究院获得"江苏省企业信用管理贯标证书"，批准文号，苏信用办〔2013〕64号，证书编号：2013—3205—01601。

2014年，苏州防水研究院正式引进了哈克转矩流变仪（HAAKE Polylab OS），为TPO和PVC等高分子材料的配方研发、工艺优化以及设备升级提供了更为可靠的保障。

2014年8月19日，江苏省人力资源和社会保障厅发文《省人力资源和社会保障厅关于批准江苏银行股份有限公司等70个单位设立江苏省博士后创新实践基地的通知》（苏人社发〔2014〕252号），苏州防水研究院建立了江苏省博士后创新实践基地。

2014年10月，苏州防水研究院成立30周年，与中国建筑防水协会一起开展宣传庆祝活动。

2015年2月，与中石化签订《防水行业低排放沥青基防水卷材》研究协议，进行中石化低烟沥青研究。与中海油签订《防水行业改性沥青基防水卷材》研究协议，进行中海油改性沥青研究。

2015年3月，博士后创新实践基地与青岛科技大学从事联合培养博士后研究，主要研究的课题为TPO和PVC高分子防水卷材的研究与应用。

2016年5月"十二五"子课题"村镇建筑节能生态屋面材料及系统研究与应用"顺利通过住建部科技司的课题验收。

2016年11月，苏州防水研究院通过江苏省高新技术企业的认定复审。

2017年，苏州市科学技术局颁发铭牌，承担的苏州市防水材料公共技术服务平台通过2017年苏州市企业研发机构绩效评估。

2018年1月，苏州防水研究院重建财务科和综合办公室，恢复独立的行政职能和财务结算职能。

2018年2月28日，第一次通过了江苏省科技型中小企业评审。

2018年7月，经中国建材集团党委批准，设立党员先锋岗1个。

2018年7月5日，召开学术委员会工作，对委员会章程进行修订，对院科研项目的范围做了重新定义，把应用研究项目和试验开发研究都归结到研发项目，由学术委员会负责管理项目的计划、立项、申报、实施监督等。

2018年11月，苏州市科技局下达文件（苏科服〔2018〕72号），苏州防水院成功获批苏州市防水装备工程技术研究中心。

2018年11月，成功申请了苏州市专精特新培育企业（苏经信中小〔2018〕22号）。

2019年9—12月，苏州防水院党支部积极投入到第二批"不忘初心、牢记使命"主题教育之中，深入学习贯彻习近平新时代中国特色社会主义思想。

2019年11月，通过了江苏省高新技术企业的认定复审。

2019年12月，通过了江苏省科技型中小企业认定。

2020年1月16日，为了增强苏州防水研究院的市场竞争力，促进研究院的业务发展，经院领导班子研究决定成立自控设计所、标准技术部两个新部门。

2020年1月17日，苏州防水研究院、《中国建筑防水》杂志社联合举办了研究院建院、杂志社创刊35周年"不忘初心、传承发展"座谈会，回顾奋斗历程，展望发展未来。巢文革院长在座谈会上回顾了研究院和杂志社35年来的发展历程，总结了取得的成绩，指出了目前存在的主要问题，提出了今后发展的目标。

2020年4月24日，苏州防水研究院研制开发的"不锈钢带刮涂成型工艺生产无胎自粘改性沥青防水卷材成套技术装备"项目顺利通过了科研成果评估会。会议由中国建筑防水协会主持，朱冬青、羡永彪、瞿培华、朱志远、倪俊芳、冯胜利、吴士慧、白峰峰、张广彬共9位专家组成评估委员会。

2020年6—8月，国资委党委第四巡视组对中国建材集团开展政治巡视工作，苏州防水研究院根据巡视工作要求，积极开展问题梳理排查，制定整改措施，落实整改工作。

2020年10月27日，完成国有企业改制工作，企业名称变更为"中建材苏州防水研究院有限公司"，注册资本2000万元，企业法定代表人巢文革。

2020年12月10日，苏州防水研究院支部完成换届工作，根据《关于同意中共中国建筑材料科学研究总院苏州防水研究院支部委员会换届选举结果的批复》（中建材资产党发〔2020〕19号）、《关于同意中建材防水苏州院党支部换届选举结果的批复》（苏创投委〔2021〕4号）文件内容，苏州防水研究院新一届党支部委员会已获党委批准：支部委员为王晓莉（女）、徐建月（女）、巢文革、黄颖、瞿建民共五位同志，巢文革同志任支部书记。

2020年12月7日，苏州防水研究院股东由"中建材防水材料公司"变更为"中建材资产管理有限公司"。

2020年12月30日，苏州防水研究院加入北新集团建材股份有限公司签约仪式在北京未来科学城北新中心举行。北新建材党委书记、董事长王兵和中建材资产管理公司党委书记、执行董事、总经理高则怀分别代表双方签署战略合作协议，中国建筑防水协会秘书长朱冬青代表行业见证签约。签约仪式由北新建材副总经理管理主持。中建材资产管理公司副总经理刘志平、财务部总经理商庆国，苏州防水院院长巢文革、副院长瞿建民、总工程师杨胜，以及北新防水集团在京干部员工见证签约。

2020年12月31日，苏州防水研究院股东由"中建材资产管理有限公司"变更为"北新集团建材股份有限公司"，企业法定代表人丁尚华，公司总经理巢文革。

2020年，苏州防水研究院首次实现营业收入突破5000万元、6000万元、7000万元、8000万元。

2021年3月1日，为了更好地开展"十四五"规划编制工作，经研究决定，成立"十四五"规划编制工作小组。负责统一领导、协调和组织推进研究院"十四五"规划纲要、专项规划以及重大课题研究工作，统筹协调规划编制研究中的重大问题，做好研究院"十四五"规划编制工作。

2021年3月16日，苏州市委副书记朱民、市委副秘书长祁立春，协同市、区、街道相关部门领导，莅临苏州防水研究院指导工作，苏州防水研究院院长巢文革、副院长瞿建民、总工程师杨胜等陪同接待。

2021年3月16日，中国建材机械工业协会王玉敏秘书长、东朝莉主任，中国建筑材料工业规划院富丽主任、丁磊高工、赵静工程师及中国建材报记者喻悦一行莅临苏州防水研究院开展建材机械行业"十四五"规划编制相关调研工作，苏州防水研究院院长巢文革、副院长瞿建民、装备所所长闵建彬等陪同接待。

2021年3月23日，中建材苏州防水研究院有限公司（以下简称苏州防水院）召开全体员工动员大会暨科研创新研讨会。北新集团建材股份有限公司党委书记（董事长）王兵、北新防水集团总裁丁尚华、北新防水集团副总裁张弘、苏州防水院巢文革院长、瞿建民副院长、杨胜总工程师及全体员工参加了本次会议。

2021年6月是全国第20个"安全生产月"，今年活动主题是"落实安全责任，推动安全发展"，苏州防水研究院开展一系列"安全生产月"活动。

2021年6月29日上午10时，苏州防水研究院党支部组织党员干部集中观看了中央一台庆祝中国共产党成立100周年"七一勋章"颁授仪式实况。

2021年7月1日上午，苏州防水研究院党支部组织党员干部集中观看了"庆祝中国共产党成立100周年大会"直播。下午，苏州防水研究院党支部开展"习近平总书记在大会上的重要讲话精神的专题学习研讨会"。

2021年10月26日，为了进一步增强企业的凝聚力，提升员工的政治思想水平，苏州防水研究院党支部组织全体员工到冯梦龙培训基地开展团建活动。

2021年12月21日，苏州大学-中建材苏州防水研究院新型功能高分子材料国家地方联合工程实验室研究基地揭牌暨项目签约仪式在苏州举行。

2022年5月12日，中建材苏州防水研究院有限公司获评2022年江苏省质量信用A级企业认定。

2022年8月19日，北新建材党委书记、董事长尹自波，北新建材总经理、北新防水董事长管理，北新建材总经理助理马征一行，对中建材苏州防水研究院进行考察调研，深入了解苏州防水院经营发展情况，并与院领导班子展开座谈交流。

2022年8月27日，苏州防水院赴阿联酋进行设备安装调试的最后一批工程师平安回国，圆满完成了阿联酋改性沥青防水卷材成套装备的出口项目。

2022年6月30日，苏州中材非金属矿工业设计研究院有限公司与中建材苏州防水研究院有限公司签订《资产转让协议》，苏州中材非金属矿工业设计研究院防水材料研究院正式加入中建材苏州防水研究院。

2022年7月，发布《产业基础创新发展目录（2021年版）》，中建材苏州防水院推荐的"高效节能防水卷材生产工艺及装备"项目入选目录。

2022年7月15日，为了更好地促进企业研发工作，经院长办公会议研究决定，成立苏州防水研究院创新研究中心，任命王玉峰同志为创新研究中心主任，全面负责该中心的管理工作。

2022年9月15日，官宣：苏州中材非金属矿工业设计研究院防水材料研究院加入中建材苏州防水研究院。

2022年10月9日，江苏省科学技术厅下达《关于2022年度省级工程技术研究中心建设项目的通知》（苏科机发〔2022〕232号），苏州防水院成功获批江苏省新型防水材料工程技术研究中心建设项目。

2022年11月，成功通过2022年江苏省高新技术企业认定复审。

2022年12月9日，中建材苏州防水研究院有限公司顺利通过江苏省专精特新中小企业认定。

2023年1月17日，根据公司业务发展需要，经研究决定，设立测试评价中心，开展防水材料相关测试评价工作。

2023年2月1日姑苏区俞锋副区长一行莅临中建材苏州防水研究院有限公司调研指导，苏州防水院巢文革院长、瞿建民副院长等进行了热情接待。

2023年2月6日，苏州防水研究院组织了"2023年复工复产安全培训"，主要从节后复工安全培训的重要性、节后复工安全管控重点、案例分析、节后复工安全意识提升进行了培训授课。

2023年2月20日，苏州防水研究院获批"苏州大学硕士专业学位研究生实践基地"。苏州大学硕士专业学位研究生实践基地的建设，使苏州防水研究院与苏州大学的产学研合作再上新台阶，将进一步提升苏州防水研究院的创新能力和核心竞争力。

2023年2月20日，为进一步规范苏州防水院科研管理，促进苏州防水院科研发展，苏州防水研究院举行2023年度学术委员会会议暨项目立项评审会。

2023年3月2日，为加大科研开发力度，提高企业技术创新能力和市场竞争力，确保企业可持续发展，调整科研部门组织机构，原科研所更名为科研一所，新增设科研二所。

2023年6月29日，中建材苏州防水研究院有限公司申请的ASTM（美国材料与试验协会）会员资格获得审核通过，正式成为ASTM的会员单位。

2023年6月29日，为了进一步加强苏州防水院安全工作，全面提高员工的消防安全意识，增强员工自护、防火自救和逃生能力，苏州防水院开展了消防安全应急演练，共30余人参加了此次演练。

2023年8月21日，苏州防水院凭借良好的品牌信誉、专业的技术方案、高效的系统服务，积极开拓海外市场，与阿联酋、印度两家企业成功签订防水装备订购合同。

9.1.4 奖项荣誉

2012年12月，《聚氯乙烯（PVC）防水卷材》国家标准、"改性沥青防水卷材的自动配料系统"获中国建筑防水行业技术进步奖（技术开发类）一等奖。

2013年12月，"改性沥青防水卷材环保型自动配料系统项目"获得中国建筑材料集团有限公司2013年度"北方水泥杯"技术革新奖，开发类二等奖。

2013年，"改性沥青防水卷材环保型自动配料系统项目"被住房和城乡建设部列为2013年全国建设行业科技成果推广项目。

2014年12月，"硅烷膏体浸渍剂的研制"获中国建筑防水协会建筑防水行业技术进步奖二等奖；"年产2000万平方米多功能改性沥青防水卷材装备"获中国建筑防水协会建筑防水行业技术进步奖一等奖；

2014年12月，《聚氯乙烯（PVC）防水卷材》国家标准研究获得中国建材集团科技进步奖三等奖。

2015年12月,"TPO防水卷材专用粒料"获得2015年中国建筑防水行业技术进步奖一等奖。

2016年12月,"低黏度耐高温沥青改性技术研究与应用"获得2016年中国建筑防水行业技术进步奖一等奖。

2018年8月16日,中国建材集团发文(中国建材发科技〔2018〕284号),"改性沥青配置液下加料系统"荣获2018年度"中复杯"中国建材集团技术革新奖技术改造类二等奖。

2019年6月28日,中国建材集团发文(中国建材党发〔2019〕55号),苏州防水研究院党支部获中国建材集团有限公司"先进基层党组织"称号。

2019年9月,杨胜同志获"中央企业劳动模范"称号。

2019年11月29日,中国建材集团发文(中国建材发科技〔2019〕540号),"硅烷膏体渗透型防水涂料的制备及性能研究"项目获2019年度"凯盛科技杯"中国建材集团技术革新奖技术开发类二等奖。

2020年10月,"不锈钢带刮涂成型工艺生产无胎自粘改性沥青防水卷材成套技术装备"获中国建筑防水协会举办的2020中国国际屋面和建筑防水技术展览会"优秀新产品"奖。

2021年8月,苏州防水院自控设计所开发"四川蜀羊防水生产线张力采集与控制系统"项目获北新8.28"北新创新奖"。

2021年12月,中建材苏州防水研究院有限公司获得"十三五"全国建材机械行业标准化先进集体奖项。

2021年12月,苏州防水院自控设计所"数字化改性沥青防水卷材成型线张力控制系统"获北新英雄榜"最佳技术创新奖"。

2022年9月5日,"不锈钢带刮涂成型生产装备"经中国建材机械工业协会专家评审,获得2022年建材机械行业技术革新奖二等奖,成果入选国家科技成果数据库。

2022年10月18日,中国建材机械工业协会下达《关于公布2022年中国建材机械行业20强及各专业龙头企业名单的通知》,中建材苏州防水研究院获评2022年中国建材机械行业防水装备领域专业龙头企业荣誉。

2022年12月,中国建材机械工业协会下达《关于表彰2021年度全国建材机械行业标准化工作先进集体、先进工作者和技术标准优秀奖的通知》(建机标委联〔2022〕16号),中建材苏州防水研究院获得2021年度建材机械行业标准化先进单位荣誉。

2023年4月28日,在保护区、姑苏区2022年度高质量发展总结表彰会议暨2023年庆祝"五一"国际劳动节活动上,苏州防水研究院徐伟同志荣获姑苏区劳动模范荣誉称号。

2023年7月13日,全国建材装备标准化技术委员会、国家建筑材料工业机械标准化技术委员会下达《关于表彰"2022年度全国建材机械行业标准化工作先进集体、先进工作者和优秀技术标准奖"的通知》(建装标委联〔2023〕15号),中建材苏州防水研究院获得2022年度建材机械行业标准化先进单位荣誉,主导的行业标准《改性沥青防水卷材成套生产设备通用技术条件》JC/T 2046—2022获得建材机械行业技术标准优秀奖。

2023年8月28日,中建材苏州防水院研究院开发的"震动扰动与荷载扰动状态下交通隧道渗漏水整治关键技术及应用"荣获北新集团建材股份有限公司2022—2023年度北新创新奖技术创新奖。

2023年10月7日,江苏省住建厅下达《省住房和城乡建设厅关于公布2023年度省建设科技创新成果的通知》(苏建科〔2023〕157号),中建材苏州防水研究院有限公司承担的项目"环保型水性持粘非固化橡胶沥青防水涂料的研发与应用"荣获科技创新成果三等奖。

2023年10月18日,中国建材机械工业协会下达《关于表彰2023年度"蚌埠凯盛杯"第十七届建材机械行业技术革新奖获奖项目的通报》(中建机协〔2023〕20号),中建材苏州防水院开发的"改性沥青防水卷材成型线技术升级改造"荣获建材机械行业技术革新奖三等奖。

2023年11月3日,江苏省硅酸盐学会下达《关于授予2023年度江苏省硅酸盐学会科学技术奖的决定》(苏硅字〔2023〕024号),中建材苏州防水院研究院开发的"震动扰动与荷载扰动状态下交通隧道渗漏水整治关键技术及应用"项目获一等奖、"耐候型单组分聚脲防护材料的开发与应用"项目获二等奖。

2023年11月20日,中国建材机械工业协会下达《关于公布2023年建材机械行业绿色低碳发展优秀实践案例名单的通知》(中建机协〔2023〕22号),中建材苏州防水院主导的"改性沥青防水卷材生产线收卷系统升级改造"项目获评2023年建材机械行业绿色低碳发展优秀实践案例。

2023年12月,中建材苏州防水研究院申报的"三层P类TPO防水卷材成套技术装备的开发"和"环保型低温非固化沥青防水涂料的研发与应用"两个项目获中国建材集团有限公司技术革新奖二等奖,"数字化改性沥青防水卷材成型线控制系统"项目获中国建材集团有限公司技术革新奖三等奖。

2023年12月,实用新型专利"数字化改性沥青卷材生产成型线的张力控制系统"被中国建筑防水协会评为防水行业专利奖银奖。

9.1.5 会议交流

2012年,研究院组团参加第11届印度国际屋顶材料博览会和第1届巴西圣保罗

TECOBI 屋面及防水展览会。

2016年9月12日，由《中国建筑防水》杂志社、中国建材科研总院苏州防水研究院、中国建材检验认证集团苏州公司主办的"高分子防水卷材产业发展研讨会"在苏州召开，会议就国内外高分子防水卷材应用市场的现状、标准、关键技术、发展前景进行了研讨交流。

2016年12月19日，由《中国建筑防水》杂志社、中国建筑防水协会、苏州防水研究院联合主办的"家装防水技术与市场研讨会暨《中国建筑防水·悦居》编委会成立大会"在苏州隆重召开。会议主办单位领导，家装防水材料相关的科研、生产、检测、施工以及装饰装修、物业管理、工程质量司法鉴定、法律维权等方面的领导、专家和代表，共120余人参加了会议。

2017年4月11日，由《中国建筑防水》杂志社、中国建材科研总院苏州防水研究院、中国建材检验认证集团苏州有限公司三家行业科技服务机构联合主办的首届"建筑防水科技创新大会"在苏盛大召开。会上，隆重揭晓了中国建筑防水科技创新四大榜单，集中展示了建筑防水领域科技创新成绩。《中国建筑防水》杂志编委，行业专家和企业家，地方防水社团组织领导和行业科技人员共近300人出席了会议。

2017年9月26日，由《中国建筑防水》杂志社、中国建材科研总院苏州防水研究院、中国建材检验认证集团苏州公司主办的第二届"高分子防水卷材产业发展研讨会"在苏州召开。

2017年12月18日，由《中国建筑防水》杂志社、中国建筑防水协会、苏州防水研究院联合主办的第二届家装防水技术与市场研讨会在济南召开。

2018年7月10日，由《中国建筑防水》杂志社、中国建材科研总院苏州防水研究院、青岛科技大学主办的"第三届高分子防水卷材产业发展研讨会"在青岛召开。

2018年11月23日，由《中国建筑防水》杂志社、中国建材科研总院苏州防水研究院、《中国建筑防水·悦居》编委会主办的"第三届家装防水技术与市场研讨会"在苏州召开。

2019年4月9日，由中国建筑材料科学研究总院苏州防水研究院、《中国建筑防水》杂志社、深圳市防水行业协会主办的"第四届高分子防水卷材产业发展研讨会"在广州召开。

2019年9月3日，由《中国建筑防水》杂志社、中国建材科研总院苏州防水研究院、中国建材检验认证集团苏州有限公司联合主办的"第二届建筑防水科技创新大会"在苏盛大召开。行业专家、社团领导、企业家等近300人出席会议。

2019年12月20日，由中国建筑材料科研总院苏州防水研究院、《中国建筑防水》杂志社、苏州市建筑科学研究院集团股份有限公司主办的"第四届家装防水技术与市场研讨会"在江苏苏州召开。

2020年3月12日起,由中国建筑防水协会主办的"防水行业公益大讲堂"线上开播。3月26日,研究院装备所副所长、高级工程师闵建彬线上开讲,题为"改性沥青防水卷材生产装备技术近年的创新与发展",包括搅拌罐的创新技术、液下加料的优缺点、胶体磨和均质器的提升和应用、无胎卷材钢带成型线的创新、有胎卷材成型线的提升以及与进口生产线的差距。

2020年8月24日,由苏州防水研究院、《中国建筑防水》杂志社主办的"第五届高分子防水卷材产业发展研讨会"在苏州召开。巢文革院长代表主办单位致欢迎辞。

2020年12月18日,由《中国建筑防水》杂志社、中建材苏州防水研究院有限公司主办"第五届家装防水研讨会"在苏州召开。

2021年3月25日,中石油燃料油研究院李剑新教授率队到访中建材苏州防水研究院,双方就石化行业与防水行业的技术、装备等方面进行了积极的对话。就防水用改性沥青工艺、装备及发展趋势达成了共识,为今后的防水行业用改性沥青原材料标准的制定、工艺及设备的研究方向奠定了基础。

2021年4月26—27日,由《中国建筑防水》杂志社、中建材苏州防水研究院有限公司、中国建材检验认证集团苏州有限公司联合主办第三届建筑防水科技创新大会在西安盛大召开。本届大会以"创新引领发展 科技成就未来"为主题,巢文革院长在代表主办单位致欢迎辞。

2021年6月10日,重庆轻纺(控股)集团有限公司邹宁副总经理一行到访中建材苏州防水研究院有限公司,苏州防水研究院巢文革院长、瞿建民副院长等陪同接待,双方就三元乙丙橡胶材料在防水行业应用技术、产业化情况及市场前景等方面进行交流和座谈。

2021年7月10日,由《中国建筑防水》杂志社、中建材苏州防水研究院主办的第六届"高分子防水卷材产业发展研讨会"在古城苏州召开,巢文革院长代表会议主办单位致开幕词。

2022年1月25日,梅特勒-托利多公司工业业务苏皖区域负责人孙青一行到访中建材苏州防水研究院有限公司,就相关称重系统的应用和苏州防水院自控所进行技术交流。

2022年4月14日,苏州防水院与美国道维施独家代理美国埃盟泰国际就道维施改性沥青技术开展视频交流会。

2022年11月15日,中国建筑防水协会秘书长朱冬青、驻会副会长羡永彪、副会长瞿培华(深圳市防水行业协会会长)一行莅临中建材苏州防水研究院有限公司考察调研,苏州防水研究院院长巢文革、副院长瞿建民、总工程师杨胜热情接待了协会来访领导，双方围绕防水行业现状和发展等热点问题展开深入交流。

2023年2月3日，中建材苏州防水研究院院长巢文革、执行院长沈春林一行走访常州希瑞思新材料科技有限公司，总经理白文新等热情接待众人的到来，双方就企业的产品创新及应用等问题展开了详细的技术交流。

2023年2月16日，中石油燃料油有限责任公司研究院副院长黄宏海、基础研究室主任毛三鹏到访中建材苏州防水研究院有限公司进行技术交流。

2023年2月16日，中建材苏州防水研究院院长巢文革、执行院长沈春林、总工杨胜一同前往中韩（武汉）石油化工有限公司进行技术交流。

2023年3月22日，由中国硅酸盐学会指导，中国硅酸盐学会防水材料专业委员会、中建材苏州防水研究院有限公司、中国硅酸盐学会房屋建筑材料分会、江苏省硅酸盐学会共同主办的全国第二十四届防水技术交流大会在武汉欧亚会展国际酒店召开。

2023年4月17日，中建材苏州防水研究院院长巢文革一同前往江苏锐剑科技有限公司进行走访参观。

2023年6月5—7日，由《中国建筑防水》杂志社主办，中建材苏州防水研究院学术支持的第八届高分子防水卷材产业发展研讨会在古城苏州召开。

2023年8月1日，超级不锈钢箔防水领域应用项目技术研讨会在苏州防水研究院召开。

2023年8月3—5日，2023中国防水展在上海举办，苏州防水院作为中国建筑防水行业唯一的综合性国家级科研机构亮相展会，为参展者带来了产品和技术的展示。

2023年9月25—27日，由《中国建筑防水》杂志社主办、中建材苏州防水研究院、中国建材检验认证集团苏州有限公司学术支持的第四届建筑防水科技创新大会在南京召开。

9.1.6 专利

2012年，新申请专利2个：一种高分子预铺防水卷材（发明专利，申请号20121028000400）、一种沥青基非固化耐高温防水密封胶及其制备方法（发明专利，申请号20121028019080）。

2013年，新申请专利6个：一种防水卷材用反射隔热阻燃涂料及其制备方法和用途（发明专利，申请号201310120644X0）、一种可回收反射隔热阻燃高分子防水卷材及其制备方法（发明专利，申请号20131061850790）、一种硅烷膏体防护剂及其制备方法（发明专利，申请号20131063800330）、一种制备改性沥青防水卷材用的配料装置（实用新型，申请号201320049773X0）、一种用于改性沥青防水卷材生产的涂油装置（实用新型，申请号20132069279810）、一种用于制备改性沥青防水卷材的配料装置（实用新型，申请号 20132088187960）。

2014年，新申请专利2个：一种隔热阻燃沥青瓦及其制备方法（发明专利，申请号 20141059993750）、一种隔热阻燃轻质墙面砖及其制备方法（发明专利，申请号 20141059982640）。

2015年，新申请专利3个：一种配制改性沥青用的加料装置及配料系统（实用新型，申请号 20152112950200）、一种可回收阻燃型反射高分子屋面防水卷材及其制备方法（发明专利，申请号 20151101303070）、一种可回收自洁型反射高分子屋面防水卷材及其制备方法（发明专利，申请号 20151101302940）。

2017年，新申请专利5个：一种防水层的自粘防护板（实用新型，申请号 201720319968X）、防水卷材成卷用的插管机（实用新型，申请号 2017208165919）、一种低挥发环保型硅烷膏体浸渍剂及其制备方法（发明专利，申请号 2017108202645）、以聚烯烃材料为胎体或表层的改性沥青防水卷材成型设备（实用新型，申请号 2017214063908）、以聚烯烃材料为胎体的改性沥青防水卷材成型设备及方法（发明专利，申请号 2017110130382）。

2018年，新申请专利7个：一种有胎防水卷材生产线的无芯轴式开卷机（实用新型，申请号 2018218391041）、生产改性沥青防水卷材基料配制用的卧式配料机（实用新型，申请号 2018221491810）、配制改性沥青用的液下加料装置及配料系统（实用新型，申请号 2018221491825）、一种无胎防水卷材钢带生产线用的下料刮涂装置（实用新型，申请号 201822149183X）、制备改性沥青用的环保型烟气排放系统（实用新型，申请号 2018221530124）、一种非固化涂料的现场施工设备（实用新型，申请号 2018221526307）、一种防水卷材生产线用的封闭式冷却辊（实用新型，申请号 2018221530139）。

2019年，新申请专利7个：立式改性沥青配料机的搅拌机构（实用新型，申请号 2019207944638）、一种立式改性沥青配料机（发明专利，申请号 2019104595536）、适用于改性沥青均匀配料的磨滤器（发明专利，申请号 2019104595589）、一种配置改性沥青的填充料加料装置（实用新型，申请号 2019224180856）、一种改性沥青防水卷材生产线矿物粒料上料系统（实用新型，申请号 2019223979931）、一种改性沥青卷材生产线的冷却装置（实用新型，申请号 2019224180837）、改性沥青防水卷材生产用的恒温式自粘料供料系统（实用新型，申请号 2019224837001）。

2020年，新申请专利4个：一种高抗老化的热塑性聚烯烃防水卷材及其制备方法（发明专利，申请号 2020100431741）、无胎改性沥青防水卷材刮涂成型用的卸料装置（实用新型，申请号 2020205496470）、一种屋面TPO防水卷材用的丁基胶带底涂剂及其应用（发明专利，申请号 2020108951547）、数字化改性沥青卷材生产成型线的张力控制系统（实用新型，申请号 2020228594976）。

2021年，新申请专利11个：一种SBS防水卷材生产线用防粘抑尘装置（实用新型，申请号 202120417347.1）、一种水粘防水卷材（实用新型，申请号 202120418092.0）、一种防水卷材专用的插纸管机（实用新型，申请号 202120483573.X）、一种无胎自粘防水卷材生产用机器人码垛系统（实用新型，申请号 202120484321.9）、自硫化改性沥青防水卷材及其制备方法（发明专利，申请号 202110344868.3）、一种用于高分子防水卷材生产的自动贴绳系统（实用新型，申请号 202120788685.6）、环保型改性沥青防水材料配料系统用的胶粉供料设备（实用新型，申请号 202122314328.9）、改性沥青防水材料配料用的胶粉打散装置（实用新型，申请号 202122323890.8）、防水卷材生产用成型模具的自动调节系统（实用新型，申请号 202122479440.8）、上下表层不同涂盖料防水卷材生产用的涂油系统（实用新型，申请号 202122480608.7）、一种有机硅瓷砖胶及其制备方法（发明专利，申请号 202111621309.9）。

2022年，新申请专利14项：一种用于改性沥青防水卷材浸涂油池料位PID控制的机构（实用新型，申请号 202220737081.3）、一种用于高分子防水卷材面层清洁和标记的装置（发明专利，申请号 202210341756.7）、一种用于高分子防水卷材的放卷接片装置及接片方法（发明专利，申请号 202210401619.8）、改性重钙、其制备方法及聚合物水泥基防水涂料和制备方法（发明专利，申请号 202210648875.7）、适用于双组分水性环氧富锌涂料的改性锌粉及其制备方法和应用（发明专利，申请号 202210648886.5）、基于自学习与云计算融合的防水卷材张力控制系统及方法（发明专利，申请号 202210656546.7）、一种用于沥青针入度试验的盛样皿（实用新型，申请号 202221749700.7）、一种用于钢结构网架屋面的防水抗污覆膜钢板、（实用新型，申请号 202221911539.9）、一种热敏变色本体反粘型TPO高分子防水卷材及其制备方法（发明专利，申请号 202210881861.X）、一种水性沥青防水施工基层处理剂的制备装置（实用新型，申请号 202222505452.8）、一种基于图像处理的改性沥青防水卷材厚度测量装置、（实用新型，申请号 202222565389.7）、一种非固化沥青防水涂料及其制备方法和应用（发明专利，申请号 20221120835.5）、一种改性沥青防水卷材生产线调试用装置（实用新型，申请号 202222376303.6）、一种防水材料接缝不透水测试设备（实用新型，申请号 202223253726.5）

2023年，新申请专利18项，一种阻燃型防水砂浆用液料组合物及阻燃型防水砂浆（发明专利，申请号 202310086957.1）、一种防水卷材用计长设备（实用新型，申请号 202320248727.6）、一种防水卷材复合式自动计长收卷复核剔除系统及方法（发明专利，申请号 202310132472.1）、一种利用梯级能源、智能化调节的聚氨酯加热工艺系统（实用新型，申请号 202320291502.9）、可计米的防缠绕电缆放线器（实用新型，申请号 202320525522.8）、一种改性沥青防水卷材线用卷取包装计量系统（发明专利，申请号 202310745681.3）、一种防水涂料原料反应釜料温综合测定装置（实用新型，申请号 202321651798.7）、一种高耐久隔热型不锈钢箔自粘防水卷材及其制备方法（发明专利，申请号 202311086087.4）、一种不锈钢箔防水卷材及其制备方法（发明专利，申请号 202311086816.6）、一种不锈钢箔防水卷材制备装置及制备方法（发明专利，申请号 202311086848.6）、以聚烯烃材料为胎体的改性沥青防水卷材的成型工艺（发明专利，申请号 202311127784.X）、一种喷涂快干型聚氨酯防水涂料及其制备方法（发明专利，申请号 202311221301.2）、一种喷涂快干型生物基聚氨酯防水涂料及其制备方法（发明专利，申请号 202311221303.1）、一种可用于高频焊接金属板的介电胶粘剂及其应用（发明专利，申请号 202311229063.X）、一种预水化钠基膨润土防水卷材生产设备（发明专利，申请号 202311239975.5）、一种双组分瓷砖背胶及其制备方法和应用（发明专利，申请号 202311250260.X）、一种热塑性聚烯烃防水卷材及其制备方法（发明专利，申请号 202311388442.3）、一种单组分聚氨酯防水涂料及其制备方法（发明专利，申请号 202311534986.6）。

9.1.7　标准

2017 年 4 月，制定了 TPO 防水卷材专用粒料的企业标准（Q/SY001—2017）。

2018 年 12 月 13 日，国家建材行业标准《改性沥青防水卷材成套生产设备通用技术要求》第二次工作会议在苏州召开，主管部门、行业协会、第三方检测机构、生产企业和用户单位的领导及专家约 30 人参加了会议。

2019 年 3 月 13 日，由中国建筑防水协会归口管理，中国建筑材料科学研究总院苏州防水研究院负责起草的团体标准《预铺防水卷材用热熔压敏胶》编制组成立暨第一次工作会议在苏州召开。来自协会、生产企业、研究院所、检测机构等单位的 25 位代表参加了本次会议。

2019 年 5 月 10 日，由中国建筑防水协会、中国建筑材料科学研究总院苏州防水研究院负责起草的建材行业标准《改性沥青防水卷材成套生产设备通用技术要求》第三次工作会议在苏州召开。标准主编单位领导、标准编制专家，以及装备生产企业、主要用户单位的领导及代表参加了会议。

2019 年 10 月 15 日，由中国建筑防水协会归口管理，中国建筑材料科学研究总院苏州防水研究院负责起草的团体标准《预铺防水卷材用热熔压敏胶》第二次工作会议在苏州召开。来自原材料、生产企业、研究院所、检测机构等单位的 24 位代表参加了本次会议。

2020年6月15日，行业标准《改性沥青防水卷材成套生产设备通用技术条件》，经国家建筑材料工业建材机械产品质量监督检验测试中心，在雨中情泰州工厂的改性沥青成套生产设备进行验证试验，结果为合格；10月30日，建材机械标委会预审通过。

2020年8月5日，全国轻质与装饰装修建筑材料标准化技术委员会建筑防水材料分技术委员会（TC195/SC1）年度会议暨中国建筑防水协会团体标委会在成都召开。苏州防水研究院院长巢文革、副院长瞿建民、总工杨胜参加了会议。

2020年11月19日，在苏州防水研究院召开团体标准《沥青用耐高温添加剂》第一次工作会议。

2021年4月23日，建材机械行业标准《改性沥青防水卷材成套生产设备通用技术条件》专家审查会在江苏省苏州市成功召开，来自标准化管理部门、行业协会、科研院所、检测机构、生产企业和用户代表共计39人出席会议。经充分讨论，标准审查委员会一致同意通过此次行业标准《改性沥青防水卷材成套生产设备通用技术条件》（送审稿）的审查，标准技术水平达到国内先进水平。

2021年11月18日，由中建材苏州防水研究院有限公司等单位负责起草、中国建筑防水协会归口管理的团体标准《沥青用耐高温添加剂》第二次工作会以视频会议形式召开，标准归口单位、主编单位以及来自生产应用企业、科研检测机构等单位的近20名代表参加了会议。

2022年5月13日，据工业和信息化部消息，由中建材苏州防水研究院有限公司负责组织相关单位起草的《热塑性聚烯烃防水卷材生产成套装备通用技术要求》建材装备行业标准项目列入2022年第一批行业标准制修订和外文版项目计划。

2022年7月13日，团体标准《高温沥青添加剂》（送审稿）审查会以线上视频形式召开，团体标准《沥青用耐高温添加剂》（送审稿）通过审查，标准技术水平达到国内先进水平。

2022年9月2日，由中建材苏州防水院主编的两项团体标准《自粘改性沥青防水卷材用强力交叉膜》《水性非固化橡胶沥青防水涂料》审查会在苏召开，两项标准均通过审查，标准技术水平达到国内先进水平。

2022年10月25—26日，中国工程建设标准化协会标准《丁基橡胶自粘防水卷材应用技术规程》《混凝土防水剂应用技术规程》和《地下混凝土结构耐久性技术规程》三项标准的编制组成立暨第一次工作会议在苏州防水院召开。

2022年10月31日，标准设计图集《MDS防排水一体化系统》《LC聚脲涂料防水系统》《RD冗余密封防水系统》技术条件审查会采用视频会议的形式在苏召开。

2022年11月22日，建材机械行业标准《热塑性聚烯烃防水卷材生产成套装备通用技术要求》起草工作组成立暨标准草案研讨会以视频会议形式召开。

2022年12月12日，《抗流挂聚氨酯防水涂料》《硅烷改性聚醚灌浆材料》标准审查会在苏州防水院顺利召开。

2022年12月30日，工信部发布《2022年第三批行业标准制修订和外文版项目计划》《聚氯乙烯防水卷材生产成套装备通用技术要求》列入制订计划，计划号为2022—1755T-JC。

2023年7月12日，由中建材苏州防水研究院有限公司、苏州悦居防水科技有限公司共同主编的中国建筑装饰协会团标（CBDA标准）《家装防水防潮与渗漏修缮技术规程》第三次标准稿讨论工作会议在苏州召开。

2023年8月，工信部先后发布了2023年第一批、第二批行业标准制修订和外文版项目计划，中建材苏州防水研究院有限公司负责起草编制《水性环氧沥青基层处理剂》《水泥基堵漏灌浆材料》两项标准在列。

2023年9月13日，全国轻质与装饰装修建筑材料标准化技术委员会建筑防水材料技术委员会（简称分标委TC195/SC1）年度会议暨中国建筑防水协会团体标委会年会在山东青岛成功召开。参加本次会议的有分标委委员、标准起草工作组成员及防水行业相关科研、大专院校、生产、使用、检测等单位的近50人代表。

2023年10月31日，建材机械行业标准《热塑性聚烯烃防水卷材生产成套装备通用技术要求》第二次工作会议、《聚氯乙烯防水卷材生产成套装备通用技术要求》启动会暨第一次工作会议在江苏省苏州市成功召开，来自标准化管理部门、行业协会、科研院所、检测机构、国内外生产企业和用户代表共计20余名专家出席会议。

9.2 中国检验认证集团苏州有限公司（CTC）简史

（一）概　况

中国建材检验认证集团苏州有限公司（简称"CTC苏州公司"），是中央企业系统内唯一检验认证主板上市公司——中国国检测试控股集团股份有限公司（股票简称"国检集团"，英文简称CTC，股票代码603060）下属全资子公司。

CTC苏州公司以和顺路1号华东基地为核心，下设国家防水与节水材料产品质量检验检测中心及国家建材工业建筑防水材料产品质量监督检验测试中心，拥有多个大型实验室，致力于为行业、企业提供"防水＋"全体系服务。

CTC苏州公司拥有国家认证认可监督管理委员会颁发的CMA计量认证证书、中国合格评定国家认可委员会颁发的 CNAS 实验室认可证书、中华人民共和国住房和城乡建设部颁发的建设工程质量检测机构资质证书、美国 FM 授权证书等，具备专业防水和建材产品检测能力，检测参数 5500 多项，配备大型、专业的检验仪器设备 800 多台套。

CTC 苏州公司依托建筑防水材料分技术委员会（TC195/SC1），承担着国内防水与密封材料的主要标准制修订工作，同时开发设计各类检测专业仪器和研究各项检测技术；承担"建材行业特有工种职业技能鉴定第 40 站"的工作，全面负责全国建筑防水材料生产、质检、施工等国家职业初级工、中级工、高级工、技师、高级技师资格鉴定，同时还承担国家职业标准及相应培训教材、题库的编写更新，组织、指导职业技能鉴定前的培训工作，近年来，已为防水行业检验、施工以及生产岗位鉴定职业持证人员近万人。CTC 苏州公司申报并通过了苏州市唯一的一家防水相关高技能人才公共实训基地——"苏州防水材料应用技术公共实训基地"，已数次承办组织了全国防水行业技能大赛，其中 2017 年和 2020 年该比赛成功申报为国家技能二类比赛，共走出了 6 位全国技能冠军。

CTC 苏州公司是国检集团首家认证子公司，依托国检集团资源，公开、平等、公正地提供建筑防水材料自愿性产品认证、质量管理体系认证、绿色建材相关认证，入选"江苏精品""苏州制造"品牌国际认证联盟名单，承接品牌认证工作，帮助企业提高管理服务水平、保证产品质量、提高产品市场竞争力、促进建筑防水行业健康发展。

CTC 苏州公司扎根行业近四十年，是国内防水与密封行业权威的第三方检验认证机构，并逐步建设成为新材料领域综合性技术服务商与国检集团华东区域材料业务核心管控平台。公司将秉承"公正为本、服务社会""让生活更美好"的核心理念，以建设世界一流综合型检验认证机构、打造检测认证服务的"中国品牌"为目标，持续推动高质量发展，为"质量兴国"贡献力量。

（二）发展历程

9.2.1 机构成立至 2011 年发展历程

1984 年 8 月 22 日，国家建筑材料工业局批复中国建筑防水材料公司，同意成立"中国建筑防水材料公司苏州建筑防水材料研究设计所"（简称"苏州研究设计所"），为中国建筑防水材料公司直管县团级机构，主要负责建筑防水材料研究、设计和技术开发性等工作。

1984 年 8 月 27 日，中国建筑防水材料公司发文建议陈健同志负责苏州研究设计所筹建工作。

1984年12月13日，以陈健等13位同志组成的苏州研究设计所正式挂牌成立。

1986年3月6日，受中华人民共和国建筑材料工业部委托，研究设计所对申请部优防水材料的十个企业十一个产品进行产品质量抽样检测。

1986年9月12日，由中国建筑防水材料公司承接的国家建材局（86）建材生字133号文《关于下达一九八六年建筑材料与非金属矿产品标准项目计划的通知》任务，开展油毡国家标准的修订工作，由北京油毡厂、天津油毡厂、上海建筑防水材料厂、武汉油毡厂、沈阳油毡厂、中国建筑防水材料公司、苏州研究设计所参加；苏州研究设计所负责检验方法部分的修订。

1987年一季度，苏州研究设计所对石油沥青纸胎油毡实施了第一次国家监督抽查。

1987年4月起，苏州研究设计所制定了第一个标准《水性沥青基防水涂料》JC/T 408—1991；至2004年11月，陆续完成GB/T 328.1～7—89《沥青防水卷材试验方法》等标准的修、制定共26个；正在进行修、制定《建筑用硅酮结构密封胶》GB 16776—2015等标准36个。

1987年5月25日，苏州研究设计所承担了国家七五重点攻关项目"沥青基密封材料性能提高与施工方法的改进"和"密封膏关键设备及施工机具"。1990年9月6日，"沥青基密封材料性能提高与施工方法的改进"项目通过国家建筑材料工业局主持的专题验收。1991年12月3日，"密封膏关键设备及施工机具（GZJ－300型高荷重真空搅拌机和MLC－315型密封膏连续装填机）"项目通过国家建筑材料工业局主持的科学技术成果鉴定。

1987年10月12日，国家建筑材料工业局批复中国建筑防水材料公司，同意在苏州研究设计所建立"国家建材局建筑防水材料产品质量监督检验中心"，承担全国建筑防水材料产品的质量监督检验工作。

1987年11月14—29日，苏州研究设计所与中国建筑防水材料工业协会共同举办建所后第一次"油毡企业检测人员培训班"，60余人参加。

1988年11月7—12日，苏州研究设计所与中国建筑防水材料工业协会共同举办建所后第一次"《石油沥青油毡、油纸》国家标准宣贯班"。

1988年11月16日，苏州研究设计所举办了建所后第一期"防水行业厂长（经理）培训班"。

1989年，国家建材局建筑防水材料产品质量监督检验中心对全国17个省市申报油毡生产许可证的企业进行样品抽样及检验。

1989年3月—1990年3月，国家建材局标准化所与中国建筑防水材料工业协会在苏州研究设计所以国家建材局防水材料产品质量监督检验中心为实验基地，举办了三期《石油沥青纸胎油毡、油纸新标准》宣贯会，国家建材局防水材料产品质量监督检验中心负责操作示范，300 余人参加。

1989 年 12 月，国家建材局防水材料产品质量监督检验中心通过国家计量认证，取得（89）量认（国）字（R0351）号计量认证证书。

1990 年 9 月，国家建材局标准化所与国家建材局防水材料产品质量监督检验中心共同举办了三元丁防水卷材标准宣贯会。

1992 年 2 月 12 日，国家建筑材料工业局王燕谋局长视察了苏州研究设计所和国家建材局防水材料产品质量监督检验中心，王燕谋局长在如何提高防水材料生产技术方面和生产设备现代化方面作了重要指示，并题词"为防水材料工业现代化继续努力拼搏"进行勉励，对苏州研究设计所寄予了很大的希望。

1992 年 5 月，国家建材局防水材料产品质量监督检验中心通过国家建筑材料工业局授权产品审查认可。

1993 年三季度，国家建材局建筑防水材料产品质量监督检验中心对聚氯乙烯建筑防水接缝材料实施了第一次国家监督抽查。

1996 年二季度，国家建材局建筑防水材料产品质量监督检验中心对水性沥青基防水涂料实施了第一次国家监督抽查。

1997 年，国家建材局建筑防水材料产品质量监督检验中心对全国各省市申请建筑防水卷材生产许可证的企业进行产品抽样及检验。

1997 年二季度，国家建材局建筑防水材料产品质量监督检验中心对弹性体和塑性体改性沥青防水卷材、聚氯乙烯、氯化聚乙烯防水卷材实施了第一次国家监督抽查。

1997 年 6 月，国家建筑材料工业局生产协调司标准处牛建国副处长来国家建材局防水材料产品质量监督检验中心指导工作。

1997 年 6 月，国家建材局防水材料产品质量监督检验中心通过建筑用硅酮结构密封胶等 15 种产品国家计量认证。国家经贸委、国家建筑材料工业局、国家技术监督局、国家工商局、国家商检局、建设部联合发文，指定国家建材局防水材料产品质量监督检验中心为《建筑用硅酮结构密封胶》检测机构。

1997 年 11 月 18 日，苏州研究设计所更名为中国化学建筑材料公司苏州防水材料研究设计所（简称"苏州研究设计所"）。

1997 年 12 月 3 日，国家经贸委以"国经贸厅贸〔1997〕364 号"文发出《关于成立国家经贸委硅酮结构密封胶工作领导小组及其办公室的通知》，中心时任主任沈佩英、副主任许庆涛分别担任该领导小组和办公室成员；12 月 8 日，"硅酮结构密封胶管理办公室"以"胶办〔1997〕1 号"文发出成立专家组的通知，中心时任副主任许庆涛担任专家组成员。

1998 年 1 月、4 月，国家建筑材料工业局生产协调司韩紫霞副司长两次到国家建材局防水材料产品质量监督检验中心指导工作。

1998年3月30日，国家经贸委硅酮结构密封胶工作领导小组办公室发出《关于加强硅酮结构密封胶管理和进行市场清理整顿的通知》（胶办文〔1998〕2号），提出对硅酮结构密封胶实施企业和产品认定，自此中心作为专家组成员，参与企业检查、抽样检验和认定工作。

1998年12月，国家建材局防水材料产品质量监督检验中心被授予"全国建材质量工作先进单位"。

1999年1月，国家建材局防水材料产品质量监督检验中心通过国家机构授权产品审查认可及计量认证复审，取得（99）量认（国）字（R0351）计量认证证书及（99）建材质监认字（06）号授权证书，31种产品通过计量认证。

1999年1季度，国家建材局防水材料产品质量监督检验中心对中央直属粮库建筑防水卷材实施国家专项监督抽查。

1999年4月，国家建材局防水材料产品质量监督检验中心被江苏省建委核定为专业Ⅰ级工程质量检测单位。

1999年5月20日，科学技术部、国家经济贸易委员会联合发文《关于印发国家经贸委管理的10个国家局所属科研机构转制方案的通知》，苏州研究设计所从开发研究类全民事业单位转制成为专门从事科学研究的科技型全民企业。

2000年10月，国家建材局防水材料产品质量监督检验中心首次举办了一期产品质量分析会暨标准宣贯会，出席会议的有国家技术监督局抽查处、国家建筑材料工业局标准质量司、中国化学建筑材料公司、中国建筑防水材料工业协会的领导。

2001年3季度，国家建材局防水材料产品质量监督检验中心受质检总局（现国家市场监督管理总局）委托，对建筑工地防水材料实施专项监督抽查。

2001年11月13日，经中国化学建筑材料公司批准同意，苏州研究设计所下属企业苏州市新型建筑防水工程公司（1986年11月10日经苏州市计委批准成立）实行整体转让改制，于2002年1月26日全部完成。

2002年1月4日，依据国家建筑材料工业局文件，"国家建材局防水材料产品质量监督检验中心"更名为"国家建材工业建筑防水材料产品质量监督检验测试中心"。

2002年6月，国家建材工业建筑防水材料产品质量监督检验测试中心通过国家商检实验室认可，取得NO. N000—0291 CCBLAC认可证书。

2002年三季度，国家建材工业建筑防水材料产品质量监督检验测试中心对聚氯乙烯、氯化聚乙烯高分子防水片材进行国家监督抽查。

2003年3至9月，苏州研究设计所与中国建筑防水材料工业协会共同举办了三期"防水卷材企业实验室基本条件培训班"，参加培训总人数达430余人。

2003年三季度，国家建材工业建筑防水材料产品质量监督检验测试中心对SBS、APP改性沥青防水卷材进行国家监督抽查。

2004年4月14日至18日，苏州研究设计所受全国工业产品生产许可证办公室建筑防水卷材审查部的委托，在苏州连续举办了两期"建筑防水卷材产品生产许可证换（发）证实施细则"宣贯班，有130人参加了培训。

2004年6月22日，中国建筑材料工业协会孙向远副会长视察了苏州研究设计所和国家建材工业建筑防水材料产品质量监督检验测试中心，对过去的成绩给予了充分的肯定，同时在标准制定等工作方面，提出了更高的要求。

2004年三季度，国家建材工业建筑防水材料产品质量监督检验测试中心对橡塑共混、氯化聚乙烯高分子防水片材以及SBS、APP改性沥青防水卷材进行国家监督抽查。

2004年冬，为庆祝苏州研究设计所二十年诞辰，中国建筑材料工业协会张人为会长为苏州研究设计所题词："二十年硕果累累，靠科技再创辉煌。"中国建筑材料集团公司宋志平总经理题词："致力防水技术开发，推动防水行业进步。"《中国建材报》谢镇江社长题词："防水技术进步的先锋，企业行业发展的引擎。"中国建筑防水材料工业协会陈健理事长为苏州研究设计所题词："山积而高，依托行业；泽疏而长，服务企业。"中建材防水材料公司朱冬青总经理为苏州研究设计所题词："求真务实，勇于创新，科技为本，服务行业。"

2005年3月17日，美国欧文斯科宁公司向国家建材工业建筑防水材料产品质量监督检验测试中心捐赠沥青瓦检测仪器（矿物粒黏附性试验机、摆锤冲击仪、夹具）三台套，价值20万元人民币，在苏州研究设计所进行了捐赠仪式。

2005年4月1日至4月2日，经质检总局（现国家市场监督管理总局）同意，由中国建筑材料工业协会、中国建筑防水材料工业协会、苏州研究设计所、国家建材工业建筑防水材料产品质量监督检验测试中心主办，在苏州会议中心召开了"国家监督抽查产品质量分析会"，防水企业中具有代表性的一百多个企业的领导和质量管理负责人参加了会议，中国建筑材料工业协会孙向远副会长、中国建筑防水材料工业协会朱冬青秘书长、全国工业产品生产许可证办公室建筑防水卷材审查部高原副主任到会并讲话。

2005年三季度，国家建材工业建筑防水材料产品质量监督检验测试中心对橡塑共混、氯化聚乙烯高分子防水片材以及SBS、APP改性沥青防水卷材进行国家监督抽查。

2005年8月1日，湖北工业大学防水材料与工程专业理事会成立，所长羡永彪被聘任为理事会副理事长，苏州研究设计所、国家建材工业建筑防水材料产品质量监督检验测试中心、《中国建筑防水》杂志社为理事单位。

2006年4月5日，中建材防水材料公司和国家建材工业建筑防水材料产品质量监督检验测试中心在苏州举办了"硅酮结构密封胶国家标准宣贯"培训班，结构胶行业四十多家企业派员参加了培训。

2006年二季度，国家建材工业建筑防水材料产品质量监督检验测试中心对聚氯乙烯防水卷材、氯化聚乙烯防水卷材、高分子防水材料－片材（氯化聚乙烯-橡胶共混防水卷材、三元乙丙防水卷材）等产品实施了国家监督抽查。

2007年一季度，国家建材工业建筑防水材料产品质量监督检验测试中心完成了对弹性体、塑性体改性沥青防水卷材、柔性体复合胎防水卷材的国家监督抽查。

2007年9月，受质检总局（现国家市场监督管理总局）质量监督司质检监函〔2007〕18号文"关于编制第一批重点产品质量监督抽查实施规范"通知要求，国家建筑材料工业建筑防水材料产品质量监督检验测中心负责主编起草了《建筑防水材料抽查规范》，包含建筑防水卷材和防水涂料。

2007年10月，国家劳动和社会保障部批准在苏州研究设计所设立建材行业特有工种职业技能鉴定040站，开展防水卷材生产工、建材物理检验工等工作岗位初、中、高级职业技能鉴定工作。

2007年四季度，国家建材工业建筑防水材料产品质量监督检验测试中心完成了对三元乙丙、弹性体改性沥青防水卷材等的国家监督抽查。

2007年12月1日，苏州研究设计所与中国建筑材料检验认证中心签署合作协议，在苏州研究设计所建立CTC苏州工作站，开展体系认证和产品认证相关工作。

2008年第二季度，国家建材工业建筑防水材料产品质量监督检验测试中心完成了对弹性体改性沥青防水卷材、沥青复合胎柔性防水卷材、聚氯乙烯防水卷材、高分子防水材料-片材（聚乙烯丙纶复合防水卷材、三元乙丙、乙烯乙酸乙烯等高分子防水卷材）等的国家监督抽查。

2008年7月3日，经国家标准化管理委员会国标委综合〔2008〕87号文批准的"全国轻质与装饰装修建筑材料标准化技术委员会建筑防水材料分技术委员会（SAC/TC195/SCI）"（以下简称建筑防水材料分技术委员会），在苏州市会议中心召开了成立大会。

2008年11月，设置在苏州研究设计所的建材行业特有工种职业技能（040）鉴定站，在苏州举办了首批职业技能鉴定考评员（建材物理检验工、改性沥青防水卷材生产工和高分子防水卷材生产工等三个工种）的资格培训。

2008年第四季度，国家建材工业建筑防水材料产品质量监督检验测试中心完成了对弹性体改性沥青防水卷材、塑性体改性沥青防水卷材、沥青复合胎柔性防水卷材、聚氯乙烯防水卷材、氯化聚乙烯防水卷材、高分子防水材料—片材（聚乙烯丙纶复合防水卷材、三元乙丙、乙烯乙酸乙烯、聚乙烯等高分子防水卷材）等的国家监督抽查。

2009年第一季度，国家建材工业建筑防水材料产品质量监督检验测试中心完成了对弹性体改性沥青防水卷材、沥青复合胎柔性防水卷材、聚氯乙烯防水卷材、氯化聚乙烯防水卷材、聚乙烯丙纶复合防水卷材、三元乙丙防水卷材等的国家监督抽查。

2009年4月23日，苏州研究设计所与美国FM认证公司（以下简称：FM公司）在北京正式签署合作协议，由FM公司提供全面技术和指导，苏州研究设计所负责建设我国第一个建筑屋面抗风揭实验室，为FM公司在中国开展建筑屋面抗风揭认证提供建筑屋面抗风揭测试服务。

2009年6月10日，苏州研究所、国家建材工业建筑防水材料产品质量监督检验检测中心（羡永彪、朱德明、杨胜、朱志远、王澜、陈建华、马永祥）完成国家技监总局抽查司委托编写的《执法培训教材 防水卷材部分》，进行技术执法，培训执法人员。

2009年9月3日，中国建筑材料集团董事、党委副书记、纪委书记郝振华同志在集团人力资源部副总经理叶迎春同志和公司领导的陪同下莅临苏州研究设计所视察工作。郝书记希望苏州研究设计所能够在已有的基础上进一步创新发展，建立适应市场的机制，培养好专业技术人才，把防水科技事业做大做强，更好地服务建筑防水行业。

2009年9月，检测中心主编的产品质量国家监督抽查实施规范《建筑防水卷材产品抽查实施规范》CCGF 304.1—2009、《建筑防水涂料产品抽查实施规范》CCGF 304.2—2009、参编的《建筑用密封胶产品抽查实施规范》CCGF 423—2009实施。

2009年10月19日，国家建筑材料工业建筑防水材料产品质检中心建筑幕墙四性实验室落成典礼暨中国建筑防水协会建筑密封材料分会筹备会召开。

2009年10月29日至11月4日，由西南交通大学北京研究院负责组织与实施，在苏州举办的第一期、第二期"京沪高速铁路建设喷涂聚脲检测人员业务培训班"，来自中国建筑防水协会和铁科院的专家进行了两天的理论课培训，并在苏州研究设计所进行了现场操作和检测培训。

2010年2月8日，中国化学建材公司苏州防水材料研究设计所更名为中国建筑材料科学研究总院苏州防水研究院（以下简称"苏州研究院"）。

2010年3月29日，中国建筑防水协会建筑密封材料分会成立大会暨首届国际研讨会在苏州新城花园酒店召开。

2010年3月30日下午，中国建筑材料集团有限公司副总经理刘宝瑛在集团企管部总经理张健等陪同下视察了苏州研究院，刘总一行参观和视察了国家建材工业建筑防水材料质检中心实验室，对苏州研究院的工作和发展提出了殷切希望，并同苏州研究院的专家、干部就节能减排等内容进行了交流。

2010年一季度，国家建材工业建筑防水材料产品质量监督检验测试中心完成了对弹性体改性沥青防水卷材、塑性体改性沥青防水卷材、沥青复合胎柔性防水卷材、聚氯乙烯防水卷材、高分子防水材料—片材（三元乙丙防水卷材、乙烯乙酸乙烯防水卷材、聚乙烯丙纶复合防水卷材）等的国家监督抽查。

2010年3月，根据国家安全生产监督管理总局关于开展《建材行业安全现状调查和对策研究》工作的要求，苏州防水研究院受中国建筑材料科学研究总院委托，具体组织实施"防水材料行业安全生产现状调查和对策研究"项目防水材料部分。

2010年5月24日，中国建筑材料集团公司总经理、中国建筑材料科学研究总院院长姚燕，中国建筑材料科学研究总院院长助理、中国建筑材料检验认证中心有限公司总经理马振珠，中国建筑防水协会理事长、中建材防水材料公司总经理朱冬青，中国建筑防水协会苗雁秘书长，中国建筑材料科学研究总院水泥科学和新型材料研究所崔琪所长，中建材防水材料公司苏明副总经理，中建材防水材料公司办公室张焰主任一行，到中国建筑材料科学研究总院苏州防水研究院参加揭牌仪式，参观了实验室，并作了重要讲话。

2010年8月26日，苏州防水研究院屋面系统抗风揭实验室正式开业暨美国FM认可实验室授权、签字仪式在苏州防水研究院隆重举行。美国FM认证有限公司总经理Paris Stavrianidis先生、中国建筑防水协会理事长朱冬青、中国京冶工程技术有限公司建筑设计院副总建筑师蔡昭昀、中国建筑材料科学研究总院苏州防水研究院院长羡永彪等70多位领导和专家出席了仪式。

2010年12月1日，中国建材集团郭朝民副总经理在中建材防水材料公司朱冬青总经理陪同下，视察了中国建筑材料科学研究总院苏州防水研究院和国家建筑材料工业建筑防水材料产品质量监督检验测试中心，并观看了苏州防水研究院与美国FM公司授权合作检测项目之一的金属屋面系统抗风揭对比试验。

2011年2月11日，在中国建筑防水协会访美代表团访问美国FM认可实验室时，美国FM认证有限公司正式向苏州防水研究院进行了金属屋面系统抗风揭检测授权。

9.2.2 CTC苏州公司发展历程

2011年3月25日，苏州防水研究院投资600万元，成立"江苏天誉建材检验有限公司"，羡永彪任总经理，朱德明任副总经理，朱志远任总经理助理。

2011年4月20日，防水检测中心美国FM认可金属屋面系统抗风揭实验室授权仪式在苏州举行，美国FM认证有限公司认证部总经理Paris Stavrianidis向苏州防水研究院院长兼检测中心主任羡永彪递交了授权证书，中国建筑防水协会理事长朱冬青等领导，以及来自全国各地的钢结构公司、建筑公司的嘉宾共同见证了授权仪式，并参观了金属屋面系统抗风揭实验室。

2011年6月1日苏州防水研究院下的检验、认证、鉴定、培训、标准等版块业务剥离，成立江苏天誉建材检验有限公司。

2011年6月，苏州防水研究院党支部被评为"2010—2011年度中国建筑材料集团有限公司优秀支部"。

2011年二季度，国家建材工业建筑防水材料产品质量监督检验测试中心完成了对弹性体改性沥青防水卷材、塑性体改性沥青防水卷材、沥青复合胎柔性防水卷材、聚氯乙烯防水卷材、高分子防水材料-片材（三元乙丙防水卷材、乙烯乙酸乙烯防水卷材、聚乙烯丙纶复合防水卷材）等的国家监督抽查。

2012年初，国检集团总部研究决定并购江苏天誉公司，资金规模为1.1亿，募投项目确定收购一处房地产：工业厂房总建筑面积为16200平方，为一幢三层楼，一幢四层楼，占地面积为1.94公顷。

2012年3月13日质检总局（现国家市场监督管理总局）郑卫华司长、质量处王军处长、李震、孟凯、工信部、国标委潘北辰等国家职能部门领导参加了苏州公司承办、总局在苏召开的防水材料质量调研会议，并参观了防水检测中心。

2012年3月21日江苏天誉建材检验有限公司名称变更为中国建材检验认证集团苏州有限公司（简称"CTC苏州公司"）。

2012年4月，防水检测中心完成了2012年第二季度建筑防水卷材产品质量联动监督抽查，作为牵头机构，联合19家检测机构抽检了569个生产厂的861批次建筑防水卷材，同时承担江苏省等其他部分省市的国抽任务。

2012年6月，CTC苏州公司金属屋面抗风揭性能的检测量突增，成功引入到高铁站台工程项目。

2012年12月14日，全国轻质与装饰装修建筑材料标准化技术委员会建筑防水材料分技术委员会（TC195/SC1）2012年会在厦门召开，由来自防水协会、科研院所、质检机构和生产企业的共计20多名代表参加。

2012年12月15日，《环氧树脂防水涂料》建材行业标准审查会在厦门召开，会议由TC195/SC1建筑防水材料分技术委员会主持，来自标委会、生产企业、科研院所、使用单位与质检机构的25名代表参加了会议。

2013年3月11日，由中国建筑防水协会和郑州中原应用技术开发有限公司主编的《建筑幕墙用硅酮结构密封胶》建工行业标准第一次编制工作会议在京召开，由来自住房和城乡建设部标准定额司、中国建筑科学研究院、中国建材检验认证集团苏州有限公司、上海建科院有限公司、广东省建科院、河南省建科院有限公司、河南建科院有限公司和道康宁（中国）投资有限公司等密封胶生产企业共计32名代表参加了工作会议。

2013年3月31日，全国轻质与装饰装修建筑材料标准化技术委员会建筑防水材料分技术委员会（SAC/TC195/SC1）在北京组织召开了《防水卷材用沥青原料技术要求》建材行业标准审查会，来自标委会、生产企业、科研院所、质检机构与使用单位的30

名代表参加了会议。

2013年7月22日，CTC苏州公司参加总院"关于青年科技人员编写国家科技项目（民口）立项建议及评比"活动。活动旨在优选一批具有前景的项目进入"创新项目库"，作为将来申报国家科技项目的备选项目，对部分具有前瞻性项目还将给予一定资助开展预研工作。

2013年9月25日，苏州市姑苏区区委书记翟晓声携财政局、发改局、科技局领导等一行检查指导，虎丘街道黄慧书记等陪同视察。

2013年10月10日，东方雨虹职业技能鉴定培训基地授牌剪彩仪式举行。这象征着中国建筑防水行业职业技能培训的旗舰站点正式成立。中国建筑防水协会理事长朱冬青、秘书长苗燕，国家建材行业特有工种职业技能鉴定040站站长羡永彪，法国防水专家丹尼尔，东方雨虹总裁向锦明、人力资源总监丁毅、培训学校总校校长阮和章等出席剪彩仪式。

2013年11月21日，由中国建筑防水协会、CTC苏州公司、国家建材行业特有工种职业技能鉴定（040）站联合举办的"联盟杯"全国建筑防水行业职业技能大赛高分子防水卷材单层屋面施工技术项目初赛在苏州吴江凯伦职业技能鉴定培训基地隆重开幕。中国建筑防水协会理事长朱冬青、吴江区人力资源和社会保障局局长王海鹰、中国建材检验认证集团苏州有限公司总经理羡永彪、中国建筑材料科学研究总院苏州防水研究院总工程师杨胜、江苏凯伦建材股份有限公司董事长钱林弟等领导出席了开幕式。

2014年4月1日，TC195/SC1分技术委员会年会暨《单层卷材屋面抗风揭试验方法》《透汽防水垫层》《隔热防水垫层》标准审查会在苏州顺利召开。

2014年12月4日下午，原中国建材联合会会长张人为同志专程前往CTC苏州公司新基地参观新建的全国建筑防水行业职业技能培训中心，了解建筑防水材料行业的职业培训和职业工种鉴定等发展情况。

2015年1月14日，山东省临朐县有机硅专业委员会一行二十多人来CTC苏州公司进行参观、交流，就密封胶行业的最新信息、密封胶检测技术、发展方向等进行了热烈的讨论和交流。

2015年3月10日至11日，交通运输部认证中心廉主任一行来到苏州，对国家建筑材料工业建筑防水材料产品质量监督检验测试中心进行合作考察，充分肯定检测中心的能力水平及在行业中的地位。

2015年3月13日，中国国家认证认可监督管理委员会实验室与检测监管部沈军副主任和监督管理处谢澄处长在CTC总部刘元新副总的陪同下莅临我中心参观考察。

2015年3月19日，CTC苏州公司与美国FM公司单层屋面系统抗风揭检测签订下一轮授权合作签约。双方就扩大授权合作范围进行了探讨，并达成了初步意向。

2015年4月，CTC苏州公司的"国家防水与节水材料产品检测服务能力提升"项目参与申报了省创新能力建设计划中"科技设施类"的"科技服务骨干机构能力提升项目"子类别，最终通过专家评审，并获得政府扶持资金。

2015年4月10日，CTC苏州公司成为CCPC签约检验机构。中交（北京）交通产品认证中心有限公司在江苏省会议中心召开了第5届交通产品认证交流大会，作为新一届签约检验机构，参与了授牌仪式。

2015年4月24日，CTC苏州公司申报并由中国国家认证认可监督管理委员会实验室与检测监管部主持的国家防水与节水材料产品质量监督检验中心论证会在苏州举行。中科院海洋研究所所长侯保荣院士、中国建筑科学研究院李承刚研究员、上海建筑科学研究院张元发总工、上海质检院（国家建筑材料及装饰装修材料质检中心）谢明舜所长、东方雨虹防水技术股份有限公司蒋凌宏总监等技术专家，以及中国建筑防水协会朱冬青理事长、江苏省、苏州市质量技术监督局的相关领导参加了论证会。

2015年5月6日，苏州市发改委组织相关领导和苏州大学专家教授对CTC苏州公司进行走访和考察。

2015年6月25日，苏州市标准化协会（SAS）换届大会在市会议中心召开，CTC苏州公司当选为苏标协第六届理事单位。

2015年7月13日，根据国家标准化管理委员会2014年第一批国家标准制修订计划（国标委综合〔2014〕67号）和2014年第二批国家标准制修订计划（国标委综合〔2014〕89号）两项文件的要求，由CTC苏州公司和中国建筑科学研究院分别主导的《金属屋面抗风掀性能检测方法 第1部分：气囊法》（计划号：20140992—T-333）和《金属屋面抗风掀性能检测方法 第2部分：静压法》（计划号：20142721—T-333）两项国家标准正式立项制订。

2016年3月15日，《预铺防水卷材》《湿铺防水卷材》两项标准的第二次工作会议在苏州召开。

2016年3月15日，中国建筑材料集团有限公司副董事长、中国建筑材料科学研究总院院长姚燕来到苏州，对CTC苏州公司进行调研。

2016年4月13日，国家认监委发布《关于对国家防水与节水材料产品质量监督检验中心授权的通知》（国认实函〔2016〕41号）。通知指出，中国建材检验认证集团苏州有限公司（简称CTC苏州公司）筹建的国家防水与节水材料产品质量监督检验中心已按要求完成筹建工作并通过了评审和验收，经审查，符合国家产品质量监督检验中心的相关法定要求，决定对全国唯一的国家防水与节水材料产品质量监督检验中心授权。

2016年4月28日，青工委换届大会在284号防水大院四楼会议厅召开，来自苏州防水研究院，CTC苏州公司，防水杂志社的43名青年员工参加了会议。

2016年5月13日，CTC苏州公司领导与来苏调研新材料发展与研究的工信部原材料司司长高萍进行了深入而卓有成效的交流。

2016年5月18日，CTC苏州公司培训基地迎来了来自上海市60多家建筑防水施工单位的相关领导与负责人，接受屋顶种植防水施工工艺技术的培训课程。

2016年6月15日，姑苏区经济和科技局知识产权处陈云峰处长、王张荣处长一行到访CTC苏州公司，同时向我司授予了"姑苏区知识产权示范单位"荣誉牌匾。

2016年7月16日，中国建筑防水协会青年企业家分会交流团一行30人到访CTC苏州公司进行交流活动。

2016年7月27日，由中国建筑防水协会、国家建材行业特有工种职业技能鉴定040站主办；CTC苏州公司承办；中国建筑材料科学研究总院苏州防水研究院、《中国建筑防水》杂志社、江苏宏源中孚防水材料有限公司协办的2016年"宏源杯"全国建筑防水行业职业技能大赛（华东赛区）初赛在苏州工业园区和顺路1号全国建筑防水行业职业技能培训中心正式开赛。

2016年8月2日，CTC苏州公司新购置的SBI单体燃烧试验炉试运行成功，从此开展建筑构件制品燃烧性能实验。

2016年9月6日，根据国标委2013年第一批国家标准计划，《混凝土砂浆粘结防水卷材 第1部分：预铺反粘防水卷材》（修订计划号20130895—T-609）和《混凝土砂浆粘结防水卷材 第2部分 湿铺防水卷材》（制订计划号20130896—T-609）列入计划，两项标准由CTC苏州公司、中国建筑防水协会、建筑材料工业技术监督研究中心负责组织有关单位参加修订和制定。标准负责起草单位为CTC苏州公司在苏州召开了两项国家标准制修订第三次工作会议。

2016年9月20日至22日，由中国建筑防水协会、国家建材行业特有工种职业技能鉴定040站、CTC苏州公司主办，潍坊市宏源防水材料有限公司、唐山德生防水股份有限公司、江苏凯伦建材股份有限公司协办的2016年"联盟杯"全国建筑防水行业职业技能大赛复赛，在苏州工业园区和顺路1号全国建筑防水行业职业技能培训中心举行。

2016年9月26日，根据工信部下达的"2015年第三批行业标准制修订计划"，《单组分聚脲防水涂料》2015—0959T-JC标准列入制订计划，该标准由CTC苏州公司、苏州中材非金属矿工业设计研究院有限公司、中国建材检验认证集团股份集团公司、北京森聚柯高分子材料有限公司负责组织有关生产企业、科研院所、质检机构等参加起草。标准负责起草单位在苏州召开了《单组分聚脲防水涂料》行业标准制定第二次工作会议。

2016年10月24日，中国建筑材料联合会秘书长孙向远一行考察了我公司位于苏州工业园区和顺路1号的职业技能培训中心。

2016年10月26日，由中交（北京）交通产品认证中心有限公司主办的"第六届交通产品认证交流大会"在北京国际会议中心隆重举行，CTC苏州公司作为2015年度签约检测机构应邀出席了本次会议。

2016年11月1日至2日，全国轻质与装饰装修建筑材料标准化技术委员会建筑防水材料分技术委员会（SAC/TC195/SC1）在苏州主持召开了《预铺防水卷材》《湿铺防水卷材》两项国家标准审查会。

2016年11月3日，姑苏区经济和科技局黄慧局长、朱剑雯副局长一行4人到CTC苏州公司进行调研活动。

2016年11月3日，国检集团汤跃庆副总经理携常州工学院、常州城市建设（集团）有限公司、江苏城工建设科技有限公司、江苏城工工程设计咨询有限公司有关领导一行7人来苏州公司进行参观考察。

2016年12月2日，德国Büsscher hoffmann公司代表一行前来CTC苏州公司就耐根穿刺技术合作意向进行磋商。

2017年1月4日至7日，苏州公司朱德明总经理参加了姑苏区第二届人民代表大会第一次会议，以姑苏区人大代表、虎丘街道代表团代表身份，对《政府工作报告》《财政预算草案报告》《环境保护工作报告》以及法院、检察院等工作报告等进行了热烈的审议和讨论。

2017年3月12日，《单组分聚脲防水涂料》行业标准（计划号：2015—0959T-JC）第三次工作会议在天津召开。会议由CTC苏州公司主办，由天津森聚柯密封涂层材料有限公司组织承办。

2017年3月19日，《绿色建材评价技术要求 防水与密封材料》（计划号：20160914—T-609）第一次工作会议在苏州国信雅都大酒店召开。本项目由CTC苏州有限公司负责组织开展编制工作，由全国轻质与装饰装修建筑材料标准化技术委员会TC195负责归口。

2017年3月20日，《热熔橡胶沥青防水涂料》（计划号：2016—0124T-JC）第一次工作会议在苏州国信雅都大酒店召开。标准由CTC苏州公司、苏州非金属矿工业设计研究院有限公司防水材料设计研究所负责组织开展编制工作。

2017年4月24日，TC195/SC1秘书处在苏州市国信雅都大酒店召开建筑防水材料分技术委员会的二届三次工作会议。上级标委会秘书长、本分委会19名委员、3名委员代表、2名顾问、2名观察员、2名秘书，共计29名代表出席了本次会议。

2017年5月3日，由CTC苏州公司与中国建筑科学研究院主编、由全国建筑幕墙门窗标准化技术委员会（TC448）归口管理的推荐性国家标准《金属屋面抗风掀性能检

测方法 第 1 部分：静态压力法》（立项名称为：气囊法）审查会在苏州雅都大酒店召开。

2017 年 7 月 4 日，全国轻质与装饰装修建筑材料标准化技术委员会（SAC/TC195）在杭州主持召开了 CTC 苏州公司负责牵头起草的《绿色产品评价防水与密封材料》国家标准审查会。

2017 年 8 月 7 日，CTC 苏州公司与山东潍坊科技学院共建耐根穿刺防水卷材智能温控实验室项目签约仪式在学院孵化大厦会议室举行。山东潍坊科技学院党委副书记、副院长吴长军，苏州公司总经理助理陈文洁代表双方签署协议。国家防水与节水材料产品质量检验中心、国家建材工业建筑防水材料产品质量监督检测中心主任、苏州公司总经理朱德明，寿光市委常委、寿光市政府副市长姚庆筱，寿光市台头镇党委委员王文堂，寿光市防水行业协会会长郑家玉，山东潍坊科技学院副院长李美芹，山东半岛蓝色经济工程研究院院长崔鑫参加仪式。

2017 年 8 月 17 日，国家认证认可监督管理委员会委派 2 名专家组成检查小组，对我公司开展强制性产品认证指定实验室专项监督检查，涉及的强制性产品为建筑安全玻璃，CTC 苏州公司顺利通过。

2018 年 3 月 20 日，为配合国家标准《预铺防水卷材》GB/T 23457—2017、《湿铺防水卷材》GB/T 35467—2017 的实施，两项标准的负责起草单位 CTC 苏州公司在苏州组织召开了标准宣贯会。

2018 年 3 月 21 日，苏州公司"建筑防水材料检测工程技术研究中心"通过苏州市企业研发机构年度绩效评估，获得苏州市科学技术局颁发的中心铭牌。

2018 年 4 月 23 日，由 CTC 苏州公司牵头起草的《建筑门窗用组角密封胶》行业标准第二次工作会议暨《建筑密封胶用色浆》和《建筑密封胶用包装材料》团体标准启动会召开。中国建筑防水协会、杭州之江、江门大光明、广州白云、广州高士、广州集泰、北京高分宝树、佛山元通、佛山卡乐尔等单位代表参加了会议。

2018 年 4 月 25 日，寿光市第一届"技能兴寿"职业技能竞赛——寿光市防水行业建材物理检验工职业技能竞赛，在中国建材检验认证集团苏州有限公司潍坊质检分公司隆重举行并圆满落幕。

2018 年 4 月 26 日，在虎丘街道团工委潘静书记，国检集团苏州公司总经理、党支部书记朱德明，副总经理、副书记王澜，副总经理朱志远等来宾和领导的共同见证下，国检集团苏州公司团支部正式成立。

2018 年 5 月 4 日，中国建材检验认证集团苏州有限公司潍坊质检分公司成功取得检验检测机构资质认定证书，检测范围涵盖防水行业 13 个主要产品标准，其中包括《种植屋面用耐根穿刺防水卷材》GB/T35468—2017。

2018年5月19日，为落实国家开展绿色建材认证工作的文件精神，CTC苏州公司防水密封认证专家组和国检集团绿色产品认证院组成的审核组，先后前往东方雨虹集团岳阳生产基地、唐山生产基地以及广州市白云化工实业有限公司，分别开展了防水材料和建筑密封胶领域首批CTC绿色建材产品认证试点工作。

2018年5月28日，CTC苏州公司与中国建筑防水协会青年企业家分会在上海国际防水展展会现场举行了签约仪式。朱德明总经理与轮值会长杨建国共同签署了合作协议。

2018年5月31日，为推动三元乙丙材料在国内的广泛应用，倡导绿色、环保、低碳的防水理念，CTC苏州公司与重庆轻纺集团、德国萨固密公司、萨固密建设有限公司深化合作会议在苏州公司举行，苏州公司总经理朱德明、副总经理朱志远、王澜；苏州防水研究院副院长瞿建民，总工程师杨胜；中国建筑防水杂志社社长徐建月；德国萨固密公司总经理乌铎拜舍勒先生，亚太中国区总经理王健女士，中国区经理黄园艺先生，德国施工大师彼得先生等共同出席会议。

2018年8月24日，由国检集团总部主办，CTC苏州公司承办的2018年度国检集团检验检测质量巡查工作总结会在苏州召开。国检集团副总经理刘元新出席会议并做重要讲话。

2018年12月27日，CTC苏州公司负责起草的《建筑门窗用组角密封胶》行业标准顺利通过专家委员审查。

2019年1月14日乌鲁木齐市建筑建材科学研究院有限责任公司董事长李海桥、总经理何冰、副总经理李军会、陈永利一行20人来访。CTC苏州公司总经理朱德明、副总经理王澜等领导参加交流。

2019年5月29日，CTC护航绿色发展发布会在上海世博展览馆隆重召开，中国建筑防水协会秘书长朱冬青及副会长苗燕、羡永彪、国检集团副总朱连滨及国检集团苏州公司总经理朱德明等高层领导共同出席，我国防水行业众多知名企业、地方防水协会领导代表共同见证了此次发布会的盛况。发布会对首批绿色产品获证的三家企业进行了授牌。

2019年6月27日，由工业和信息化部归口管理，由中国建筑防水协会、建筑材料工业技术监督研究中心、CTC苏州公司等单位负责组织起草的强制性国家标准《建筑用硅酮结构密封胶》GB 16776—2005修订工作启动会在广州佛山顺利召开。来自行业协会、标准化技术委员会、结构胶生产企业、上下游企业、检测机构和媒体等单位在内的约100名代表参加了本次会议。

2019年8月，经企业标准领跑者统一信息平台公示，CTC苏州公司成功入选弹性体改性沥青防水卷材、聚合物水泥防水浆料、聚合物水泥防水砂浆、防水涂料4类产品的国家2019年企业标准排行榜和"领跑者"评估机构。

2019年9月5日，CTC苏州公司党支部换届选举大会顺利召开。朱德明、王澜、朱志远、余奕帆、许茜五人当选为新一届党支部委员。在新一届支委委员首次会议中，朱德明、王澜分别当选书记、副书记，其中王澜兼任纪检委员。

2019年12月9日，CTC苏州公司在大会议厅隆重召开2019年度首批师徒带教集体签约仪式。朱德明、朱志远、王澜等公司领导及各部门代表参加了签约仪式。

2020年2月20日，姑苏区组织部长陆文明、虎丘街道办事处主任侯丽华一行，来CTC苏州公司检查复工后企业运行情况，并向企业转达了区政府的关心，给一线员工带来最紧缺的防护物资—口罩。

2020年2月22日，CTC苏州公司党支部收到了来自苏州市姑苏区应对新型冠状病毒感染的疫情防控指挥部的一封感谢信。这一天，距离我们在党支部内部发动动员是29天，距离第一位志愿者高敏杰参加留观点24小时志愿服务是25天，同时也是党支部系统组织志愿者连续参加街道卡口执勤服务的第17天。

2020年2月27日，苏州市委常委、姑苏区委书记黄爱军一行来CTC苏州公司调研复工复产工作。

2020年3月20日，姑苏区虎丘街道党工委副书记何强一行到访苏州公司进行复工后的情况调研。

2020年4月10日，苏州市中心血站严伟斌站长一行4人前来苏州公司颁发献血荣誉证书和感谢信，对苏州公司在疫情当前积极奉献爱心表示感谢。

2020年4月10日，姑苏区市场监管局徐燕英副局长一行前来苏州公司，调研企业复工后的企业需求并帮助解决困难。

2020年4月14日，由工业和信息化部、中国建筑材料联合会管理和指导，由中国建筑防水协会、建筑材料工业技术监督研究中心和CTC苏州公司等单位负责组织修订的强制性国家标准《建筑用硅酮结构密封胶》GB 16776—202X（修订计划号：20190053—Q-339）以视频会议的创新形式召开了编制组成立暨第一次工作会议。

2020年5月27日，CTC苏州公司顺利开展认证业务的首次远程评审。

2020年6月3日，姑苏区陈浩副区长、虎丘街道孙步霖副主任一行来我公司进行调研。

2020年6月16日，苏州公司收到慈善总会感谢信，就我公司在疫情期间，响应号召、积极行动，助力疫情防控阻击战的行为表示了感谢。

2020年10月29日，由CTC苏州公司负责修订的国家职业技能标准《防水卷材制造工》在北京国家会议中心召开了标准启动会暨第一次工作会议。

2020年12月3日，由苏州市市场监督管理局牵头的"苏州制造"品牌国际认证联盟正式成立，国内外16家知名认证机构加入认证联盟，国检集团苏州公司成为联盟首批成员。

2020年12月11日，国检集团朱连滨总经理来到苏州，召集江苏、浙江、上海等长三角区域的集团分子公司共聚一堂，同商发展大计。

2020年12月23日，由CTC苏州公司组织开展的"建筑防水卷材检验能力验证项目总结暨实验室比对技术研讨会"在苏顺利召开。

2020年12月25日，工业和信息化部2020年12月25日发布了《关于公布2020年团体标准应用示范项目名单的通告》（工信部科函〔2020〕341号），该文件公布了110项2020年团体标准应用示范项目。CTC苏州公司负责起草的两项团体标准《沥青基耐根穿刺防水卷材阻根剂含量试验方法》T/CBMF 49—2019/T/CWA 301—2019、《特种非固化橡胶沥青防水涂料》T/CBMF 44—2019列入其中。建材领域仅七项入选。

2021年3月1日，CTC苏州公司团支部书记章丹铭带队参加了团市委组织的"一线有我，号队出列"青春建功行动推进会，检测部刘昌宁代表部门上台领取了2020年度青年安全生产示范岗荣誉奖牌。

2021年3月，CTC苏州公司开展的首家密封胶"中国绿色产品认证"现场审核企业获证。国检集团为广州市白云化工实业有限公司颁发了密封胶领域首张中国绿色产品认证证书。

2021年3月15日，CTC苏州公司主持制定的国家标准《金属屋面抗风掀性能检测方法 第1部分：静态压力法》GB/T 39794.1—2021正式颁布。

2021年3月16日，苏州市委副书记朱民、市委副秘书长祁立春，协同市、区、街道相关部门领导，莅临我司指导工作。

2021年6月3日，中国建材检验认证集团股份有限公司作为"中国绿色产品合格评定项目"建材组组长单位，获批绿色建材产品认证机构资质，CTC苏州公司正式开始防水与密封材料的认证受理申请。

2021年7月1日，CTC苏州公司开展庆祝建党一百周年活动。

2021年8月16日，CTC苏州公司召开第一届董事会、监事会。国检集团党委副书记、总经理朱连滨，苏州公司总经理朱德明、苏混公司总经理谈永泉、浙江公司总经理翟跃忠、南京公司总经理师卓、集团市场运营中心副总经理王亮亮分别在现场或通过视频参会。国检集团总经理助理彭超主持会议，苏州公司全体中层干部列席会议。

2021年8月28日，CTC苏州公司与虎丘街道党工委召开廉洁共建签约仪式。国检集团苏州公司班子成员朱德明、彭超、王澜与虎丘街道党工委纪委夏玮杰、马骋，组织人事处缪华、陆卿等一起，见证了CTC苏州公司与虎丘街道《廉洁共建协议书》的签订。

2021年9月10日，国检集团总部任命彭超为总经理，同时兼任中心主任。

2021年9月28日，中国共产党苏州市第十三次代表大会胜利闭幕。CTC苏州公司副书记、纪检委员、副总经理王澜同志，作为564名苏州市代表之一，全程参加了会议。

2021年9月30日，在苏州市委组织部、宣传部的组织下，"海棠云听——对话党代表"广播、视频双通道直播在苏州新闻91.1频率播出。我公司副总经理王澜与苏州市市场监督管理局局长、知识产权局局长虞伟、苏州市产品质量监督检验院材料检验部部长刘丽霞一起作为会后第一批通过广播接受官媒专题采访的党代表，向听众们介绍了我们作为第三方机构，如何将党代会精神融入到工作之中，服务苏州制造高质量发展。

2021年10月9日，CTC苏州公司获省工信厅授予的"中小企业公共服务示范平台（三星级）"荣誉牌匾。

2021年12月21日，CTC苏州公司负责起草的《建筑防水材料有害物质试验方法》GB/T 41078—2021标准正式发布。

2021年12月23日，CTC苏州公司按照国家市场监督管理总局"一家一证"的要求，取得国家中心和行业中心合证后的法人证书，证书编号：210002289339。

2022年4月23日，由CTC苏州公司主笔编写的《2022年防水材料质量白皮书》，由珠海采筑电子商务有限公司正式发布。白皮书以服务人类健康美好生活为愿景，帮助大众了解防水材料，理解建筑的防水功能，正确合理地去设计和选材，指导防水施工和应用，以专业力量，赋能行业良性健康发展。

2022年5月10日，CTC苏州公司荣获2021年度苏州市级打造先进制造业基地专项扶持资金。苏州公司也成为姑苏区全区唯一一家成功申报本次平台类专项资金的单位。

2022年5月18日，CTC苏州公司标准试验基材严选供应服务正式上线。

2022年6月9日，CTC苏州公司重磅推出自主研发设备：防水卷材搭接缝不透水性检测设备（ZY-1）。

2022年7月16日，首届全国建筑防水行业（物理性能检验员）职业技能大赛在CTC苏州公司顺利开赛。

2022年7月20日，CTC苏州公司正式开展防水涂料耐根穿刺试验。

2022年8月4日，CTC苏州公司重磅推出新款"ZY-2型裁无忧全自动智能卷材裁样机"。该机型是一款用于卷材等片状材料的全自动智能裁样机，相比传统裁样方式，具有更加精确、高效、安全、智能等显著优势。

2022年8月19日，CTC苏州公司负责起草的强制性国家标准《建筑防水涂料安全技术规范》获批立项，由我公司负责起草的建筑防水领域又一重点标准项目《建筑防水涂料安全技术规范》（计划号：20220872—Q-339）同时获批立项。

2022年9月5日，CTC苏州公司"朱志远名师工作室"成功挂牌。工作室依托中国建材检验认证集团苏州有限公司的国家级检测中心技术实力，开展一系列有关防水材料的耐久性、可靠性、适用性等研究，开展防水工程方案设计咨询、渗漏勘测、系统检测、应用评估等工作，承担国家、省市等各级关于建筑防水、抗渗、节能、环境、安全等科技项目的研究攻关工作。

2022年9月9日，CTC苏州公司首批涂料耐根样品正式入园。

2022年9月15日，中共中国建材检验认证集团苏州有限公司党支部成功召开了支部换届选举大会，选举出了新一届的5名支部委员，由王澜任支部书记。

2022年9月20日，CTC苏州公司针对采筑供应商，联合采筑ACA认证联盟，在国内首次开展沥青基耐根穿刺防水卷材认证。

2022年10月18日，CTC苏州公司顺利通过2022年江苏省高新技术企业评审认定，并列入第二批发榜的名单之中，最新的高企证书编号为"GR202232002578"。

2022年10月27日，CTC苏州公司工会成立大会暨第一届工会会员大会顺利召开。会议由苏州公司党支部书记王澜主持，虎丘街道党工委副书记、工联会主席孙大权、姑苏区总工会基层工作部部长姜达震、属地社区书记等领导莅临指导，朱德明、彭超、王澜及全体工会会员近七十人参加会议。

2022年11月12日—13日，由中国建筑防水协会主办、国家建材行业特有工种职业技能鉴定（040）站协办、CTC苏州公司承办、科顺防水科技股份有限公司赞助的首届"科顺杯"全国建筑防水行业（物理性能检验员）职业技能大赛决赛在苏州圆满收官。

2022年11月17日，2022年全国建筑材料行业大会在京召开，大会公布了2020年与2021年工信部百项团体标准应用示范项目的团体标准，由CTC苏州公司负责起草的《沥青基耐根穿刺防水卷材阻根剂含量试验方法》和《特种非固化橡胶沥青防水涂料》两项团体标准列入其中并获表彰。

2022年12月7日，CTC苏州公司负责起草的《建筑防水材料工程要求试验方法》标准编制组成立暨第一次工作会议以视频形式顺利召开。参会的主要领导有：中国建筑防水协会秘书长朱冬青、总工程师张勇；国检集团苏州公司总工程师朱志远、副总经理王澜。

2022年12月12日，国检集团召开华东区域材料板块经营调研专项会议。国检集团党委书记、总经理朱连滨，党委副书记陈璐，纪委书记张继军，副总经理、董事会秘书宋开森，副总经理、财务总监吕和义，副总经理张庆华、张永贵等高管线上参会，苏州公司、苏混公司、南京公司、浙江公司、安徽公司主要负责同志线下参会，会议由国检集团总经理助理、苏州公司总经理彭超主持。朱连滨指出，华东区域材料板块具备深厚的技术底蕴，良好的发展条件，要成为国检集团材料板块高质量发展的主力军和华东地区材料技术服务的领头羊。

2023年1月11日，CTC苏州公司入围工信部团体标准应用示范项目名录。

2023年3月15日，CTC苏州公司承担了2023年度苏州市建筑防水卷材产品风险监测任务。在苏州大市范围内共计抽检14家生产单位21批次产品，并完成风险监测报告，有力支撑苏州市防水卷材行业质量分析会成功召开。

2023年4月1日，CTC苏州公司参与主编的《建筑与市政工程防水通用规范》GB 55030—2022正式实施，为配套规范的实施，苏州公司主持编写了配套测试方法标准《建筑防水材料工程要求试验方法》T/CWA 302—2023，并成为首家具备规范配套检测能力的机构。

2023年4月21日，CTC苏州公司（国家防水与节水材料产品质量检验检测中心/国家建材工业建筑防水材料产品质量监督检验测试中心）作为防水卷材产品质量国家监督抽查中标机构，再次承担江苏、辽宁、湖北、山东、河北等共14个省份166家生产单位166批次产品的抽检工作。

2023年6月20日，建筑密封材料分会年会圆满召开并顺利完成分会换届。分会正副会长、会员单位、上下游企业、产业链企业代表，科研院所、检验、认证机构代表以及专家学者等共计200多人参加了会议。尹青亚当选新一届密封材料分会会长，苏州公司副总经理王澜当选为秘书长。

2023年8月，根据国检集团区域化及事业部改革工作需要，国检集团华东材料事业部正式成立。成员单位包含苏州公司、浙江公司、南京公司、苏混公司、安徽公司、安徽建材所、国检计量公司，并以苏州公司为法人主体，组建华东材料事业部第一届董事会、监事会与经营班子，彭超当选董事长，翟跃忠担任总经理。苏州公司将作为华东材料事业部法人主体与总部基地，对国检集团华东地区材料业务进行管控运营。当月，中共国检集团华东材料事业部第一次全体党员大会在苏州胜利召开，国检集团党委书记、董事长朱连滨，国检集团党委副书记、总经理陈璐出席会议并讲话。会议选举产生了中国共产党中国国检测试控股集团华东材料事业部第一届委员会和纪律检查委员会，彭超当选党委书记，翟跃忠、王澜当选党委副书记，王澜当选纪委书记。

2023年9月，首批防水涂料耐根穿刺实验完成中期开箱。CTC苏州公司组织技术人员与企业代表共同见证了防水涂料耐根穿刺实验的中期开箱情况，参与验证实验的样品阻根效果良好。公司负责起草的行业标准《种植屋面用耐根穿刺防水涂料》同期编制中。

2023年9月20日，CTC苏州公司与采筑电子商务有限公司、中国建筑防水协会建筑密封材料分会、中国建筑金属结构协会铝门窗幕墙分会联合主编《建筑用密封胶质量白皮书》第一次工作会议召开，会议研讨确立了白皮书提纲、分工安排，为有序推动后续白皮书编制工作奠定了重要基础。

2023年9月26日，CTC苏州公司成功通过绿色制造体系第三方评价机构备案，加入"南通精品家纺"认证联盟、苏州市绿色认证联盟，进一步提升绿色低碳服务能力。

2023年12月26日，CTC苏州公司获省工信厅批准，首次被认定为江苏省"专精特新"中小企业，并通过了江苏省级中小企业公共服务示范平台的重新认定。

2023年12月28日，华东材料事业部（CTC苏州公司）和顺路基地正式启用。和顺路基地于12月底正式投入使用，该场所首次通过"全参数评审"，耐根穿刺种植基地、BSL-2级微生物实验室也首次获得CNAS认可。

（三）密封材料分会秘书处工作

2010年3月29日，由中国建筑防水协会主办、中国建筑材料科学研究总院苏州防水研究院承办的"2010年中国建筑防水协会建筑密封材料分会成立大会暨首届国际密封材料技术研讨会"在苏盛大召开，来自防水协会、科研院所、检测中心、生产施工单位等100多位代表参加了会议。

2011—2020年，每年均召开"中国建筑防水协会建筑密封材料分会年会"，每届年会信息具体如下：

时间	地点	主办单位	承办单位	参会人数
2011.6.20—21	苏州	中国建筑防水协会	中国建筑材料科学研究总院苏州防水研究院	100余人
2012.4.10	苏州	中国建筑防水协会	中国建筑材料科学研究总院苏州防水研究院	100余人
2013.6.20—21	武汉	中国建筑防水协会	中国建筑防水协会建筑密封材料分会	150余人
2014.7.1—2	南宁	中国建筑防水协会	中国建筑防水协会建筑密封材料分会	200余人
2015.5.18—19	佛山	中国建筑防水协会	中国建筑防水协会建筑密封材料分会	200余人
2016.6.13—14	青州	中国建筑防水协会	中国建筑防水协会建筑密封材料分会	近300人
2017.6.21—22	桂林	中国建筑防水协会建筑密封材料分会	广西桂林金山化工	近300人

续表

时间	地点	主办单位	承办单位	参会人数
2018.6.28	九江	中国建筑防水协会建筑密封材料分会	江西晨光新材料股份有限公司	近300人
2019.6.26—27	佛山	中国建筑防水协会建筑密封材料分会	佛山金银河智能装备股份有限公司	近300人
2020.11.18—19	苏州	中国建筑防水协会建筑密封材料分会	明光天赋智能科技有限公司	200余人

2010年中国建筑防水协会建筑密封材料分会成立大会上选举产生了第一届分会领导机构，并于2014年、2019年及2023年分别进行了换届。历届分会领导人员如下表：

年份及届数	会长	副会长	秘书长	副秘书长
2010年第一届	邓超	王文开、刘明、李步春、张鑫、张式泰、陈世龙、周福维、周荣、羡永彪	朱德明	—
2014年第二届	邓超	王文开、刘明、刘峰、朱以标、李分明、李步春、任绍志、陈世龙、陈明谈、张式泰、邹珍凡、周荣、赵洪千、段立业、胡新嵩、曾庆铭、羡永彪	朱德明	—
2019年第三届	尹青亚	陈明谈、陈世龙、丁大宏、胡新嵩、李步春、刘峰、刘明、彭冉、任绍志、司林刚、王文开、曾庆铭、张冠琦、张式泰、赵洪千、周荣、邹珍凡	朱德明	王澜、高妍
2023年第四届	尹青亚	陈明谈、丁大宏、胡新嵩、李步春、刘明、刘峰、彭冉、任绍志、王文开、杨坤、张建、张冠琦、张式泰、周荣、邹珍凡	王澜	高妍

2023年6月20日、21日，由中国建筑防水协会建筑密封材料分会主办、山东宝龙达实业集团有限公司等单位协办的"2023年中国建筑防水协会建筑密封材料分会年会暨第十二届国际密封材料技术研讨会"在苏盛大召开，来自密封胶生产企业、原材料供应商、科研院所、检验和认证机构等单位的200多位代表出席会议。

（四）标　准

2012年，作为主编单位制定了国家职业技能标准《改性沥青卷材生产工》《高分子防水卷材生产工》。

2013年作为主编单位制定了《中空玻璃用弹性密封胶》GB/T 29755—2013、《沥青基防水卷材单位产品能源消耗限额》GB 30184—2013，修订了《聚氨酯防水涂料》GB/

T 19250—2013；作为参编单位修订了《单层防水卷材屋面工程技术规程》JGJ/T 316—2013。

2014年作为主编单位制定了《聚甲基丙烯酸甲酯防水涂料》JC/T 2251—2014、《喷涂聚脲用底涂和腻子》JC/T 2252—2014、《脂肪族聚氨酯耐候防水涂料》JC/T 2253—2014、《喷涂聚脲用层间处理剂》JC/T 2254—2014、《防水卷材沥青技术要求》JC/T 2218—2014、《道桥用环氧沥青》NY/SH/T 0881—2014、《聚苯乙烯防护排水板》JC/T 2289—2014、《隔热防水垫层》JC/T 2290—2014、《透汽防水垫层》JC/T 2291—2014；作为参编单位制定了《屋顶及屋顶覆盖制品外部对火反应试验方法》GB/T 30735—2014，修订了《建筑铝合金型材用聚酰胺隔热条》JG/T 174—2014。

2015年作为主编单位制定了《单层卷材屋面系统抗风揭试验方法》GB/T 31543—2015、《喷涂橡胶沥青防水涂料》JC/T 2317—2015、《建筑幕墙用硅酮结构密封胶》JG/T 475—2015；作为参编单位修订了《玻纤胎沥青瓦》GB/T 20474—2015。

2016年作为主编单位修订了《金属板用建筑密封胶》JC/T 884—2016、《建筑用防霉密封胶》JC/T 885—2016、《防水卷材生产企业质量管理规程》JC/T 1072—2016。

2017年作为主编单位制定了《绿色产品评价 防水与密封材料》GB/T 35609—2017、《湿铺防水卷材》GB/T 35467—2017、《种植屋面用耐根穿刺防水卷材》GB/T 35468—2017、《非固化橡胶沥青防水涂料》JC/T 2428—2017，修订了《预铺防水卷材》GB/T 23457—2017。

2018年作为主编单位制定了《沥青防水卷材用胎基》GB/T 18840—2018、《单组分聚脲防水涂料》JC/T 2435—2018；作为参编单位制定了《结构装配用建筑密封胶试验方法》GB/T 37126—2018、《城市综合管廊防水工程技术规程》T/CECS 562—2018。

2019年作为主编单位制定了《热塑性聚烯烃（TPO）预铺防水卷材》T/CBMF 43—2019、《特种非固化橡胶沥青防水涂料》T/CBMF 44—2019、《沥青基耐根穿刺防水卷材阻根剂含量试验方法》T/CBMF 49—2019/T/CWA 301—2019；作为参编单位制定了《建筑金属围护系统工程技术标准》JGJ/T 473—2019、《自粘丁基橡胶钢板止水带》T/CECS 10015—2019、《绿色建材评价 防水卷材》T/CECS 10038—2019、《绿色建材评价 防水涂料》T/CECS 10040—2019。

2020年作为主编单位制定了《建筑门窗用组角结构密封胶》JC/T 2560—2020；作为参编单位制定了《乙烯-乙酸乙烯酯共聚物改性防水板中乙酸乙烯酯含量的测定方法》JC/T 2556—2020、《陶瓷砖用膏状背胶》T/CBMF 93—2020、《水性喷涂持粘高分子防水涂料》T/CECS 10084—2020，修订了《水性渗透型无机防水剂》JC/T 1018—2020、《聚氨酯灌浆材料》JC/T 2041—2020。

2021年作为主编单位制定了《金属屋面抗风掀性能检测方法 第1部分：静态压力

法》GB/T 39794.1—2021、《金属屋面抗风掀性能检测方法 第 2 部分：动态压力法》GB/T 39794.2—2021、《建筑防水材料有害物质试验方法》GB/T 41078—2021、《防水卷材屋面用机械固定件》JG/T 576—2021、《硅烷改性聚醚防水涂料》T/CBMF 105—2021/T/CWA 203—2021、《聚天门冬氨酸酯防水涂料》T/CWA 204—2021、《建筑密封胶用包装材料》T/CWA 205—2021、《硅酮建筑密封胶用色浆》T/CWA 206—2021、《水性聚氨酯防水涂料》T/CWA 207—2021；作为参编单位制定了《建筑金属板围护系统检测鉴定及加固技术标准》GB/T 51422—2021、《酮乙烯酯（KEE）防水卷材屋面工程技术标准》T/CWA 501—2021、《屋面晶体硅光伏与压型钢板构件防火等级试验方法》T/CSTM 00260—2021。

2022 年作为主编单位修订了《建筑防水材料老化试验方法》GB/T 18244—2022，制定了《热熔橡胶沥青防水涂料》JC/T 2678—2022、《坡屋面用防水材料 高分子泛水材料》JC/T 2679—2022、《建筑防水涂料涂膜吸水性试验方法》JC/T 2663—2022、《高性能改性沥青防水卷材》T/CWA 208—2022、《无溶剂聚氨酯防水涂料》T/CWA 209—2022、《水性非固化橡胶沥青防水涂料》T/CWA 211—2022、《有机硅弹性建筑涂料》T/CBMF 190—2022；作为参编单位制定了《建筑与市政工程防水通用规范》GB 55030—2022、《健康家居室内装饰装修技术规程》T/CBDA 62—2022、《沥青防水卷材用强力交叉膜》T/CWA 212—2022。

2023 年作为主编单位制定了《建筑防水材料工程要求试验方法》T/CWA 302—2023、《建筑防水材料耐久性评价方法》T/CBMF 240—2023/T/CWA 303—2023、《耐水型聚合物水泥防水涂料》T/CWA 213—2023；作为参编单位制定了国际半导体产业协会标准 SEMI PV100—0523 TEST METHOD OF WIND UPLIFT RESISTANCE FOR PHOTOVOLTAICMODULES ROOF（BIPV）、《硅烷改性聚醚灌浆材料》T/CECS 10301 2023、《抗流挂聚氨酯防水涂料》T/CECS 10302—2023；修订了《聚合物乳液建筑防水涂料》JC/T 864—2023。

2024 年作为主编单位制定了《玻纤增强型热塑性聚烯烃（TPO）防水卷材》T/CWA 215—2024。

（五）认证评价

2007 年 12 月，国家建筑材料工业建筑防水材料产品质量监督检验测试中心与中国建筑材料检验认证中心签署合作协议，在苏州防水研究设计所设立 CTC 苏州工作站，进行质量、环境、职业健康安全管理体系认证和产品认证的相关工作。

2009 年 1 月，国家建筑材料工业建筑防水材料产品质量监督检验测试中心与中国建筑材料检验认证中心签署合作协议，在苏州防水研究设计所设立 CTC 苏州联络处，进行质量、环境、职业健康安全管理体系认证以及安全玻璃、水泥、陶瓷及其他建筑材料等的强制性、自愿性产品认证的相关工作。

2013 年 9 月，国家认证认可监督管理委员会《认证机构分支机构设立通知书（认可）》设分字〔2013〕第 23 号文，批准设立中国建材检验认证集团苏州有限公司为中国建材检验认证集团股份有限公司的分支机构，认证业务范围：一般工业产品。

2014 年 5 月，与中国建筑防水协会联合编制《中国建筑防水行业标准化实验室评定实施细则》CWA-PD-2014—01，对企业实验室能力进行评价，旨在提高建筑防水材料生产企业检测技术和检验装备的水平。

2018 年 5 月，根据国检集团《绿色建材认证实施规则 防水与密封材料》CTC-TVa-OP08，在防水与密封行业开展绿色建材认证，认证等级分为 AAA 级、AA 级、A 级。

2020 年 5 月，经中国建材检验认证集团股份有限公司授权，中国建材检验认证集团苏州有限公司在江苏省内开展"江苏精品"认证业务。

2020 年 6 月，中国建材检验认证集团苏州有限公司开发编制《建筑防水卷材可靠性等级认证技术规范》CTS 07013—2020、《建筑防水卷材可靠性等级认证实施规则》CTC-Tvp-OP34，针对防水卷材耐久性，进行建筑防水卷材可靠性等级的认证。

2020 年 9 月，根据国家认证认可监督管理委员会《绿色建材产品分级认证实施通则》CNCA-CGP-13—2020、《绿色产品评价 防水与密封材料》GBT 35609—2017 及相应产品实施细则开展国家绿色产品认证工作，同时为通过 AAA 级绿色建材认证的企业转换国家绿色产品认证证书。

2020 年 11 月，中国建材检验认证集团苏州有限公司加入"苏州制造"品牌国际认证联盟，经中国建材检验认证集团股份有限公司授权在苏州市内开展"苏州制造"认证业务。

2021 年 9 月，中国建材检验认证集团苏州有限公司加入采筑认证联盟，经中国建材检验认证集团股份有限公司授权开展采筑认证联盟业务。

2022 年 2 月，中国建材检验认证集团苏州有限公司编制发布《沥青基耐根穿刺防水卷材认证技术规范》CTS 07014—2022、《沥青基耐根穿刺防水卷材认证实施规则》CTC-TVp-OP45，开展耐根穿刺防水卷材认证，通过阻根剂快速检测技术，将定性检测转换为定量检测，帮助用户快速判断材料阻根状况，通过产品抽样检验、工厂保证能力检查、产品专项检查、产品一致性检查等控制手段，确保企业每批次耐根穿刺防水卷材的阻根性能得到科学识别。

2022 年 5 月，编制发布《采筑联盟认证技术规范 沥青基耐根穿刺防水卷材》ACA-TS-007—3771—2022、《采筑联盟认证实施细则 沥青基耐根穿刺防水卷材》ACA-007—

3771—2022，开展采筑认证联盟耐根穿刺防水卷材认证工作。

2023年4月，中国建材检验认证集团苏州有限公司加入"苏州市绿色认证联盟"。

2023年9月，中国建材检验认证集团苏州有限公司成功通过绿色制造体系第三方评价机构备案，可为各类企业提供绿色制造体系评价服务。

（六）鉴定培训

2007年10月，国家劳动和社会保障部办公厅发文（文号：劳社厅函〔2007〕389号），批准在苏州防水材料研究设计院设立建材行业特有工种职业技能鉴定站，开展职业技能鉴定工作，机构编码：65003040。鉴定范围：油毡生产工（6—17—03—01）、高分子防水卷材生产工（6—17—03—02）和建材物理检验工（6—26—01—03）。鉴定等级：初、中、高级。

2008年8月，申请承担"改性沥青卷材生产工"和"高分子防水卷材生产工"国家职业标准编制工作，于2009年6月、2010年7月召开两次工作会议，2010年12月通过专家审定，2012年6月国家职业技能标准《改性沥青卷材生产工》《高分子防水卷材生产工》正式实施。

2008年11月，040鉴定站协助国家建筑材料行业职业技能鉴定指导中心在苏州举办了首批职业技能鉴定考评员（建材物理检验工、改性沥青防水卷材生产工和高分子防水卷材生产工等三个工种）的资格培训。

2011年1月，联合中国建筑材料检验认证中心在厦门举办首次防水材料检验员鉴定活动，共有70人通过考核取得"建材物理检验工"国家职业资格证书。

2011年8月，人力资源和社会保障部为040鉴定站换发"职业技能鉴定许可证"，机构编码：65003040。鉴定范围：油毡生产工（6—17—03—01）、高分子防水卷材生产工（6—17—03—02）、防水工（6—23—06—01）、化学检验工（6—26—01—01）、材料成分检验工（6—26—01—02）和材料物理性能检验工（6—26—01—03）。鉴定等级：初、中、高级、技师、高级技师。

2012年4月，国家建材行业特有工种职业技能（040）鉴定站在国家建筑材料工业建筑防水材料产品质量监督检验测试中心举办首次"建材物理检验工（密封材料检验员）"鉴定活动，共有54人通过考核取得"建材物理检验工"国家职业资格证书。

2012年9月，国家建材行业特有工种职业技能040鉴定站授权位于"中国建筑防水之乡"山东省寿光市台头镇的寿光市防水行业协会组建山东职业技能培训基地。

2012年11月3日—11月6日，国家建材行业特有工种职业技能（040）鉴定站与山东寿光防水行业协会按照相关规定，开展"建材物理检验工（中级/高级防水材料检验员）"国家职业资格技能鉴定培训。

2013年3月26日—3月29日，国家建材行业特有工种职业技能（040）鉴定站联合辽宁省建筑防水材料工业协会在盘锦禹王集团举办第一期"防水工"职业技能鉴定培训班。

2013年4月10日—4月14日，国家建材行业特有工种职业技能（040）鉴定站联合中国建筑防水协会，开展了第一期"防水行业标准实验室暨化验员职业技能鉴定"培训班。首次将行业标准化实验室的培训和建材物理检验工（化验员）职业技能鉴定结合在一起。

2013年5月29日至2013年6月5日，国家建材行业特有工种职业技能（040）鉴定站联合中国建筑防水协会，在上海举办了防水工（单层屋面系统、涂料喷涂）培训讲师及考评员培训。

2013年8月5日至2013年8月9日，国家建材行业特有工种职业技能鉴定040站联合江苏凯伦建材股份有限公司，在吴江凯伦建材职业培训学校举办了凯伦公司首次防水工技能鉴定培训。

2013年9月8日至9月12日，国家建材行业特有工种职业技能（040）鉴定站联合中国建筑防水协会，在西卡渗耐防水系统（上海）有限公司培训中心举办了第2批防水工（单层屋面系统）培训讲师培训班，此次培训的内容包括高分子防水卷材的焊接、高分子防水卷材施工节点处理、单层屋面系统施工（空铺、满粘、机械固定）技术等。

2013年9月23日至9月26日，中国建筑防水协会、国家建材行业特有工种职业技能（040）鉴定站在江苏凯伦建材培训学校组织举办高分子防水卷材施工技能培训和鉴定活动。

2013年10月19日—21日，为配合首届"'联盟杯'全国建筑防水行业职业技能大赛"，中国建筑防水协会联合国家建材行业特有工种职业技能（040）鉴定站在北京东方雨虹应用技术中心举办改性沥青防水卷材施工技能培训班。

2013年11月11日至11月13日，寿光市防水行业协会、国家建材行业特有工种职业技能（040）鉴定站在潍坊市宇虹防水材料（集团）有限公司组织举办了改性沥青防水卷材施工技能培训班。

2013年11月，中国建筑防水协会联合国家建材行业特有工种职业技能（040）鉴定站，在厦门举办首届"联盟杯"全国建筑防水行业职业技能大赛决赛，内容为：改性沥青类、高分子类防水工。

2013年5—10月，国家建材行业特有工种职业技能（040）鉴定站与中国建筑防水协会、西卡渗耐防水系统（上海）有限公司、美国固瑞克公司上海代表处、法国索普瑞玛公司等分别合作开展单层屋面系统施工技术培训讲师培训、机械喷涂施工技术培训讲师培训、改性沥青防水卷材热熔施工技术培训讲师培训。

2014年6月25日至6月29日，国家建材工业建筑防水材料产品质量监督检验测试中心在苏州组织举办了防水行业标准化实验室评定细则暨建材物理检验工技能培训和鉴定，通过学员获得中华人民共和国人力资源和社会保障部统一核发的"建材物理检验工（防水材料检验员）"国家职业资格证书。

2014年8月28日至31日，中国建筑防水协会联合CTC苏州公司在北京东方雨虹应用技术中心举办了"改性沥青防水卷材施工技能培训班"。

2014年9月23日至26日，中国建筑防水协会联合CTC苏州公司在江苏凯伦建材股份有限公司培训学校举办了"高分子防水卷材施工技能培训班"。

2014年11月，在和顺路基地举办第二届"联盟杯"全国建筑防水行业职业技能大赛初赛及决赛。

2015年3月、5月、8月，国家建材行业特有工种职业技能（040）鉴定站在美国固瑞克上海代表处开展了4期机械喷涂施工技术培训班。

2015年4月9日至11日，国家建材行业特有工种职业技能（040）鉴定站协助国家建材行业职业技能鉴定指导中心在苏州举办防水行业职业技能鉴定考评员复评换证培训班。

2015年9月20日至24日，国家建材行业特有工种职业技能（040）鉴定站在国家建筑材料工业建筑防水材料产品质量监督检验测试中心举办"建材物理检验工（防水材料检验员）"鉴定培训活动。

2015年10月，和顺路基地举办第三届"台安杯"全国建筑防水行业职业技能大赛初赛。

2016年1月、3月、6月，国家建材行业特有工种职业技能（040）鉴定站在国家建筑材料工业建筑防水材料产品质量监督检验测试中心分别举办"建材物理检验工（密封材料检验员和防水材料检验员）"鉴定培训活动。

2016年3月28日，国家建材行业特有工种职业技能鉴定040站授牌潍坊宏源吉林公司职业技能培训基地，同时举办第一期防水职业技能培训班。

2016年10月26日，由中国建筑防水协会、中国建筑防水协会建筑密封材料分会主办，CTC苏州公司、国家建材行业特有工种职业技能鉴定040站、科昵西贸易（上海）有限公司、日本栗崎工业株式会社共同协办的2016年建筑防水行业职业技能（打胶施工技术）注册培训师培训班举行。

2016年11月，和顺路基地举办第四届"联盟杯"全国建筑防水施工职业技能大赛决赛。

2016年12月，国家建筑材料行业特有工种职业技能鉴定040站授牌江苏莱德建材有限公司职业技能鉴定基地。

2017年2月20日至25日，CTC苏州公司联合国家建筑材料行业特有工种职业技能鉴定040站，在江苏苏州举办了"建材物理检验工"（防水材料检验员）的培训、鉴定活动。

2017年3月、8月，国家建筑材料行业特有工种职业技能鉴定040站在唐山德生防水公司开展改性沥青防水工国家职业资格培训鉴定活动。

2017年7月4日，国家建筑材料行业特有工种职业技能鉴定040站与北京森特士兴集团签订金属屋面防水工培训鉴定协议，完成首次鉴定培训活动。

2017年8月，和顺路基地举办2017年中国技能大赛全国防水行业（防水工）职业技能华东赛区初赛，11月完成第五届"2017年中国技能大赛全国防水行业（防水工）职业技能竞赛"复赛、决赛的组织和考评工作。

2017年7月，国家建筑材料行业特有工种职业技能鉴定040站授牌河南华瑞公司职业技能鉴定基地。

2017年11月，国家建筑材料行业特有工种职业技能鉴定040站与广东欣涛公司签订培训基地协议。

2017年11月27日至29日，由中国建筑防水协会、中国建筑防水协会建筑密封材料分会主办，CTC苏州公司、国家建筑材料行业特有工种职业技能鉴定040站举办建筑防水与密封行业职业技能（打胶施工技术）培训班。

2017年12月，国家建筑材料行业特有工种职业技能鉴定040站与浙江宏成公司签订培训基地协议。

2018年1月、3月、10月、12月，国家建筑材料行业特有工种职业技能鉴定040站分别在佛山科顺、CTC苏州公司、潍坊宏源、盘锦禹王开展建材物理检验员培训班。

2018年8月14日，中国建筑防水协会主办，CTC苏州公司、国家建筑材料行业职业技能鉴定（040）站承办，科顺防水科技股份有限公司协办的"科顺杯"全国建筑防水行业职业技能大赛（华东赛区）初赛。

2018年10月22日至27日，CTC苏州公司在苏州举办了"建筑防水卷材产品生产许可证实施细则暨防水材料检验员"培训班。

2018年12月，苏州市人力资源和社会保障局文件《关于公布201年苏州市高技能人才公共实训基地建设项目的通知》（苏人保职〔2018〕36号），批准建立苏州防水材料应用技术公共实训基地，建设单位：中国建材检验认证集团苏州有限公司。

2019年3月、5月至8月，CTC苏州公司分别在苏州、广州举办了5期建材物理检验员（防水材料、密封材料）培训班。

2019年5月31日，"豫宏杯"2019全国建筑防水行业职业技能大赛（华东赛区）

初赛在苏州顺利举办。

2019年6月至10月，和顺路基地举办2019年全国防水行业（防水工）职业技能华东赛区初赛，及第七届"2019年全国建材行业（防水工）职业技能竞赛"复赛、决赛的组织和考评工作。

2019年9月，国家建筑材料行业职业技能鉴定（040）站在苏州和顺路实训基地举办苏州公司内部员工防水工培训鉴定活动，获得苏州人社局职业资格证书。

2020年1月、6月、7月、12月，CTC苏州公司分别在潍坊、苏州举办了5期建材物理检验员（防水材料、密封材料）培训班。

2020年8月29日，"姑苏杯"2020全国建筑防水行业职业技能大赛（华东赛区）初赛暨姑苏区防水工职业技能竞赛在苏州举行。大赛由CTC苏州公司主办，苏州市姑苏新型建材有限公司协办，在竞赛的筹备过程中得到了中国建筑防水协会、苏州市姑苏区人力资源和社会保障局及苏州市姑苏区总工会的大力支持及肯定。

2020年11月，和顺路基地完成第八届"2020年全国建材行业（防水工）职业技能竞赛"复赛、决赛的组织和考评工作。

2021年1月、2月、3月、6月、11月，国家建筑材料行业职业技能鉴定（040）站分别在CTC苏州公司、江苏凯伦、佛山科顺举办了6期建材物理检验员（防水材料、密封材料）培训班。

2021年6月至11月，和顺路基地完成"雨中情杯""2021年全国建材行业（防水工）职业技能竞赛"初赛。

2021年11月，和顺路基地完成"2021年全国建材行业（防水工）职业技能竞赛"复赛、决赛的组织和考评工作。

2022年7月、11月，国家建筑材料行业职业技能鉴定（040）站完成2022年首届全国建筑防水行业（物理性能检验员）职业技能大赛初赛、决赛工作。

2022年9月22—23日，由中国建筑防水协会主办，CTC苏州有限公司承办，亚士创能科技（上海）股份有限公司协办的2022年建筑防水行业职业技能大赛——"亚士杯"华东赛区全国防水行业（防水工）职业技能竞赛在职业技能实操培训基地顺利举行。

2023年4月，国家建筑材料行业职业技能鉴定（040）站与深圳防水协会合作，在佛山开展1期防水工培训鉴定活动。

2023年1月、7月、11月，国家建筑材料行业职业技能鉴定（040）站在CTC苏州公司举办了4期建材物理检验员（防水材料、密封材料）培训班。

2023年8月至11月，国家建筑材料行业职业技能鉴定（040）站承办"2023年建材行业（检验员）职业技能竞赛"初赛的考评及"2023年建材行业（检验员）职业技能竞赛"复赛、决赛的组织和考评工作。

2023年9月，国家建筑材料行业职业技能鉴定（040）站完成"莱德杯""2023年全国建材行业（防水工）职业技能竞赛"初赛。

（七）专　利

2011年，新申请专利1个：一种将聚脲应用于旧柔性防水屋面的翻新改造的施工方法（发明专利，申请号2011101938631）。

2012年，新申请专利7个：一种固化或非固化沥青的制模方法（发明专利，申请号2012104754795）、一种用于检测防水材料的不透水仪（实用新型专利，申请号2012206186087）、一种便携式拉拔检测仪（实用新型专利，申请号2012206204615）、一种便携式负压检测仪（实用新型专利，申请号2012206186072）、一种用于检测防水层剪切强度的剪切检测仪（实用新型专利，申请号2012206186759）、一种用于固化或非固化沥青制模的套管加热式挤出枪（实用新型专利，申请号2012206187018）、一种用于透汽防水垫层不透水性检测仪器的压盘（实用新型专利，申请号2012206184452）。

2013年，新申请专利2个：一种杠杆式的气动夹具（发明专利，申请号2013107432209）、一种夹持具有凸起且易碎试件的夹具（实用新型专利，申请号201320881818X）。

2014年，新申请专利7个：一种试件的夹持装置（实用新型专利，申请号2014200505798）、一种用于去除试件表面涂层的抛光机（实用新型专利，申请号2014200496943）、一种可调式的金属屋面板手动咬口钳（实用新型专利，申请号201420593976X）、一种防水卷材的裁切机（实用新型专利，申请号2014207205099）、一种用于将两块叠设的工字形模块固定的工装夹具（实用新型专利，申请号2014207205084）、一种旧硬质防水屋面的翻新改造的施工方法（发明专利，申请号2014100326241）、一种批量化的小玻璃自动磨边机（发明专利，申请号2014100375197）。

2015年，新申请专利7个：一种防水卷材的防蹿水性能的检测方法（发明专利，申请号2015100234920）、一种防水卷材拉伸实验用的送样装置（实用新型专利，申请号2015200297770）、一种用于输送工字形模块的进样装置（实用新型专利，申请号2015200317308）、用于评估胶黏材料粘结性能的试验机（实用新型专利，申请号2015206864731）、用于检测密封胶撕裂强度试验的裁切装置（实用新型专利，申请号2015207182195）、一种夹棍式防水卷材的定位夹具（实用新型专利，申请号2015207180749）、一种侧紧套环式防水卷材的定位夹具（发明专利，申请号

2015105896706）。

2016 年，新申请专利 6 个：一种防水卷材的防蹿水性能的检测方法（发明专利，申请号 2016100044352）、一种涂料成膜尺寸的控制装置（实用新型专利，申请号 2016200752826）、一种用于检测密封胶拉伸和压缩性能的夹具（实用新型专利，申请号 2016200752845）、用于防水浆料涂层抗渗试验中试件的成型装置（实用新型专利，申请号 2016209204916）、一种用于直立锁边屋面板的加强型抗风夹（实用新型专利，申请号 2016211377970）、一种制备预铺卷材防窜水性试件的成型模具（实用新型专利，申请号 2016211376840）。

2017 年，新申请专利 6 个：用于防水卷材检测的工字形模块自动制样机（发明专利，申请号 2017104071438）、一种具有往复压辊轴的金属屋面板锁边机（实用新型专利，申请号 2017206323227）、一种可伸缩的焊接辅助工具（实用新型专利，申请号 2017206368798）、防水卷材不透水性测试装置的待检样品定位机构（实用新型专利，申请号 2017217963157）、防水卷材不透水性测试装置的自动供水机构（实用新型专利，申请号 2017217963829）、防水卷材不透水性测试用的电动低压力测试装置及方法（发明专利，申请号 2017113836513）。

2018 年，新申请专利 4 个：用于粘结汽车扰流板的聚氨酯结构胶及其制备方法和应用（发明专利，申请号 2018100717648）、沥青卷材浸水试验用的试验仪（实用新型专利，申请号 2018201304027）、沥青或防水卷材抗冲击后渗漏性能检测用的检测装置（实用新型专利，申请号 2018201304012）、高分子卷材浸水试验用的试验设备（实用新型专利，申请号 2018201302854）。

2019 年，新申请专利 6 个：一种发泡聚氨酯试件裁切用的裁切机（实用新型专利，申请号 2019201097661）、一种带膨胀管的自攻螺钉（实用新型专利，申请号 2019201097303）、一种防水材料层耐根穿刺性能检测用的检测系统（发明专利，申请号 2019104258072）、一种防水材料层耐根穿刺性能检测用的试验箱（实用新型专利，申请号 2019207355582）、一种防水材料层耐根穿刺性能检测用的温控大棚结构（实用新型专利，申请号 2019207357520）、水柱式卷材渗漏水测试仪（实用新型专利，申请号 2019224237182）。

2020 年，新申请专利 10 个：一种锚杆剪切试验用的检测设备（实用新型专利，申请号 2020205388315）、一种大板玻璃运载用的搬运车（实用新型专利，申请号 202020538832X）、一种防护涂料中化学物质向涉水管材迁移的快速检测方法（发明专利，申请号 2020102900880）、一种聚氨酯涂料中游离甲苯二异氰酸酯的快速检测方法（发明专利，申请号 2020102906247）、一种聚合物水泥防水涂膜自闭性检测用的试验装置（实用新型专利，申请号 2020209739378）、一种具有温度调节的夹具（实用新型专利，申请号 2020213340820）、一种沥青防水卷材耐热性的测试装置（实用新型专利，申请号 2020219633384）、一种工字型试件成型用的胶枪式模具（实用新型专利，申请号 2020219625180）、一种压料机（实用新型专利，申请号 2020213340356）、一种用于膜片抗氯离子渗透性的测试装置（实用新型专利，申请号 202021963337X）。

2021 年，新申请专利 11 个：耐根穿刺材料中阻根剂含量的检测方法（发明专利，申请号 2021101045279）、一种防水卷材接缝不透水性检测方法（发明专利，申请号 2021101099955）、一种工字型试件的剪切装置（实用新型专利，申请号 2021202321534）、一种具有密封功能的砂浆抗渗试验装置（实用新型专利，申请号 2021202326311）、一种便携式膏状物自动取样器（实用新型专利，申请号 2021203402168）、一种涂膜或片材的低温开裂循环测试装置（实用新型专利，申请号 2021203400459）、一种模拟屋面结构单支点试验装置（实用新型专利，申请号 2021204466716）、一种用于核电水密构件的自动试验装置（实用新型专利，申请号 2021208934772）、种植屋面用防水涂料耐根穿刺试验的涂膜试样制备方法（发明专利，申请号 2021110604309）、防水卷材接缝部位应用性能的试验方法（发明专利，申请号 2021110603541）、一种金属屋面系统抗风性能现场评估的试验装置（实用新型专利，申请号 2021227609790）。

2022 年，新申请专利 6 个：一种防水卷材接缝不透水性的检测设备（实用新型专利，申请号 2022206047069）、一种夹层玻璃抗冲击性能的试验设备（实用新型专利，申请号 2022208128959）、一种胶粘剂拉伸剪切强度测试用的制样装置（实用新型专利，申请号 202222566115X）、适用于聚合物水泥防水涂料抗渗性检测的砂浆试块及其制备方法（发明专利，申请号 202211240593X）、一种多工位全自动防水材料尺寸变化率测定系统（实用新型专利，申请号 2022235447063）、陶瓷砖尺寸和表面质量自动采集系统软件 V1.0（软著，申请号 2022SR1631013）。

2022 年，新申请专利 8 个：密封材料专用的全自动热空气水循环试验装置（实用新型专利，申请号 2023204337216）、一种防水卷材搭接缝的性能检测装置（实用新型专利，申请号 2023206808045）、消除搭接后高低差式防水卷材接缝不透水性检测方法（发明专利，申请号 2023104474932）、一种全封闭式防水卷材的沥青提取设备（实用新型专利，申请号 2023212384878）、适用于高强、抗滑材料性能检测的多道锁紧式装夹结构（实用新型专利，申请号 202321435509X）、胶粘剂对接接头拉伸强度试验的制样（实用新型专利，申请号 2023219964484）、一种用于密封胶条样品回弹恢复性的试验装置（实用新型专利，申请号 2023226499932）、一种用于排水板不透水性检测的压板装置（实用新型专利，申请号 2023226504610）。

（八）刊物书籍

2013年5月，由中国建材检验认证集团苏州有限公司、中国建筑材料科学研究总院苏州防水研究院、中国建筑防水协会组编的"建筑防水行业职业技能鉴定培训教材《防水工（第一版）》"正式出版发行。

2015年11月，由中国建筑防水协会、中国钢结构协会、中国建材检验认证集团苏州有限公司、上海市金属结构行业协会组编的"建筑防水行业职业技能鉴定培训教材《防水工（金属屋面）》"正式出版发行。

2017年4月，由中国建材检验认证集团苏州有限公司、中国建筑材料科学研究总院苏州防水研究院、中国建筑防水协会组编的"建筑防水行业职业技能鉴定培训教材《防水工（第二版）》"正式出版发行。

（九）其他技术服务

2013年4月8日，促进建筑防水行业健康发展产业联盟在京成立，来自工信部、质检总局（现国家市场监督管理总局）、中国建筑防水协会的领导、全国主要防水社团组织负责人及153位中国建筑防水协会理事共同见证了产业联盟的成立，CTC苏州公司接受协会委托，自2013年至2017年连续五年在联盟企业内开展质量提升活动，通过企业现场检查和抽样检验，发现问题，提出建议，完成质量调查报告。

2015年、2016年全国工业产品生产许可证办公室连续两年委托中国建筑防水协会组织开展生产许可证发证检验机构及获证企业建筑防水卷材物理性能检验比对工作[《关于开展建筑防水卷材产品生产许可发证检验机构和获证企业建筑防水卷材物理性能检验比对工作的通知》（全许办〔2015〕16号、质检监函〔2016〕105号）]。国家建筑材料工业建筑防水材料产品质量监督检验测试中心作为技术支持机构，负责对比对结果收集汇总、分析，形成分析报告和总结初稿报防水协会。

2015年8月至12月，比对活动有44家检测机构参加SBS卷材物理性能检测和PVC卷材物理性能检测比对。有42家机构的实验室提交了检验结果，有2家机构未提交结果。SBS卷材比对活动的42家检测机构实验室提交的检测结果中，共有9家实验室提交的结果离散性较大，满意度78.6%。PVC防水卷材有5家实验室提交的结果离散性较大，满意度88.1%。有241家企业参加弹性体（SBS）改性沥青防水卷材物理性能检测比对活动，但有22家企业未提交结果，共有21家实验室提交的结果离散性较大，满意度90.4%；有54家企业参加PVC防水卷材物理性能检测比对活动，但有3家企业未提交结果，共有7家实验室提交的结果离散性较大，满意度86.3%。

2016年，防水卷材物理性能检验比对活动继续开展，包括弹性体（SBS）改性沥青防水卷材和聚氯乙烯（PVC）防水卷材，共有48家检验机构和112家企业参加了本次比对活动。48家检验机构中，有47家参加弹性体（SBS）改性沥青防水卷材比对项目，有47家参加聚氯乙烯（PVC）防水卷材比对项目。其中，有46家参加弹性体（SBS）改性沥青防水卷材和聚氯乙烯（PVC）防水卷材两项比对。112家企业实验室中，93家参加弹性体（SBS）改性沥青防水卷材比对项目，20家参加聚氯乙烯（PVC）防水卷材比对项目。其中，有1家参加弹性体（SBS）改性沥青防水卷材和聚氯乙烯（PVC）防水卷材两项比对。

2020年，开展防水卷材（SBS、PVC）物理性能比对活动，SBS卷材共有95家企业参加，PVC卷材共有38家企业参加。

2021年，开展防水卷材物理性能、防水涂料物理性能检验比对工作，SBS卷材共有103家企业参加，PVC卷材共有43家企业参加，聚氨酯涂料共有46家企业参加。

2022年，开展防水卷材物理性能、防水涂料物理性能检验比对工作，SBS卷材共有101家企业参加，PVC卷材共有39家企业参加，聚氨酯涂料共有44家企业参加。

2023年，开展防水卷材物理性能、防水涂料物理性能检验比对工作，SBS卷材共有103家企业参加，PVC卷材共有43家企业参加，聚氨酯涂料共有44家企业参加。

（十）奖项荣誉

2012年12月，"《聚氯乙烯（PVC）防水卷材》国家标准"项目荣获中国建筑防水协会建筑防水行业技术进步一等奖，证书编号：FSKJ20120104。

2012年，中国建筑金属结构协会授予朱德明"2009—2012年度科技创新优秀个人"称号。

2013年12月，"《聚氯乙烯（PVC）防水卷材》国家标准研究"荣获中国建筑材料集团有限公司2013年度科学技术进步奖三等奖。

2013年12月，获得江苏省"高新技术企业证书"，证书编号：GR201332000990，有效期三年。

2013年12月，根据苏信用办（2013）64号文件，获得"江苏省企业信用管理贯标证书"，证书编号：2013—3205—01600。

2014年1月，中国建筑材料科学研究总院授予中国建材检验认证集团苏州有限公司"优秀经营团队"荣誉称号。

2014年12月，"《聚氨酯防水涂料》国家标准研究"荣获中国建筑材料集团有限公司 2014 年度科学技术奖科技进步类三等奖。

2014 年 12 月，中国建筑装饰协会幕墙工程委员会授予国家建筑材料工业建筑防水材料产品质量监督检验测试中心"中国建筑幕墙行业三十年突出贡献企业"荣誉称号。

2015 年 1 月 12 日，《屋面系统抗风揭试验装置及试验方法、标准研究》项目荣获中国建筑防水协会 2014 年"建筑防水行业技术进步奖"一等奖，证书号：FSKJ20140103。

2015 年 3 月，江苏省人民政府授予朱志远同志"二〇一四年度江苏省有突出贡献的中青年专家"荣誉称号。

2015 年 8 月，"《透汽防水垫层》行业标准制定"项目荣获国检集团创新贡献奖科技成果类三等奖。

2015 年 8 月，中国建筑材料联合会分别授予《水泥基渗透结晶型防水材料》GB 18445—2012 标准、《改性沥青防水卷材成套生产设备通用技术条件》JC/T 2046—2011 标准：建材行业标准创新奖二等奖、三等奖。

2015 年 8 月，中国建筑材料联合会授予朱志远"建材行业标准化创新奖先进个人"荣誉称号。

2015 年 12 月，"《隔热防水垫层》行业标准"项目荣获中国建筑防水协会建筑防水行业技术进步三等奖，证书编号：FSKJ20150301。

2016 年 8 月 12 日，"屋面系统抗风揭性能检测方法、标准及装置研究"项目获 CTC 总部 2016 年度创新贡献奖一等奖。

2016 年 11 月，CTC 苏州公司获得江苏省"高新技术企业证书"，证书编号：GR201632003698，有效期三年。

2016 年 12 月，"《透气防水垫层》JC/T 2291—2014 的制定"项目荣获中国建筑防水行业技术进步奖二等奖，证书编号：FSKJ20160202。

2016 年 12 月，中国建筑材料科学研究总院授予朱晔"岗位技术能手"。

2016 年 12 月，江苏省经济和信息化委员会、江苏省中小企业局授予中国建材检验认证集团苏州有限公司"江苏省中小企业公共服务示范平台（三星级）"。

2017 年 8 月，姑苏区发展和改革局授予中国建材检验认证集团苏州有限公司"重点服务业人才工作先进单位"。

2017 年，CTC 苏州公司党支部获国检集团"五好党支部"、虎丘党工委"先进基层党支部"。

2017 年 12 月，国家建筑材料行业职业技能鉴定指导中心授予中国建材检验认证集团苏州有限公司"2017 年建材行业技能人才培育先进单位"荣誉称号；授予王澜"建材行业技能人才培育先进个人"。

2017年12月,"屋面系统抗风揭性能检测方法、标准及装置研究"项目荣获2017年中国建材集团科技奖进步类二等奖。

2017—2019年,CTC苏州公司连续获姑苏区文明单位。

2018年1月,苏州市"平安企业"创建活动领导小组授予中国建材检验认证集团苏州有限公司"2016～2017年度市级平安企业"荣誉称号。

2018年9月,"预铺和湿铺防水卷材新国标研制"项目荣获2018年度国检集团创新贡献奖科技成果奖一等奖,证书编号:2018—KI1—02—D01。

2018年12月,国家资质认定建材评审组授予CTC苏州公司王澜"国家级资质建材检测行业质量管理先进个人"称号。

2018年12月,"耐根穿刺材料中阻根剂检测技术的开发及应用"项目荣获"南京玻纤院杯"全国建材行业技术革新奖技术开发类二等奖,证书号:2018—B2—32—D02。

2019年1月20日,荣获中国建材集团2018年度"六星企业"荣誉称号,是集团范围内唯一一家获得该项荣誉的检测企业。

2019年1月29日,CTC苏州公司党支部继获得国检集团党委颁发的"五好党支部"荣誉奖状之后,再获中国建筑材料科学研究总院有限公司党委授予的"五好"党支部荣誉称号。

2019年8月28日,CTC苏州公司在中国职工之家收获了由中国建筑材料企业管理协会授予的"2018—2019年度全国建材企业文化建设典范奖"。

2019年9月,"建筑防水行业质量提升模式创新与实践"项目获得了2019年度国检集团创新贡献奖管理创新奖一等奖,证书编号:2019—GL-1—03—D01。

2019年12月,获得江苏省"高新技术企业证书",证书编号:GR201932009913,有效期三年。

2019年,CTC苏州公司获姑苏区先进基层党组织称号。

2020年1月,中国建筑材料科学研究总院有限公司授予中国建材检验认证集团苏州有限公司"三精管理"卓越企业荣誉称号。

2020年2月26日,CTC苏州公司团支部荣获2019年度苏州市姑苏区共青团工作先进单位称号。

2020年4月,"建筑屋面系统抗风揭性能试验方法研究和标准制定"项目荣获建筑材料科学技术奖科技公益类二等奖,证书编号:2019—G-2—02—D01。

2020年7月10日,苏州公司党支部收获了中共苏州市姑苏区委员会、中共虎丘街道党工委授予的"先锋基层党支部""先进基层党组织""优秀共驻共建单位""攻坚奋进者""最美逆行者"。

2020年12月,"《特种非固化橡胶沥青防水涂料》T/CBME 44—2019团体标准"项目,荣获2020年北京建材行业联合会、北京硅酸盐学会科研成果三等奖。

2020年12月,"新型预铺和湿铺防水卷材检测应用技术研究和标准制定"项目,荣获2020年度中国建材集团科学技术奖技术进步类二等奖。

2020年12月,中国建材检验认证集团苏州有限公司主持起草的两项团体标准《特种非固化橡胶沥青防水涂料》T/CBMF 44—2019、《沥青基耐根穿刺防水卷材阻根剂含量试验方法》T/CBMF49—2019/T/CWA301—2019入选为2020年团体标准应用示范项目。

2020年,CTC苏州公司获苏州市服务业创新型示范企业。

2021年,中国建材检验认证集团苏州有限公司检验测试部被共青团苏州市委员会、苏州市应急管理部评为"2020年度苏州市青年安全生产示范岗"。

2021年3月8日,CTC苏州公司副总经理、副书记王澜收到了姑苏区虎丘街道专程赠送的鲜花,祝贺她获得"巾帼能手"荣誉,这是我公司建司以来获得的第一份专属女性的荣誉表彰。

2021年5月4日,CTC苏州公司员工李旭梁获2020年度"姑苏区优秀共青团员"称号。

2021年8月,"沥青基耐根穿刺防水卷材阻根剂含量试验方法研究"项目、"特种非固化橡胶沥青防水涂料性能研究及标准制定"项目分别荣获国检集团"创新贡献奖"一等奖、二等奖(科技成果奖),证书编号分别为:2021—KJ-1—01—D01、2021—KJ-2—05—D01。

2021年12月,党支部主笔撰写的政研论文"完善党建工作与生产经营深度融合研究"获得中国建材集团"政研课题优秀奖"、总院"2021年度党建政研课题三等奖"。

2022年5月31日,凤栖良木,才聚国检——CTC苏州公司获苏州市姑苏区"最佳雇主"荣誉称号。

2022年9月,"《特种非固化橡胶沥青防水涂料》T/CBMF 44—2019"项目获建筑材料科学技术奖三等奖(科技公益类),证书编号:2021—G-3—02—D01。

2022年10月,获得江苏省"高新技术企业证书",证书编号:GR202232002578,有效期三年。

2022年,高敏杰被共青团苏州市委员会、苏州市人力资源和社会保障局确定为2021年度"苏州市青年岗位能手",进入江苏省高层次人才培养计划第三层次。

2023年1月11日,由中国建材检验认证集团苏州有限公司主持起草的团体标准《硅烷改性聚醚防水涂料》T/CBMF 105—2021/T/CWA 203—2021获入选为工信部2022年团体标准应用示范项目。

2023年2月,苏州市科技局、姑苏区人民政府发文,CTC苏州公司入库"2022年度瞪羚计划",并获区"2022年度产业集群行业领军"荣誉称号。

2023年5月,CTC苏州公司朱晓华获苏州市"五一劳动奖章"。

2023年10月,"建筑防水材料有害物质试验方法国家标准制定"项目荣获国检集团"创新贡献奖"二等奖(科技成果奖),证书编号:2023—KI-2—23—D01。

2023年10月,"基于'易派客'平台服务需求的建材产品质量分级评价技术研究与实践应用"项目荣获国检集团"创新贡献奖"二等奖(科技成果奖),证书编号:2023—KJ-2—28—R05。

2023年12月,中国建材检验认证集团苏州有限公司获中国建筑防水协会十年技能大赛"优秀赛区——突出贡献奖"。

2023年12月,王澜、张歆炯获中国建筑防水协会十年技能大赛"优秀裁判——突出贡献奖"。

2023年12月,"绿色建材评价认证技术开发与标准体系构建及应用"项目荣获2023年度中国建材集团科学技术奖科技公益类一等奖。

9.3　《中国建筑防水》杂志社大事记(2014—2023)

2014年

1. 举办"我与防水30年"主题征文活动,参与行业辉煌30周年庆典活动

为纪念行业发展走过的辉煌30年,本社从2013年10月起举办了"我与防水30年"主题征文活动,在杂志开辟了专栏。活动历时一年有余,得到了业内人士的广泛关注和积极响应,专栏所刊发的全部55篇征文最后结集出版,在12月于北京举行的"建筑防水行业辉煌30周年"庆典上举行了《"我与防水30年"主题征文集》新书首发仪式。

2. 开展第二届杂志优秀论文、中青年作者、最佳广告创意评选活动

从4月开始,本社根据优秀论文评选条件,从2012.2013两个年度杂志发表的全部547篇正式论文中,选取了综合质量较优的34篇候选论文,分成了"综合""研究""设计施工"三类,由评选顾问专家(本刊编委)从论文的创新性、指导性、严谨性、规范性四个方面进行评审打分,按得分排名产生一等奖3篇、二等奖6篇、三等奖8篇、入围奖17篇。同时根据评选活动方案和评选条件,评选出3名优秀中青年作者。

"最佳广告创意"评选工作小组从本刊2012—2013年度发布的285幅广告中,从广告诉求精准性、视觉冲击性、图文达意性、设计原创性四个方面选出了整体质量较优的

候选作品 22 幅，提交由广告设计、社科、市场经营管理、建设、建材等知名期刊的美编组成的评选委员会评审，按评审平均得分排名产生了金奖作品 2 幅、银奖作品 3 幅、铜奖作品 5 幅、入围奖作品 12 幅。

在 7 月 16 日于上海举办的"第三届中国国际屋面工程技术论坛"上，举行了"第二届杂志优秀论文、中青年作者、最佳广告创意"颁奖典礼。

3. 举办第三届中国国际屋面工程技术论坛

7 月 16 日，由《中国建筑防水》杂志社联合中国建筑防水协会、中国绝热节能材料协会、中国建筑金属结构协会铝门窗幕墙委员会和中国可再生能源学会太阳能建筑专业委员会共同主办的"第十二届中国国际屋面和建筑防水技术展主题论坛暨第三届中国国际屋面工程技术论坛"在上海举办。论坛以绿色节能屋面为主题，研讨内容涵盖了保温屋面、种植屋面、单层屋面、金属屋面、光伏屋面等各种类型屋面的产业政策、发展策略与关键技术。全国各地屋面与防水行业的领导、专家、企业技术人员共 200 余人出席了本次论坛。中国建筑防水协会朱冬青理事长与中国建筑金属结构协会铝门窗幕墙委员会黄圻主任分别致辞，介绍了防水行业开展质量提升工作的概况和住建部推进建筑业发展和改革的思路。论坛上，12 位中外专家作了精彩演讲，丰富的内容、前沿的技术广受与会人士好评。

4. 参与期刊界与编辑学术界活动，刊社发展经验获得江浙沪科技期刊界认可

《中国建筑防水》杂志立足行业，以技术为本，通过各种期刊延伸服务满足市场需求、扩大刊社影响力、拓展刊社业务的做法与经验，获得江浙沪科技期刊界的认可，刊社近年多次应邀在期刊会议上作经验交流。

2014 年，在第六届江苏科技期刊金马奖评选中，本刊被评为"优秀期刊奖·特色期刊"奖；本刊自 2013 年开设持续至今的"刚性防水和混凝土结构自防水"栏目被评为"创意策划奖·选题策划"。

5. 杂志被国家广播电视总局第一批认定为科技类学术期刊

2014 年 12 月 10 日，国家广播电视总局公布了 3698 种第一批认定的科技类学术期刊，本刊位列其中（编号：2065）。

2015 年

1. 数字期刊《中国建筑防水·悦居》成功改版为月刊，探索传统出版与新兴出版融合发展之路；杂志社获国家广播电视总局颁发的互联网出版许可证；被授予"长三角科技期刊融合发展示范基地"

2013 年初，本社基于行业现状与百姓需求，创办了旨在传播普及家居防水防潮知识、构建防水材料生产和施工企业与终端消费者对接平台的《中国建筑防水·悦居》数字期刊，2015 年初，《悦居》由原来的双月刊改为月刊。杂志除通过各大应用市场、期

刊平台、门户网站上线发行外,还通过一系列线下活动走近读者、贴近防水材料及其施工服务的终端用户。

经过三年的探索和实践,《悦居》杂志已在定位、内容、传播方式等方面初见成效,本社也于 2015 年 9 月获得了国家广播电视总局颁发的互联网出版许可证。本社结合行业与刊社实际,积极探索传统出版与新兴媒体融合发展之路,获得了江浙沪三地科技期刊界同仁与学会领导的认可,于 2015 年 10 月被授予"长三角科技期刊融合发展示范基地"。

2. 举办预铺/湿铺防水卷材应用技术研讨会

2015 年 2 月 6 日,杂志社联合中国建材科研总院苏州防水研究院、中国建材检验认证集团苏州有限公司及相关标准主编单位,在北京举办了"预铺/湿铺防水卷材应用技术研讨会"。多位知名防水专家与预铺法、湿铺法防水卷材科研与生产、工程应用单位以及原材料供应企业的技术负责人共 90 余人出席研讨会。会上,专家们分享了《预铺防水卷材》《湿铺防水卷材》国家标准和《地下工程防水技术规范》的工作进展和编制思路;企业代表探讨了各类预铺法和湿铺法防水卷材的性能特点、技术要求、工程应用情况,也对正在修编中的标准与规范提出了建议。

3. 参与期刊界与编辑学术界活动

2015 年,本社编辑承担的江苏省科技期刊学会和江苏省期刊协会立项的两个基金课题"创办《屋面工程》专刊,助力中国屋面系统化发展"和"科技期刊青年编辑成长与培养模式探讨"顺利结题。

在江苏省科技期刊学会换届中,本社徐建月社长连任学会副理事长和技术期刊专业委员会主任委员,专委会也继续挂设于本社,按学会要求开展活动,承担秘书处工作。

2016 年

1. 成立《中国建筑防水·悦居》编委会

为了将《悦居》平台打造得更好,传播家装防水知识和技术,推动家装防水技术的标准化,提高从业人员的技能水平,更好地服务于社会民生,杂志社在主办主管单位的支持下,组建成立了《悦居》杂志编委会。首届编委会共由 29 位来自行业管理、防水材料科研生产与施工、装饰、物业、质检与司法鉴定等与家装防水领域相关的专家学者组成,中国建筑防水协会总工程师张勇任主任委员,杨胜、徐建月、朱志远、左勇志任副主任委员,李永鑫等 10 人任常务委员,成春权等 14 人任委员。

在 12 月 19 日召开的首届家装防水技术与市场研讨会上举行了《悦居》杂志编委会成立仪式。

附:《中国建筑防水·悦居》第一届编委会名单

《中国建筑防水·悦居》第一届编委会组成

（任期：2016年12月—2020年12月）

主 任 委 员：张　勇

副主任委员：杨　胜　徐建月　朱志远　左勇志

常务委员（按姓氏拼音首字母排序）：

李永鑫　倪贵全　乔启信　唐国宝　童未峰　王惠明　徐　斌　徐锦霞　周碧平　曾东明

委员（按姓氏拼音首字母排序）：

成春权　褚建军　韩春风　胡　骏　黄金荣　刘　涛　李学虎　潘文亮　尚炎锋　王　忠　项永平　许　渊　易　举　游劲秋

2. 编辑出版《中国建筑防水年鉴（2014—2015)》

《中国建筑防水年鉴（2014—2015)》为中国建筑防水协会主编、本社承编的第二版行业年鉴，由中国建材工业出版社于2016年8月正式出版发行。全书共600多页，144万多字，内容包括：重要政策文件，中央及各部委、各地领导谈防水，行业社团组织及服务机构，行业运行情况及统计数据，行业热点专题，标准、专利、科技成果，各省、自治区、直辖市知名防水企业情况，行业交流情况，各类认证（定）、评优、评价及评选活动等9个篇章，系统、翔实地记录了2014—2015年我国建筑防水行业的发展足迹和成就。

3. 把握行业技术与市场热点，举办四次专题研讨会，为行业科技与产业发展服务

4月、6月、9月、12月杂志社联合相关单位分别组织召开了"建筑防水新领域新技术研讨会""地下工程防水新系统新技术研讨会"、首届"高分子防水卷材产业发展研讨会"和首届"家装防水产业发展研讨会"，四会合计参会人数680人。

由《中国建筑防水》杂志社、中国建材科研总院苏州防水研究院、中国建材检验认证集团苏州公司联合主办的"建筑防水新领域新技术研讨会"于4月8日在苏州召开，会议邀请住宅开发、市政建设、核电设计方面的专家，就装配式建筑、城市地下综合管廊、核电工程等防水新兴应用领域的市场潜力、技术要求等问题，与200多位来自全国各地防水材料科研、生产、应用单位的负责人、总工、技术人员进行了研讨交流。

6月23日，《中国建筑防水》杂志社联合《地下工程防水技术规范》修编组、中国建材科研总院苏州防水研究院、中国建材检验认证集团苏州公司在苏州共同主办了"地下工程防水新系统新技术研讨会"。会议邀请到了《规范》修编组的5位主要执笔专家和6位防水新材料领军企业的技术掌门人，与160多位防水领域参会代表一起，聚焦于

地下防水工程新理念、新系统、新技术，采取互动研讨的形式，为《规范》修订建言献策、力达共识。

首届"高分子防水卷材产业发展研讨会"于9月11—13日在苏州召开，由《中国建筑防水》杂志社、中国建材科研总院苏州防水研究院、中国建材检验认证集团苏州公司共同主办，苏州金纬机械制造有限公司、江苏欧西建材科技发展有限公司、广东欣涛新材料科技股份有限公司协办，210多位来自全国各地高分子卷材科研、生产、原材料和装备供应、应用单位的总工、技术人员、设计师参加了会议，14位中外专家围绕TPO、PVC、EPDM、HDPE等高分子卷材工艺配方、原辅材料、生产装备、标准与检测、施工应用及市场情况作了13个精彩的技术报告。会议期间，组织代表观摩了苏州防水研究院和CTC苏州公司相关研发与检测设备，考察了苏州优尔金属制品的屋面配套系统，参观了由国际知名企业安装的苏州宜家PVC屋面系统。

首届"家装防水技术与市场研讨会"于12月19日在苏州召开，由《中国建筑防水》杂志社、中国建筑防水协会、中国建筑材料科学研究总院苏州防水研究院联合主办，120多名家装防水材料相关的科研、生产、检测、施工以及装饰装修、物业管理、工程质量司法鉴定、法律维权等方面的领导、专家和代表出席了会议。会议总结分析了国内家装防水技术和市场发展的现状和趋势，探讨交流了民用建筑领域防水技术服务与品牌的打造，助力家装防水市场规范健康发展。

专业研讨会议的召开，既增加了刊社在行业科技传播方面的影响力，又为刊社带来了收入，是杂志社在传媒出版行业面临转型发展新形势下的主动尝试。

4. 开展第三届（2014—2015年度）《中国建筑防水》杂志"优秀论文和优秀中青年作者"和"最佳广告创意设计奖"评选活动

本社根据活动方案，从杂志2014—2015年发表的536篇正式论文中，评选出了一等奖论文3篇、二等奖论文6篇、三等奖论文9篇、入围奖论文17篇，代表了两年来我国建筑防水行业科技论文的最高水平；从450余名发表论文的作者中，评选出优秀中青年作者3名，向行业推荐优秀科技人才；从发布的200多幅广告中，评选出金奖作品1幅、银奖作品3幅、铜奖作品5幅、入围奖作品6幅，鼓励企业重宣传，更重形象。在4月份举办的"建筑防水新领域新技术研讨会"上，对获奖作者和企业进行了表彰。

5. 创办"悦居"和"防水工程师"两个微信公众号，增加行业新闻与防水科技传播渠道

年初，杂志社在《悦居》电子杂志原有平台的基础上，借助微信平台推出了《悦居》微杂志（微信号：easyliving-FS），每日推送，向普通民众传播家居防水知识与家装防水行业政策与资讯，沟通家装防水企业与终端用户。

年末，杂志社旗下第三个微信号"防水工程师"（ID：engineer-FS）又正式开通。

"防水工程师"微信公众号将充分利用杂志社所拥有的专家资源与内容资源的优势，发挥专业技术期刊编辑团队的作用，传播防水工程信息，传递防水设计理念，探讨防水工程理论，展示典型工程案例，弘扬防水工匠精神，做设计师的智库，当工程人的益友。

6. 杂志社被中国（武汉）期刊交易博览会组委会评为"2016数字影响力100强"

2017年

1. 《中国建筑防水》杂志编委会换届，第八届编委会诞生，并成立杂志学术顾问

2017年2月，《中国建筑防水》杂志社拟定了编委会章程修订案和新一届编委会换届方案，征得主办单位同意后，提交第七届编委征求意见，获得通过。根据新的编委会章程，此次编委会换届，成立了由14位老编委组成的杂志学术顾问；新一届编委会共由43位编委组成，朱冬青任主任委员，苏明、羡永彪、张勇、徐建月任副主任委员，蔡昭昀等38人任委员。

附：《中国建筑防水》杂志第八届编委会组成名单

《中国建筑防水》杂志第八届编委会组成
学术顾问

李承刚　苗　燕　牛光全　陈汉东　邓　超　蒋硕忠　孔宪明　马启元　蒙炳权
田凤兰　吴　明　袭著崑　叶林标　朱祖熹

编委会
（任期：2017年3月—2022年5月）

主　任　委　员：朱冬青
副主任委员：苏　明　羡永彪　张　勇　徐建月
委员（按姓名拼音排序）：

蔡昭昀　巢文革　陈宝贵　陈仕周　陈伟忠　丁红梅　高延继　葛　兆　郭德友
韩丽莉　洪晓苗　胡　骏　霍瑞琴　冀文政　李清海　李卫国　柳志国　陆　明
吕联亚　马　林　庞正其　曲　慧　瞿建民　瞿培华　尚华胜　沈春林　檀春丽
汪在芹　王德勤　王丽华　王　新　肖本林　杨　胜　张道真　张敬义　朱德明
朱志远　邹先华

2. 举办专题研讨会和首届建筑防水科技创新大会，为行业科技与产业发展服务

4月、6月、9月、12月杂志社联合相关单位分别组织召开了首届"建筑防水科技创新大会"、首届"防水社团与企业媒体联谊会"、第二届"高分子防水卷材产业发展研讨会"和第二届"家装防水产业发展研讨会"，四会合计参会人数790人。

为了总结和推广建筑防水领域科技创新经验，树立科技创新典型，交流科技创新成

果，助力企业实现创新驱动发展，4月6日，《中国建筑防水》杂志社、中国建筑材料科学研究总院苏州防水研究院、中国建材检验认证集团苏州有限公司三家行业科技服务机构在苏州联合举办了首届"建筑防水科技创新大会"。会上隆重揭晓了"中国建筑防水科技先锋企业""中国建筑防水科技先锋人物""中国建筑防水创新技术""中国防水好专利"四大科技创新榜单，集中展示了2016年度建筑防水领域科技创新成绩，激发建筑防水企业科技创新创造热情；10位专家奉献了精彩的主题报告，揭示了行业科技与管理创新趋势，研讨了行业最新技术成果。

以交流、学习、提升、联谊为目的，弘扬行业主旋律，传递行业正能量，《中国建筑防水》杂志社与《中国建材报》社共同发起了"防水社团与企业媒体联谊会"。首届媒体联谊会于2017年6月28日在苏州召开，7位专家作了精彩的主题报告，宣贯了国家新闻出版相关法律法规，交流了媒体编营经验，为规范行业宣传行为、弘扬行业主旋律发挥了作用。会上，揭晓了防水社团与企业媒体"最具影响力公众号（2016年度）""优秀策划（2016年度）"和"优秀编辑（2016年度）"评选结果，并对获奖单位和个人进行了表彰。

9月26日，由《中国建筑防水》杂志社、中国建筑材料科学研究总院苏州防水研究院、中国建材检验认证集团苏州有限公司共同主办的第二届"高分子防水卷材产业发展研讨会"在苏州召开，高分子卷材产业链上300多位代表出席了研讨会，13位专家作了精彩的主题报告。本次研讨会，主办方安排了"对话专家"环节，邀请了5位行业领导和工程设计应用方面的专家，一起探讨高分子防水卷材产业发展与应用趋势。

12月14日，由《中国建筑防水》杂志社、《中国建筑防水·悦居》编委会主办，济南市建筑防水协会、深圳市新黑豹建材有限公司、唐山德生防水股份有限公司协办的"第二届家装防水技术与市场研讨会"在济南召开。会上，14位装饰装修、物业、建筑防水等相关领域的专家作了专题演讲，研讨家装防水市场现状和发展趋势、对接渠道和服务模式，交流家装防水新技术，同时举办了"悦居家装防水服务平台（2018版）上线仪式"。

3. 开展"苏州市商品住宅渗漏情况调查活动"

本社悦居防水平台与苏州市建筑防水保温行业协会联合发起开展了"苏州市商品住宅渗漏情况调查活动"，共走访52个楼盘、采集411户渗漏数据，撰写并发布《苏州市商品住宅渗漏情况调研报告》；调查过程中对有渗漏困惑的住户进行专业解答，促成参与企业与有渗漏维修需求的住户的对接。《调研报告》内容在"第二届家装防水技术与市场研讨会"作了披露。

2018年

1. 把握行业技术与市场热点，举办四次专题研讨会，为行业科技与产业发展服务

4月、7月、11月杂志社联合相关单位分别组织召开了"地下工程防水新技术研讨会"、第二届"防水社团与企业媒体联谊会"、第三届"高分子防水卷材产业发展研讨会"、第三届"家装防水技术与市场研讨会",四会合计参会人数690人。

4月12日,由《中国建筑防水》杂志社、中国建材科研总院苏州防水研究院、中国建材检验认证集团苏州有限公司主办,北京东方雨虹、广东科顺、深圳卓宝、广西金雨伞、浙江鲁班、广东能辉协办的"地下工程防水新技术研讨会"在苏州召开。会上,6位防水行业专家与7位企业技术人员分别作了报告,探讨了地下防水工程技术规范内容及地下领域防水应用新技术,吸引了200多名代表到会交流。

7月9日,由本社与《中国建材报》社共同主办的第二届防水社团与企业媒体联谊会在青岛召开,邀请了11位行业领导、媒体大咖与企宣主管作报告与经验介绍,让与会媒体工作者受益匪浅。会上,揭晓了防水社团与企业媒体"最具影响力公众号(2017—2018年度)""最具潜力公众号(2017—2018年度)""最佳成长公众号(2017—2018年度)""优秀策划(2017—2018年度)"和"优秀编辑(2017—2018年度)"评选结果,并对获奖单位和个人进行了表彰。

7月10—11日,由《中国建筑防水》杂志社、中国建材科研总院苏州防水研究院、青岛科技大学联合主办的第三届高分子防水卷材产业发展研讨会在青岛举办。会议邀请了高校、科研、设计、应用、生产单位的14位专家学者到会演讲,内容包括高分子防水材料的国内外最新研究与发展进展,产品标准及性能研究,产品(系统)关键问题探讨与创新技术,施工应用,地铁、隧道对高分子防水卷材的选材设计及应用要求,以及原辅材料性能研究,生产装备与工艺关键技术探讨。会后,代表们参观了青岛科技大学橡塑材料与工程教育部重点实验室和青岛橡胶谷。

11月23日,由《中国建筑防水》杂志社、中国建筑材料科研总院苏州防水研究院、《中国建筑防水·悦居》编委会主办的"第三届家装防水技术与市场研讨会"在苏州召开。会议邀请17位物业管理、装饰装修、司法鉴定和建筑防水领域的专家和与会代表一起深入研讨了家装防水及渗漏维修技术与市场的发展现状和趋势,共同探索防水维修服务新模式,促进家装防水与渗漏修缮行业健康发展,服务社会民生。同期,召开了《中国建筑防水·悦居》编委会一届三次会议。

2. 建设悦居防水服务平台,为解决住宅渗漏、服务民生做贡献

悦居防水APP等平台软件于3月底开发完成,并在各大应用市场上线,实现对接渗漏维修、防水资讯传播、防水材料及机具购买等功能。

杂志社与江西、湖南、青岛三地防水协会合作建立了悦居防水服务平台(地方站);入驻企业共招募60余家,覆盖全国10多个省市。

启动《家装防水防潮与渗漏维修技术》编制工作;与装饰装修、物业、部分地方防

水协会联合开展调查，完成了《"悦居防水服务平台"家装防水品牌调研报告》。

3. 刊社工作获新闻出版管理与期刊行业肯定

《中国建筑防水·悦居》数字期刊荣获"江苏省新闻出版广电政府奖"提名奖（江苏省内唯一科技期刊获此荣誉）。

本社"长三角科技期刊融合发展示范基地"通过江苏省科技期刊学会专家组验收。

《中国建筑防水》杂志获江苏省科技期刊学会第十届江苏科技期刊"金马奖·十佳期刊传播奖"。

2019 年

1. 杂志由半月刊改版为月刊，创新企业支持办刊模式

杂志社根据出版行业形势与杂志办刊条件的变化，经主管主办单位同意，从 2019 年 1 月起由原半月刊改版为月刊。

结合改刊工作，杂志社创新了刊企合作与服务模式，对过往广告投入力度大的行业龙头、区域龙头企业采用杂志协办方案，推出一揽子服务，使企业享受到了更有效的多样化服务。

2. 编辑出版《中国建筑防水年鉴（2016—2017）》

《中国建筑防水年鉴（2016—2017）》为中国建筑防水协会主编、本社承编的第三版行业年鉴，于 2019 年 7 月由中国建材工业出版社正式出版，内容包括：重要政策文件，中央及各部委、各地领导谈防水，行业社团组织及服务机构，行业运行情况及统计数据，行业热点专题，标准、专利、科技成果，各省、自治区、直辖市知名防水企业情况，行业交流情况，各类认证（定）、评优、评价及评选活动等 9 个篇章，系统、详实地记录了 2016—2017 年我国建筑防水行业的发展足迹和成就。

3. 把握行业技术与市场热点，举办四次专题研讨会，为行业科技与产业发展服务

2019 年 4 月、9 月、10 月、12 月，杂志社联合相关单位分别组织召开了第四届"高分子防水卷材产业发展研讨会"、第二届"建筑防水科技创新大会"、第三届"防水社团与企业媒体联谊会"和第四届"家装防水技术与市场研讨会"，四会合计参会人数 670 人。

4 月 9—10 日，由《中国建筑防水》杂志社、中国建筑材料科学研究总院苏州防水研究院、深圳市防水行业协会主办，大禹九鼎新材料科技有限公司、广东欣涛新材料科技股份有限公司联合承办，四川蜀羊防水材料有限公司、江苏欧文斯彩砂科技有限公司协办的第四届高分子防水卷材产业发展研讨会在广州举办。本届研讨会，主办方以高分子防水卷材全产业链为视角，结合高质量高效益发展的时代主题，以高分子防水卷材产品与工程质量的关键因素为靶向，精选论题，邀请到了科研、设计、应用、检测、生产单位的 15 位专家到会作主题演讲。会后，安排代表参观了大禹九鼎清远生产基地与欣

涛新材料公司生产工厂。

9月3日，由《中国建筑防水》杂志社、中国建筑材料科学研究总院苏州防水研究院、中国建材检验认证集团苏州有限公司共同主办的第二届"建筑防水科技创新大会"在苏州召开。会议邀请到了杨万泰（中科院）、廖昌文（工程院）两位院士和白云（地铁隧道）、汪在芹（水利化灌）两位防水相关领域顶级专家作主旨报告；设立了"青年专家论坛"，7位《中国建筑防水》杂志青年编委专家代表围绕"未来已来，唯变不变"主题展开对话交流，畅谈行业未来；11位行业科技工作者在大会上作了技术交流。为配合防水科创大会召开，本社会前开展了行业十大创新技术评选和科技创新企业评价，两大榜单在此次会上发布；开展了"中国建筑防水学科现状与发展研究"课题工作，研究报告也在会上首发。

12月20日，由《中国建筑防水》杂志社、中国建筑材料科研总院苏州防水研究院、苏州市建筑科学研究院集团股份有限公司主办，安徽朗凯奇建材有限公司、江苏汤姆森智能装备有限公司协办的第四届"家装防水技术与市场研讨会"在苏州召开。会上，首发了杂志社基于"家装防水与渗漏修缮企业情况调查"形成的首份《家装防水与渗漏修缮年度发展报告（2019）》；揭晓了"首届悦居优秀防水科普作品"评选结果，36篇优秀防水科普作品受到表彰；公布了"高手在民间——寻找防水堵漏工匠"活动结果，毛瑞定等首批6名具备丰富实操经验的"防水堵漏高手"获得荣誉；11位专家作了精彩报告，内容涵盖家装防水与渗漏维修全产业链的各个环节。会议期间还召开了《中国建筑防水·悦居》编委会一届四次会议。会后，代表们参观了金螳螂位于苏州设计小镇内的"金螳螂内装展示中心"。

10月31日，本社联合《中国建材报》社在杭州举办了第三届防水社团与企业媒体联谊会，邀请9位行业领导、媒体大咖与企宣主管以"守正创新　悟道提升"为主题，就面对行业新态势新格局以及传媒发展新特点新变革，如何利用新平台新手段新方法，宣传、报道好建筑防水行业以及做好企业品牌营销等展开了深入研讨。会上还揭晓了防水社团与企业媒体2018—2019年度"最具影响力公众号""最具潜力公众号""优秀编辑"和"优秀主编"四大榜单。

4. 成立杂志青年编委会

为发挥行业青年科技工作者的作用，助力形成行业各学科青年科技领军人才队伍，推动建筑防水学科的可持续发展，经主办单位批准，《中国建筑防水》杂志首届青年编委会于2019年9月正式成立。第二届建筑防水科技创新大会上，举行了首届青年编委会成立颁证仪式。

首届杂志青年编委会由20位从事建筑防水相关科技工作的青年科技工作者、学者，以及企业科技创新管理等方面的青年代表组成，涉及建筑工程设计、隧道地下、水利大坝、原材料研究、产品研究、行业工程管理和施工技术、装备研究、标准检测、认证/职业技能、科技出版、企业科技创新研究等领域。

附：首届《中国建筑防水》青年编委会组成名单

首届《中国建筑防水》杂志青年编委会
（任期：2019 年 9 月—2023 年 8 月）

主 任 委 员：张　勇

副主任委员：闵建彬　贺行洋　丁春花

委员（按姓名拼音排序）：

董　彪　段林丽　龚兴宇　黄　亮　廖灵敏　刘全涛　孙　侃　邵　臻　王海龙
王　澜　王智勇　伍盛江　夏　琳　薛书敏　杨际梅　郑贤国

5. 开展"中国建筑防水学科现状与发展研究"课题工作

为了解行业学科发展现状，提出推动行业学科发展的建设性意见，杂志社于 2019 年 5—8 月开展了"中国建筑防水学科现状与发展研究"课题工作。课题重点对反映学科现状的以下几大块内容进行了调查研究：学科分类、高校相关专业设置情况；行业学科资源，包括高校、科研机构和企业；学术交流平台；学科成果，包括论文、专利和基金论文情况；建筑防水学科近年主要技术进展。课题报告同时提出了推动建筑防水行业学科发展的若干针对性建议。课题成果在第二届建筑防水科技创新大会上首发。

6. 开展杂志第四届优秀论文与优秀中青年作者评选活动

本社根据评选活动方案，从《中国建筑防水》杂志 2016—2018 三个年度发表的共 750 篇正式论文中，评选出杂志第四届优秀论文一等奖 3 篇，二等奖 9 篇，三等奖 14 篇，入围奖 20 篇；同时，评选出杂志第四届优秀中青年作者 3 名。第二届建筑防水科技创新大会上，对获奖作者进行了表彰。

2020 年

1. 做好新冠疫情防控工作的同时成功举办三次专题研讨会议

2020 年，杂志社在做好新冠疫情防控工作的前提下，周密筹划，分别于 8 月、11 月、12 月成功举办了第五届"高分子防水卷材产业发展研讨会"、第四届"防水社团与企业媒体联谊会"和第五届"家装防水技术与市场研讨会"，三会合计参会人数 500 余人。

8 月 24—25 日，由《中国建筑防水》杂志社、中国建材科研总院苏州防水研究院主办，大禹九鼎新材料科技有限公司、广东欣涛新材料科技股份有限公司协办的第五届高分子防水卷材产业发展研讨会在苏州举办。会议邀请到 14 位专家，围绕国内外高分子防水卷材产业发展现状与趋势、性能评价、最新研究与进展，大型公共建筑等对高分子防水卷材的选材设计及应用要求，产品标准及性能研究，产品（系统）关键问题探讨与创新技术，施工应用以及原辅材料性能研究，生产装备与工艺关键技术探讨等内容，进行了主题交流。会后，主办方安排代表参观了索普瑞玛常州工厂。

11月17日，由本社与《中国建材报》社共同主办的第四届防水社团与企业媒体联谊会在南京举行。会议邀请多位行业领导、媒体大咖与企宣主管，以"携手同行 共赢未来"为主题，就建筑防水行业在"十三五"收官和"十四五"布局之际面临的新机遇新趋势；如何利用新平台新手段新方法，宣传、报道好建筑防水行业；如何做好行业和企业的宣传、策划、品牌推广工作等展开深入研讨。会上还揭晓了防水社团与企业媒体2019—2020年度"最具影响力公众号""优秀公众号""优秀内刊""优秀主编""优秀编辑"五大榜单。

12月18日，由《中国建筑防水》杂志社、中建材苏州防水研究院有限公司主办，江苏汤姆森智能装备有限公司协办的第五届"家装防水技术与市场研讨会"在苏州召开，13位来自防水、物业、装饰装修等领域的演讲嘉宾作了内容丰富的主题报告，给与会代表带来了智慧碰撞和思想启迪。本届家装会召开之际，正值《中国建筑防水·悦居》编委会5年任职期满，会上，举行了悦居编委会换届仪式。会议期间还召开了"悦居站点站长会议"，探讨了悦居平台发展、站点工作与入驻企业管理。会后，安排代表参观了巴德富集团位于常熟经济开发区的工厂。

2. 悦居平台编写出版家装防水手册，开展系列服务

杂志社悦居防水服务平台编写出版了《家装防水防潮与渗漏维修技术》一书，首次界定了我国家装防水的技术范畴。该书由行业知名专家胡骏教授担任主编，杂志社潘文亮、庞正其担任副主编，在参考现有文献资料的基础上，结合长期的工程实践经验编撰而成，旨在提供从事家装防水工作的技术人员和物业维修管理人员学习参考并积极开展工程实践，使百姓的居家生活免受居室渗漏危害，助推家装防水技术向专业化和系统化方向发展。该书由中国建材工业出版社正式出版。

悦居防水服务平台开展了"家装防水与渗漏修缮"调查活动，向全国有相关业务的300余家企业及个人发出问卷，最终形成《家装防水与渗漏修缮年度发展报告》，于12月在家装防水研讨会上发布。

悦居防水服务平台还联合江西、湖南、青岛、云南、苏州五个站点开展了首届"家庭渗漏诊治月"活动，在全国范围内共收集到240余例渗漏申报，平台组织专家——线上会诊，并对其中的189户安排了平台入驻企业现场勘查。

3. 《中国建筑防水·悦居》编委会完成换届

2020年，首届《中国建筑防水·悦居》编委会任职期满，在12月召开的第五届

"家装防水技术与市场研讨会"上举行了编委会换届仪式。第二届《中国建筑防水·悦居》编委会共由 32 位来自行业管理、防水材料科研生产与施工、装饰、物业、质检与司法鉴定等与家装防水领域相关的专家学者组成,中国建筑防水协会总工程师张勇任主任委员,杨胜、徐建月、朱志远、左勇志任副主任委员,陈晓龙等 10 人任常务委员,陈璞等 17 人任委员。

附:《中国建筑防水·悦居》第二届编委会名单

《中国建筑防水·悦居》第二届编委会组成
(任期:2020 年 12 月—2025 年 11 月)

主 任 委 员:张　勇

副主任委员:杨　胜　徐建月　朱志远　左勇志

常务委员(按姓氏拼音首字母排序):

陈晓龙　李学虎　倪贵全　乔启信　宋敦清　王文江　熊卫锋　徐汝意　杨福成　张方飞

委员(按姓氏拼音首字母排序):

陈　璞　成春权　褚建军　韩春风　洪斯君　胡　骏　刘　涛　刘亚坤　潘文亮　尚炎锋　王　忠　项宸晔　项永平　徐　斌　许　渊　翟延波　祝兴洲

2021 年

1. 排除疫情干扰,周密安排,成功举办三次专题研讨会

2021 年,杂志社根据新冠疫情防控形势与要求,对会议活动作出了周密安排,分别于 4 月、7 月、10 月成功举办了第三届建筑防水科技创新大会、第六届高分子防水卷材产业发展研讨会和第五届防水社团与企业媒体联谊会,三会合计参会人数 660 余人。

4 月 26—27 日,由《中国建筑防水》杂志社、中建材苏州防水研究院有限公司、中国建材检验认证集团苏州有限公司联合主办,西安昱昌环境科技有限公司承办,雨中情防水技术集团股份有限公司协办的第三届建筑防水科技创新大会在西安召开。会议通过发布榜单梳理、评价市场上的各类创新技术,研讨和交流行业最新科技成果与科技趋势,助力企业实现创新驱动发展。会议邀请十多位专家做了精彩的主题报告;发布了 2019—2020 年度中国建筑防水科技创新企业和十大创新技术系列榜单;获评的十大创新技术在会上作了宣讲。会后,代表观摩了会议承办单位西安昱昌公司的环保处理装备生产工厂。

7 月 10—11 日,由《中国建筑防水》杂志社、中建材苏州防水研究院主办,江苏凯伦建材股份有限公司承办的第六届"高分子防水卷材产业发展研讨会"在苏州召开。

研讨会通过专题报告、企业展示、工厂参观等多种形式，打造高分子防水卷材从原材料、生产装备到产品研发与生产、工程应用、施工配套全产业链交流平台，让参会人员在产业现状、发展趋势、技术前沿、问题对策上有更深入更全面的了解，助力产业健康有序发展。会议邀请到13位专家作了精彩演讲，会后还组织代表观摩了刚刚建成的凯伦高分子材料产业园。

10月14日，由本社与《中国建材报》社共同主办的第五届防水社团与企业媒体联谊会在长沙举行。会上，5位防水行业与出版传媒界专家作了精彩演讲；揭晓了防水社团与企业媒体2020—2021年度"最具影响力公众号""优秀公众号""最佳成长微信公众号""优秀主编"和"优秀编辑"等榜单；还发布了防水社团与企业媒体联谊会会徽，举行了联谊会五周年庆典，回顾总结了联谊会走过的五年历程。

2. 编辑出版《中国建筑防水年鉴（2018—2019）》

《中国建筑防水年鉴（2018—2019）》为中国建筑防水协会主编、本社承编的第四版行业年鉴，于2021年10月由中国建材工业出版社出版发行，共560页，100万字，主要内容包括重要政策文件，中央及各部委、各地领导谈防水，行业社团组织及服务机构，行业运行情况及统计数据，行业热点专题，标准、专利、科技成果，各省、自治区、直辖市知名防水企业情况，行业交流情况，各类认证（定）、评优、评价及评选活动等9个篇章，系统、翔实地记录了2018—2019年我国建筑防水行业的发展足迹和成就。

3. 开展杂志第五届优秀论文与优秀中青年作者评选活动

本社根据活动方案，从《中国建筑防水》杂志2019和2020两个年度发表的共392篇正式论文中，评选出优秀论文一等奖3篇，二等奖9篇，三等奖11篇，入围奖10篇；同时，评选出优秀中青年作者4名。在4月于西安举办的第三届建筑防水科技创新大会上，对获奖人员进行了表彰。

2022年

1.《中国建筑防水》杂志编委会完成换届，第九届编委会诞生

2022年5—6月，杂志社根据编委会章程，开展了《中国建筑防水》杂志编委会换届工作。原第八届编委会中有8人改任杂志"学术顾问"；31人进入新一届编委，同时新增编委14人（其中6人为杂志青年编委会成员），编委合计人数45人，比上届增2人。新一届编委组成结构更加优化，新增编委都是多年来支持杂志社出版工作的中青年专家和企业家，在其专业领域内行业知名，并活跃于行业研究、应用、企业管理第一线。

附：《中国建筑防水》杂志第九届编委会组成

《中国建筑防水》杂志第九届编委会组成

学术顾问
（按姓名拼音排序）

陈汉东　邓　超　高延继　霍瑞琴　蒋硕忠　孔宪明　李承刚　蒙炳权　苗　燕
牛光全　田凤兰　汪在芹　王德勤　王丽华　吴　明　袭著崑　羡永彪　肖本林
叶林标　张道真　朱祖熹

编委会
（任期：2022 年 6 月—2027 年 5 月）

主 任 委 员：朱冬青
副主任委员：巢文革　张　勇　徐建月
委员（按姓名拼音排序）：

蔡昭昀　陈宝贵　陈伟忠　丁红梅　董　彪　段林丽　葛　兆　管　理　郭德友
韩丽莉　贺行洋　洪晓苗　胡　骏　冀文政　姜命强　蒋正武　李清海　李卫国
李卫俊　陆　明　吕联亚　马　林　闵建彬　潘文亮　庞正其　曲　慧　瞿建民
瞿培华　尚华胜　沈春林　檀春丽　王　新　王智勇　杨际梅　杨　胜　张广彬
张晓华　张正彪　朱德明　朱志远　邹先华

2.克服疫情影响，开好专题研讨会议，为行业发展服务

2022 年，杂志社克服新冠疫情影响，分别于 7 月、9 月成功举办了房屋建筑防水修缮技术论坛暨第六届家装防水技术与市场研讨会和第七届高分子防水卷材产业发展研讨会，两会合计参会人数 350 余人。

7 月 18—19 日，由《中国建筑防水》杂志社、中建材苏州防水研究院联合主办，广东筑龙新材料技术有限公司、江苏汤姆森智能装备有限公司协办的房屋建筑防水修缮技术论坛暨第六届家装防水技术与市场研讨会在苏州举办。会上，多位来自家装防水与渗漏修缮以及装饰装修领域的专家作了精彩的主题报告；发布了中国家装防水与渗漏修缮"创新企业十强"和"十大新技术"榜单；揭晓了第二批"防水堵漏民间高手"，陈森森等 5 人获此殊荣；对 2021 年"家庭渗漏诊治月"活动进行了总结，启动了 2022 年"家庭渗漏诊治月"活动。会议期间，还召开了 CBDA 标准《家装防水防潮与渗漏修缮技术规程》第二次工作会（定稿会）。

9 月 20—21 日，在广东能辉新材料的承办支持下，在广东欣涛新材料和江苏欧文斯彩砂的协办支持下，本社联合中建材苏州防水研究院在广州主办了第七届高分子防水

卷材产业发展研讨会。会议精选论题，邀请到了 14 位专家作精彩演讲，研讨内容包括高分子防水卷材的标准与检测、原辅材料与助剂、成型工艺与装备，以及光伏屋面与防水系统、产品与工程应用等。会后组织代表参观了华南理工大学聚合物新型成型装备国家工程研究中心和能辉高分子防水卷材涂胶生产线。

3. 本社申报的江苏省科技期刊学会科技创新智库"中国建筑防水子智库"获批

为完善企业科技创新能力与行业创新技术测评方法，本社开展了"中国建筑防水企业创新指数研究"课题，并以测评方法与课题成果为基础，申报了 2022 年江苏省科技期刊学会科技创新智库"中国建筑防水子智库"并获得批准。这为今后"建筑防水科技创新大会"更好地客观反映企业的科技创新能力，梳理、评价市场上的各类创新技术打下了更为坚实的基础。

2023 年

1.《中国建筑防水》杂志青年编委会完成换届，第二届青编委成立

2023 年，首届青年编委会任期届满后，本社在主办单位的指导下，按照青年编委会章程，结合年龄与专业情况对编委会进行了调整，完成了换届工作，成立了杂志第二届青年编委会，在 9 月 26 日于南京召开的"第四届建筑防水科技创新大会"上举行了换届颁证仪式。

附：第二届《中国建筑防水》杂志青年编委会名单

第二届《中国建筑防水》杂志青年编委会

（任期：2023 年 9 月—2026 年 8 月）

主 任 委 员：张　勇

副主任委员：闵建彬　贺行洋　丁春花

委员（按姓名拼音排序）：

龚兴宇　黄　亮　季静静　贾　逸　蒋雅君　廖灵敏　刘全涛　王海龙　王　澜　王玉峰　吴志刚　夏　琳　夏　琴　薛书敏　叶　吉　殷小珠　郑贤国

2. 开展杂志第六届优秀论文与优秀中青年作者评选活动

本社根据活动方案，从《中国建筑防水》杂志 2021 和 2022 两个年度发表的共 335 篇正式论文中，评选出优秀论文一等奖 3 篇，二等奖 9 篇，三等奖 12 篇，入围奖 9 篇；同时，评选出优秀中青年作者 3 名。在 9 月于南京举办的第四届建筑防水科技创新大会上，对获奖人员进行了表彰。

3. 成功举办三次专题会议，助力产业发展与行业科技进步

2023 年，杂志社主办了三次专题会议，分别为第八届高分子防水卷材产业发展研

讨会、第四届建筑防水科技创新大会和第六届防水社团与企业媒体联谊会。

6月6—7日，由《中国建筑防水》杂志社主办，中建材苏州防水研究院有限公司学术支持，广东欣涛新材料科技股份有限公司承办，湖北中骋金禹防水技术股份有限公司、江苏欧文斯彩砂科技有限公司协办的第八届"高分子防水卷材产业发展研讨会"在苏州召开。研讨会通过专家圆桌论坛、主题报告、企业展示、工厂参观等多种形式，打造高分子防水卷材从原材料、生产装备到产品研发与生产、工程应用、施工配套的全产业链交流平台，让参会人员在产业现状、发展趋势、技术前沿、问题对策上有更深入更全面的了解，有助于高分子产业在全文强制防水通用规范全面实施背景下健康有序发展。会议邀请到了12位专家作精彩的主题演讲，会后还组织代表赴固德威、百旺塑料设备、优尔屋面科技三家产业链上企业参观交流。

9月26—27日，由《中国建筑防水》杂志社主办，中建材苏州防水研究院有限公司、中国建材检验认证集团苏州有限公司学术支持，西安昱昌环境科技有限公司承办，广东欣涛新材料科技股份有限公司协办的第四届建筑防水科技创新大会在南京召开。会议邀请了包括中国工程院外籍院士、加拿大工程院院士、加拿大皇家科学院院士徐政和在内的10位专家做精彩的主题报告；发布了2019—2020年度中国建筑防水科技创新企业二十强、新锐企业和中国建筑防水十大创新技术、产业链创新技术四大榜单；获评的十大创新技术在会上作了宣讲。会后组织代表参观了东方雨虹芜湖生产基地，观摩行业先进的智能制造、数字化生产基地。

11月30日，由《中国建筑防水》杂志社主办的第六届防水社团与企业媒体联谊会在贵阳举行。会上，9位防水行业与出版传媒界专家围绕"新形势下的媒体担当与作为"会议主题，分享了精彩演讲，分析了行业形势，传播了产业政策，交流了新闻传播、企业宣传与新媒体运营经验；揭晓了防水社团与企业媒体2022—2023年度"最具影响力公众号""优秀公众号""优秀主编"和"优秀编辑"四大测评榜单。